PITCAIRN
ISLAND
130°6 W
25°4'S
130°6'W
Tom Drop Off
Minnie Off
Burial Ground
Bitey Bitey
Scissors
Man Pool
Hot Water Pool
Where Dick Fall
Down Isaac's
Adamstown
Jack's Tatties
Bounty Bay
Ship Landing Point
Oldman Fishing Place
St. Paul's Rock
The Edge
Freddie Fall
Little George Road
Fred's Mango
Tim's Ground
HULIANDA
Big Ground
AUTE VALLEY
Tom's Block
Down Rope
Big Pool
St. Paul's Point
Nancy Stone
Break Im Hip
Peter McClure 1997

Knaus

K

Dea Birkett

Schlange im Paradies

Meine Reise in die Südsee zu den Nachfahren der Meuterer auf der Bounty

AUS DEM ENGLISCHEN
VON ANGELIKA FELENDA
UND ELKE HOSFELD

Albrecht Knaus

Originaltitel: Serpent in Paradise

Umwelthinweis:
Dieses Buch und sein Schutzumschlag wurden auf chlorfrei gebleichtem Papier gedruckt. Die vor Verschmutzung schützende Einschrumpffolie ist aus umweltschonender und recyclingfähiger PE-Folie.

Karten: Peter McClure
Gesetzt aus 10.3/12.9 pt. Sabon
Satz: Filmsatz Schröter GmbH, München
Presse-Druck, Augsburg · Printed in Germany
ISBN 3-8135-0123-x

Es heißt, der Mensch fürchtet sich davor, allein zu sein. Dem ist nicht so … Am meisten Furcht verspürt er inmitten von Menschen, wenn er nicht weiß, was sie vorhaben.

Robert Louis Stevenson,
Der Strand von Falésa

Inhalt

TEIL I

TEIL II

TEIL III

ERSTER TEIL

Erstes Kapitel

Elephant

D*er Teenager* auf dem Platz neben mir schaufelte sich eine weitere Handvoll Popcorn in den Mund. Er starrte auf die Leinwand, wo die hellbraunen Brüste der Südseemädchen wackelten wie Götterspeise, die man aus der Form befreit hatte. Kapitän William Blighs Stirn glänzte vor Schweiß. Fletcher Christian, Offizier des Kapitäns auf dem bewaffneten Handelsschiff Seiner Majestät, der HMAV *Bounty*, saß mit gekreuzten Beinen dem tahitianischen Häuptling Tinah gegenüber. Fletcher Christians Blick begegnete dem einer jungen Südseefrau und schweifte verlegen ab.

Der Teenager nahm noch eine Handvoll Popcorn, hielt sie einen Augenblick an die Lippen und legte sie dann wie gebannt in die Schachtel zurück. Der Tanz wurde wilder. Die Männer, die bis auf einen Lendenschurz nackt waren, näherten sich der schönsten Frau, drängten sich ihr entgegen. Ihr Körper bog sich wie eine Welle, ihre Hüften wiegten sich lockend. Die Männer packten sie, schleuderten sie in die Luft, fingen sie auf und warfen sie zu Boden. Ein junger Mann, ein Paket aus dunklen Muskeln, legte sich über sie, und die Menge begann zu singen: *Ver-ruum, ver-ruum, ver-ruum …*

Es war ein grauer Londoner Nachmittag. Die schwere,

feuchte Luft dämpfte den Verkehrslärm zu einem dumpfen Dröhnen. Meine Stimmung war ebenfalls gedämpft. Ich hatte seit einer Woche keine Arbeit mehr und war nach London gekommen, um die Stadt zu genießen; doch alle anderen waren beschäftigt und hatten wenig Zeit. Die Nachmittage waren lang, ich hatte mich ins Coronet-Kino in einem Viertel Südlondons geflüchtet, das als *Elephant* bekannt ist, und ich hoffte, daß mich der Film an einen anderen Ort versetzen würde.

Die Geschichte auf der Leinwand ging in fieberhaftem Tempo weiter. «Christian übernimmt das Schiff ... Christian übernimmt das Schiff ...», raunten sich die Besatzungsmitglieder der *Bounty* zu.

Die Szene wechselte zum Royal Naval College in Greenwich, wo sich Kapitän Bligh vor einem Untersuchungsausschuß verteidigte, der feststellen sollte, wie es dazu kam, daß sein Schiff, die HMAV *Bounty*, gekapert wurde.

«Warum waren sie so leicht korrumpierbar?» fragte ein Admiral den Kapitän.

«Ich weiß nicht – es war schlicht und einfach der Ort», antwortete er.

Der Schauplatz der Versuchung breitete sich vor unseren Augen aus – eine Felseninsel mit üppig grünen Tälern und kahlen, braunen Gipfeln, vom opalblauen Meer gesäumt. Der Ort war wie seine Bewohner traumhaft schön und voller Lebenskraft. Auf dieser herrlichen Insel lag Fletcher Christian in einer Holzhütte in einem grünen Tal bei der jungen Tahitianerin.

Hinter mir saugte jemand den letzten Tropfen Sunkist-Orangensaft aus der Packung, was sich anhörte, als ob man Badewasser ablaufen ließe.

«Ich habe mich einem verzweifelten Wagnis verschrieben», trug Fletcher Christian in sein Logbuch ein. «Ich habe von allem Abschied genommen, was ich bislang für unverzichtbar hielt ... Doch ich habe die Freiheit gefunden.»

Die *Bounty* lichtete den Anker und stach in See, in der Hoffnung, einen Schlupfwinkel zu finden, «wo uns die britischen Schiffe nicht finden werden ...», murmelte Christian zwischen geschürzten Lippen hervor. Während sich das Schiff durch die Wellen mühte, stand ein dunkelhäutiger Tahitianer am Bug und suchte den Horizont nach der hafenlosen, unbewohnten Insel Pitcairn ab, dem Zufluchtsort der Meuterer vor dem Galgen.

In Greenwich verkündeten die Lords der Admiralität inzwischen ihr Urteil: «Das Gericht befindet, daß die Ergreifung des bewaffneten Handelsschiffs Seiner Majestät, der *Bounty*, durch Fletcher Christian und andere Mitglieder der Mannschaft als Akt der Meuterei zu betrachten ist und daß den Kapitän, Leutnant William Bligh, nach Auffassung des Gerichts nicht die geringste Schuld trifft.»

Vor einer kleinen Bucht der Insel Pitcairn brannte die *Bounty*. Fletcher Christian und seine Gefolgsleute beobachteten die Flammen, während Christians junge tahitianische Frau an seiner Seite stand.

«Wir werden diese Insel nie mehr verlassen, nicht wahr, Sir? Wir werden England niemals wiedersehen», sagte der Matrose Adams.

Der Nachspann lief, und die Lichter gingen an. Als der letzte Absatz auf der Leinwand erschien, drängte sich die vordere Reihe hinaus. Ich konnte gerade noch die letzten Worte entziffern *«... seine Nachkommen leben bis heute auf Pitcairn Island»*.

Draußen war es schon dunkel geworden. Die Schlange für die nächste Vorführung von

THE BOUNTY
Mel Gibson – Anthony Hopkins
Nach 200 Jahren die
Wahrheit hinter der Legende

wand sich bis auf die Straße hinaus. Der Teenager traf ein paar Freunde; sie hingen unter den Lichtern des Foyers herum und ließen einen Joint kreisen.

Ich ging zur Bushaltestelle hinüber. Diese wunderschöne Insel existierte immer noch irgendwo im fernen Pazifik, und man konnte sie besuchen. Die Geschichte der *Bounty* war nicht nur ein Mythos; das utopische Paradies, nach dem die Meuterer gesucht hatten, war ein realer Ort, und seine Bewohner waren die Erben eines rebellischen Traums.

Es begann zu regnen, und an den Autos gingen die Scheibenwischer an. In einer Mulde auf dem Bürgersteig sammelte sich das Wasser, und die Fußgänger mußten vom Bordstein auf die Straße treten, wo sie von den Autos bespritzt wurden. Ein Bus war nirgends in Sicht.

Ich kauerte mich vor dem Regen zusammen. Als der Bus zwanzig Minuten später immer noch nicht angekommen war, beschloß ich, nach Pitcairn zu fahren.

Zweites Kapitel

Die paradiesische Insel

D*er Band des Katalogs* der British Library, der das Pitcairn-Material verzeichnete, war mit den vier Buchstaben des ersten Eintrags beschriftet – PISS.

Ich bestellte sämtliche Literatur, die dort angegeben war, notierte mir die kleinsten Abweichungen in den Berichten über die Meuterei und ihre Folgen und versuchte, eine in sich schlüssige Geschichte zu konstruieren. Das erbauliche Werk, *The Mutiny of the Bounty; Or, Christian and His Comrades* (1853), nahm eindeutig Partei für Fletcher Christian. Die Geschichte der Rebellen war so ergreifend, daß der ständige Staatssekretär des Marineministeriums noch im selben Jahr eine Verteidigungsschrift zugunsten der Meuterer verfaßte. Es folgten wissenschaftlichere Titel. *Who Caused the Mutiny on the Bounty?* (1965) unterzog den Offizier des Kapitäns einer freudianischen Analyse und stellte die These auf, daß der Konflikt mit Christians homosexuellen Gefühlen für seinen Vorgesetzten zusammenhing. *The Wake of the Bounty: A Piece of Literary Reflection* (1953) deutete mit Fußnoten an, daß Christian heimlich nach England zurückkehrte und in Plymouth durch die Fore Street schlenderte, wo ihn sein früherer Midshipman, Peter Heywood, entdeckte. Fletcher Christian soll seine wundersame Geschichte William Wordsworth erzählt haben, der sie wiederum seinem Freund Samuel Coleridge anvertraute, worauf dieser in Anlehnung an Christians Schilderung *Die Ballade vom alten Seemann (The Rime of the Ancient Mariner)* schrieb. Jahrzehnte später wurde die Frage, ob Christians Erzählungen dieses epische Gedicht inspiriert hätten, in obskuren Blättern wie der *Dalhousie Review* diskutiert. Eine wissenschaftliche Zeitschrift, die *Studia Bountyana*, wurde ins Leben gerufen, um den feineren Nuancen und Aspekten des Dramas nachzuspüren. Gelehrte, religiöse Eiferer, Dichter und Fanatiker interpretierten auf verschiedene Art und Weise, was auf der *Bounty* geschehen und was mit ihrer Mannschaft passiert war. Byron schrieb 1823 das Versepos *The Island*. Mary Mitford veröffentlichte den Roman *Christina, The Maid of the South Seas* (1811). Die literarische Aufarbeitung der Geschichte der *Bounty* sorgte dafür, daß sich die tatsächlichen Begebenheiten und unsere Wunschphantasien von Anfang an vermischten.

Einig war man sich nur über ein spärliches Gerüst von Fakten: Leutnant William Bligh, dessen Ruf als herausragender Seefahrer auf Cooks dritter und letzter Expedition gründete, wurde am 16. August 1787 zum Kommandanten der *Bounty* ernannt. Er erhielt den Auftrag, um Kap Hoorn in den Südpazifik zu segeln, dort Brotfruchtsämlinge aufzunehmen und sie auf die Westindischen Inseln zu bringen.

Hawkesworths *An Account of the Voyages Undertaken by the Order of His Present Majesty for Making Discoveries in the Southern Hemisphere*, von dem ein Exemplar in Blighs Kabine lag, hatte lebhaftes Interesse an den Brotfruchtpflanzen erregt. Ohne besondere Pflege, ohne Jäten oder Bewässern brachten sie geschmacklose Früchte hervor, die einer großen Melone mit Warzen ähnelten und für britische Botaniker zum Symbol für die Mühelosigkeit des Anbaus in den Tropen wurden; es war Brot, das auf Bäumen wuchs. Die weißen Siedler hatten seit langem auf die Einführung solch eines billigen und nahrhaften Produkts hingearbeitet, um damit die Sklaven zu ernähren, die auf ihren Plantagen arbeiteten. Dem Projekt wurde so große Bedeutung beigemessen, daß man es mit Sir Walter Raleighs Expedition verglich, die zum Ziel hatte, die Kartoffelpflanze von Virginia nach Großbritannien zu bringen.

Die *Bounty* war für ihre Aufgabe besonders ausgerüstet worden, und man hatte für dieses Projekt von wahrhaft imperialer Größe keine Kosten gescheut. Das Deck war mit einer Bleiverkleidung wasserdicht gemacht und mit einem Zwischenboden versehen worden, in den man Löcher für 629 Tontöpfe gebohrt hatte; die Brotfrucht vermehrt sich nicht durch Samen, sondern durch Schößlinge, die man an Bord unterbringen mußte. Zwei Luken versorgten die Kabine mit Frischluft, und in jeder Ecke waren Rohre angebracht, die alles Süßwasser sammelten, das von den Pflanzen ablief. Die ersten Männer, die für die große Fahrt angeheuert wurden, waren die Pfleger der Brotfruchtbäumchen – David Nelson, ein Botaniker, und William Brown, ein Gärtner aus den Royal Botanic Gardens in Kew.

Alles, was dem jungen Leutnant Bligh noch zu tun blieb, war, eine Mannschaft zusammenzustellen. Bligh, von Natur aus äußerst gewissenhaft und ganz und gar besessen davon, daß die Reise ein Erfolg würde, suchte sich seine Männer sorgfältig aus. Er bestand darauf, daß auf seinem Schiff ein Musiker mitfuhr, der die Seeleute unterhalten und sie durch Tanzen körperlich ertüchtigen sollte, und ein zweiter Arzt, der sich auf der langen Reise um ihre Gesundheit kümmerte. Für den wichtigen Posten des Master's Mate wählte Bligh einen Freund seiner Familie und früheren Schiffskameraden aus, den dreiundzwanzigjährigen Fletcher Christian, mit dem er schon zweimal zu den Westindischen Inseln gesegelt war. Christian, ein junger Gentleman, verfügte über weniger als vier Jahre seemännische Erfahrung; Bligh, ein erprobter Seefahrer und zehn Jahre älter, hatte fast zwei Jahrzehnte in der Royal Navy gedient.

Mit Blumentöpfen und voller Besatzung bestückt, verließ die *Bounty* am 9. Oktober 1787 Deptford und segelte in Richtung Spithead, wo sie Befehle erhalten sollte, sich über Kap Hoorn auf den Weg nach Tahiti zu machen. Schlechtes Wetter begleitete von Anfang an das Unternehmen, und nachdem die *Bounty* fast einen Monat lang im Ärmelkanal hin und her getrieben worden war, ging sie an der englischen Südküste vor Anker. Doch der Befehl zur Weiterfahrt war noch nicht gekommen, und der Leutnant lag drei Wochen mit dem Schiff im Hafen und wartete darauf, daß das Wetter umschlug, bevor er die notwendigen Papiere erhielt. Am 3. Dezember machte sich die *Bounty* endlich auf den Weg nach Tahiti, doch nach zwei Tagen mußte sie umkehren. Bligh versuchte es noch einmal am 6. Dezember und war wieder gezwungen aufzugeben. Er wurde allmählich besorgt. Am 10. Dezember schrieb er in sein Logbuch: «Ich fürchte, daß mein guter Ruf auf dem Spiele steht.»

Zwei Tage vor Weihnachten fuhr die *Bounty* zum letztenmal bei schwerer See aufs Meer hinaus. Sieben Fässer Bier wurden über Bord gespült, ein Gutteil des Schiffszwiebacks wurde vom Salzwasser verdorben, und ein Matrose fiel von einer Rah, während er ein Großbramsegel aufrollte, wobei ein Stag seinen Sturz abfing. Zwei Wochen nach ihrer Abreise aus England warfen sie vor Teneriffa den Anker aus, ergänzten ihre Vorräte und reparierten die Schäden.

Der Aufenthalt munterte die Mannschaft wieder auf, und als sie fünf Tage später den Anker lichteten, schrieb Bligh: «Unsere Schiffsbesatzung ist in bester Verfassung und guter Stimmung». Als das südliche Ende von Teneriffa dem Blick entschwand, informierte Bligh seine Crew über Sinn und Ziel der Reise, die ihr bis zu diesem Zeitpunkt unbekannt waren. Der Leutnant stellte «jedem, der es sich durch sein Verhalten verdiente, eine sichere Beförderung» in Aussicht, setzte die Männer auf Zwei-Drittel-Rationen und fügte hinzu, daß sie, ohne noch einmal Land zu sehen, direkt nach Tahiti segeln würden.

Während der ersten beiden Monate des Jahres 1788 steuerte das Schiff einen südsüdwestlichen Kurs nach Kap Hoorn. Oft machten es die stille See und der heftige Regen unmöglich, Kleider und Bettzeug zu trocknen, und Bligh befahl, alle unteren Decks häufig mit Essig zu besprengen, weil er Angst hatte, daß seine Männer krank werden könnten. Dann kämpfte das Schiff wieder gegen schlechtes Wetter und widrige Winde an. Am letzten Märztag drehte sich der Wind nach Nordnordost, und Bligh war zuversichtlich, daß er die Fahrt um Kap Hoorn ohne Schwierigkeiten bewerkstelligen könnte. Doch binnen zwei Tagen machte ihm die unberechenbare See erneut einen Strich durch die Rechnung; Bligh notierte, daß «der Sturm alles übertraf, was ich je erlebt habe».

Am Sonnabend, den 12. April, nach zehn Tagen ununterbrochen schweren Wetters, mußte die *Bounty* jede Stunde ausgepumpt werden. Die Bedingungen an Bord waren unerträglich – der Koch stürzte und brach sich eine Rippe, ein anderer Mann verrenkte sich die Schulter, die Schafe und das Federvieh starben. Ein paar ruhige Stunden am Sonntag, dem 20. April, ließen sie Hoffnung schöpfen; doch das war nur ein Zwischenspiel, und gegen Nachmittag tobten heftige Schnee- und Hagelstürme. Wochen vergingen, ohne daß sie auch nur ein bißchen Fahrt machten. Die Männer wurden krank, das Schiff war durch und durch naß. Am 22. April, nach einem Monat unermüdlicher Arbeit, ohne daß sie auch nur eine Meile vorangekommen waren, befahl Bligh, Kurs auf das Kap der Guten Hoffnung zu nehmen und das Schiff während der ganzen Fahrt stündlich auszupumpen. Als die *Bounty* im Schatten des Tafelbergs vor Anker ging, mußte sie gründlich überholt und ihr Rumpf vollständig abgedichtet werden, um sich auf die längste Strecke ihrer Reise vorzubereiten, die nach Van Diemen's Land – Tasmanien – führte, über sechstausend Meilen entfernt.

Sie verließen Kapstadt am 1. Juli 1788, und am Monatsende kam St. Paul's Island in Sicht, nichts weiter als ein Felsen, den Bligh als Ziel gewählt hatte, um seine Navigationskünste zu erproben. Nachdem sie ein paar Tage in der Adventure Bay, Van Diemen's Land, geankert hatten, nahm die *Bounty* Kurs auf Tahiti, ohne noch einmal Land anzusteuern.

Nach zehn Monaten und 27 086 Seemeilen von der Marinewerft in London entfernt, wie Bligh peinlich genau in sein Logbuch eintrug, ging die *Bounty* in der Matavai Bay vor Anker, Tahiti. Die Gärtner Nelson und Brown begannen Brotfruchtschößlinge zu sammeln und überwachten den Bau einer großen Hütte, die als Gewächshaus dienen sollte. Derweil übertrug Bligh der übrigen Mannschaft leichte Aufgaben – Segel flicken, Holz und Wasser holen, den schimmligen Schiffszwieback ausbreiten, damit er in der Sonne trocknete –, die mit der erschöpfenden und streng geregelten Arbeit auf hoher See nicht zu vergleichen waren. Der Leutnant ging ganz darin auf, sich um die Brotfrucht zu kümmern, untersuchte sie täglich und war nervös, wenn ihm auch nur ein einziger Schößling verlorenging.

Befreit von den Zwängen der Disziplin an Bord des Schiffs, vergnügten sich die Offiziere und die Crew, indem sie mit den Insulanern Ringkämpfe austrugen und mit den jungen Frauen flirteten. Christian ließ sich sein Hinterteil mit einer dunklen Tätowierung verschönern. Vollmatrose Thomas Ellison, noch ein Teenager, ritzte sich einfach ein Datum in den rechten Arm – 25. Oktober 1788. Das war der Tag, an dem sie Orohena zuerst erblickt hatten, den höchsten Gipfel Tahitis, der seinen Schatten über die Matavaibucht wirft. Nach dem freien Leben auf einer Insel mit Wäldern, Stränden und einem Überfluß an Süßwasser mußte die Aussicht, in die klaustrophobische Beengtheit eines britischen Handelsschiffs zurückzukehren, unerträglich erscheinen – und drei Männer versuchten zu desertieren.

Nach fünf idyllischen Monaten auf Tahiti wurden alle Katzen an Land gebracht, das Schiff wurde gründlich nach versteckten «blinden Passagieren» abgesucht, und dann konnte die brotfruchtbeladene *Bounty* ihre Fahrt zu den Westindischen Inseln antreten. Trotz aller Rückschläge schrieb Bligh: «Die Reise war durchweg glücklich verlaufen und von vielen gleichermaßen erfreulichen und zufriedenstellenden Umständen begleitet.» Um diese Zeit war die Hälfte der Schiffsbesatzung bereits wegen Geschlechtskrankheiten behandelt worden.

Am 28. April 1789 betraten der Offizier des Kapitäns, Fletcher Christian, der Schiffsprofos Charles Churchill, der Geschützoffizier John Mills und der Vollmatrose Thomas Burkett kurz vor Sonnenaufgang Kapitän Blighs Kabine, während er schlief, und fesselten ihn. Drei Wochen nach dem paradiesischen Aufenthalt in Tahiti meuterte die unzufriedene Mannschaft der *Bounty*. Kapitän William Bligh und achtzehn loyale Gefolgsleute wurden in einer Barkasse ausgesetzt; es hätten sich gern noch mehr ihrem Kommandanten angeschlossen, doch die dreiundzwanzig Fuß lange Barkasse konnte sie nicht alle aufnehmen. Fletcher Christian übernahm das Kommando des bewaffneten Handelsschiffs *Bounty*.

Der erste Befehl des neuen Kommandanten lautete, Tubuai anzusteuern, eine Insel, die dreihundertfünfzig Meilen südlich der elysischen Gefilde Tahitis lag. Obwohl Kapitän Cook sie gesichtet hatte, schien es angesichts des schlechten Ankerplatzes und einer einzigen engen Passage durch das sie umgebende Riff unwahrscheinlich, daß sie von Schiffen angelaufen wurde. Hier wollte Christian eine südpazifische Siedlung gründen, aber die Meuterer waren bei den Tubuaianern nicht willkommen. Außerdem gab es auf der Insel keine Haustiere und kein jagdbares Wild. Einen Monat nach der Meuterei stach die *Bounty* erneut in See und nahm Kurs auf Tahiti in der Hoffnung, dort Schweine, Ziegen, Hühner und vor allem Frauen an Bord zu nehmen. Zusammen mit 38 Ziegen, 96 Hühnern, 312 Schweinen und einem Bullen und einer Kuh, die Kapitän Cook zurückgelassen hatte, wurde auch Christians Geliebte, Mauatua, auf das Schiff geschafft. Mit dieser kostbaren Fracht kehrte die *Bounty* hoffnungsfroh nach Tubuai zurück. Doch die Schweine verwüsteten die Gärten der Tubuaianer, und schon bald brach offene Feindschaft zwischen den Meuterern und ihren Nachbarn aus. Innerhalb von drei Monaten waren die Verhältnisse so unerträglich geworden, daß die *Bounty* nach Tahiti zurückfuhr.

Verführt durch die Annehmlichkeiten der Insel und einer ungewissen Zukunft unter Fletcher Christians Kommando überdrüssig, stimmten sechzehn der Meuterer – zwei Drittel der gesamten verbliebenen Mannschaft – dafür, auf Tahiti zu bleiben, darunter auch der Matrose Burkett. Nur acht Männer hielten ihrem neuen Herrn die Treue. Binnen eines Tages segelte die *Bounty* wieder davon, mit zwölf tahitianischen Frauen, sechs polynesischen Männern und einem Kind an Bord, die mehr oder weniger bereitwillig mitgekommen waren.*

Bootsmannsmaat James Morrison schrieb in sein Tagebuch, daß Christian beschloß, «auf eine unbewohnte Insel zu fahren, wo er sein Vieh an Land bringen konnte ..., das Schiff in Brand setzen wollte und hoffte, für den Rest seiner Tage leben zu können, ohne jemals wieder das Gesicht eines Europäers zu erblicken, mit Ausnahme derer, die schon bei ihm waren.» Christian muß dem Himmel gedankt haben für die Liebe seines früheren Kommandanten zur Navigationskunde, als er in Hawkesworths *An Ac-*

* Die Identität der Frauen ist schwer festzustellen, da die meisten von den Meuterern neue Namen erhielten. Mauatua wurde Isabella, Teio wurde Mary, Teraura wurde Susannah, Toofaiti wurde Nancy, Vahineatua wurde Prudence, und drei der dreizehn Frauen, das Kind eingeschlossen, sollen den Namen Sarah bekommen haben.

count of the Voyages Undertaken by the Order of His Present Majesty for Making Discoveries in the Southern Hemisphere, das in Blighs Kabine lag, auf eine Beschreibung stieß, wie Carteret 1767 Pitcairn Island entdeckte. Vom Deck der *Swallow* aus hatte Kapitän Carteret eine Insel erspäht, die «kaum mehr als ein großer Felsen im Meer» war. Wie so viele andere Inseln, die die Karten des achtzehnten Jahrhunderts sprenkelten, hätte auch das winzige Pitcairn eine bloße Erscheinung sein können. Encarnation, Michel und San Pablo waren allesamt Inseln, die bis zur Jahrhundertmitte auf den Karten der Admiralität zweihundert Meilen im Umkreis von Pitcairn verzeichnet waren. Keine von ihnen hat tatsächlich existiert.

Kapitän Carteret hatte die unwirtliche Küstenlinie und die dichte Pflanzenwelt bemerkt – die ein fruchtbares Land versprach – und einen Fluß entdeckt. Mit einer Süßwasserquelle war das unbewohnte, fruchtbare und hafenlose winzige Eiland ein wahrer Zufluchtsort. Außerdem hatte Carteret Pitcairns geographische Breite falsch berechnet, was für die Meuterer entscheidend war: Die Insel lag über drei Grad von der Position entfernt, die Carteret eingetragen hatte. Selbst mit allen verfügbaren Informationen konnte eine britische Fregatte nur durch Zufall auf sie stoßen. Am 21. Januar 1790 ging der Rebell und Anführer mitsamt seiner Mannschaft auf Pitcairn an Land. Indem sie diese Insel zu ihrer Heimat machten, sollten die Meuterer regelrecht vom Erdboden verschwinden.

Im selben Monat segelte Bligh von Kapstadt nach England, darauf brennend, seine Geschichte zu erzählen. Nachdem man ihn von Bord auf die Barkasse gezwungen hatte, fuhr er nach Tofua, nur dreißig Meilen entfernt, in der Hoffnung, daß man ihn dort mit Lebensmitteln versorgen würde. Doch die Eingeborenen griffen die schutzlosen Männer an, und Quartermeister John Norton wurde getötet, als er von der Insel floh: der erste Mann, der infolge der Meuterei starb. Obwohl die Barkasse nur für fünf Tage Proviant hatte, fällte Bligh die kühne – einige sagen leichtsinnige – Entscheidung, 3618 Seemeilen von Tofua zu der niederländischen Siedlung Timor zu fahren, wo er hoffte, daß ihn ein Schiff über Batavia (Jakarta), den Haupthafen der niederländischen Ostindien-Kompanie, nach Hause bringen würde, damit er dort möglichst schnell von den Ereignissen an Bord der *Bounty* berichten könne.

Der Schoner *Resource* fuhr Bligh und seine Männer von Timor nach Batavia. Geschwächt von der Fahrt in dem offenen Boot, erlagen drei Besatzungsmitglieder in Batavia einem Fieber und starben; doch Bligh nahm das erste Postschiff nach Kapstadt und schickte dort die Nachricht von der Meuterei ab. Am 14. März 1790 kam Bligh in England an und wurde aufgrund seiner großen Leistung, die Barkasse der *Bounty* von Tofua nach Timor zu steuern, als Nationalheld gefeiert. Um die Übeltäter zu bestrafen, ernannte die Admiralität Kapitän Edward Edwards zum Kommandanten der *Pandora* und befahl, die Meuterer der *Bounty* zu jagen und sie in England vor Gericht zu bringen. Kapitän Edwards stach im November 1790 in See und nahm Kurs auf Tahiti.*

* Kapitän Edwards fing auf Tahiti vierzehn Meuterer ein; auf der Rückreise lief die *Pandora* auf das Große Barrierriff auf, und Edwards – ein viel grausamerer Kapitän als Bligh – weigerte sich, die in einem Käfig angeketteten Gefangenen zu befreien. Vier starben; zehn überlebten, um in England verurteilt und gehängt zu werden.

Binnen eines Jahres, als das Schicksal von Christian und seinen Gefolgsleuten noch nicht bekannt war, wurde Blighs ausführliches und genaues Logbuch *A Narrative of the Mutiny on Board His Majesty's Ship The Bounty* veröffentlicht. Es war ein riesiger Erfolg und wurde ins Französische und Deutsche übersetzt; in London feierten Musicals den mutigen Kapitän. Später veröffentlichte John Fryer, der Navigationsoffizier der *Bounty*, der Bligh in die Barkasse gefolgt war, seine Version der Ereignisse, um Christians Handlungen zu verteidigen. Alle Aussagen von Augenzeugen widersprachen sich; niemand erzählte die Geschichte der Meuterer ohne ein überwältigendes Bedürfnis nach Rechtfertigung oder gar aus Selbsterhaltungstrieb. Denn während Bligh um seinen Ruf fürchten mußte, für den er so hart gekämpft hatte, drohte anderen die Todesstrafe.

Seit diesen frühen Berichten ist die Geschichte der Meuterei auf der *Bounty* wieder und wieder in über zweihundert Büchern erzählt worden. Die Titel wetteiferten um Authentizität – *Was geschah auf der Bounty?* wurde übertroffen von *Was geschah wirklich auf der Bounty?* Mit Mel Gibson als Fletcher Christian und Anthony Hopkins als Bligh war *Die Bounty* nur der letzte von fünf Filmen, die die Legende weiter verdichtet haben.

Während ich versuchte, mir ein Bild von der Insel und den wenigen verbliebenen Nachkommen der Meuterer mit ihren tahitianischen Frauen zu machen, erschuf ich mir einen Ort außergewöhnlicher Vollkommenheit. Mr. Walther Brodie, ein Passagier, der auf der Insel gestrandet war, als sein Schiff sich vom Anker losriß und hinter dem Horizont verschwand, schrieb 1850, daß Pitcairn «das zur Wirklichkeit gewordene Arkadien» sei, «oder das, was wir bisher nur dem Reich der poetischen Imagination zugeschrieben haben ... dort herrschen weder Wohlstand noch Mangel, eine primitive Einfachheit des Lebens und der Sitten, vollkommene Gleichheit an Rang und Stand und stille Zufriedenheit.» In *The Romance of Pitcairn Island* behauptet W. Y. Fullerton, der 1921 zwei Stunden lang mit seinem Schiff vor der Küste lag, daß die Insel «ein lebendiges Beispiel dafür sei, was man aus seinem Leben machen könnte ... Es veranschaulicht die Wandlung des Menschen vom Schlimmsten zum Besten.» In welchem Jahrhundert das Werk, das ich auswählte, auch geschrieben war – es erzählte dieselbe bewegende Geschichte: Pitcairn ist «eine Insel des Friedens» und die Pitcairner sind «die freundlichsten Menschen auf dieser Erde». Dort gäbe es zwar ein Gericht und ein Gefängnis, die aber noch nie benutzt worden seien; Verbrechen wären unbekannt, die persönliche Sicherheit garantiert. Während die übrige Welt unter Revolutionen leide, bliebe auf Pitcairn alles beim alten. Es war tröstlich zu wissen, daß Pitcairn, so unsicher unsere eigene Zukunft auch scheinen mochte, ein Fels in der Brandung war, der unseren Hoffnungen eine Zuflucht bot. Irgendwo, in weiter Ferne, blühte der Garten Eden.

Als die Tage draußen immer kürzer wurden, formte sich in meiner Seele aus diesen Bruchstücken meine eigene paradiesische Insel. Aus Quellen in der British Library notierte ich mir, daß Pitcairn zu einer Gruppe von vier Inseln gehört, die über dreihundert Meilen verstreut liegen – Henderson, Oeno, Ducie und Pitcairn. Alle bis auf Pitcairn sind unbewohnt. Die Erhebung von 1990 ergab, daß dort vierzig Insulaner im Alter von fünf Monaten bis einundneunzig Jahren leben – achtzehn Männer und zweiundzwanzig Frauen –, die in Adamstown wohnen, dem Hauptort von Pitcairn und der einzigen Siedlung auf der anderthalb Quadratmeilen großen Insel. In der Schule von Pitcairn Island waren zu diesem Zeitpunkt neun Kinder eingetragen.

Pitcairn besteht zum großen Teil aus steilen, schwarzen Vulkanfelsen, und obwohl nur acht Prozent des Landes flach sind und sich für den Ackerbau eignen, können die Inselbewohner dort ausreichend Gemüse und Früchte für den eigenen Bedarf anbauen. Die Küste ist unwirtlich und an vielen Stellen unzugänglich, über ein Viertel des Landes besteht aus senkrechten Felsen, und eine primitive Karte der Insel verzeichnete Ortsnamen, die von früheren Unglücksfällen zeugen – Where Dick Fall, Tom Drop Off, Oh Dear und Hill of Difficulties, der sich am Anlegeplatz an der Bounty Bay erhebt. Aber es gibt auch einsame Stellen, an denen man relativ ungefährdet fischen kann, so daß der Eiweißbedarf der Insulaner abgedeckt ist.

Die Pitcairner sind als «hybride Rasse» beschrieben worden, da sie halb europäisch, halb polynesisch aussehen. Selbst ihre Sprache, Pitcairnesisch, ist eine Mischung aus Polynesisch und dem Englisch der Meuterer aus dem achtzehnten Jahrhundert. Wörter, die schon lang aus dem gewöhnlichen anglo-amerikanischen Sprachschatz verschwunden sind, gehören auf Pitcairn immer noch zur Alltagssprache – wie *tardy* (spät), *musket* (Gewehr) und *yonder* (weit entfernt).

1886 wurde die nominelle Zugehörigkeit zur Church of England, die auf der flüchtigen Lektüre der Bibel von der *Bounty* beruhte, aufgegeben, als ein amerikanischer Missionar namens John Tay mit einigen Schriften der Siebenten-Tags-Adventisten unter dem Arm auf der Insel ankam. Ich bat die Leitung des europäischen Zweigs der Kirche der Siebenten-Tags-Adventisten, dessen Hauptquartier sich in St. Albans, Hertfordhire, befindet, um Informationen, aus denen ich die entscheidenden Lehren ihres Glaubens entnehmen konnte:

- Wiederkunft Christi
- Einhaltung des Sabbats am Samstag
- Taufe nur durch Untertauchen mit dem ganzen Körper
- Auferstehung der Gerechten und Ungerechten – Auferstehung der Gerechten bei der Wiederkunft Christi, die der Ungerechten 1000 Jahre später
- Kein Tanzen, kein Trinken, kein Rauchen, kein Kartenspiel
- Keine Hölle

Es schien ein durchaus annehmbarer Glaube zu sein.

Was die Regierung der Insel betrifft, so ist Pitcairn die letzte Kronkolonie Großbritanniens im Südpazifik unter der Verwaltung eines Hochkommissars, der über dreitausend Meilen entfernt in Neuseeland residiert. Weil die Insel so abgelegen ist, hat sich Mr. David Moss nicht in der Lage gesehen, seinem Herrschaftsgebiet einen Besuch abzustatten. Doch er ernannte einen Neuseeländer als seinen Stellvertreter auf der Insel, dessen offizieller Titel Regierungsberater und Bildungsminister ist und der auch als Lehrer arbeitet. In *The Romance of Pitcairn Island* las ich, daß die Frau von Sir Cecil Rodwell, Hochkommissar für den Westpazifik, die erste englische Frau war, die am 24. Juni 1921 den Boden Pitcairns betreten hat, wobei der

Autor vergaß, daß natürlich alle Frauen auf Pitcairn Island britisch sind.

Die Insel besitzt eine eigene, vier Seiten umfassende Monatszeitung, *The Pitcairn Miscellany*. Ich hatte in der British Library ein altes Exemplar entdeckt, das hinten in einem Buch steckte, und suchte im Fischereibericht, im Wetterbericht, in den Schiffahrts- und Kirchennachrichten nach Hinweisen. Trotz des wenig bemerkenswerten Inhalts konnte sich *The Miscellany* unter allen Zeitschriften der Welt der meisten Leser pro Kopf der Bevölkerung rühmen: Fünftausend Exemplare werden gedruckt, über hundert für jeden Pitcairner, und weltweit an Fans der Geschichte der *Bounty* ausgeliefert. Ich steckte einen Fünf-Dollar-Schein in einen Umschlag, adressierte ihn «An den Herausgeber, *Pitcairn Miscellany*, Pitcairn Island, Südpazifik» und wartete auf meine erste Ausgabe; es dauerte sechs Monate, bis ich sie in Händen hielt. Der *Miscellany* ist immer hoffnungslos veraltet, wenn es seine überseeischen Abonnenten erreicht; das Oktoberexemplar kommt vielleicht im Juni an, die Ausgabe vom Juni im neuen Jahr. Und oft kommt die Post in anderer Reihenfolge an, als sie abgeschickt worden ist; wie lang eine Ausgabe braucht, um ihr Ziel zu erreichen, hängt davon ab, welches Schiff den Postsack befördert und wohin es fährt.

Ich wollte jetzt unbedingt mehr über die Insel erfahren, schrieb an die Beratungsstelle für Expeditionen bei der Royal Geographical Society und fragte, ob sie mir einen Fachmann für das heutige Pitcairn empfehlen könnten; sie verwiesen mich an Tim, der ein Buch über seine Erfahrungen auf der Insel schrieb. Er schlug vor, daß wir uns an der Bar im Tower Hotel treffen sollten, einem Betonbau, gebaut wie ein chaotischer Bücherstapel, damit möglichst viele Zimmer über Flußblick verfügen. Die Bar war voll von Touristen, die einen raschen Drink vor ihrer abendlichen Show nahmen, Geschäftsleuten, die wohlgefüllte Gläser mit Scotch und Babyphones schwenkten, und Fremden, die das Hotel als passenden Ort wählten, um sich zum ersten Mal zu verabreden.

Tim erhob sich, als er mich sah, und klopfte mit der Hand auf den Sitz gegenüber. Er trug beigefarbene Freizeitkleidung – ein beigefarbenes, nach Maß gearbeitetes Baumwolljackett, ein wollweißes Hemd, sandfarbene Baumwollhosen und weiche, beigefarbene Lederschuhe mit weißen Schnürsenkeln, die seine gutgeformten Füße wie eine Haut umschlossen. Sein straffer Körper und sein glattes, wächsernes Gesicht ließen ihn wie eine Puppe in einem Schaufenster der siebziger Jahre aussehen. Nur auf seinem Kinn zeigte sich ein winziger blutiger Schnitt; wahrscheinlich hatte er sich, kurz bevor er wegging, noch rasiert.

Tim sprach jedes Wort sehr deutlich und behutsam aus, lehnte sich über den niedrigen, getönten Glastisch und tat so, als wären wir sehr intim miteinander und würden unseren Plan besprechen, dieser hohlen Welt, die uns umgab, gemeinsam zu entfliehen. In Wirklichkeit waren wir keine Leute, die am frühen Abend in Londons Innenstadt ihre Cocktails tranken, sondern Lotusesser auf dem Weg zum Paradies.

Über einem welken griechischen Salat im Café des Hotels erzählte mir Tim von den Stürmen und Walen, denen er auf seiner achtmonatigen Einmannreise nach Pitcairn mit seiner Yacht *Macalau* begegnet war. Während seines Aufenthalts auf der Insel stürzte bei Down Rope ein Felsen ins Meer, wurden polynesische Artefakte ausgegraben, unterirdische Höhlen entdeckt, menschliche Skelette zur Untersuchung an die Smithsonian Institution geschickt, und bei einem Erdrutsch verloren zwei Leute ihr Leben. Tim hatte einen Hubschrauber auf dem Deck der *Macalau* festgezurrt und flog mit ihm an einem stürmischen Tag über eine hohe Klippe. Ich war hingerissen. Tims Pitcairn war voll von ungelösten, uralten Rätseln und gewaltigen physischen Herausforderungen. Wir hockten in dem Café dicht beieinander und ließen uns von unserer gemeinsamen Phantasie beflügeln.

Tim begab sich dann auf den Heimweg nach Chingford, Essex, und ich mich in die Wohnung meines Freundes am anderen Flußufer. Tim drückte meinen Arm, beugte sich über mich und flüsterte: «Laß uns zusammen hinfahren. Mit der *Macalau.*» Und dann trennten sich, nächtlichen Verschwörern gleich, unsere Wege.

Ich schlenderte über die Tower Bridge. Die gotischen Türme waren wie ein Bühnenbild angestrahlt, und das Wasser der Themse stand hoch und strömte schnell dahin. Ich fing an herumzuhüpfen; ich hatte jemand gefunden, der mich verstand und, wichtiger noch, Pitcairn *kannte.* Wenn Tim nun noch einmal nach Pitcairn segeln würde? Wenn ich ihn dorthin begleiten könnte?

In gewissem Sinn war ich jedoch schon dort, genauso wie Tim, und aus diesem Grund fühlte ich mich ihm nah, trotz seiner gekünstelten Freizeitkleidung und seines Bemühens, mich zu beeindrucken. Über meinem Schreibtisch hatte ich eine Weltkarte festgenagelt. Wenn ich mit meinem Finger in die Mitte des blauen Feldes des Südpazifiks zielte, der sich von Neuseeland bis zum Panamabogen erstreckt, landete ich in der Nähe von Pitcairn. Bald hatten die schmutzigen Abdrücke meiner Fingerspitze das ganze Eiland ausgelöscht. Wenn man sich in einer fremden Stadt verirrt hat und auf der Straße eine Karte entdeckt, die das örtliche Fremdenverkehrsamt freundlicherweise ausgehängt hat, kann man davon ausgehen, daß man genau an der Stelle steht, wo alle Straßennamen weggerieben sind und nur noch ein Schmutzfleck grüßt. Und in ähnlicher Weise hatte ich das Gefühl, schon auf der Insel zu sein, die ich mir im Geiste erschaffen hatte. Ich konnte auf den Fleck auf der Karte über meinem Schreibtisch blicken und wußte, wo ich war. Ich verbrachte den feuchten englischen Sommer auf Pitcairn Island.

Bei mir zu Hause, in einem englischen Seebad, gibt es einen Rummelplatz. Zwischen dem Karussell und der Wasserrutsche befindet sich die *Bounty*, eine zehn Meter lange Nachbildung des Schiffs der Meuterer, das wie ein außer Rand und Band geratenes Pendel hin und her schwingt, während die Fahrgäste auf und ab geschleudert werden, ähnlich wie es Bligh vermutlich ergangen ist, als er sich um Kap Hoorn wagte. Ich hatte immer zuviel Angst, um an Bord zu klettern. An schönen Sonntagen wanderte ich zum Strand hinunter und beobachtete die aufgeregten Passagiere, die vor einem bemalten Hintergrund aus Palmen, tosender Brandung und Inselmädchen mit Baströcken und Girlanden in Schreckens- und Entzückensschreie ausbrachen. Dann ging ich, vom starken Bratgeruch verlockt, zum nächstgelegenen Imbiß, kaufte mir eine Tüte Chips und aß sie am Ufer auf. Als der Sommer zu Ende ging, wurde das Schiff geschlossen.

Als die Tage kürzer wurden, verdrängte die Wirklichkeit um mich herum Pitcairn Island. Es wurde kalt, an der Küste tobten Stürme. Zwei Teenager ertranken, und ein Wal wurde vom Kanal an den Strand unterhalb meines Hauses gespült.

Ich erkundigte mich beim Ministerium für das Commonwealth und auswärtige Angelegenheiten in London, ob ich eine Genehmigung bräuchte, um auf die Insel zu fahren. Ob mir eigentlich klar sei, meinten sie, daß sie mit Anträgen von Leuten, die in einem Inselparadies leben wollten, überhäuft würden, daß aber niemand ohne eine Aufenthaltsgenehmigung einen Fuß auf die Insel setzen könne? Ich müßte mich an das Büro des Hochkommissars wenden. Wenn der Hochkommissar den Antrag guthieße, würde er ihn an den Inselrat von Pitcairn weiterleiten, der dann eine Versammlung einberufen und entscheiden würde, ob man die Genehmigung erteile.

Die Bedingungen, die ein Bewerber erfüllen müsse, warnte mich das Foreign Office, seien sehr streng und Bewerbungen selten erfolgreich. Zuerst müssen die Antragsteller beweisen, daß sie «gesund sind und keine ansteckenden Krankheiten haben und ... das alles mit einem Attest belegen». Ich ging also zu meinem Arzt, der bestätigte, daß ich «in der Lage sei, weltweit zu reisen», und mir den Rat gab, mir ein paar Antihistamine zu besorgen für den Fall, daß ich auf die örtliche Flora oder Fauna allergisch reagierte.

«Und Sie können besser einschlafen», fügte er hinzu. «Was von Vorteil sein kann, wenn Sie akute Schmerzen haben.»

Als nächstes müssen alle Bewerber einen Fragebogen ausfüllen, den der Inselrat zusammengestellt hatte. Das machte mir Sorgen. Ich stellte mir vor, daß man prüfen wollte, ob ich auf einer Südseeinsel leben könnte, was gewiß nicht zu meinen Gunsten ausfallen würde. Haben

Sie schon jemals auf einer kleinen Insel gelebt? (Ich hatte bisher nur in großen Städten gewohnt.) Können Sie Süßkartoffeln kochen? Kennen Sie den Unterschied zwischen einem Barrakuda und einem Hai? Sicher wollten die Insulaner solche Dinge wissen, bevor sie sich entschieden.

Als der Fragebogen bei mir ankam, warf ich einen ängstlichen Blick darauf. Vielleicht konnte ich ja meine Inselkenntnisse noch auffrischen, bevor ich abfuhr, und die Ferien, die ich als Kind auf der Isle of Wight verbrachte, ins Feld führen. Die Fragen lauteten: «Familienstand?», «Wieviel Geld haben Sie dabei?», «Sind Sie im Besitz eines gültigen Passes?», «Religion und Konfessionszugehörigkeit?» und «Was ist der Grund Ihres Besuchs auf Pitcairn Island?».

Nur die letzte Frage beunruhigte mich. Ich brauchte einen vernünftigen Grund, der mich und die Insulaner überzeugte. Ich konnte nicht einfach antworten, daß mich ein Film inspiriert hatte, der an einem regnerischen Nachmittag in einem Kino im Süden Londons lief.

Freunde hatten mir schon Vorschläge unterbreitet, wie ich mich sinnvoll und vergnüglich beschäftigen könnte, wenn ich denn wirklich auf Pitcairn landen sollte. Ich könnte die Körbe der Frauen studieren und die verschiedenen verschlungenen Muster zeichnen, die mit den Schraubenbaumblättern geflochten wurden. Ich könnte ein Kochbuch mit Kokosnußrezepten schreiben. Oder fischen lernen. Ein akademischer Bekannter schlug vor, daß ich die mündlich überlieferte Geschichte der Insel zusammentragen solle; das würde die Pitcairner sicher erfreuen, meinte er. Ich müßte sie davon überzeugen, daß ich keine Europäerin auf der Suche nach dem Paradies sei. Doch all diese Antworten schienen mir nicht gewichtig genug, um den Inselrat auf meine Seite zu ziehen.

Aufgrund einer weiteren Empfehlung der Royal Geographical Society wandte ich mich an die Pitcairn Island Study Group (PISG), in der Erwartung, daß mein mangelhaftes Wissen auf dem Gebiet der Geomorphologie südpazifischer Atolle einer Mitgliedschaft entgegenstehen würde. Doch die PISG stellte sich als eine Ansammlung von Pfarrern, Vertretern von Klimaanlagen und Bankern im Ruhestand heraus. Ein Mitglied lebte in einem Cottage namens «Pitcairn», ein anderes hatte seinen ersten Sohn Fletcher genannt. Die siebzig Mitglieder der PISG waren Philatelisten, die mit Hingabe Pitcairns Briefmarken und Poststempel erforschten und darüber zweimal im Jahr auf lebhaften Versammlungen in London oder Bath diskutierten. Sie behandelten ihr Thema mit der Begeisterung von Menschen im mittleren Alter, die sich ihrem Jugendhobby widmen durften, tauschten Marken aus, versteigerten untereinander Umschläge und gaben ein Fanmagazin heraus, das sie *Pitcairn Log* nannten und in dem Artikel erschienen wie «Die Entwicklung der Postgebühren im Jahr 1940» oder «Briefmarken und Pioniere».

Die Post von Pitcairn schien mir der triftige Grund für meine Reise zu sein, nach dem ich suchte. Für die Pitcairner selbst ist sie von großer Bedeutung. Sie mochte launisch sein und sechsmonatige Verzögerungen bedeuten, doch sie ist der einzige Kontakt zur Welt jenseits der felsigen Küsten; und der Verkauf der gefragten Marken, der jährlich fast eine halbe Million neuseeländische Dollar einbringt, stellt die Haupteinkommensquelle der Insel dar.

Ich wandte mich an die Überseeabteilung der britischen

Post, erläuterte, welche Bedeutung die Post für Pitcairn habe, und schlug ihnen vor, mich zu unterstützen. Pitcairn sei, so argumentierte ich, der am weitesten entfernte Ort, an den ein Brief geliefert werden könne. Es sei ein postalisches Wunder, daß ein Brief, der in London eingeworfen wurde, auf Pitcairn ankam (wenn auch vielleicht erst nach einem Jahr). Die Royal Mail gewährte mir eine bescheidene Beihilfe, und dankbar und erleichtert schrieb ich unter «Grund Ihres Besuchs auf Pitcairn»: «Recherchen für ein Buch über Beförderung und Sortierung der Post und ihre Bedeutung für die Einwohner Pitcairns».

Die Unterkunft auf Pitcairn stellte ebenfalls ein Problem dar. Es gibt dort keine Hotels oder Pensionen, also mußte man sich ein Privatquartier bei einer Familie besorgen, die für einen Standardpreis von hundert neuseeländischen Dollar pro Woche Kost und Logis anbot. Doch wie konnte ich mir irgendwo etwas besorgen, bevor ich an Ort und Stelle war, wenn es solche Schwierigkeiten machte, den Kontakt zur Insel herzustellen? Und woher sollte ich wissen, wann ich ankommen und wann ich wieder abfahren würde? Ich müßte in einem offenen Brief an die Inselbewohner schreiben, daß ich irgendwann für unbestimmte Zeit ein Bett auf Pitcairn bräuchte, und ob jemand so freundlich wäre, mich wissen zu lassen, ob er eines übrig hätte.

Der Präsident der PISG hatte mich an Ron Thomas verwiesen, einen Amateurfunker, der den Kontakt mit Pitcairn Island pflegte und zu den wenigen Menschen zählt, die zweimal dort gewesen sind. Ron schlug vor, daß ich ihn an einem Sonntagmorgen besuchen komme. Sonntag morgen war auf Pitcairn Samstag abend und eine gute Zeit für einen Funkkontakt. Er hatte meinen Besuch Irma Christian angekündigt, seiner Kontaktperson auf der Insel, und sie hatte angeboten, mich zu beherbergen. Irma lebte mit ihrem Mann Ben und ihrem erwachsenen Sohn Dennis zusammen. Es wäre sicher nützlich, wenn wir mit ihr reden könnten, meinte Ron.

«Sie können mich gar nicht verfehlen», sagte er am Telefon. «Sobald Sie den Bahnhof verlassen, werden Sie die Antenne sehen.»

Als ich den Bahnhof von Buxley Green verlassen hatte, schlenderte ich an den rechtwinkligen Vorgärten vorbei und hielt Ausschau nach einer Metallkonstruktion, die in meiner Vorstellung den Wäscheständern glich, die wie riesige Spinnennetze gebaut waren. Ich sah mehrere Wäscheständer – einige in Spinnennetzform, andere noch kompliziertere Modelle, die mit zusammenklappbaren Plastik- und Metallstöcken aufrechterhalten wurden –, aber ich konnte Rons Haus nicht finden. Nachdem ich die Straße überquert hatte und sie auf der anderen Seite mehrmals auf und ab gegangen war, erblickte ich einen gewaltigen Mast, der hinter einem Bungalow himmelwärts ragte, höher als alle der ordentlichen Häuschen. Ich hatte ihn schon vom Bahnsteig aus erspäht, aber angenommen, daß er Teil einer Industrieanlage sei. Es war Rons Antenne, durch die er mit Pitcairn sprach.

Ron hockte auf der Kante eines unbequemen, hartlehnigen Stuhls, als ob er sich im Wartezimmer eines Arztes befände und nicht bei sich zu Hause. Er war ein großer, schüchterner, ungepflegter Mann, der es schaffte, Kleider zu tragen, die selbst für ihn zu groß waren, und dazu noch eine enge Wollmütze mit Bommel auf dem Kopf. Auf beiden Seiten seines sanften Gesichts lief ein pelziger, grauer Backenbart hinab. Er war über siebzig, wirkte aber, abgesehen von seinem leichten Humpeln und einem behutsamen Gang, viel jünger.

Als uns der Gesprächsstoff ausgegangen war, legte er ein Videoband ein, das er von der Insel gemacht hatte. Nachdem Farbe und Kontrast scharf eingestellt waren, erschien ein wackliges Bild leuchtendgrüner Täler und düsterroter, matschiger Pfade. Es sah eher aus wie ein schlecht gemaltes Nullachtfünfzehn-Gemälde als ein Ort, an dem ich gern verweilen würde.

Als die Zeit gekommen war, zu den wir mit Irma reden wollten, gingen wir in Rons Funkerhütte, einen Schuppen hinter dem Haus, der bis oben hin mit Funkgeräten vollgestopft war. Im Winter konnte die Temperatur unter Null fallen, und durch das Loch im Dach rieselte der Schnee. Man traf Ron häufig um fünf Uhr morgens dort draußen an, weil das oft die beste Zeit zum Reden war. Jetzt schaltete er das Funkgerät ein, das auf einigen Skalenscheiben Piepen, Knattern und gelegentliches schrilles Pfeifen vermeldete. Ron sprach in das Knattern hinein.

«G30KQ, G30KQ, VR6ID, VR6ID. Victor Romeo Six India Delta.»

Über die Wellen sprach Ron nicht mehr leise und zurückhaltend, sondern selbstbewußt und laut.

«Das ist Amerika», sagte er. Ich hörte nichts außer weiterem Knattern und Piepen.

«Woher wissen Sie, daß dort Amerika ist?»

«Ich höre den Akzent.»

«Was für einen Akzent?»

«Den Akzent von dem Heini. Dem Kerl, der da spricht!»

Ich konnte nicht einmal eine Stimme hören.

Ron spielte mit den schwarzen Knöpfen und erzeugte

eine Reihe von Geräuschen, die wie Botschaften im Morsealphabet klangen. Zuletzt lehnte er sich zurück.

«Da ist Irma. VR6ID, VR6ID, G30KQ, G30KQ. Over.»

Piep, Rausch, Knatter.

«VR6ID, G30KQ. Du kommst um sieben nach fünf durch. Over.»

Iiiiii.

«Ich habe Dea hier. Delta. Echo. Amerika. VR6ID, G30KQ.»

Krachen.

«Wie heißen Sie mit vollem Namen?» fragte mich Ron.

«Deborah. Dea ist mein Kosename.»

«Deb-or-rah. Ich habe Deborah hier. Over.»

Piep. Piep. Piep.

«VR6ID, G30KQ. Ja, Debbie. Ich gebe sie dir. Over», und er reichte mir das Mikro.

«Hallo», sagte ich. «Vielen Dank, daß Sie mich unterbringen wollen. Das ist sehr nett von Ihnen.»

Ich hatte mitbekommen, daß Ron alles, was er sagte, wiederholte.

«Sehr nett von Ihnen. Sehr nett von Ihnen. Over.»

Iiiiii.

«Antworten Sie ihr!» sagte Ron.

«Was hat sie denn gesagt?»

«Sie sagte, daß sie Sie willkommen heißt. Unsere Insel heißt Sie willkommen.»

Ich drehte mich wieder zum Mikrophon. «Danke. Das ist sehr freundlich von Ihnen. Sehr freundlich von Ihnen.»

Iiiiii. Knister.

Rons Lächeln und sein Nicken vor den Skalenscheiben sagten mir, daß Irma zu mir sprach. Doch nur ein alter Funkhase wie Ron konnte aus all dem Rauschen und Krachen, das aus seinen Maschinen kam, Worte entnehmen. Mir war, als ob ich versuchen würde, mich durch eine gläserne Wand zu unterhalten. Ich wußte, daß jemand auf der anderen Seite war, aber die Wand verschluckte die Worte.

«Hier hat es geschneit», sagte ich in einem erneuten Versuch, das Gespräch mit Irma aufzunehmen. «Geschneit. Geschneit. Es ist sehr kalt. Ein sehr harter Winter. Sehr hart.»

Knatter, und dann hörte es sich an, als ob es heftig regnete.

«Sie sagt, daß es bei ihnen schwere Stürme gegeben hat, aber in den letzten Tagen ist es ruhig gewesen», meinte Ron.

Ich fühlte mich von der riesigen Wand, die mich von Irma trennte, besiegt. Aber mir fiel auch nichts mehr ein, worüber ich mit ihr noch hätte sprechen können. Wir hatten Höflichkeitsfloskeln ausgetauscht – zumindest war das mein Eindruck gewesen –, und ich hatte mich für die angebotene Unterkunft bedankt. Wir hatten übers Wetter gesprochen. Ich wußte keine Frage mehr, die sich in der abgehackten Sprache der Ätherwellen beantworten ließ, und ich konnte mein Leben nicht in kurze, wiederholte Phrasen übersetzen. Ich konnte mir auch kaum vorstellen, daß wir ein gemeinsames Thema finden und unsere Erfahrungen austauschen würden. Ich konnte nicht über mein Gemüsebeet, meinen letzten Fischfang oder die Schnitzerei sprechen, mit der ich beschäftigt war, oder über irgendwelche Aktivitäten, die, wie ich glaubte, den Tag eines Pitcairners ausfüllten. Ich konnte mit ihr nicht über die neue Redakteurin bei dem Frauenmagazin sprechen, für das ich arbeitete, oder mein neues Faxgerät. Selbst die Weltnachrichten waren kein gemeinsamer Gesprächsstoff. Was bedeutete die Auflösung des ehemaligen Jugoslawiens schon auf Pitcairn? Ich gab Ron das Mikrophon zurück.

«Siebzig drei, Siebzig drei. Guter Kontakt, Irma. Achtzig acht. VR6ID, hier ist G30KQ. Mache jetzt Schluß.»

Iiiiiii. Knacken. Und Irma war weg.

Am nächsten Tag schrieb ich an Dennis Christian, Irmas sechsunddreißigjährigen Sohn. Dennis war Postmeister auf Pitcairn Island.

Ich erzählte Dennis, daß ich Pitcairn Anfang nächsten Jahres besuchen wollte und daß sie meinen Antrag für eine Aufenthaltserlaubnis gerade prüften. Ich würde von der Royal Mail International gesponsert und sei vor allem daran interessiert, mit ihm die Bedeutung der Postzustellung für die Einwohner Pitcairns zu diskutieren. Ich schickte ihm ein Exemplar des Buches, das ich über meine Reise auf einem westafrikanischen Frachter geschrieben hatte. Ich fügte ein paar Sätze über mich selbst hinzu – die anderen Bücher, die ich verfaßt hatte, meine Arbeit und daß ich am Meer lebte. Danach fiel mir ebenso wie in Rons Funkerschuppen nichts mehr ein, was ich noch hätte sagen können. Was konnte ich Dennis noch von mir erzählen, das für ihn irgendeine Bedeutung hatte? Also beendete ich den Brief mit einem letzten Satz: «Ich bin dreißig Jahre alt und nicht verheiratet.» Damals wußte ich noch nicht, daß diese Zeile im 17 000 Meilen entfernten Pitcairn wie ein Angebot klang.

Der Winter schmolz dahin, die Tage wurden wieder länger, doch ich schien meinem Ziel Pitcairn Island kein bißchen näher gekommen zu sein. Leute riefen mich an und fragten, ob ich im Frühjahr einen Vortrag, Ostern ein Seminar über Reisebeschreibungen halten oder in der nächsten Woche einen Artikel über Transsexuelle schreiben könnte, und ich sagte stets ab, mit der Begründung, daß ich dann auf Pitcairn Island im Südpazifik sei. Doch nach über einem Jahr Recherchen in der British Library, seltsamen Begegnungen mit Pitcairn-Anhängern und mit einem Sponsor im Rücken hatte ich immer noch keine Vorstellung davon, wie ich dorthin kommen könnte. Der Hochkommissar in Auckland, in dessen Händen die alltägliche Verwaltung der Insel lag, hatte mir nicht helfen können. Es gab ein Versorgungsschiff, das Pitcairn ungefähr alle vier Monate anläuft, aber alle freien Kajütenbetten für Passagiere waren wenigstens ein Jahr im voraus von Pitcairnern ausgebucht, die zur Ausbildung oder zum Arzt nach Neuseeland fahren mußten. Auf der Warteliste standen schon siebenundzwanzig Personen, über zwei Drittel der Inselbevölkerung. «Zu unserem Bedauern haben wir für Sie keinen Platz frei», schrieb der High Commissioner.

Trost fand ich bei der Lektüre eines Manuskripts, das Ron mir geschickt hatte. Es handelte sich um die Autobiographie von Kari Boye Young, einer norwegischen Frau, die zwanzig Jahre lang auf Pitcairn gelebt hatte. Der Großteil des Buchs beschäftigte sich damit, wie sie in Norwegen aufwuchs, auf Skiern zur Schule fuhr und Buttermilch trank, während ihre Großmutter ihr am Kamin Geschichten erzählte. Doch das Mädchen träumte von einem anderen Ort. «Ich sah den Film *Meuterei auf der Bounty* mit Clark Gable und verliebte mich in ihn. Ich war dreizehn Jahre alt und beschloß, daß ich nach Pitcairn mußte. Es verkörperte all meine Wünsche und Träume.»

Kari ließ sich als Funkoffizier ausbilden, weil sie glaubte, damit ihr Ziel erreichen zu können. Sie schickte ihren ersten Antrag auf Aufenthaltsgenehmigung ab, als sie fünfundzwanzig Jahre alt war. «Ich konnte keine ernsthaften und wissenschaftlichen Gründe anführen. Sie dachten, ich sei nur eine Träumerin und würde der Gemeinschaft zur Last fallen.» Ihr Antrag wurde abgewiesen.

Doch Kari ließ nicht locker. Sie reichte ein Gesuch beim Hochkommissar ein, der ihr barsch zurückschrieb, daß Pitcairn nicht das wäre, was sie sich erhoffte, und das Konsulat in ihrem Heimatland von dem Briefwechsel informierte. Der britische Konsul in Oslo rief ihre Eltern an: «Wissen Sie, daß Ihre Tochter nach Pitcairn Island fahren will?»

Unbeirrt segelte Kari weiter um die Welt, bediente den Funk an Bord und schrieb Briefe an den Hochkommissar. «Ich hörte einfach nicht auf, ihn zu belästigen. Und schließlich gab er nach.» Sie war siebenundzwanzig, als sie als Gast von Tom und Betty Christian auf der Insel landete. Nach sieben herrlichen Monaten auf Pitcairn mußte sie zu ihrer Arbeit bei der Schiffahrtsgesellschaft zurückkehren.

Bei ihrem zweiten Besuch verliebte Kari sich. Brian Young, Nachfahre des meuternden Midshipmans Edward Young, war von prachtvoller Gestalt, dunkel und zehn Jahre jünger als Kari. Ihre Heirat vor zwanzig Jahren war die letzte Hochzeit, die auf Pitcairn stattfand.

Karis Geschichte erinnerte mich an meine eigene Zeit auf See, und ich besuchte die Seeleute, die auf meiner Rückreise von Afrika meine Kameraden gewesen waren und die jetzt ihren frühen Ruhestand genossen. Manche von ihnen sagten: «O ja, Pitcairn!» Sie konnten sich noch vage erinnern, wie sie vor der Küste drifteten, während ein Dutzend dunkelhäutiger Insulaner Körbe mit frischen Früchten von einem Beiboot mit Seilen an Deck hievte. Einige der Seeleute besaßen Nachbildungen der *Bounty* aus Holz oder einen Fliegenden Fisch über ihrem gekachelten Kaminsims, den sie von den Inselbewohnern gekauft hatten. Doch binnen einer Stunde wurden damals die Maschinen wieder in Gang gesetzt, und sie setzten die Reise nach Panama oder Neuseeland fort. Und das lag alles Jahrzehnte zurück. Niemand von ihnen wußte auch nur im entferntesten, wie ich heute nach Pitcairn kommen konnte.

Ich rief Tim an und erzählte ihm, daß ich den Kontakt mit der Insel hergestellt hätte und bei Irma Christian wohnen könnte. Er war begeistert; er hatte die *Macalau* zum Jachthafen von Ramsgate gebracht und wollte sie morgen über den Ärmelkanal nach Frankreich steuern. Sobald er zurück sei, Anfang nächster Woche, würde er sich bei mir melden.

Das Wochenende über vergrub ich mich in meine Bücher; am Sonntag abend klingelte das Telefon, und ich glaubte, Tim sei am Apparat.

«Hier spricht die Küstenwache von Dover. Tim hat uns gebeten, Sie anzurufen», sagte ein Mann. «Bitte, regen Sie sich nicht auf.»

Ich versicherte ihm, es nicht zu tun.

«Er liegt in Calais fest und kann wegen des Wetters nicht nach Ramsgate zurückfahren. Er wird sich mit der 6.15-Flut am Mittwoch auf den Weg zum Dock von St. Katharine machen.»

Am nächsten Morgen kam eine einzelne rote Rose von Tim an. Die Botschaft lautete: «Für Dea, ich segelte auf einen Regenbogen zu, der aus dem nebligen Dunst erstrahlte. Ich schicke dir heute diese Blume, weil ich dabei an dich denken mußte.» Es war, als ob wir uns schon unter dem Kreuz des Südens in unserem privaten Paradies liebten.

Als Tim gegen Ende der Woche noch nicht angerufen hatte, meldete ich mich bei ihm. Ich fragte ihn, wann er wieder nach Pitcairn fahren wolle. Er druckste herum, erwähnte Probleme mit seinem Geschäft für Schiffsbedarf und sagte, daß die *Macalau* für die Reise überholt werden müsse. Er schlug vor, daß wir uns wieder im Tower Hotel treffen und vielleicht in ein schickeres Restaurant gehen sollten, um über Pitcairn zu reden. Doch ich hatte jetzt so lange Pläne geschmiedet, daß ich mir konkretere Hilfe wünschte. Ich wollte auf die Insel. Wenn Tim mir nicht helfen konnte, würde ich versuchen, für die Reise nach Pitcairn einen Platz auf einem Frachter zu bekommen.

Pitcairn liegt in der Mitte des südpazifischen Ozeans, und ein Schiff, das Europa bereist hat und die Ostküste der Vereinigten Staaten entlang über das Karibische Meer durch den Panamakanal nach Australien oder Neuseeland fahren wollte, könnte ganz nah an der Insel vorbeikommen. Im Handbuch der Marine, *Ocean Passages for the World*, heißt es:

> Die empfohlenen Routen für große Motorschiffe zwischen dem Panamakanal und einigen australischen Häfen führen etwa 30 Meilen von Henderson Island und ungefähr 35 Meilen südlich von Pitcairn Island vorbei.

Seit der Eröffnung des Kanals im Jahr 1914 ist dieser geographische Zufall Pitcairns Rettungsanker gewesen. Vorüberfahrende Schiffe driften manchmal vor der Küste, handeln mit Dosennahrung, Mehl und Öl und kaufen Pitcairns frische Früchte, Gemüse und Fische. Einige Schiffe nehmen in Notfällen auch Passagiere aus Pitcairn auf, die in Neuseeland medizinisch versorgt werden müssen. Ein oder zwei sollen sogar in Liverpool, Rotterdam oder Houston jemand mitgenommen und ihn vor der Bounty-Bucht von Bord gelassen haben.

Am Zeitungsstand meines heimatlichen Bahnhofs gab es immer ein Exemplar des täglichen Schiffsnachrichtenblatts, *Lloyd's List*. Manchmal kam ich rechtzeitig an, um es zu kaufen; doch ab und zu war der andere Leser von *Lloyd's List* in der Stadt, wer auch immer das sein mochte, schon dagewesen und hatte sich das einzige Exemplar geschnappt. Im hinteren Teil der Zeitung werden die Routen der Schiffe täglich auf den neuesten Stand gebracht, woraus ich entnehmen konnte, welche Gesellschaften die Route Panama-Neuseeland bedienten.

Ich wandte mich an die Reedereien. «Wir haben vor kurzem unsere Flotte verkauft, die den Südpazifik häufig befuhr, und sehen uns daher leider nicht in der Lage, Ihnen irgendwie zu helfen, eine Passage nach Pitcairn Island zu bekommen», war eine typische Antwort. Die Schiffsindustrie befindet sich im Niedergang; einst fuhren vielleicht mehrere Schiffe im Monat an Pitcairn vorbei, jetzt können die Insulaner von Glück sagen, wenn ein einziges Schiff anhält. Und diejenigen, die diese Route noch nehmen, wollen nur ungern die Extrakosten auf sich nehmen, die es bedeutet, wenn sie ein paar Stunden vor der Küste der Insel driften, um einen nicht zahlenden Passagier abzuladen.

Ich war seit gut drei Monaten *Lloyd's List* nachgejagt, hatte Briefe über Briefe geschrieben und nur Absagen erhalten, als Ron mir wieder einmal wirksam unter die Arme griff. Es war schon Frühling, und sein Funkerschuppen wärmte sich allmählich auf. Die Sonnenstrahlung war schon so intensiv, daß sich die Bedingungen für ein Gespräch mit Irma verbessert hatten, und Ron rief mich nach jedem Kontakt an, um mir die örtlichen Nachrichten zu übermitteln. Bei einer Gelegenheit erwähnte er, daß er einmal für Dennis eine Passage von Pitcairn auf einem norwegischen Frachter für chemische Güter arrangiert hatte und gab mir den Namen der Reederei.

Ich schrieb nach Norwegen und erhielt Antwort – ein Tanker, NCC *Najran*, der nach Neuseeland unterwegs war, würde im Mai plänmäßig über Panama den Südpazifik durchqueren. Ich könnte im Bayport Chemical Terminal, Houston, an Bord gehen. Es fiel mir gar nicht ein zu fragen, wann oder ob ich eine Rückfahrt bekommen könnte.

Ich raste zum Bahnhof und reichte dem Mann im Zeitungsstand einen Zettel.

«Könnten Sie das bitte der Person geben, die immer *Loyd's List* kauft?»

Auf dem Zettel stand: «*Lloyd's List* gehört jetzt Ihnen allein. Ich bin auf dem Weg nach Pitcairn Island!»

Es war fast zwei Jahre her, seit ich *Die Bounty* gesehen und zum ersten Mal davon geträumt hatte, nach Pitcairn zu fahren. Jetzt blieb mir kaum mehr als eine Woche für die Reisevorbereitungen, und Pitcairn war kein Ort, an den man mit leichtem Gepäck fuhr. Ich wußte überhaupt nicht, wie lange ich dort bleiben würde, und mußte daher alles, was ich während meines Aufenthaltes brauchen könnte, mitnehmen. Ich wollte möglichst unabhängig von Irmas Hilfe und Vorräten sein. Ich würde mit einem Riesenkoffer auf das Schiff gehen müssen.

Ich ging zu Terry's, der sich als «Englands größter Laden für Schrankkoffer mit einer guten Auswahl von Überseekoffern» rühmte und sich als gutsortierter Stand auf dem Markt von Shepherd's Bush herausstellte, und kaufte einen verstärkten Blechkoffer der Marke Afrique. Gedacht für den westafrikanischen, muslimischen Markt, war er mit scharlachroten Halbmonden besprüht.

In Erwartung mußevoller Schriftstellertage an meinem Schreibtisch mit Blick auf die rauschende Brandung packte ich in meinen Afrique-Koffer Schreibpapier, eine tragbare Schreibmaschine, zwei Dutzend Farbbänder und vier Flaschen Korrekturflüssigkeit. Ron hatte mich vor den Moskitos gewarnt, die gefährlich seien, auch wenn sie keine Malaria übertrugen; also kaufte ich zwanzig Flaschen dschungelerprobten Insektenabwehrmittels und packte sechs Flaschen Zinklotion zwischen meine Unterwäsche. Ron riet mir auch, für nächtliche Bootsfahrten eine wasserfeste Taschenlampe mitzunehmen und viele Batterien. Da ich wußte, daß die Insulaner Siebenten-Tags-Adventisten sind, die aufputschende Genußmittel ablehnen und statt dessen ein Pulvergetränk namens Milo zu sich nehmen, packte ich eine große Büchse Instantkaffee ein. Ich nahm so viele Tampons mit, daß ich damit bis zu meiner Menopause auskommen würde. Oben auf all den Kram legte ich Elenore Smith Bowens *Return to Laughter*. Smith Bowen war eine bekannte amerikanische Anthropologin, die aus Angst, daß ein allzu parteilicher Bericht über ihre Zeit beim Volk der Tiv in Westafrika ihrem akademischen Ruf schaden könnte, unter Pseudonym geschrieben und ihr Werk als Roman ausgegeben hatte. Ich hatte mir eine antiquarische Ausgabe besorgt – das Buch war seit langem vergriffen –, die ich auf jede Reise als Ratgeber für Stimmungstiefs mitnahm.

Eine Freundin brachte mir eine Menge kleiner, in Geschenkpapier eingewickelter Päckchen vorbei, auf denen jeweils ein anderes künftiges Datum stand.

»Ich kann nicht telefonieren und dir nicht schreiben«, sagte sie. «Doch ich bleibe irgendwie in Kontakt mit dir, wenn du alle zwei Wochen etwas von mir auspackst. Das ist so, als würden wir miteinander reden; jedes Geschenk verlangt eine Reaktion von dir. Sonst vergißt du noch, daß hier bei uns, ebenso wie bei dir dort draußen, eine Welt weiterlebt und sich verändert.»

Ron rief mich an und sagte, daß Irma mich gebeten hätte, ihr ein paar Pinsel mitzubringen, da ihr Sohn Dennis gerade sein neues Haus renoviere.

Meinen Freunden fiel so manches ein, was ich vermissen könnte. Da der Import von Alkohol auf der Insel verboten war, brachten sie mir jede Menge zum Trinken vorbei, und ich verbrachte meine letzte Woche zu Haus in einem Nebel von Trunkenheit. Risikofreudigere Bekannte schenkten mir Whiskyflaschen und rieten, sie an Land zu schmuggeln. Einer gab mir eine Schachtel mit lauter Fleischpastetendosen, weil er wußte, daß die Siebenten-Tags-Adventisten Vegetarier sind. Andere fragten sich, wie ich ohne dauerhaften elektrischen Strom, ein anständiges Bad und Fernsehen überleben könnte. Aber ich wußte, daß ich nichts von diesen Dingen vermissen würde. Fehlen mochten mir höchstens anregende Gespräche und das tröstliche Gefühl, einen vertrauten Körper neben sich zu spüren.

Ich gab meine Adresse Freunden und Verwandten, in der vagen Hoffnung, daß ein Schiff mit Bergen von Post für mich an der Insel vorbeikommen würde.

D. Birkett
Pitcairn Island
South Pacific

«Ist das alles?» fragten sie.

«Das ist alles», erwiderte ich.

In meiner Post häuften sich Karten mit Wünschen für eine gute Reise, voller aufmunternder Worte. «Es wird ein phantastisches Abenteuer, adieu», «Hoffe, daß es faszinierend wird, Spaß und Ärger inbegriffen, Gott sei mit dir», «Alles Gute für eine wundervolle Reise».

Ein paar Freunde schickten mir Geburtstagskarten mit dem Vermerk: «Nicht vor dem 21. August aufmachen.» Es war erst Mai.

Mein Freund schrieb mir ein Gedicht.

Welch ein Glück, der Sprung in ein anderes Leben,
Mach dein Herz leicht und frei
Und fang einfach an.
Laß dich vom Wind des Meeres treiben ...

Nur eine Botschaft klang alles andere als optimistisch. «Eine Insel ist ein sehr kleiner Ort», hieß es kurz und bündig. «Ich würde nicht so gern dort hinfahren.»

Am Tag vor meiner Abreise rief Ron an und fragte, ob ich ein paar Pilzarten für die Königlichen Botanischen Gärten in Kew sammeln könnte; ein Botaniker würde sie gern bestimmen, und man könnte sie für eine Pilzserie auf Pitcairn-Briefmarken verwenden. Es wäre schön, wenn ich sie an ihrem natürlichen Standort fotografieren, dann sammeln und in leeren Filmbüchsen mitbringen könnte. Ich packte ein Dutzend weiterer Filmrollen ein.

Doch das Gewicht meines riesigen Koffers war leicht im Vergleich zu meinem geistigen Gepäck. Während meiner zweijährigen Forschungsarbeit in der British Library hatte ich mir ein konkretes Bild von Pitcairn erschaffen. An meinem letzten Abend saß ich zu Hause und sah mir auf Video Mel Gibson in *Die Bounty* an. Am nächsten Morgen nahm ich von England Abschied und machte mich auf den Weg ins Paradies.

Drittes Kapitel

NCC Najran

H*ouston plätscherte* in der Hitze vor sich hin wie ein See an einem ruhigen Tag. Der Taxifahrer, den die Reederei bestellt hatte, holte mich am Flughafen mit einem riesigen, handgeschriebenen Schild ab: «MISS BIRKETT. NCC NAJRAN. PITCAIRN ISLAND» und der Begrüßung: «Hab' echt nicht gewußt, daß Matrosen so hübsch sein können wie Sie.»

Die Stadt Houston schien verlassen. Die Straßen waren leer, und wenn jemand dort gewesen wäre, hätte er nicht gewußt, wo er entlanggehen sollte. Es gab keine Bürgersteige oder Bordsteine, nur staubige, undeutliche Ränder an breiten, flachen, scheinbar endlos langen Straßen. Alle zehn Minuten oder so konnten wir einen flüchtigen Blick auf ein menschliches Wesen in Gestalt eines dicken Mannes werfen, der aus einem der kleinen Bungalows mit Veranda auftauchte. In der Regel trug er gewaltige, karierte Shorts, eine viel zu kleine Baseballmütze und schleppte sich mit einem Schlauch, den er wie ein Gewehr gegen die Wüstenhitze in der Hand hielt, die Holzstufen in einen ausgedörrten Garten hinunter. Sogar das Taxi paßte sich den erstickenden Temperaturen an und fuhr so langsam, daß uns ein Hund hätte überholen können.

Während wir durch diese Wüstenei krochen, verfolgte

uns die stählerne Silhouette von Downtown und des Exon-Gebäudes wie ein Riesenraubtier.

Der Taxifahrer fragte, ob ich schon einmal in dieser Gegend gewesen sei. *Nee!* Dann nahm er mich mit auf eine Besichtigungstour.

Wir fuhren an petrochemischen Fabriken und Öltanks vorbei, und immer ragten die scharfen Konturen von Downtown in die dunstige Luft. Es war schwer, sich zwischen den Wolkenkratzern Leben vorzustellen; in meiner Phantasie trugen die Menschen dort Geschäftsanzüge, in denen sie zielgerichtet voranschritten, oder sie ließen sich zum Lunch und einem bedeutsamen Schwätzchen auf klimatisierten Innenterrassen nieder und schlürften echten Kaffee. Vom Taxi aus hatte man das Gefühl, auf ein Raumschiff zu schauen, das in der Wüste gelandet war und vor Aktivitäten von Lebewesen brummte, die in einer anderen Atmosphäre als der unsrigen atmeten.

«Das ist Solomon's Bar. Abgebrannt», nuschelte der Taxifahrer. Auf einem Parkplatz, auf dem braunes Gras durch die Risse sproß, stand eine Kreuzung zwischen einem Schuppen und einem Bungalow, die so stark verkohlt war, als ob sie die sengende Sonne in Brand gesetzt hätte.

«Versicherung, tja ...», sagte der Taxifahrer.

Wir krochen an weiteren in Brand gesetzten Bars auf verlassenen Parkplätzen vorbei. Diese und die entfernte Innenstadt, auf die er immer wieder mit einem Kopfnikken deutete – «Da hinten Exon ... Jetzt Exon, hinten links ...» –, betrachtete der Taxifahrer als Houstons Glanzlichter.

«Nicht viel los in Houston, was?» sagte er. «Kommt daher, weil alle außenrum fahren.»

Als wir uns dem Bayport Chemical Terminal näherten,

erblickten wir zu beiden Seiten des Highways statt Bürgersteigen ein Wirrwarr aus Rohrleitungen, hinter denen sich ein bedrohlicher, sieben Meter hoher Drahtzaun erhob. Die trockene Luft brannte mir in den Nasenlöchern. An einer Zaunlücke ließ uns ein uniformierter Mann mit einem müden Winken durch, und wir fuhren langsam auf das Schiff zu. Die Hitze, die von den Rohren aufstieg, und der Gestank der Chemikalien ließen die Luft flimmern, und man hatte das Gefühl, durch einen Zeittunnel zu fahren. Am Ende lag ein langes, niedriges, orangefarbenes Schiff, das mit Seilen am Boden festgebunden war. Auch dieses Schiff war mit Rohrleitungen bedeckt und flimmerte. Unter einer norwegischen Flagge konnte ich riesige Buchstaben ausmachen – NO SMOKING. NCC NAJRAN – und eine niedrig gehängte Gangway, die an der Seite festgehakt war.

Als wir nebeneinander hinaufschwankten, erschienen vier kleine Männer an Deck und trippelten eilig die Gangway hinunter auf uns zu. Sie lächelten und nickten dem Taxifahrer zu, lächelten und nickten mir zu, und der kleinste wuchtete meinen Koffer auf seine Schulter, und ich folgte ihnen die Gangway hoch aufs Schiff.

«Wir sind eine schwimmende Bombe», sagte der Kapitän. Er sprach das übertrieben korrekte Englisch eines Ausländers und verweilte auf der letzten Silbe eines jeden Satzes, wodurch er allem, was er sagte, den Anschein großer Bedeutsamkeit gab.

Er saß in seinem Büro hinter dem Schreibtisch und lehnte sich in seinem Drehstuhl offensichtlich amüsiert zurück. Sein Büro sah so aus, wie ich mir ein skandinavisches Vorstadtwohnzimmer vorstelle, das mit Büromöbeln statt Sofa,

Stühlen und Tisch möbliert war. Der ganze Raum war mit Holzimitat aus Kunststoff verkleidet und ebensolchen Schränken und Regalen ausgestattet. Der Kapitän, in T-Shirt und Jeans, stützte sich mit den Ellbogen auf den Schreibtisch. Auf seinem linken Arm war ein Anker eintätowiert. Er beschrieb mir in allen Einzelheiten die zwanzigtausend Tonnen ätzender Säuren, Methanol und Öle – allesamt als «problematische» Fracht eingestuft –, die die *Najran* in ihren Tanks aus rostfreiem Stahl mit sich führte.

«Das transportieren wir. Chemikalien», sagte er. «Damit will ich Ihnen nur sagen, daß wir normalerweise keine Passagiere mitnehmen.»

Ich erklärte ihm, daß ich schon früher auf einem Frachtschiff Dienst getan hätte, wenn auch nicht bei einem chemischen Verfrachter, und daß ich an das Leben auf See durchaus gewöhnt sei.

«Kapitän Skjo ...» Ich kämpfte mit der Aussprache.

«Nennen Sie mich John», sagte er, aber ich machte davon nie Gebrauch.

Er schob mir ein Formular über den Schreibtisch, auf dem «Freifahrtvertrag» stand. Darin hieß es, daß man mir nicht garantieren könne, daß das Schiff an Pitcairn vorbeifahren und ich mein Ziel erreichen würde. Schlechtes Wetter oder eine Verzögerung bei der Fahrt durch den Panamakanal könnten bedeuten, daß sie schnurstracks nach Neuseeland fahren müßten und vor Pitcairn nicht Halt machen könnten. Ich unterschrieb auf der gepunkteten Linie. Es war immer noch die beste Möglichkeit, die ich hatte.

Kapitän Skjoelsekth machte mich kurz mit seinem Schiff vertraut. Die Besatzung bestand aus achtundzwanzig Leuten, «neunundzwanzig, jetzt, wo Sie an Bord gekommen sind» – fünf norwegische Offiziere und der Rest Filipinos.

Ich bekam die Kabine direkt neben der des Kapitäns. Am Ende des Korridors befand sich eine kleine Küche für Snacks und heiße Getränke, und die Messe lag drei Decks tiefer. Bald würden wir den Hafen verlassen und vor der Küste den Anker für die Nacht auswerfen. Beim ersten Tageslicht würden wir wieder zum Dock zurückkehren; auf diese Art konnten wir Hafengebühren sparen.

«Sie müssen sich keine Sorgen machen», beruhigte mich der Kapitän. «Ich rufe die Männer zusammen, die Filipinos und die Offiziere, und teile ihnen mit, daß uns eine junge Frau begleiten wird. Dann sage ich ihnen noch: ‹Sie ist Britin, und wir sind norwegische Offiziere. Aber hier herrscht freier Wettbewerb, Männer.›» Und der Kapitän strahlte mich an, voller Stolz, daß es nicht auf den Rang ankam, wenn es galt, um die Gunst des weiblichen Geschlechts zu buhlen. Also strahlte ich so gut ich konnte zurück.

«Wenn wir uns eingerichtet haben», fügte er hinzu und meinte damit, wenn wir auf hoher See wären, «werde ich Ihnen Ihre Arbeit zeigen.»

Meine Kabine war raumsparend und bequem, doch als ich die Dusche anstellte, spuckte sie kaffeebraunes Wasser aus. Ich wusch mich und kam mit fleckigbrauner Haut wieder heraus. Das kleine Bad enthielt so viele Stücke Lux-Toilettenseife, daß man damit alle Seeleute auf mehreren Ozeanüberquerungen sauberschrubben konnte; ich kletterte also wieder in die Dusche, rubbelte mich ab und fiel, in eine Duftwolke gehüllt, ins Bett.

Als ich am Morgen aufstand, hatten wir schon wieder in Bayport angelegt. Beim Frühstück spielte ich mit dem dreieckigen Käseschneider herum, der von einem großen, bräunlichen, viereckigen Stück gesüßten Ziegenkäses papierdünne Scheiben abschnitt, und nippte an meiner Buttermilch. Die norwegischen Offiziere aßen gemeinsam an einem Tisch an einem Ende der engen Messe; auf der anderen Seite hinter einer niedrigen Theke saßen die Filipinos an mehreren kleinen Tischen, schwatzten laut und aßen gierig Reis. Ich kämpfte stumm mit meinem Ziegenkäse, während die Norweger literweise Buttermilch hinunterkippten und fröhlich Geschichten austauschten, wie es zumindest den Anschein hatte, auch wenn ich kein einziges Wort von dem, was sie sagten, verstehen konnte.

«Ich werde versuchen, für Sie einen Küstenpaß zu bekommen», sagte der Kapitän. «Doch sehr leicht ist das nicht. Seit dem Golfkrieg mögen sie es nicht, wenn Leute um ihre Chemiefabriken herumschleichen.» Und er fiel ins Norwegische zurück und mimte Explosionen und Raketen und das Aufsetzen einer Gasmaske.

Neben der Rettungsweste in meiner Kabine hing eine Gasmaske. Die *Najran* war während des Kriegs durch die Straße von Hormus in den Persischen Golf gefahren, während die Geschosse um sie herum ins Wasser stürzten. Die Mannschaft hatte mehrere Nächte mit Masken und feuerfesten Anzügen in den Korridoren kampiert und kein Auge zugetan.

«Ein Funke und wuff!» sagte der Kapitän. «Woraus Sie entnehmen können, daß wir eine schwimmende Bombe sind.»

Als ich meinen Küstenpaß in den Händen hielt, sagte der Agent der Schiffahrtsgesellschaft, der an Bord gekommen war, um unsere Ladungsverzeichnisse zu kontrollieren, daß er mich überall hinfahren würde, wo ich nur wollte. Houston schien nicht gerade von touristischen Attraktionen zu wimmeln, daher fragte ich den Agenten um Rat. Er schlug vor, die NASA zu besichtigen.

Im Lyndon B. Johnson Space Center trainieren Amerikas Astronauten an Modellen für künftige Flüge zum Mond; dort werden auch Amerikas Raumschiffe gebaut. Das Zentrum beherbergt auch die Flugkontrolle, das Nervenzentrum der Raumfahrt, von wo aus alle Starts überwacht werden. «Fünf, vier, drei, zwei, eins ... Wir heben ab!» – das wird von dem Beamten für Öffentlichkeitsarbeit in der Flugkontrolle angekündigt.

Ich schlenderte in den Gebäuden umher und schätzte, daß die ganze Anlage ungefähr zweitausend Acres umfaßte, also zweimal so groß war wie Pitcairn. In Gebäude 9A befanden sich die Modelle und die Trainingseinrichtungen – ein Orbiter Crew Computer Trainer, Simulatoren, die auf die Situation im Raumschiff vorbereiten und Raumstationsmodelle. Diese «äußerst genauen Nachbildungen» konnten Schwerelosigkeit imitieren. Damit lernten die Astronauten, wie man «eintrat» und «austrat», was wohl bedeuten sollte, daß man in ein Raumschiff einstieg und es wieder verließ; hier übten sie die «Anwendung der Kamera», was nur heißen konnte, Fotos zu machen, und «allgemeine Haushaltsführung», worunter zu verstehen war, wie man im Zustand der Schwerelosigkeit sein Abendessen zu sich nahm.

Im Lunar Sample Building starrte ich durch eine Trennwand in ein Laboratorium mit lauter versiegelten Glaskästen. In jedem Behälter lag ein Felsbrocken wie ein neugeborenes Baby im Brutkasten. Einige waren grau und gesprenkelt wie Granit, andere rosa und pockennarbig wie Korallen. Das waren alles Stücke vom Mond. Über achthundert Pfund Mondgestein haben im Lunar Sample Building in Houston ihre neue Heimat gefunden.

Ich setzte mich in die Cafeteria und malte mir aus, wie

es wohl wäre, auf dem Mond zu leben. Zumindest würde ein Mondbewohner ständigen Kontakt mit der Flugkontrolle pflegen. Er könnte sich mit dem Kontrolleur unterhalten, seine Familie würde sich ins Raumfahrtzentrum begeben und mit ihm sprechen, und er könnte sie sogar auf dem Bildschirm sehen. Man würde ihn über die Weltereignisse auf dem laufenden halten und die Spiele der Houston Astros verfolgen lassen. Und innerhalb weniger Wochen wäre er wieder auf der Erde. Vielleicht waren schon mehr Amerikaner auf dem Mond gelandet als in Adamstown. Der Ort, an den ich reisen wollte, lag abgelegener als ein Planet.

Ich trampte zum Hafen zurück. Es waren ungefähr zwanzig Meilen, aber ich brauchte drei Stunden und mehrere Mitfahrgelegenheiten, bis ich das Tor zu unserem Dock erreichte. Meine Stimmung war gedrückt, nicht weil ich Angst vor der Reise hatte, sondern davor, auf einem entfernten Planeten namens Pitcairn zu landen.

Der Bootsmann und Hilfskoch hatte an einer Seite des Schiffs eine Schnur in das bleierne Wasser geworfen. Ich hätte es nicht für möglich gehalten, daß irgend etwas in dieser industriellen Wüste überleben könnte, aber der Hilfskoch hatte gespürt, daß einer anbeißt, und einen respektablen Fisch an Bord gezogen. Er hielt seinen Fang am Schwanz hoch und eilte zur Küche hinunter. Und als das Tier an diesem Abend süßsauer auf der Speisekarte stand, fuhren wir bereits aufs offene Meer hinaus.

Wir brauchten fünf Tage für die Reise nach Panama, durch den Golf von Mexiko und die Passage zwischen Yucatán und der Westspitze Kubas auf das Karibische Meer hinaus. Immer wenn ich mich an Deck über die Reling beugte, kam ein Matrose vorbei und fragte mich nach meinem Namen, worauf ich «Dea» sagte. Und wenn ich sie dann fragte, wie sie hießen, antworteten sie mit «Bootsmann» oder «Matrose» oder «dritter Maschinist».

Der zweite Offizier, ein kleiner, rundlicher Mann, der stets in einem Paar rosafarbener, weicher Pantoffeln herumschlappte, entdeckte mich eines Nachmittags an Deck und brachte mir ein paar englische Bücher aus seinem Besitz vorbei: eine fünf Jahre alte Ausgabe von *Reader's Digest*, der ein paar Seiten fehlten; ein Exemplar von *Wer hat Angst vor Virginia Woolf?*, das er als «Schund» abtat; und ein schmales Bändchen mit Ärztewitzen, das *Lachen ist die beste Medizin* hieß und verfilmt worden sei, wie der Zweite nachdrücklich versicherte. Dann flüsterte er mir zu, daß sie einmal in Birkenhead mit fünfzehn Damen an Bord eine Party gefeiert hätten.

Zum zweitenmal stolperte ich über den Namen Birkenhead, als ich ein Schild auf der Anschlagtafel vor der Messe las.

AN ALLE SEXHUNGRIGEN

Geschlechtskrankheiten brauchen nur eine Spritze
Und Herpes bleibt dir bis zum letzten Zug
Doch dieses AIDS-Zeugs ist ein übler Trick
Und bringt dich um nach einem Fick.

Der Proviantmeister des Kapitäns, der mit seinen buntgestreiften Hosenträgern richtig schick aussah, sah mich lesen und fragte: «Wo kommen Sie her? Birkenhead?»

«Nein, aus London.»

«Liegt London in Birkenhead?»

«Nein, Birkenhead liegt im Nordwesten von England, und London im Südosten. London ist die Hauptstadt Englands.» Ich klang wie eine gekränkte Lehrerin.

«Ist also das gleiche!» sagte er.

«Nun ja ...»

«Ich wollte nur etwas über AIDS in Birkenhead wissen.»

«AIDS?»

«Ist es schlimm? Hat die Regierung ein Mittel dafür?»

Ich antwortete auf beide Fragen mit ja und wunderte mich über dieses Gespräch. Doch der Proviantmeister schien zufrieden, dankte mir und machte sich auf den Weg in die Kombüse.

Ich wünschte mir, daß unsere Reise niemals enden würde. Ich fühlte mich auf dem Schiff geborgen, unter all den stämmigen norwegischen Offizieren und den winzigen Filipinos. Je mehr wir uns Pitcairn näherten, desto fester klammerte ich mich an die Reling der *Najran*. An Bord schüchterte mich nur der Bootsmann ein, ein drahtiger Bursche mit Pferdeschwanzstummel und eingefallenem Brustkorb. Er lächelte nie. Er versorgte mich ebenfalls mit einer Menge englischem Lesestoff, aber immer durch den Hilfskoch.

«Bootsmann schickt dir das hier», pflegte der Hilfskoch zu sagen und reichte mir einen Stapel eselsohriger Magazine.

Als ich an einem milden Nachmittag nach Kuba hinüberschaute, kam der Bootsmann und lehnte sich neben mir auf die Reling.

«Sind Sie verheiratet?» fragte er. Ich hatte das sichere Gefühl, daß es auf einem Chemikalientanker im Karibischen Meer nur eine einzige Antwort gab.

«Ja.»

«Wie lange schon?»

«Zwei Jahre.» Zwei schien eine sichere Zahl; der erste Rausch war vorüber, das Verlangen nach Abwechslung im siebten Jahr lag noch in weiter Ferne.

«Haben Sie Kinder?»

«Nein.» Kinder waren viel schwerer zu erfinden als Ehemänner.

«Warum nicht?» Das war nicht so leicht zu beantworten.

«Weil ich nach Pitcairn muß», sagte ich und kam mir schrecklich aufgeblasen vor. «Wir versuchen es, wenn ich zurück bin.»

Ich dachte, daß das Gespräch damit beendet sei, doch er fragte: «Lieben Sie Ihren Mann?»

Die Intimität dieser Frage schockierte mich. Der Bootsmann hatte kein angenehmes Gesicht; es war eingefallen wie sein Brustkorb und angespannt muskulös wie sein übriger Körper.

«Natürlich», stammelte ich.

«Liebt Ihr Mann Sie?»

«Ja.»

Er machte eine Pause, bevor er antwortete: «Warum gehen Sie dann auf eine Insel?»

Auf unserem Radar leuchteten wenigstens ein Dutzend Schiffe. Es war zwei Uhr morgens, und wir lagen seit über einer Stunde in der Bucht von Limón vor Anker und warteten auf Anweisungen zur Weiterfahrt. Da die *Najran* ein Chemikalientanker und eine «schwimmende Bombe» war, mußte es die drei Schleusenkammern des Panamakanals bei Tageslicht passieren, begleitet von einem leuchtendgelben Löschfahrzeug.

Der Kapitän vertrieb sich die Zeit, indem er mir erzählte, wie er die zerquetschten Finger eines Besatzungsmitglieds abgeschnitten hatte.

«Wir flößten ihm eine Unmenge Whisky ein. Dann nahmen wir ein Messer. Es waren diese Finger hier», und er machte ein V. «Ich mußte sie regelrecht abschneiden. Überall war Blut. Überall.»

«Cristobal an NCC *Najran*, Cristobal an NCC *Najran*. Fahren Sie so schnell wie möglich zu der Schleusenanlage. Wie lange werden Sie bis zu der Schleusenanlage brauchen? Wiederhole. Wie lange werden Sie bis zu der Schleusenanlage brauchen?»

«Fünfzehn Minuten», sagte der Kapitän. «Wir fahren weiter. Roger and out.»

Als wir uns der Schleusenanlage näherten, wurde das Schiff seinem Herrn aus den Händen genommen. Zuerst kletterten die Lotsen an Bord, zwei weiße Amerikaner in karierten Stretchshorts und Mützen, genau wie der Mann, den ich vom Taxi aus in Houston gesehen hatte. Als wir dann auf die erste riesige Schleuse zufuhren, kletterten zwei Dutzend Arbeiter mit Schutzhelmen, khakifarbenen Overalls und prall gefüllten Plastiktüten in der freien Hand eine Jakobsleiter hoch. Es war, als ob das Schiff von Piraten gekapert würde. Binnen Minuten verdoppelte sich die Bevölkerung auf der *Najran*, und der Kapitän stellte sich schicksalsergeben an die Rückseite der Brücke, beobachtete die Invasion und trank Kaffee. Er hatte für die Durchfahrt ein weißes Hemd und seine goldenen Schulterstücke angelegt, obwohl das der einzige Teil der Reise war, wo er nicht Kommandant seines Schiffes war.

Die Arbeiter, alle schwarze Panamaer, wurden von den Seeleuten Kopfjäger genannt. Ihr Job war es, die *Najran* an die sechs mächtigen Lokomotiven anzuhängen, die das Schiff durch die Schleusen ziehen würden, während seine kleinen, drahtigen Filipinos zusahen und rauchten.

Ich ging zu dem ersten Lotsen, der im Seitenflügel der Brücke stand und ein Funkgerät in der Hand hielt, durch das er dem Steuermann Anweisungen zurief. Die Kopfjäger warfen mir vom unteren Deck Kußhände zu.

«Wir nennen sie Kopfjäger, weil sie direkt aus dem Dschungel kommen», sagte der Lotse.

Der Lotse sah aus wie ein hellrosa Tweedledee, der unter der Hitze litt. Auch wenn sich die Sonne hinter einem grauen Wolkenschleier versteckte, zeigte das Thermometer immer noch sechsunddreißig Grad an. Schweißbäche liefen ihm über sein rundes Gesicht, als ob er gerade duschen würde und der Duschkopf in seiner Lotsenmütze versteckt sei.

«Panama hat nur ein Problem», sagte er. «Krebs. Von dieser Sonne kriegt man wirklich leicht Krebs.»

«Krebs. Und die Sandfliegen», fuhr er fort. «Früher die Moskitos. Sie brachten die Kanalarbeiter um. Jetzt hat man sie umgebracht!» Der Lotse war über diese Art von Gerechtigkeit hocherfreut.

Er bat darum, die Sonnensegel über die Seitenflügel der Brücke zu setzen, damit er vor den Strahlen geschützt war.

«Von Balboa zieht Regen herüber», sagte er. Ich konnte kein Anzeichen dafür entdecken, doch zwanzig Minuten später prasselte ein Platzregen auf uns nieder.

«Langsam achteraus», rief er in sein Funkgerät. «Verdammt langsam achteraus ... Maschinen ausstellen!»

Zwischen seinen Anweisungen an den Steuermann plauderte er mit mir auf charmante Weise. «Hart steuerbord ... mittschiffs ... Zwanzig backbord. Kommen Sie mit mir für ein paar Tage an Land. Ich zeige Ihnen alles. Toller Ort, Panama. Sie werden viel Spaß haben ... Zehn backbord.»

«Ich bin auf dem Weg in den Südpazifik», sagte ich matt. «Ich muß auf dem Schiff bleiben.»

«Ich besorge Ihnen ein anderes. Kein Problem!» prahlte er. «Sie können ein paar Tage bei mir bleiben. Ich führe Sie herum, wir amüsieren uns, und ich besorge ein anderes Schiff.»

«Ich fahre nach Pitcairn», sagte ich.

«Kein Problem!» sagte er. «Wo ist das?»

Wir bewegten uns im Slalom um die Bojen, die den Kanal markierten. Als ich das freundliche Angebot des Lotsen zum drittenmal ablehnte, zuckte er die Achseln.

«Ich wollte auch nur sagen, daß Sie meinen Harem vergrößern können. Ich habe so viele Mädchen, daß ich nicht weiß, was ich mit ihnen anfangen soll. Wissen Sie, daß in Panama sieben Mädchen auf jeden Mann kommen? Sieben zu eins! Sie wären nur eine von ihnen.»

Ich kletterte zum Deck hinunter, um zuzusehen, wie die Kopfjäger die Kabel an den Lokomotiven festmachten.

«Tauschen, Tauschen.» Ich wurde von den behelmten Männern umringt, die ihre Plastiktüten schwenkten, die voll reifer Mangos waren. Ich fragte, was sie kosteten.

«Tauschen, tauschen.»

«Womit könnte ich denn tauschen?» fragte ich einen Matrosen.

«Mit Ihrer Seife!» sagte er, über soviel Unwissen verblüfft. Mein kleines Bad war als Bank gedacht und nicht als Schönheitssalon. Ich holte ein Dutzend Luxseifen aus meiner Kabine. Sie brachten mir vier Tüten ein, die vor Mangos fast platzten.

«Früher waren es Drogen. Jetzt sind es Mangos», sagte

der Seemann, der über diese Veränderung des Handels sichtlich betrübt war.

Ein heftiger Ruck geleitete uns in die Schleuse. Obwohl es nur noch ein, zwei Meter bis zu den Kammertüren waren, befahl der Lotse immer noch: «Hart backbord ... halbe Kraft voraus ... hart steuerbord», und dann: «Maschinen aus!»

«Maschinen aus, Sir», entgegnete der Steuermann, und wir glitten in die Kammer hinein. Die Tore schlossen sich hinter uns, das Wasser stieg.

Von der Aussichtsgalerie starrte eine schnatternde Schar Nonnen zum Schiff herüber. Das leuchtendgelbe Löschfahrzeug fuhr langsam auf und ab, während das Wasser um uns herum höher stieg. Als wir die letzte Schleuse verließen, schrammten wir mit der Seite an die Kautschukverkleidung. Gelegentlich, sagte der Lotse, brächte die geschwungene Form eines großen Containerschiffs eine Lokomotive aus der Bahn und zermalmte sie.

Der Gatunsee, dreißig Meter über dem Meeresspiegel, war mit Inseln übersät, an denen wir uns entlangschlängeln mußten. Pelikane erhoben sich träge aus dem klaren Wasser, und Fische sprangen um die üppig grünen Küsten. Eine Insel gehörte, wie der Lotse mir erzählte, der Smithsonian Institution und wurde von ihren Wissenschaftlern bewohnt. Zu beiden Seiten des Kanals erstreckten sich Militärstützpunkte der Vereinigten Staaten, im dichten Pflanzenwuchs verborgen. Der Dschungel, sagte der Lotse, wurde absichtlich so belassen, damit er sie verdecke. Dann und wann zitterten Hubschrauber über uns hinweg, oder ein dickbauchiger Jagdbomber donnerte niedrig über den Lauf des Kanals wie ein Riesenvogel, der seine Eier in das stille Wasser fallen lassen will.

«Die Fische, Sie sollten die Fische sehen, die es hier gibt. Schön. Süßwasserfische. Dort drüben ist der Jachtklub.» Der Lotse deutete auf den Dschungel. Selbst der Jachtklub war getarnt. «Wassersport! Panama ist ein herrlicher Ort.»

Der zweite Lotse kam und nahm seinen Platz ein. Die zwei Lotsen arbeiteten auf der Brücke wie ein Duo aus einer Komödie. Lotse zwei war so groß und dünn, wie Lotse eins klein und dick war; seine grauen Haare paßten gut zu seiner grauen Gesichtsfarbe. Und er haßte Panama.

«Bin froh, daß ich nur noch achtzehn Monate vor mir habe. Weil diese verdammten Panamaer hier alles übernehmen. Tut mir echt leid», sagte der zweite Lotse, ohne eine Spur von Bedauern, «doch wenn Sie sehen würden, was für ein Trara sie veranstalten ... zehn backbord ... zwanzig backbord ... hart steuerbord ... langsam achteraus ... Haben sich nie bestechen lassen oder so was. Doch von einem Lotsen, der Panamaer ist, erwarten sie zweihundert Zigaretten.» Lotse Nummer zwei zündete sich noch eine Marlboro an.

Langsam krochen wir durch die letzte Schleusenkammer und fuhren auf die Bridge of the Americas zu.

«Panamaisches Fischerboot», maulte der zweite Lotse, als ob das winzige Schifflein dort überhaupt nichts zu suchen hätte.

Die Lotsen wurden wieder über die Seite hinabgelassen und schwirrten mit ihrem Boot nach Panama City ab. Um 14.15 Uhr wandte sich der Kapitän, nun wieder ein Kapitän in T-Shirt und Jeans, an den Navigationsoffizier.

«Beginn der Seereise um 14.30», befahl er, und wir dampften auf den Pazifischen Ozean hinaus.

Da wir uns nun auf dem Meer befanden und uns eingerichtet hatten, konnte man mir Arbeit zuweisen. Der Kapitän wollte, daß ich seine Kabine verschönerte. Er hatte in einem Einkaufszentrum in Bayport Wandlampen aus farbigem Glas erstanden und bei dem Agenten eine neue Wandtäfelung aus Holzimitat bestellt. Die orangefarbenen Netzvorhänge waren in Houston gereinigt worden. An Bord gab es jede Menge Farbe.

«Ich will, daß es wie zu Hause aussieht. Wenn man so will, *ist* es mein Zuhause», sagte er.

Zuerst war ich froh, daß man mir Malerarbeiten zugeteilt hatte. Ich stand als Sekretärin auf der Besatzungsliste und hatte schon befürchtet, daß ich Speisekarten und Manöver auf norwegisch tippen müßte und Chaos in der Küche und Katastrophen auf See verursachen würde. Doch das schwankende Schiff und der beißende Geruch der Farbe machten mir nach einem Tag die Arbeit schwer. Ich stand auf Deck, um mich von den Dämpfen zu erholen, als der Zweite auf mich zuschlappte. Er trug neue Wranglerjeans aus dem K-Mart, seine pinkfarbenen Pantoffeln und die gleichen buntgestreiften Hosenträger wie der Steward. Er lehnte sich gegen ein aufblasbares Rettungsfloß und erzählte mir, daß er im K-Mart auch noch einen Kinderwagen gekauft habe. Seine Frau war schwanger. Sie hatten eine dreizehnjährige Tochter, und all die Jahre über hatten sie versucht, ein zweites Kind zu bekommen. Schließlich gingen sie zum Arzt, der meinte, daß ein Eileiter seiner Frau mit einem Klumpen verstopft sei, den man absaugen müsse.

Wäre ich eine verbissene Anthropologin gewesen, die sich für die sexuellen Bräuche fremder Völker interessierte, hätten die Männer auf der NCC *Najran* ideale Informanten abgegeben, da sie, seit ich auf dem Schiff war, über nichts anderes als Sex geredet hatten. Selbst auf der Brücke, wo ich die frühen Abende mit dem Dritten Offizier verbrachte, drehte sich die Unterhaltung um die geschlechtliche Paarung. Als wir direkten Kurs nach Pitcairn nahmen, wurde das Steuerruder auf Autopilot gestellt, der Radar auf Notbetrieb, und der Mann im Ausguck lümmelte an der Brücke herum, so daß man kaum etwas anderes tun konnte als schwätzen.

«Bei uns gibt es zwei Arten von verheirateten Männern», erklärte der Dritte Offizier. «Total verheiratet. Und weniger total verheiratet.»

Er fuhr mit dem Finger die Besatzungsliste entlang und ordnete jedem Seemann den entsprechenden Familienstand zu. Der Dritte Offizier seinerseits war «weniger total verheiratet».

«Ich hab' 'ne Freundin, die in meinem Haus lebt», und er ließ sich weiterhin darüber aus, wie man in Quezon seine persönlichen Beziehungen gestaltete.

Ich begann mich zu fragen, ob er mir all diese Informationen anbot, weil ich in den Südpazifik unterwegs war, eine Gegend, die die Leidenschaften der Seeleute seit jeher entfachte. Sogar Kapitän Cook, für seine standhafte, prosaische Natur bekannt, sprach von «paradiesischen Gefühlen», als er dort gewesen war. Comte Louis-Antoine de Bougainville, der Tahiti 1767 für Frankreich beanspruchte, nannte die Insel *La Nouvelle-Cythère*, das Neue Eiland der Venus. Der Arzt an Bord der *Pandora* hatte verkündet, daß alles, «was die poetische Phantasie sich in Eden oder Arkadien ausgemalt hat, hier verwirklicht ist» und daß die Schönen der Südsee «nur allzu willig sind, dich liebevoll in ihre Arme zu schließen». Vielleicht bewahrten der Kapitän und seine Mannschaft noch schwache Erinnerungen an diese jahrhundertalten Bilder in ihrer Seele. Wenn dem so war, konnte ich sie kaum dafür tadeln, da auch ich davon träumte. Schließlich hatte mich ein leidenschaftliches Porträt des Südpazifiks dazu gebracht, nach Pitcairn zu fahren.

Mit den halbleeren Tanks, die knallten und röhrten, wenn sich das Schiff in den Wellen zur Seite neigte, ratterten wir weiter. Das heiße Wasser aus der Dusche hatte wieder eine dunkelbraune Färbung angenommen, und ein neues Problem war aufgetaucht: Der Kaltwasserhahn spuckte heißes Wasser aus, wie wenn unten im Maschinenraum ein großer Kessel brodelte

«Wir werden die Ursache finden. Ich verspreche es Ihnen!» versicherte der Kapitän. «Das ist meine Sache allein.»

Es war der erste Juni, und wir schlängelten uns durch die Inseln der Galápagosgruppe. Der graue Pickel an unserer Backbordseite war die Insel Santa Maria, die das Handbuch *South Pacific Pilot* ebenso wie Pitcairn als vulkanische Insel beschreibt, mit vielen wilden Rindern, Schweinen und Ziegen, aber nur fünfzig Einwohnern. Eine Möwe stieß auf unser Heck herab und flog auf Santa Maria zu. «Wir könnten Sie auch dort absetzen», schlug der Kapitän vor.

Es gibt mehr als fünfundzwanzigtausend Inseln, die wie Staub über den Pazifik verstreut sind, und doch kann ein Schiff fünftausend Meilen weit fahren, ohne einen Zipfel Land zu erblicken. Der Ozean bedeckt 63 838 000 Quadratmeilen, ein Drittel der Erde. Pitcairn ist weniger als zwei Quadratmeilen groß, zu klein, um auch nur als Pünktchen auf der Karte zu erscheinen.

Nach der Insel Santa Maria sollten wir über eine Woche kein Land mehr sehen, und an jedem Tag wurde die Leere, die Pitcairn umgab, spürbarer. Seit der Möwe hatten wir keine Vögel mehr gesehen, weil wir zu weit vom Land entfernt waren. Selbst der Kapitän konnte sich nicht erinnern, auf dieser Route jemals ein anderes Schiff gesichtet zu haben. Überall, wo und wann man auch danach suchte, erblickte man nichts als Horizont, eine dünne graue Linie, die unsere Welt in zwei teilte – das Meer und den Himmel.

In den letzten zwei Tagen hatten wir versucht, Funkkontakt mit Pitcairn zu bekommen. Dann rief mich der Kapitän, siebenunddreißig Stunden vor unserer geschätzten Ankunft, in den Funkraum.

«Ich teile Ihnen mit, daß Pitcairn sich meldet», verkündete er.

«ZPB, ZPB, Zulu Papa Bravo, Pitcairn Inselfunk. Irgendwelche Schiffe in der Nähe? Haben Sie irgendwas für uns? Over.» Es war eine Frauenstimme.

«LAFLX, LAFLX, Lima Alpha Foxtrot Lima X-ray. Zulu Papa Bravo. Mit wem spreche ich?« fragte der Kapitän.

«Betty. Betty Christian. Over.»

Der Kapitän reichte mir das Mikro, damit ich sprechen konnte. Doch ich schüttelte den Kopf. Was hätte ich denn sagen sollen?

Betty und der Kapitän hingegen plauderten ungezwungen in das Knistern hinein. Sie sprachen über Schiffe, über Frachter von derselben Gesellschaft, die Pitcairn früher besucht hatten, aber vor allem über das Wetter. Betty und der Kapitän kannten die See und vertrauten ihr. Ihre Tage, so verschieden sie auch sein mochten, waren gleichermaßen von der Stärke des Windes und der Höhe der Brandung bestimmt.

Betty sagte, daß sie unter einer rauhen See gelitten hätten, so daß sie das Schiff nicht mit frischem Fisch versorgen konnten, da es zu stürmisch gewesen sei, um mit den Booten hinauszufahren. Allerdings schien das Wetter umzuschlagen, und zur Zeit unserer Ankunft würde es, so Gott wolle, ruhig genug sein, um die Boote zu Wasser zu lassen.

«Also werden Sie vielleicht doch nicht nach Pitcairn gehen!» Der Kapitän war von dieser Idee hellauf begeistert. «Vielleicht kommen Sie mit uns nach Auckland.»

Ich zog mich in meine Kabine zurück. Eine halbe Stunde später klingelte das Telefon.

«Hier ist eine Botschaft für Sie», sagte der Funkoffizier. Sie lautete:

DEBRIE KIRKETT
WILLKOMMEN AUF PITCAIRN ISLAND FREUEN UNS SIE ZU SEHEN UND HOFFEN DASS SIE GUT AN LAND KOMMEN. BENIRG DENNIS CHRISTIAN

Ich hatte die Kabine des Kapitäns renoviert und den Großteil des Tages damit verbracht, auf der Brücke auf und ab zu gehen, mich über die Karte zu beugen und die Ankerplätze vor der Bounty Bay zu studieren. Der *South Pacific Pilot* empfahl, dreieinhalb Kabellängen vor der Küste zu ankern und sich an den Felsen bei St. Paul's Point zu orientieren; allerdings gäbe es dort eine starke Dünung, lautete die Warnung, und wenn «der Wind, der hier plötzlich seine Richtung ändern kann, nur ein bißchen kräftig aus Osten bläst, wird dieser Ankerplatz ungemütlich».

Die Karte war in fünf Quadrate aufgeteilt, in vieren davon war jeweils eine der Inseln, die zu der Pitcairn-Gruppe gehörten, dargestellt. Ducie war wie ein Ehering geformt, nichts weiter als ein dünner Kreis aus Korallen, die eine große Lagune umschlossen. Oeno, wo die Pitcairner Urlaub machten, hatte dasselbe Grundmuster wie Ducie, nur daß das Land und die Lagune, die es einkreiste, größer und herzförmig waren. Henderson hatte die Gestalt einer Träne und eine Küstenlinie, die so glatt war, als hätte man sie mit Sand bestreut. Pitcairn Island war ein grauer Rhombus mit dunklen, gezackten Rändern, die auf senkrechte Felsen hinwiesen. Das fünfte und größte Quadrat war leer, als ob die Insel, die sich einmal darin befunden hatte, ausgelöscht worden wäre, nachdem man festgestellt hatte, daß sie nicht existierte; vielleicht bedeutete das leere Feld aber auch die Vorahnung der nächsten Entdekkung. Die neueste erhältliche Karte war von Kapitän Beechey von der *Blossom* erstellt worden und stammte aus dem Jahr 1825.

Pitcairn kam bei Anbruch der Dämmerung in Sicht. Die See war ruhig, der Himmel mit grauem Wolkenflaum bedeckt, und die Insel hockte auf dem Horizont. Der Zweite Offizier fotografierte mich vor dem Hintergrund von Pitcairn. Ich klammerte mich an die Reling wie an einen Rettungsring.

Um die Zeit, als wir den Ankerplatz erreichten, war es dunkel. Durch das Fernglas versuchte ich, irgendwelche Anzeichen der Insulaner zu entdecken. Dann suchte der Dritte Offizier das Wasser mit einem Scheinwerfer ab. Es sah aus, als ob ein Glühwürmchen über die Wellen tanzte, aber es war das Boot aus Pitcairn, das auf uns zufuhr, um Handel zu treiben und mich auf die Insel zu bringen.

Ich rannte nach unten auf das offene Deck. Im Näherkommen wirkte das offene Boot immer noch winzig, und als sein Aluminiumrumpf gegen den des Tankers stieß, klang es, als ob sich eine Napfschnecke an die Schiffsseite geklebt hätte.

Der Bootsmann warf eine Strickleiter hinab, und als erster kletterte ein junger Mann herauf, dessen lange Streichholzbeine in einem kugelförmigen Körper endeten. Er stellte sich mir vor – «Du Debbie? Ich bin Dennis» – und war wieder verschwunden.

Der Dritte Offizier kam an meine Seite und schaute auf ihr Boot hinunter, während die Pitcairner der Reihe nach die Leiter packten und an der Schiffsseite hochkrabbelten.

«Das ist gefährlich. *Wirklich* gefährlich», sagte er. Damit meinte er ganz allgemein die Tatsache, auf offener See mit einer einfachen Hängeleiter an Bord eines Chemikalientankers zu klettern, obwohl sich die Pitcairner so unbekümmert und anmutig einschifften, daß es *wirklich* leicht zu sein schien.

Die Pitcairner schienen die typischen physischen Merkmale der Polynesier – hohe Stirn, breite Nase, schwarzes Haar, beleibte Gestalt und dunkle Haut – willkürlich unter sich verteilt bekommen zu haben, so daß einige mit einem dieser Merkmale ausgestattet waren und andere mit mehreren. Ein Mann besaß eine hohe Stirn, war aber hellhäutig und hatte eine spindeldünne Nase, während ein anderer bis auf sein hellbraunes Haar völlig polynesisch aussah. Am Steuer stand ein dunkelhäutiger Mann mit einem italienischen Schnauzbart, der einzige unter ihnen, der in dem Film *Die Bounty* hätte mitspielen können.

Wie die Fans einer Gastmannschaft trugen sie bedruckte Pitcairn-Island-Sweatshirts und Baseballmützen, nur mit dem Unterschied, daß die Sweatshirts löchrig und abgetragen waren. Die Frauen trugen geflochtene Plastikkörbe, die mit Zeitungen vollgestopft schienen, während die Männer in ihren Körben, die sie sich entweder über die Schulter gehängt hatten oder mit einem Seil an der Seite des Schiffs hochhievten, Bananen, Orangen und Fisch transportierten. Jeder Mann hatte einen Ledergürtel umgeschnallt, von dem ein kurzes Messer in einer Scheide auf seine rechte Gesäßbacke herabhing.

Die Insulaner besetzten die *Najran* wie bei einer militärischen Übung. Sie würde maximal anderthalb Stunden vor der Küste driften, also mußten sie aus diesem kurzen Kontakt das Beste machen. Während ich ziellos umherstreifte und mich wie ein heimatloses Gespenst unter bodenständigen menschlichen Wesen fühlte, wurde das Schiff in einen schwimmenden Markt verwandelt. Die Frauen und Kinder übernahmen das offene Deck, wo sie aus Holz geschnitzte Haie, bemalte Blätter, kleine handgeflochtene Körbe, in Miami bedruckte Pitcairn-T-Shirts und Pitcairn-Briefmarken aus dem Zeitungspapier wickelten und fächerförmig auf Tüchern ausbreiteten. «Hast du vielleicht Gummihosen?» fragte eine stämmige Frau mit rundem Gesicht, aber schmaler Nase und dünnen Lippen, die eine Baseballmütze für Kinder auf ihrem Kopf balancierte, den Hilfskoch. «Ich hab' ein paar schöne Schnitzwerke für dich, wenn du tauschen willst.»

«Wo ist der Markt?» Der junge Mann hatte blondes Haar, blaue Augen, ebenmäßig braune Haut wie ein Model aus einem Magazin und trug einen Korb aus Kokospalmblättern mit Bananen über der Schulter. Ich deutete in Richtung des offenen Decks.

«Ich meine nicht die Souvenirs», sagte er. Er hatte einen deutschen Akzent. «Ich meine Fisch und Gemüse.»

Ich führte ihn zur Kombüse hinunter. Dort hielt sich schon ein anderer blonder Fremder auf, der größer, älter und weniger schlank als der erste war und sich dem Proviantmeister als Rick Ferret vorstellte, Pastor auf Pitcairn Island. Er sprach mit australischem Tonfall.

«Bewahren Sie das kühl auf. Aber *nicht* im Gefrier-, sondern nur im Kühlschrank. Verstehen Sie?» Er übergab dem Proviantmeister ein Fläschchen mit Blut. «Jemand wird es in Neuseeland vom Schiff abholen.»

Ich schlenderte zur Brücke hoch, wo Dennis den Kapitän fragte, ob er gegen einen Korb Bananen die Inselpost mit nach Auckland nehmen würde. In der Küche wurde ein halbes Dutzend Kinder mit Frankfurter Würstchen, Eiscreme und Schokolade gefüttert. Mir fiel auf, daß sich jedes Kind mehrere süße Riegel schnappte und sie in seine Taschen stopfte.

Ich wanderte durch diese Szenerie und beobachtete die Menschen, mit denen ich das Schiff verlassen würde. So schnell wie sie an Bord gekommen waren, ihre Waren ausgepackt und zu feilschen angefangen hatten, wickelten sie plötzlich die unverkauften Schnitzwerke wieder in Zeitungspapier ein, rollten die Tücher auf und wuchteten ihre Körbe über die Seite. Aus der Küche hatte man Packungen mit gefrorenen Hähnchenteilen heraufgebracht, zusammen mit vier Fünfzig-Dosen-Kartons 7-Up und Coca-Cola, die ich vom Proviantmeister als Geschenk für die Kinder von Pitcairn gekauft hatte. Jemand hatte einen alten Kühlschrank ergattert, der in einem Seilkorb hing und heftig und gefährlich nah an der Schiffsseite hin und her schwang. Dann begannen die Leute den Abstieg und kletterten nacheinander bis zur letzten Leiterstufe hinunter, wo sie, über dem Wasser schaukelnd, darauf warteten, daß das Boot vom Seegang nach oben getragen wurde.

«Spring!» rief jemand, der schon an Bord war, und sie sprangen rückwärts in das Boot, das gerade in ein Wellental sank, und die Leiter schnellte von ihnen weg in den Wind hinein.

Danach war ich an der Reihe. Ich kletterte von Bord. Die Leiter schien mir plötzlich keine solide Konstruktion mehr zu sein, sondern ein zartes Gewebe, das im Winde wehte. Ich kletterte zur letzten Sprosse hinab, doch das Boot schien immer noch gut drei Meter unter mir zu sein. Dann wogte das Schiff, von einer Welle gehoben, auf mich zu. Wenn ich bloß im richtigen Moment loslassen würde, bevor das Boot wieder zurückfiel.

«Spring! SPRING!» brüllte jemand. Ich fühlte, wie mich zwei Hände um die Taille packten, und Dennis zog mich von der Leiter.

Ich saß unter den Insulanern im Boot und sagte kein Wort. Niemand sprach mit mir oder mit sonst jemandem, als das Boot sich mit der Dünung hob und senkte und die letzten Menschen an Bord sprangen. Ich sah zum Kapitän hoch, der weit weg auf der Brücke stand, und zum Bootsmann und Hilfskoch, die sich oben an der Leiter über die Reling beugten. Der Bootsmann nahm die Seile, die uns mit dem Schiff verbanden, und warf sie hinab, und das Boot legte langsam von der Seite ab.

Aus der Dunkelheit erklang die Stimme eines Mannes, der ein Lied anstimmte.

Now one last song we'll sing
Goodbye, goodbye

Time moves on rapid wings
Goodbye, goodbye, goodbye

And this short year will soon be past
And soon be numbered with the last
We part, but hope to meet again
Goodbye, goodbye, goodbye …

Während die Insulaner sangen, hoben sie die Hände und winkten den Männern auf der *Najran* zu. Ich sah hinauf und winkte ebenfalls. Selbst auf diese Entfernung hin hätte ich schwören können, daß der Kapitän mir zurückwinkte. Dann tutete das Nebelhorn der *Najran* zweimal lang, und sie fuhr hinaus auf die See.

ZWEITER TEIL

Viertes Kapitel

Pitcairn

D*ie Insel hob sich* granitgrau gegen einen tiefschwarzen Himmel ab. Als das Singen erstarb, hörten die Insulaner mit dem Winken auf und wandten sich vom Schiff ab. Das Boot schwankte über die Wellen, und der starke Gischtregen trommelte auf die Sperrholzplatten, die die Ladung bedeckten.

Ich bemühte mich, den Gesichtern Namen zu geben. Nach all meiner Lektüre hätte es mir leichtfallen müssen, den schnurrbärtigen, rotbraunen Mann an der Ruderpinne zu identifizieren, der sich von den anderen dadurch unterschied, daß er statt eines Pitcairn-Island-Sweatshirts ein T-Shirt trug, das für ein australisches Bier warb, «I'd like a Toohey's … or Tow»; oder auch die junge Frau mit dichten, schwarzen Locken und einem Körper breit und rund wie eine große Teppichrolle; und den größten, dünnsten Mann unter ihnen mit einer hohen, mittelalterlichen Stirn und der breiten Nase eines Boxers, der das Lied angestimmt hatte.

Im Laderaum des Boots stapelten sich die Taschen der Frauen mit den Andenken, die Kisten mit Dosen- und Gefrierkost, die die Männer eingetauscht hatten, und mein Überseekoffer. Obenauf lagen, von Dollbord zu Dollbord ausbalanciert, Sperrholzplatten, auf denen die alten Männer, Frauen und Kinder saßen, die Beine überkreuz, die Augen gegen das salzige Wasser zusammengekniffen. Die jungen Männer standen reglos am Bug und salutierten mit einem Arm, um ihre Augen vor der Gischt zu schützen. Zwischen dem finsteren Himmel und dem unruhigen Meer, mit der dunklen Gestalt am Ruder, den Frauen und Kindern, die in der Mitte des Boots kauerten, und dem einzigen weißen Mann – dem Pastor – an Bord kam mir ein primitives Heiligenbild in den Sinn, das ein im Sturm verirrtes Volk zeigt. Doch der Pastor trug pinkfarbene Shorts, die so eng waren, daß sie kaum die Fleischwülste seiner Oberschenkel bedeckten und seine Unterhose mehr als nur ahnen ließen; dazu war er barfuß, als ob er am Bondi Beach auf ein Surfbrett steigen wollte. Die moosige Behaarung auf seinen dicken, gebräunten Beinen war von der Sonne blond gebleicht.

«Was hat Sie denn hierher verschlagen?» fragte er so beiläufig, als würde er jemand aus einer Nachbargemeinde fragen, warum er seine Gemeinde zum Tee besuchen käme.

«Die Royal Mail International. Es ist der entfernteste Ort der Welt, den sie mit der Post erreichen. Wirfst du einen Brief in Elephant ein, kommt er in Pitcairn an!» Ich hörte mich lächerlich aufgekratzt und munter an. «Doch das ist eigentlich nur ein Vorwand. Ich wollte immer schon hierherkommen.»

«Das wollen viele Leute», sagte der Pastor und wandte sich wieder in Richtung der Insel.

Pitcairn hatte die schwärzliche Farbe eines Magneten angenommen, und das Boot pflügte mit seinem schimmernden, schmalen Metallrumpf durch die Wellen nach Haus. Die Inselbewohner hatten den Blick auf die Insel geheftet und sahen nicht ein einziges Mal mehr zum Schiff zurück. Es war, als ob die *Najran* nicht mehr existierte, und als ich mich umdrehte und nach ihr schaute – wobei es mir vorkam, als wären nur ein paar Minuten nach dem Tuten des Nebelhorns verstrichen –, war sie wirklich verschwunden.

Ich hörte Hunde jaulen und konnte ihre Silhouetten erkennen. Der Mann am Ruder stellte den Motor aus. Wir lagen ein paar hundert Meter vor der Bounty Bay, die kaum mehr als eine kleine Rundung in eine felsige Küstenlinie schnitt, die auf einer Seite von einem kurzen Hafendamm gesäumt war und auf der anderen von steilen Felsen. Die Dünung wogte in die Bucht, brandete über den Anlegeplatz und vertrieb die Hunde. Wir schaukelten draußen vor der Küste, die Wachen am Bug beobachteten die bewegte See, und der Steuermann hielt die eine Hand auf dem Gashebel, während wir auf eine Welle warteten, die uns hineintragen würde. Selbst die Hunde waren ruhig.

«Fahrt zu!» rief ein Wachtposten, der Motor wurde wieder angelassen, und wir ritten auf einer Welle und surften an den Anlegeplatz.

Die Frauen riefen denen, die am Ufer warteten, Neuigkeiten vom Tauschhandel zu, und die Männer wurden mit Hurrarufen und Ratschlägen begrüßt, als sie die Sperrholzbretter abnahmen und die Beutel und Kisten aus dem Laderaum hinüberreichten. Zwei Hände packten mich von hinten um die Taille und hievten mich wie ein Stück Frachtgut auf den Kai. Die Hunde schnüffelten an mir und den Kisten herum, während die Insulaner unter den Körben nach ihrer eigenen Beute suchten. Ich stand unbeholfen zwischen den Waren und wartete darauf, daß mich jemand in Empfang nehmen würde.

Eine Frau mit einem breiten, braunen Gesicht, winzigen

meerblauen Augen und einer Gestalt wie ein Polstersessel wogte heran und umfing mich mit einer Umarmung.

«Willkommen auf unserer Insel.» Sie trug rosafarbene Nylonleggings und ein T-Shirt, das so eng wie ein Polsterbezug an ihr saß. «Willkommen auf unserer Insel.»

Sie schob mich um Armeslänge von sich weg, sah mich von oben bis unten an und zog mich wieder an die Brust. Ich hatte das Gefühl, in einer Wand aus Kissen zu versinken.

«Willkommen. Willkommen», sagte sie mit einem breiten Lächeln. Ich sank in ihre Arme zurück und war froh, daß ich nun endlich sicher auf Pitcairn gelandet war.

Weiter hinten wirbelte eine koboldhafte Frau mit kurzgeschorenem, grauem Haar herum, hüpfte auf und nieder, als ob sie die ausladende Körperfülle der Frau, die mich begrüßte, bezwingen könnte, indem sie entweder an ihrer Seite vorbeischlüpfte oder ihr über die Schulter sprang. Die gepolsterten Arme öffneten sich langsam wie eine Schleuse im Panamakanal und überließen mich der agilen kleinen Frau.

«*Who side Dennis put ha bike?* – Wo hat Dennis das Motorrad?» platzte sie heraus und blickte nervös umher. Sie wandte sich mir zu und sagte in bemühtem Englisch: «Keine Sorge. Keine Sorge. Dennis holt Ihre Sachen. Ich führe Sie zum Haus», dann eilte sie mit mir davon, als ob wir eine wichtige Verabredung hätten und spät dran wären.

Mit einem Gefühl, meiner rechtmäßigen Gastgeberin beraubt zu sein, schaute ich der elefantenartigen Frau hinterher, die zu ihren Handelswaren watschelte.

Am Ende der Anlegestelle stand ein großer Holzschuppen, der die beiden Boote *Tin* und *Tub* und auch das nicht mehr seetüchtige hölzerne Boot *Stick* beherbergte. Über dem Schuppen hing ein gemaltes Schild WELCOME TO PITCAIRN, und davor parkte ein halbes Dutzend dreirädriger roter Motorräder mit traktorgroßen Rädern und langen, breiten Sätteln. Die winzige Frau warf eins ihrer dünnen Beine über einen Sattel, sah nach, ob der Drahtkorb vorn festsaß, indem sie heftig an ihm rüttelte, und knipste den Scheinwerfer an und aus.

«Mist. Echter Mist», fauchte sie, als das Licht erlosch. Sie spielte mit dem Schalter, bis es wieder aufflackerte, und klopfte auf den Sitz hinter sich.

«Spring auf!» Sie gab Gas, und wir zischten ab.

Als wir den legendären Hill of Difficulties hinauffuhren – einen Weg, den ich auf der Karte in der British Library verfolgt hatte –, stellte sich meine Fahrerin als Irma vor und versicherte mir erneut, daß ich mir keine Sorgen machen bräuchte, weil ihr Sohn Dennis meine Sachen holen würde. Ben, ihr Mann, war unten am Anleger und half, die Waren auszuladen. Sie entschuldigte sich, daß weder sie noch Ben zum Schiff gekommen waren, um mich zu begrüßen, aber sie seien jetzt schon ein bißchen alt, und wir wären außerdem gleich zu Hause.

Irma fuhr fort, mich mit tröstlichen Worten zu beruhigen und nahm dabei einen fast panischen Tonfall an, als wir auf einem steilen, etwa anderthalb Meter breiten Pfad den Hügel hochfuhren, der von den schweren Traktorreifen der Motorräder mit tiefen Furchen durchzogen war. Ich wurde hinter meiner Fahrerin, deren gertenschlanker Körper auf dem Sattel herumhüpfte, hin und her geschleudert. Die ruckartigen Bewegungen und das flackernde Licht des defekten Scheinwerfers vermittelten mir Pitcairn als eine Reihe kurzer, heller Lichtblitze. Es war wie eine Fahrt mit der Geisterbahn: Hin und wieder flammte ein mannshoher Farn auf, drahtig überwuchert, streifte mich bedrohlich und verschwand in der Dunkelheit, wenn wir um eine Kurve sausten oder das Licht wieder ausfiel, weil wir über eine besonders tiefe Kuhle hüpften. Durch das Gewirr des Gestrüpps konnte ich die Umrisse von Häusern wahrnehmen, die wie verlassene Stände auf einem billigen Rummelplatz wirkten und halb verborgen hinter Verandas lagen, an denen Bananenbündel hingen. Als mein Kopf zurückflog, weil wir über einen Hubbel fuhren, konnte ich den Himmel sehen – einen Sternenfluß, so schmal wie die Straße, der zwischen den Baumwipfeln dahinfloß.

Knatternd kamen wir vor einer Veranda zum Stehen. Irma schwang sich von der Maschine und drängte mich durch einen Vorhang aus Bananenstauden. Zufrieden, daß wir unser Ziel so schnell erreicht hatten, verkündete sie mit ausgebreiteten, zweigdünnen Armen lächelnd, «Bleib bei uns. Das ist dein Zuhause», und knipste das Licht an. Ich war von der Helligkeit geblendet. Die nackte Birne war schwach, beleuchtete aber strahlendweiße und glänzendstählerne Oberflächen. Ich zählte drei gewaltige Tiefkühltruhen, drei Herde, zwei Videogeräte, zwei Fernseher, eine Mikrowelle für Großküchen, eine Küchenmaschine, eine elektrische Bratpfanne, eine riesige Friteuse und zwei elektrische Wasserkessel. Irmas Zuhause im Paradies erinnerte an einen Secondhandshop für Elektroartikel.

Irma fing sofort an, mir ihre Gerätschaften vorzuführen, als ob sie von den Elektrizitätswerken käme und ich eine potentielle Kundin sei. Sie öffnete einen Kühlschrank, kroch tief hinein, als wollte sie sich unter Eiern und Eiscremekartons begraben, und warf die Tür wieder zu. Sie hob die Deckel der Tiefkühltruhen, um mir zu zeigen, wie wohlgefüllt sie waren und daß sie die gefrorenen Hähnchenteile nur mit Mühe unterbringen konnte. Sie deutete mir mit komplexem Mienen- und Gebärdenspiel an, daß sie ohne weiteres ein Stück aus der Truhe nehmen, auspacken, auf einen Teller legen und in die Mikrowelle stecken könnte. Das würde nur ein paar – sie hielt drei Finger hoch – Minuten dauern.

Als ich ihr Essen ablehnte, versuchte es Irma mit einem anderen verlockenden Vorschlag. «Würdest du gern nach draußen gehen?» flüsterte sie, als würde sie mir ein unanständiges Angebot machen.

Nach *draußen*? Ich hatte 17 000 Meilen zurückgelegt, um dieses Fleckchen Erde zu erreichen, und war gerade erst angekommen; ich wollte mich niederlassen, nicht weiterziehen.

«Nein, danke. Aber ich würde gern zur Toilette gehen.»

Irma wischte eifrig einen sauberen Tisch ab.

«Ja. *Drau-ßen*», deklamierte sie. «Hier entlang», und sie führte mich durch die Küche, an einer offenen Kochstelle vorbei, hinten aus dem Haus hinaus. Irma deutete auf einen kleinen Wellblechverschlag, der am Rand eines Abgrunds vor einem Tal voller Bananenstauden klebte. «Das Klosett», verkündete sie.

In dem Verschlag befand sich eine Holzkiste mit zwei Löchern, eins war etwas größer als das andere. Ich sah durch die Löcher in einen tiefen, ekligen Brunnen hinab, probierte die Löcher aus und ließ mich auf dem größeren nieder. Eine Riesenspinne, so groß wie meine Faust, krabbelte über die wellige Wand, hielt inne, um mich anzuschauen, und lief dann weiter.

Nach dem Sturm, der meine Landung auf der Insel gefährdet hatte, war die Luft klar und die Nacht samtig und betörend schön. Ich hörte die Palmwedel wie Baströcke rauschen und die Wellen an die Felsen branden. Letzteres war ein vertrautes Geräusch. Es hatte mich oft in England begleitet, während ich den Fleck auf meiner Wandkarte anstarrte, der für mich lange Zeit das Pitcairn meiner Phantasie verkörpert hatte. Damals war die Vorstellung, daß diese Insel, irgendwo verloren in der Weite des Ozeans, zu klein war, um auf irgendeiner Karte zu erscheinen, erschrekkend gewesen; jetzt war derselbe Gedanke tröstlich. So würde es für mich relativ einfach sein, die Insel und die Insulaner kennenzulernen und einer von ihnen zu werden, ein Mitglied der Pitcairn-Familie. Und da es nur wenig mehr als eine Quadratmeile zu erkunden gab, hätte ich mich wahrscheinlich binnen einer Woche mit der geographischen Beschaffenheit der Insel vertraut gemacht. Diese Vorstellung gefiel mir sehr. Ich schätzte, daß ich Pitcairn in einem Monat erobern könnte.

Vorsichtig tappte ich zum Haus zurück, unfähig, in der Dunkelheit irgend etwas zu erkennen außer den bedrohlichen Umrissen des Tales. Als ich wieder ins Haus trat, kam es mir vor, als ob ich unter die Scheinwerfer einer Bühnenszene geraten wäre, der Weg vom Plumpsklo, am Gitterrost mit der glühenden Kohle vorbei, war wie eine Reise aus der subtropischen Nacht in eine helle, scharfkantige Welt. Der Eindruck einer Bühne wurde noch dadurch verstärkt, daß Irmas Haus unbeholfen aus Brettern zusammengenagelt war. Die einzige Dekoration bestand aus ein paar schief hängenden, veralteten Werbekalendern von Bau- und Industriefirmen.

Obwohl Irma über die neuesten Elektrogeräte verfügte, besaß sie nur wenig Mobiliar. Im Hauptraum, der auch als Küche diente, stand ein großer, kunststoffbeschichteter

Tisch, umringt von Stühlen mit harten Lehnen. An einer Seite dieses Raums befand sich ein kurzer Flur, von dem Türen zu den Schlafzimmern abgingen. An den Flur grenzte, von der Küche durch eine hüfthohe Wand abgetrennt, das Wohnzimmer, das großer Raum genannt wurde und der kleinste Raum im Haus war, abgesehen von einem begehbaren Schrank an einer Seite der Veranda, in dem Irmas Funkausrüstung verstaut war.

Im großen Zimmer standen auf einem Sideboard zwei gewaltige Fernseher direkt nebeneinander, auf die vier abgewetzte Sessel gerichtet waren, die am Rücken und auf dem Sitz glänzende Stellen aufwiesen. Ich konnte mir nur schwer vorstellen, daß Irma diese Abdrücke verursacht hatte. Sie wuselte unentwegt herum, nahm die Eiscremekartons aus den Kühlschränken, prüfte ihren Inhalt und packte sie in derselben Anordnung sorgfältig zurück, wobei sie die ganze Zeit die Backen aufplusterte oder pfiff.

Ich gab ihr zu verstehen, daß ich müde sei und gern schlafen gehen würde. Irma führte mich in mein Zimmer, das so spartanisch war wie die Küche vollgestopft. Einem kleinen Fenster gegenüber, hinter dem das Gelände steil zum Tal abfiel, befanden sich ein Bett und ein paar rohe Holzregale. Über die Decke trappelte auf weichen Saugnapffüßen eine kleine Armee von winzigen Eidechsen. Vor dem Fenster spannte sich ein Netz, das einen Riß hatte, und die Wände waren mit winzigen schwarzen Moskitos gesprenkelt.

Ich suchte nach Spuren eines früheren menschlichen Bewohners und fand in einem der Regale einen Brief, der an Dennis adressiert und 1987 in Kansas City, USA, abgestempelt war. Ich öffnete den Umschlag und zog einen Liebesbrief heraus, der mit «Ich liebe und vermisse Dich» unterzeichnet war. Zwischen all den Kühlschränken und der großen Küchenmaschine tat es gut zu wissen, daß es auf Pitcairn auch Liebe gab.

Als ich am nächsten Morgen aus meinem Zimmer kam, hatte sich Irma in ihrer Speisekammer vergraben, wo sie ihre Lebensmittelvorräte und eine vierte Tiefkühltruhe, die mir am Abend zuvor entgangen war, aufbewahrte. Die Speisekammer enthielt mehr Dosen als ein englischer Tante-Emma-Laden; Büchsen, auf denen etwas wie Schlemmerland stand, verdeckten die Wände und stapelten sich auf dem Fußboden übereinander. Diese auf Gluten basierenden Produkte erfreuten sich offensichtlich großer Beliebtheit. Dennis hatte meine Kartons mit 7-Up und Coca-Cola zusammen mit meinem Koffer vom Landeplatz hinaufgebracht, und Irma versuchte gerade, sie irgendwie unterzubringen. Zufrieden, daß die Dosen endlich an ihrem richtigen Platz waren, wollte Irma mir die Landkarte von Pitcairn erläutern und sauste im Geiste auf der ganzen Insel herum. Adamstown war der Hauptort Pitcairns, die einzige Stadt, in der alle wohnten. Irmas Haus lag in einer Mulde «außerhalb der Stadt», was fünfzig Meter vom zentralen Platz, dem Square, bedeutete und für einen Fußmarsch als zu weit galt. Wenn Irma «in die Stadt» ging, nahm sie ihr Rad. Der kürzeste Weg zum Square war ein schmaler Pfad vor dem Haus, der am Wohnsitz von Mavis Warren, der Frau, die mich an der Mole begrüßte hatte, ihrem Mann Jacob und ihrer erwachsenen Tochter Meralda vorbeiführte. Der breitere Weg hinter dem Haus wand sich zu den Flatlands hoch und in den westlichen Teil der Insel, der Tedside genannt wird. Wenn ich denselben Weg in die entgegengesetzte Richtung ginge, käme ich am Haus von Carol und Jay Warren vorbei, dem Bürgermeister von Pitcairn, und zum Landeplatz, wo ich in der vorigen Nacht angekommen war. Der Pfad, der geradewegs den Hügel hinter uns hochführte, würde mich ins Zentrum der Insel bringen und zum Taro Ground, wo sich die Funkstation befand, in der Irma als Hilfsfunkerin Nummer zwei arbeitete. Irmas Station lag an einem bedeutenden Verkehrsknotenpunkt, inmitten eines Netzes von roten, zerfurchten Wegen. Binnen Minuten konnte Irma uns mit dem Rad überallhin fahren.

Während mir Irma die Insel aufzeichnete, knurrten die Tiefkühltruhen in den Ecken wie bösartige Hunde. Dann erstarb das Geräusch. Irma entschuldigte sich, als ob es ihre Schuld sei, daß es aufgehört hatte. Die Stromversorgung, erklärte sie, würde immer wieder unterbrochen; da Öl knapp sei, weil man es faßweise aus Neuseeland transportieren müßte, würde der Inselgenerator um elf Uhr morgens ab- und um sechs Uhr abends wieder angestellt. Das war extrem unpraktisch, denn die Tiefkühlgeräte tauten während der Nachmittagsstunden ab, bevor sie am frühen Abend wieder in Gang kamen und viel Strom brauchten, bis sie wieder kühlten. Oft ließ der hohe Energieverbrauch der acht Haushalte der Insel mit durchschnittlich zweieinhalb Herden und drei Tiefkühltruhen das ganze System zusammenbrechen. Wenn Irma einen ihrer Herde benutzen wollte, mußte sie, um den Stromkreis nicht zu überlasten, die Tiefkühltruhen und alle Lampen ausschalten, und ihr Haus versank, genau wie das von Mavis da drunten, in Dunkelheit.

Ben kam vom Plumpsklo, begrüßte mich mit einem Lächeln und einem festen Händedruck, als ob er ehrlich froh wäre, mich zu sehen, und erzählte dann von seinem Tag.

Während Irmas natürlicher Lebensraum bei den stählernen, harten Geräten war, gehörte Ben in die abgenutzten Sessel. Er werkelte vor sich hin, summte eine langsame, verträumte Melodie, während Irma im Zimmer herumhüpfte und mit irgendwas klapperte. Ich beobachtete das seltsame Schauspiel, wie Irma sich an ihren Geräten zu schaffen machte, während Ben rhythmisch Erbsen palte und ein paar Süßkartoffeln schälte. Nach einer halben Stunde hatte Ben zwei Töpfe mit Gemüse auf dem Herd stehen, hatte genug Kokosfleisch für den süßen Reis für morgen geschabt und konnte sich auf der Bank an der einen Seite der Veranda niederlassen, um mit einer Glasscherbe seine Schnitzerei zu glätten – eine große, tulpenförmige Holzvase, um die sich eine Hand schloß. Irma wirbelte immer noch herum und murmelte, daß sie so viel zu tun und so wenig Zeit hätte. Es war, als ob sich die Fabel vom Igel und dem Hasen in den Figuren des trägen Ben und der elektrisch aufgeladenen Irma vor meinen Augen abspielte.

Den ganzen Morgen über sah ich nur wenig von Dennis. Er trödelte herein, nahm sich mit einem gleichgültigen Ausdruck etwas zu essen, warf mir ein mildes Lächeln zu, holte sich aus dem hinteren Schuppen ein Werkzeug, stieg wieder aufs Motorrad und knatterte davon. Dennis baute, wie Irma bedauernd sagte, an seinem eigenen Haus. Er zog ein paar hundert Meter weiter, auf ein Stück Land neben dem Pastor, – The Edge – direkt unterhalb des Platzes.

«Das Problem ist, daß man hier oben wirklich abgelegen wohnt», flüsterte er, damit Irma ihn nicht hören konnte, als er hereinkam, um etwas zu suchen, womit er seine Säge schärfen könnte. «The Edge liegt ganz nah bei allem. Das ist viel bequemer. Und irgendwann muß man sich doch von seinen Eltern lösen.»

Ich machte mir aus der Dose, die ich mitgebracht hatte, eine Tasse Kaffee und kämpfte mit dem futuristischen elektrischen Kunststoffkessel, während Ben langsam in der Küche umherging. Er sagte wenig, brach aber während der Arbeit immer wieder in lautes Kichern aus, als ob er sich selbst einen Witz erzählte. Er pflegte eine Pause zu machen – legte sein Messer nieder, hörte auf, den Kochtopf zu putzen oder seine Schnitzerei abzuschmirgeln –, schüttelte den Kopf, lachte ein bißchen und ging erneut an sein Werk. Wenn er lächelte, wurde sein altes, braunes Gesicht so faltig wie ein Stück Wellpappe, aber er sah dabei so schelmisch aus wie ein Junge. Ich setzte mich hin und plante in Gedanken meinen Aufenthalt auf Pitcairn. Ich würde eine streßfreie Zeit unter diesem südpazifischen Völkchen verbringen, beobachten, zuhören, mitmachen und an jedem Abend meine Eindrücke in mein Notizbuch schreiben. Ich würde so leben wie sie, und die Tage der Muße würden an mir vorüberziehen, während ich mich im Kunsthandwerk der Insel versuchte – *pilhi** machte, Körbe flocht, Hattieblätter** bemalte und all die netten Dinge tat, von denen ich in Büchern gelesen hatte. Wenn das Wetter schön war, konnte ich schwimmen gehen oder an den Felsen fischen, einen Spaziergang zur anderen Seite der Insel machen und mich unter einen Schraubenbaum setzen, um zu lesen oder mein Journal zu schreiben.

* *pilhi* ist ein Brei aus Bananen, Süßkartoffeln, Kürbis oder Brotfrucht, an den gewöhnlich noch Kokosmilch kommt und der, in ein Bananenblatt gewickelt, im Ofen gebacken wird. *pilhi* heißt auf pitcairnesisch Mischung.

** Hattieblätter sind Blätter der Banhinia purpurea. Der Name stammt wahrscheinlich von Hattie Andre, einer Missionslehrerin, die von 1883 bis 1896 auf der Insel lebte.

Das Paradies war billig; ich zählte eine Monatsmiete im voraus ab – vierhundert neuseeländische Dollar – und reichte Irma den Umschlag.

«Nein. Nein. Ich möchte», sagte Irma, «daß du für mich arbeitest.» Irma umriß meine Pflichten: Ich sollte Meldungen der Funkstation abtippen, was sie zusätzlich zu ihrem Job als Hilfsfunkerin Nummer zwei zu ihren Aufgaben rechnete; ich sollte die Umschläge an die Abonnenten ihres *Pitcairn Miscellany* adressieren; ich sollte ihr beim Kochen helfen, den Garten jäten und auf den Schiffen Handel treiben. Ben, erklärte sie, hatte sich die Wirbelsäule verletzt, als ihn unten bei der Arbeit an der Landestelle ein Felsbrocken traf, und hatte fast alles Gefühl im rechten Fuß und Unterschenkel verloren. Irma war schwach und ängstlich, auch wenn sie es nicht aussprach, sondern nur andeutete, warum auch sie die Leiter nur mit zitternden Händen hinaufklettern konnte. Da ich jung sei, könnte ich für sie handeln, meinte sie. Dann fügte sie noch hinzu, als ob sich das fast von selbst verstünde: «Ben und ich möchten keinen Alkohol im Haus haben, meine Liebe.»

Ich fand die Bedingungen, mit denen ich als Gast empfangen wurde, sehr vernünftig und war froh, daß man mir in dieser Gemeinde im Taschenformat so früh eine Rolle zuwies; es war das erste Zeichen, daß sie mich als eine von ihnen akzeptierten. Ich hatte erwartet, daß man mir viel mehr Vorschriften machen würde, was ich essen und trinken dürfe und wie ich mich in einem adventistischen Zuhause auf einer adventistischen Insel zu verhalten hätte. Ich war erleichtert, daß ich nur kleine Aufgaben für Irma erledigen und nüchtern bleiben mußte, und hoffte nur, daß sich unter den Begrüßungsgeschenken in meinem Koffer keine Whiskyflasche befand.

Dong, dong, dong, dong, dong. Die langsamen Schläge einer Glocke klangen, als wollten sie unseren Vertrag besiegeln. Dem Läuten folgte das dröhnende Geräusch der startenden Motorräder, und Dennis bretterte den Weg hinauf. Er stieg ab und begann die Bananenstauden abzuhakken und sie hinten auf sein Rad zu laden.

«Kommst du?» fragte Dennis und streifte sich ein Pitcairn-Island-Sweatshirt über den Kopf. «Ein Schiff ist da.»

Da fiel mir ein, was das für eine Glocke war. Eigentlich hätte ich gleich wissen müssen, daß es die öffentliche Glocke am Square war, die erscholl, wenn man die Gemeinde zusammenrufen wollte. Zwei Schläge für die Kirche; drei, um die Männer zu gemeinschaftlichen Arbeiten zusammenzurufen; vier für die Verteilung von Lebensmitteln von einem Schiff; und fünf, um die Ankunft eines Schiffs vor der Küste anzukündigen. Die Liste stand in meinem Notizbuch, und ich hätte mich eigentlich daran erinnern müssen. Es war das gleiche wie mit den vielen Gesichtern, die ich überhaupt nicht mit den Stammbäumen in Einklang bringen konnte, die ich in England entworfen hatte. Mit der Realität konfrontiert, erwiesen sich meine unzähligen Notizen über Pitcairn als nutzlos.

«Gern», sagte ich zu Dennis und schwang mich zu den Bananen hinauf.

«Wir haben keine Eiscreme», rief Irma und knallte eine Tiefkühltruhe zu. Es hätte auch eine beiläufige Bemerkung sein können, die an niemand besonderen gerichtet war; doch da sie englisch sprach, mußte sie mich gemeint haben.

«Soll ich versuchen, welche zu bekommen?» bot ich an.

«Wir haben eben nur keine Eiscreme, Liebes», und sie gab mir einige Postkarten von Pitcairn, die den «Hafendamm und Landeplatz an der Bounty Bay mit St. Paul's

Rock im Hintergrund» zeigten, die «Brandung am Landeplatz», «Sirupkochen aus Zuckerrohr» und «Polynesische Felszeichnungen bei Down Rope». Sie nahm eine skizzenhafte Karte von Pitcairn von einem Stapel Fotokopien und schrieb, gleichsam im Auftrag von Ben, mit blauem Kugelschreiber direkt unter einen Ort, der Break Im Hip hieß: «Ben Christian, fünfte Generation nach Fletcher Christian». «Es wäre vielleicht gut, wenn du die hier mitnimmst.»

Als wir zum Anlegeplatz ratterten, erinnerte mich nur das starke Holpern daran, daß wir denselben Weg entlangfuhren wie in der Nacht zuvor. Die Luft war angenehm, so behaglich wie ein Baumwollhemd und so klar, daß alles unnatürlich frisch und deutlich wirkte. Das grelle Rot des Pfades und das intensive Grün, das er zerteilte, waren tatsächlich so leuchtend wie auf Rons Video. In einigen Häusern, die verlassen gewirkt hatten, hackten Menschen die Bananenvorhänge ab und beluden damit die Motorräder. Das Geräusch ihrer Maschinen übertönte fast die Brandung.

Fröhlich begrüßten wir andere Motorräder, auf denen Männer, Frauen und Kinder saßen, die mit Pitcairn-Island-Sweatshirts und Baseballmützen ausgestattet waren, als ob sie mit den Seeleuten auf dem Schiff ein Freundschaftsspiel veranstalten wollten.

«*Bout ha ship comen from?* – Wo kommt das Schiff her?» Die Fahrerin war eine junge Frau, so braun wie eine Kokosnußschale und gebaut wie ein Bulle; hinter ihr saßen eine ältere Frau und zwei Kinder – eins auf dem Schoß der Frau, das andere im vorderen Korb.

«Auckland», sagte Dennis.

«*Who se spot her?* – Wer hat's gesehn?» rief jemand von Carols und Jays Veranda.

«*I ka wa* – Weiß nicht», schrie Dennis.

«Auf dem Weg nach Panama?» fragte ein kleines Kind.

«Filipinos!» rief eine massige Frau von einer Veranda.

«*I gwen marry me one Filipinowife. Good fer trade* – Ich werd' eine Filipinofrau heiraten. Gut für den Handel», scherzte Dennis.

«*You gwen out ha ship?* – Du willst raus auf das Schiff?» fragte er einen liederlich aussehenden Mann mittleren Alters in ausgebeulten, schmutzverkrusteten Khakishorts.

«*I count I gwen* – Glaub, ich geh», erwiderte der Mann, hob seine Baseballmütze an und wischte sich über die Stirn.

«Starker Seegang!» Dennis wandte sich wieder mir zu. Wir konnten die weißen Kämme auf dem Wasser sehen, als wir den Hill of Difficulties hinabfuhren.

«Was hast du da für eine, Dennis?» Ein junger Mann, allein auf seinem Bike, beschleunigte hinter uns, schwenkte plötzlich an unsere Seite und bremste.

«*Shi Debbie* – Das is' Debbie», sagte Dennis. «Sie gehört zu mir.»

Unten am Anleger zogen ein halbes Dutzend Männer das Boot aus dem Schuppen und über die kurze Helling in die Bucht hinunter. Der silberne Bootsrumpf glitt ins Wasser wie ein riesiger Fisch. Ich trabte hinter Dennis her und hüpfte gutgelaunt an Bord, einen Korb Bananen über der Schulter, die Andenken in der Hand. Erst gestern abend hatte ich noch an Deck der *Najran* gestanden und die bewegte See nach dem Boot abgesucht. An diesem Nachmittag wartete ich darauf, daß am Horizont die Silhouette eines Frachters auftauchte, und hatte eine Handvoll Waren zum Handeln mitgebracht.

Schon bald tauchte das Schiff am Horizont auf, zuerst so klein und undeutlich, daß ich mich fragte, ob wir uns geirrt hätten; vielleicht war es gar kein Frachtschiff, sondern ein skandinavisches Fischereiboot auf dem Weg in östliche Gewässer. In dem Fall wären die Insulaner sicher enttäuscht, denn so ein Schiff hatte kaum sechs Mann Besatzung, wenig Vorräte zum Tauschen und weniger potentielle Kunden für ihre Andenken.

Wir erreichten den Treffpunkt, an dem das Schiff in sicherer Entfernung von den Felsen driften konnte, lange bevor der Frachter angekommen war. Eine halbe Stunde tänzelten wir auf den Wellen des offenen Meeres wie ein Papierboot auf einem Fluß. Der Pastor filmte unsere Bewegungen mit der Videokamera, aber da er ebenfalls schaukelte, vermutete ich, daß der Film ein stehendes Boot auf einer glatten See zeigen würde.

Die Bewegung war nicht angenehm, aber es überraschte mich doch, daß es Betty binnen weniger Minuten, nachdem der Motor ausgestellt war, schlecht wurde. Dann lehnte sich Terry, ein kräftiger junger Mann, der allem Anschein nach unverwüstlich war, über die Seite des Schiffs, und Timmy, ein Teenager, leistete ihm kurz darauf Gesellschaft. Bald hatten sich die meisten an Bord übergeben.

Die wenigen, die nicht seekrank waren, verschlangen heißhungrig die Bananen, Orangen und die Zuckerrohrbonbons, mit denen sie handeln wollten. Wenn das Schiff uns nicht bald erreichte, hätten wir nichts mehr, das wir gegen das benötigte Öl, Mehl, die Eier und die Eiscreme eintauschen könnten.

Als das Schiff sich näherte, wurde es immer größer, und das Boot schrumpfte zusammen.

«Hier ist ein Fernglas!» sagte Tom Christian, Bettys

Mann, der große, hellbraune Bursche, der den *Goodbye-Song* angestimmt hatte. «Sie glauben, wir haben Schwerter durch die Nasen.»

Die Schiffswand ragte über uns wie ein Burgwall empor, an dem eine Strickleiter hing, die im Wind peitschte. Aus gut zehn Metern Tiefe schienen die Seeleute, die sich über die Reling beugten und auf uns niederblickten, die Wilden zu sein. Jeder hielt sich ein Gerät vor die Augen – einen Fotoapparat, eine Videokamera, ein Fernglas –, das sie wie fremdartige Zyklopen aussehen ließ.

Die Frauen hängten sich die Beutel mit Andenken über die Schulter und stolperten auf die Leiter zu. Nur wenn die Dünung uns nach oben trug, kamen die Leitersprossen so nah, daß man sie vom Boot aus packen konnte. Eine junge Frau zögerte. «LOS!» rief ein Mann, der am Fuß der Leiter stand, bevor sie außer Reichweite schwang und wir wieder in ein Wellental sanken.

Ich war zuversichtlich, daß ich die Methode des Aufstiegs begriffen hatte. Wenn das Boot den Kamm einer Welle erreicht hatte, mußte ich nach der Leiter greifen und sie sehr fest halten. Ich durfte nicht auf das wogende Wasser hinabschauen. Ich stand auf und taumelte wie ein Betrunkener auf die Leiter zu, wartete, bis wir den Wellenkamm erreicht hatten, und sprang. Doch ich war zu früh abgesprungen, und das Boot stieg hinter mir weiter hoch, bis ich zwischen seinem Rumpf und der Stahlwand des Schiffs eingezwängt wurde, während ich mich an die Strickleiter klammerte. Ich steckte in einer harten, dunklen Spalte, in die von hoch oben ein wenig Licht fiel, und konnte Rufe hören, die wie aus weiter Entfernung klangen. Als der Lichtspalt weiter nach oben schwebte, hatte ich das Gefühl, daß ich nach unten fiel, und fragte mich, wann ich den Boden erreichen würde und ob es dort naß wäre. Dann spürte ich die hinabsinkende Seite des Boots hinten an meinen Beinen entlangscharren, als würde ich von einem unsichtbaren Seil hochgerissen, und ich kehrte, mich immer noch an die Leiter klammernd, ins Licht zurück. Die Rufe verebbten, als ich mich hochzog und mir ein philippinischer Seemann über die Reling half, während sein Kollege mir eine Videokamera ins Gesicht hielt. Gestern noch war ich Mitglied einer Mannschaft gewesen; jetzt dachte die Crew, daß ich eine Insulanerin sei. Es beglückte mich, daß sie den Unterschied zwischen meinem Aufstieg und dem eines geborenen Pitcairners anscheinend nicht bemerkt hatten.

Die in Monrovia registrierte *Tundra Queen* war ein Frachtschiff, also bewegte ich mich auf vertrautem Terrain und fing eine Unterhaltung mit dem polnischen Mechaniker an, der mich in seine Kabine einlud und den Weg dorthin mit einer Spur von Rauchzeichen markierte.

Sie seien insgesamt zwanzig Mann, erzählte er mir, während er an einer Marlboro sog, alles Filipinos bis auf ihn, den norwegischen Kapitän und den ersten Maschinisten. Sie hätten nur Kiwis geladen, die für irgendeinen europäischen Hafen bestimmt seien, doch er wußte nicht, für welchen. Es würde noch einmal mindestens vier Wochen dauern, bevor er wieder einen Fuß an Land setzte, sagte er und sah zum Bullauge hinüber. Dann stand er vom Bett auf und mimte einen Hula-Hula, betätigte seine Hüften und nickte aufgeregt in Richtung Pitcairn.

«Sie sind Siebenten-Tags-Adventisten», blaffte ich ihn an. «Bei ihnen ist Tanzen nicht erlaubt.»

«Sagen Sie bloß?» gab er zur Antwort, setzte seinen Tanz mit der Zigarette in der einen Hand fort, während er mit der anderen ein Hemd herumwirbelte, das er sich vom Bett gegrabscht hatte.

Ich erwähnte, daß es auf Pitcairn auch verboten war zu rauchen. Es störte ihn nicht weiter.

«Ich will gern einmal dorthin», sagte er, wedelte mit der Zigarette zur Insel hinüber, die vor uns lag, und sackte, von seiner Vorführung erschöpft, aufs Bett zurück.

«Da Sie nicht an Land gehen können, schenke ich Ihnen das hier», sagte ich und überreichte ihm die signierte Karte von Pitcairn. Er nickte eifrig und heftete die Karte über seinen Schreibtisch, zwischen die Fotos von zwei Kindern, die hochgeknöpfte Blusen trugen, und einen veralteten Kalender einer schwedischen Firma für Kühlgeräte, der zwei Frauen mit Schmollmund und String-Tanga zeigte. Pitcairn Island und Pornographie waren gute Nachbarn, die die Phantasien des Mechanikers und vieler anderer beschäftigten.

Er führte mich zur Kombüse hinab, schüttelte mir die Hand, wünschte mir viel Glück und überließ mich dem Proviantmeister.

«Könnte ich bitte etwas Eiscreme haben?» fragte ich wie ein Kind, das um einen Nachschlag bittet. «Für diese hier», und ich breitete ein paar von Irmas Postkarten fächerförmig aus. Der Proviantmeister schien von meinem Angebot erfreut, kehrte mit einer Fünf-Liter-Box zurück, auf der «Himbeer-Vanille-Mischung» stand, und fragte höflich, ob er mich fotografieren dürfe. Er wollte seiner Frau zeigen, wie eine Pitcairnerin aussah.

Andere Tauschgeschäfte waren ergiebiger gewesen. Pappkartons und große, orangefarbene Plastikbeutel, die eigentlich für gefährlichen Müll gedacht waren, wurden in das Boot hinuntergelassen, und die Körbe mit dem Krimskrams der Insulaner waren fast leer. Die Choreographie unserer Abreise begann, als einer nach dem anderen die Leiter hinabkletterte; die jüngeren Männer versammelten sich am Bug, die Frauen reihten sich am Dollbord auf, und der Bootsmann warf die Seile von der *Tundra Queen* hinab.

Ich summte den *Goodbye-Song* mit, winkte und wandte mich Pitcairn zu. Die Gipfel der schroffen Felsen wiesen alle himmelwärts, als ob sich die Insel auf den Sprung aus dem Ozean vorbereitete, wie ein Löwe, der bereit ist, sich auf die Beute zu stürzen. Meralda saß neben mir. Jemand rief «Tochter!», und sie drehte sich um, als sie den Namen hörte, den ihr zuerst ihr Vater Jacob gegeben hatte und bei dem sie sie jetzt alle riefen. Er beschwor ein Bild von etwas Kleinem, Zartem und Liebenswerten herauf. Doch ein angemessener Spitzname wäre eher Riesin gewesen; ihr massiger, dunkler, runder Körper war mir unter allen anderen aufgefallen, als ich zum ersten Mal das Boot bestiegen hatte. Das einzig Kleine an ihr waren die flinken, scharfsichtigen Augen, die sie von ihrer Mutter Mavis hatte.

«War an vielen schönen Orten», sagte sie. «War in Auckland. War in Hawaii. Aber nicht zum Leben. Leben ist nur gut auf Pitcairn. Das ist der Platz, wo ich hingehöre.»

Mir wurde bewußt, daß dieser kurze, seltsame Ausflug in absehbarer Zukunft auch meine Heimkehr wäre.

Als ich bei Irma ankam, schwappte die Himbeer-Vanille-Mischung am Boden der Box herum. Doch ich war in Siegerlaune und hielt den Behälter hoch wie ein Schmuggler, der sich mit seiner Beute brüstet. Irma befand sich auf der Veranda, zusammen mit ihrer Schwägerin Royal, die ich als die Pitcairnerin wiedererkannte, die mit der Kinderbaseballmütze an Bord der *Najran* gekommen war. Sie sah aus, als sollte man sie besser in Ruhe lassen, und lächelte nur mit einem Mundwinkel, was eher wie ein Grinsen aussah.

Als Irma die Box aufmachte und ein paar Zentimeter geschmolzenes Eis auf dem Boden fand, täuschte sie Dankbarkeit vor, rieb sich die Hände und sagte, daß der Behälter sehr nützlich sei, um Sachen in der Tiefkühltruhe aufzubewahren, aber Royals Miene verriet mir, daß es ein armseliger Fang war. Ich beschloß, es beim nächsten Mal besser zu machen.

«Hast Glück, daß deine Beine nicht gebrochen sind», sagte Royal. «Du mußt auf die Spitze der Welle – wenn das Boot oben ist, sonst steigt es hinter dir hoch, und –» sie brach ein getrocknetes Blatt entzwei. «Du *mußt* zuhören, wenn Leute dir was sagen.»

Ich war mir sicher, daß ich niemand gehört hatte, der mir «LOS!» zurief, doch ich entschuldigte mich: «Ich hätte mehr darauf achten sollen, was die anderen machen. Das war dumm von mir. Es war alles meine Schuld.»

Später hörte ich, wie Royal zu Irma sagte: «*Clarice push ha bout from ha side. She se save en legs* – Clarice hat das Boot weggedrückt. Sie hat ihr die Beine gerettet.»

Natürlich hatten sie mir erklärt, wann man springen mußte, ich hatte nur nicht richtig zugehört. Ich fühlte mich tief in der Schuld der Insulaner.

Auf dieser Insel war viel mehr los, als ich erwartet hatte; ich hatte den Eindruck, in einem Schnellkurs mit dem Titel «Das Leben auf Pitcairn» gelandet zu sein. Als ich von der *Tundra Queen* zurückgekehrt war, weniger als vierundzwanzig Stunden nach meiner Ankunft, erhielt ich meine erste Einladung zu einer Party, die die Gastgeberin persönlich ablieferte.

An Debbie
Komm bitte zu meiner Geburtstagsfeier
Sonntag, den 9. Juni
Zeit: 6 Uhr abends
Ort: bei Carol und Jay
Vielen Dank, Charlene

Charlene wurde zwölf Jahre alt.

Das Haus des Inselbürgermeisters war genauso ausgestattet wie Irmas, nur daß es viel größer war. Die Veranda war geräumig genug, um ein fahruntüchtiges, dreirädriges Motorrad unterzubringen, dazu einen teilweise zerlegten Außenbordmotor, ein kleines Sofa und mehrere überflüssige Tiefkühltruhen. Wenn Irmas Zuhause ein Ausstellungsraum war, dann glich das von Carol und Jay einer Reparaturwerkstatt.

Im großen Zimmer stand ein sieben Meter langer Tisch, auf dem Berge von Speisen ausgebreitet waren – Schüsseln mit fettigem, karminrotem Eintopf, Bündel von Pilhipasteten in Bananenblättern, ganze fritierte Fische, die vor Fett glänzten, goldene Bananenchips, haufenweise Brotfruchtgebäck und Pfannkuchen aus grünen Bananen, Süßkartoffeln, in ihren roten Hüllen ausgebacken und zu Pommes frites geschnitten, Kürbispastete und gebratene Hühnerschenkel von der *Najran*.

Ich hatte mich durch Charlenes Einladung geschmeichelt gefühlt; doch als die Gäste hereinmarschierten, ein jeder mit einer überfüllten Platte, die er wie eine Opfergabe auf die lange Tafel stellte, wurde mir klar, daß das hier so etwas wie ein allgemeines Inselfest war, zu dem sich ganz Pitcairn einfand – ein berauschendes Bankett ohne Wein zur Feier eines Geburtstages, zu dem selbstredend alle Insulaner eingeladen waren.

Die Frau des Pastors brachte als Verbeugung vor den Geboten ihres Glaubens ein vegetarisches Gericht mit.

«Es ist aus Schlemmerland gemacht, Liebes», sagte Irma, als wäre es ein Sakrament. Irma hatte eine Schüssel Salat mitgebracht.

Die Pitcairner betraten das Haus immer zu zweit: Tom kam mit Betty an, die so hellhäutig war wie ich und hellbraune Ringellöckchen hatte. Ihre beiden Teenagertöchter hatten langes, kastanienbraunes Haar, das ihnen bis auf den Rücken wallte, bewegten sich so sanft wie Meerjungfrauen, die im Wasser schwammen, und hatten Gesichter so glatt wie ein See.

Bürgermeister Jay Warren, der Vater von Charlene und Darrylene, besaß eine hohe Stirn und die Augen eines Polynesiers; doch sein Gesicht verjüngte sich unter den Nasenlöchern und endete in einem niedlichen Grübchen an der Spitze seines kleinen Kinns, als wenn sich die obere Hälfte eines polynesischen Gesichts mit der kecken unteren Hälfte eines europäischen verbunden hätte. Seine Frau Carol – die Gastgeberin – war eher kräftig als dick und strahlte die Gutmütigkeit einer englischen Bardame aus. Sie redete nicht, sondern dröhnte.

Ich setzte mich auf einen freien Stuhl an der Wand neben Mavis. Weitere Paare kamen herein, gefolgt von den seltsamen Menschen, die offenbar keinen Partner hatten: dem germanisch aussehenden Jungen, der mich gefragt hatte, wo der Tauschhandel auf der *Najran* stattfand, und einer blonden Frau mit zwei braunen Kindern.

Mavis verglich meine Augen mit ihren schmaleren, flinkeren und sagte: «Das ist Kari, Brians Frau.» Brian hatte die Insel verlassen, um einen Computerlehrgang zu besuchen, obwohl es auf Pitcairn keine Computer gab. Ich lächelte Kari an, aber sie schien keine Notiz von mir zu nehmen. Es erstaunte mich, daß eine Fremde auf der Insel so wenig Aufmerksamkeit erregte.

Nach Kari kam ein unglaublich gutaussehender junger Mann an, so grobknochig wie die anderen Insulaner, aber schlank und schlaksig, mit einem unbeschwerten Lächeln, das ihn, obwohl er bloß ein weiterer Gast war, wie den Hausherrn erscheinen ließ.

«Und das ist Nigger», sagte Mavis. «Seine Frau und sein Baby besuchen ihre Familie in Neuseeland.»

Der Tisch schien voll zu sein, doch Carol brachte immer noch neue Gerichte aus der Küche herein, als man ein lautes Krachen vernahm.

«Du Arschloch», brüllte Charlene ihre Mutter an, die daraufhin nur lächelte. Charlene schlug ganz nach der Mutter – beleibt und kräftig, mit dem Anschein großer körperlicher Kraft. Sie fluchte auch wie eine Erwachsene und ließ sich von den Älteren nichts gefallen.

«Du bist vom Postamt», sagte Mavis.

Ich nickte.

«Kennst du Jennifer Toombs?»

Ich schürzte die Lippen und schüttelte den Kopf.

«Jennifer Toombs ist eine reizende Dame. Sie entwirft unsere Briefmarken. Sie wird auch irgendwann kommen.»

In der Hoffnung, Interesse zu zeigen, riß ich die Augen auf. Ich erinnerte mich, daß ich den Briefmarkenkatalog von Pitcairn Island bestellt hatte, der auf der ersten Seite ein stark stilisiertes Schwarzweißfoto von «Miss Jennifer

Toombs, englische Graphikerin» zeigte, die 1961 an der Watford School of Art ihr staatliches Diplom errungen hatte und so dichtes und schwarzes Haar zur Schau trug, daß es wie ein Hut aussah.

«Sie ist eine reizende Person, die Jennifer», sagte Mavis und lächelte. Sie neigte ihren Kopf zur Seite und starrte mich an. Ich lächelte dümmlich zurück. Ich war keine Philatelistin und konnte gar nichts zeichnen. Unter solch tatkräftigen Menschen fühlte ich mich wie eine Hochstaplerin.

«RUHE», bellte der Pastor. «Segne dieses Essen, lieber Vater, und laß uns dankbar sein.»

«Amen», murmelten die Kinder, schwärmten um den Tisch, wichen den Salatschüsseln aus und häuften alles, was schwer und gebraten war, auf ihre Teller. Das Essen hatte vielerlei Gestalt, aber eins war ihm gemeinsam – alles war riesig. Die süßen Pommes frites waren keine zierlichen Stifte wie kleine Finger, sondern so dick wie der große Zeh eines Pitcairners. Die Pfannkuchen aus grünen Bananen glichen kleinen Decken, in die man ein Baby einwikkeln konnte. Wenn irgend etwas in unnützlich bescheidener Form auf den Tisch kam, wie die Hähnchenschenkel, machten die Gäste es wieder gut, indem sie drei oder vier auf einmal nahmen. Der Behälter für den Limonensaft am Kopf des Tisches war kein Krug, sondern ein kleiner Wassertank.

Als die Erwachsenen an der Reihe waren, hatten sich viele Schüsseln schon geleert. Die blasse Frau des Pastors nahm sich mehrere dicke Scheiben Corned beef aus Büchsen. Ich versuchte einen Teelöffel Schlemmerland, das vielleicht doch kein so besonders beliebtes Gericht war, da noch ziemlich viel übrig war.

Dann setzte ich mich neben eine Frau von gigantischen Ausmaßen mit einem grauen Pferdeschwanz. Der Raum war voller Menschen, die unentwegt schnatterten und aßen, doch vom Hals abwärts waren ihre plumpen Körper reglos und versanken tiefer und tiefer in den Sitzen. Nur Irma tippelte an den Stuhlreihen vorbei und gab vor, ein Blatt Salat zu versuchen.

Ich bemühte mich, so lang wie möglich zu essen, und kreiste mehrmals mit den letzten Stücken fritierter Brotfrüchte um meinen Teller, bevor ich sie mir langsam in den Mund steckte. Mir fiel es schwer, an einer Unterhaltung teilzunehmen, die auf pitcairnesisch geführt wurde.

Der nordisch aussehende Junge schlenderte vorüber, hielt kurz inne und flüsterte mir ins Ohr: «Sie werden nicht auf dich zukommen. Du mußt mit ihnen reden.» Dann wanderte er lässig weiter durch den großen Raum.

Ein kleingewachsener, stämmiger, milchkaffeebrauner Teenager mit dem Ausdruck trauriger Jugend ließ sich auf den Stuhl neben mir fallen.

«Das ist Perry. Er kommt aus der Schweiz und ist auf der Suche nach dem einfachen Leben», sagte er. «Aber was suchst du denn hier?»

Ohne meine Antwort abzuwarten, fuhr er fort: «Aber was suchen *wir alle* bloß hier?» Und er stand auf und ging weg.

Mein Kontakt mit den anderen Gästen auf Charlenes Geburtstagsparty glich eher zwei Billardkugeln, die voneinander abprallten, als einer Unterhaltung. Ich beschloß, die Initiative zu ergreifen, stellte meinen Teller ab und sagte zu einem Mann mit der bulligen Gestalt der Insulaner, aber mit hellrotem Haar, durchsichtiger Haut und Sommersprossen, die ihn aussehen ließen wie einen Polynesier in Kriegsbemalung: «Hi, ich bin Debbie.» Seit meiner Kindheit hatte ich mich nicht als Debbie vorgestellt.

«Ich bin Tony, Beamter für Schulwesen und Regierungsberater», strahlte er. «Was hat Sie hierhergebracht?»

Ich hielt ihm eine Hand hin. «Die Royal Mail. Ich interessiere mich für das Postwesen auf Pitcairn.»

«Und werden Sie darüber schreiben?»

«Das hoffe ich doch sehr. Ich schreibe für Zeitungen, Magazine. Bücher ...»

«Die Leute hier mögen Schriftsteller nicht besonders», sagte Tony. «Ich würde es an Ihrer Stelle nicht erwähnen.»

Mit vollem Bauch rumpelte ich auf dem Motorrad heimwärts und hatte nicht eine Sekunde daran gedacht, daß ich die paar hundert Meter bequemer hätte laufen können. Als ich nach draußen aufs Plumpsklo ging, war die Spinne immer noch da. Sie tappte mit ihren gepolsterten acht Füßen, die auf dem Wellblech wie leichter Nieselregen klangen, von einer Seite zur anderen. Mir kam es vor, als ob die Spinne wüßte, daß sie auf Pitcairn lebte und ihren Lebensstil an diese winzige Insel angepaßt hatte. Wenn sich die Menschen auf Pitcairn nicht einmal eine Meile in jeder Richtung bewegen konnten, dann war – nach Maßstab der Arachnida – eine pitcairnesische Spinne mit einem Plumpsklo gut bedient.

In meinem spartanischen Zimmer machte ich im Licht meiner wasserfesten Taschenlampe, vom Trippeln der winzigen Eidechsen an der Decke und dem Summen der Moskitos begleitet, den ersten Eintrag in mein Pitcairn-Tagebuch. Mein nachhaltigster Eindruck von Irmas Haushalt war: «Liebenswerter Ben.»

Draußen frischte der Wind auf, der Bambus knarrte wie arthritische Knochen, und das Rauschen der Brandung war lauter als mein Atem.

Fünftes Kapitel

Henderson

D*ennis trottete ins Haus*, mit schlenkernden Armen und bedeutenden Neuigkeiten: Eine Reise nach Henderson stand bevor. Niemand hatte es deutlich ausgesprochen, doch Dennis erzählte, daß Charles Christian seinem Schwiegersohn Jay gegenüber erwähnt hatte, daß ihm das Tulpenbaumholz für seine Schnitzereien ausgegangen war. Jay hatte es Steve Christian weitergesagt, dem dunkelhäutigen Kapitän der *Tub*. Auch andere Schnitzer hatten Steve wissen lassen, daß ihre Holzstöße zur Neige gingen. Der Winter kam, und wenn sie noch Stämme fällen wollten, bevor die Stürme einsetzten, mußten sie sich bald auf die Reise machen. Bei Dennis und Ben lagerte noch viel Holz hinter dem Haus zum Trocknen, allerdings konnte man wirklich nie genug davon haben. Wenn die Nachricht kam, daß sich ein Kreuzfahrtschiff näherte, würden sie die ganze Nacht an Schnitzwerken arbeiten, die sie den Passagieren verkaufen konnten, und der Holzstoß nähme schnell ab.

Der große Bedarf der Insulaner an Brennstoff und Material für ihre Schnitzereien hatte den Baumbestand auf Pitcairn schon stark dezimiert. Doch auf Henderson, einer unbewohnten Insel, die hundertzehn Seemeilen weit entfernt in ostnordöstlicher Richtung lag, gab es immer noch ausreichend feuerrotes Tulpenbaumholz, das die Schnitzer dem graugemaserten Tulpenbaum vorzogen, dem einzigen Holz, das man auf Pitcairn noch finden konnte. Früher war es relativ leicht gewesen, Henderson zu erreichen. Als noch häufig Schiffe vorbeikamen und für ihre Fahrten noch mehr Zeit hatten, boten freundliche Kapitäne an, das Boot an Deck zu hieven und es mitsamt der Besatzung nach Henderson zu bringen, wo man es vor dem Riff, das die Insel umschloß, zu Wasser ließ. So brauchten die Insulaner nur die Rückfahrt über das offene Meer zu machen. Da man es für unschicklich hielt, wenn Frauen soviel Zeit in der Gesellschaft von Seeleuten auf einem Frachtschiff verbrachten, und da das Abholzen und Zersägen wirklich harte Arbeit war, gingen nur die Männer auf diese Reise. Doch es war fast zwanzig Jahre her, daß ihnen zum letzten Mal ein Schiff angeboten hatte, sie nach Henderson mitzunehmen, folglich mußten die Boote jetzt aus eigener Kraft hin- und zurückfahren. Auch Frauen waren jetzt dabei, da es nicht genügend Männer gab, um die Stämme zu fällen, einzusammeln und aufzuladen.

«Werden wir wirklich fahren?» bedrängte ich Dennis.

«Vielleicht», zuckte er die Achseln und setzte sich mit einer Schüssel süßen Reises an den Tisch.

«Sollte ich packen?»

«*Semiswe* – Scheint so», sagte Dennis, der noch vor ein paar Minuten die Nachricht von unserer unmittelbar bevorstehenden Abreise mit der stolzen Sicherheit eines Dazugehörigen verkündet hatte.

«Wann weiß man es denn genau?» Ich war gerade dabei, meine nächsten Tage zu organisieren, und befürchtete, daß diese Reise meinen Zeitplan durcheinanderbringen könnte.

«Wenn sie es entscheiden.»

«*Wer* entscheidet das?»

«Die Leute.»

«Aber wir – du – *sind* die Leute», meinte ich. Dennis begriff nicht, warum ich mich so aufregte.

«Wir erfahren es früh genug», sagte er.

Es wurde bald deutlich, daß die Vorbereitungen in vollem Gange waren, da das Telefon in der Ecke unserer Veranda den ganzen Morgen über läutete, auch wenn es selten für uns war. Irma, die mir die Bedeutung von allem, was ich sah und hörte, nahebringen wollte, sprach mit mir wie eine Mutter mit ihrem Baby und erwartete nie eine Antwort: «Ich schiebe nur das Brot in den Ofen, Liebes», «Dort fährt Meralda auf ihrem Motorrad vorbei», «Ben kommt früh aus dem Garten zurück. Das sind wilde Bohnen, Liebes, *lab-lab*, die er in seinem Korb hat ...» Und wenn sie nicht redete, pfiff sie vor sich hin, als ob ihr Mund ebenfalls in unaufhörlicher Bewegung sein müßte.

Als das Telefon klingelte, sagte Irma: «Das, meine Liebe, ist für Up Pulau», und sie begann mir das Telefonsystem auf Pitcairn Island zu erklären.

Die Insel besaß einen Gemeinschaftsanschluß, und jede Familie hatte ihr eigenes Rufzeichen. Das von Irma und Ben war *lang-kurz-lang-kurz-lang*. Um jemand anzurufen, kurbelte man mit der Kurbel an der Seite des Telefons ein Rufzeichen, und die Person, die man anrief, nahm, wo immer sie sich gerade aufhielt, den Hörer ab.

«Das is' für Tom», sagte Irma, als das Telefon *kurz-lang-kurz-kurz* läutete, und sie erzählte mir, worüber der Anrufer mit ihm sprach. Auf diese Weise wurde ich über alles, was auf der Insel geschah, auf dem laufenden gehalten. Und bald kümmerte es mich genausowenig wie sie, ob ihre Berichte tatsächlich der Wahrheit entsprachen.

Ein einziges, ununterbrochenes Läuten, langes Läuten genannt, hieß, daß alle ans Telefon gehen sollten, und wurde für Nachrichten eingesetzt, die die ganze Gemeinde betrafen – ein Schiff würde kommen, jemand war vom Felsen gestürzt, eine Reise stand bevor. Dieses System schien keine exakte Methode der Telekommunikation zu sein, da es das feine Ohr eines Pitcairners brauchte, um mit der Kurbel *lang-lang-kurz* statt *lang-lang-lang* zu läuten, und jedes Kurbeln konnte schließlich auch ein langes Klingeln bedeuten. Irma, die sehr darauf bedacht war, keine wichtige Nachricht zu versäumen, murmelte bei jedem Anruf, der ein längeres Läuten zu beinhalten schien: «War das eben nicht ein langes Läuten, Liebes?» und eilte zum Telefon. Es bedurfte ein paar Minuten stillen Zuhörens, bevor sie befriedigt feststellen konnte, daß das Gespräch nicht für sie bestimmt war. Alles in allem gab es keine vertrauliche Unterhaltung; jeder konnte unbemerkt den Anrufen der anderen lauschen.

Dennis schlurfte in der Mitte des Morgens betont träge herein und überhörte Irmas Bitten, daß er zum «Frühstück» bleiben sollte, was auf Pitcairn Lunch bedeutete. Ich schmierte meine Beine gerade mit meinem dschungeltauglichen Insektenmittel ein; die Moskitos waren unersättlich, wie Ron vorhergesagt hatte, und meine Beine leuchteten von den Knien abwärts in feurigem Rot. Bis jetzt hatte das Abwehrmittel kaum Wirkung gezeigt; manchmal fing ich sogar eine Mücke, die auf meinem Schienbein saß und es wie eine süße Frucht aussaugte. Doch in meinem Koffer lagerten noch zwanzig Flaschen von dem Zeug, und vielleicht mußte ich mir nur eine Schutzschicht aus Insektenmittel zulegen, eine zweite Haut, die ihre Rüssel nicht durchbohren könnten.

«Gehn wir?» rief ich Dennis zu, und er hob die Hände himmelwärts, als wollte er sagen: Woher soll ich das wissen?

«Ich hab' Charles getroffen, und er hat von Steve gehört, daß wir gehn.» Dann flüsterte er, als Irma zu ihrer Schicht in die Funkstation ging: «Trinkst du?»

Als am späten Nachmittag das lange Läuten ertönte, scheuchte Ben eine rote Katze weg, die sich an seinen Beinen rieb, und humpelte zum Telefon. Die Botschaft wurde mehrmals wiederholt: «Alle da? Alle heut abend nach Henderson. Heut abend Henderson. Heut abend Henderson.» Sofort rief Ben Irma in der Funkstation an – *lang-kurz-lang* –, auch wenn sie die Botschaft sicher schon mitgehört hatte.

«Sie kommt heim», rief er mir zu. «Um Essen zu machen.» Ben holte seine Axt, setzte sich auf die Veranda und schärfte das Blatt mit einem Stein. Dennis würde sie brauchen, um das Holz zu fällen.

Der Prozeß einer Entscheidung auf Pitcairn verblüffte mich. Die Reise nach Henderson hatte als unbestätigtes Gerücht begonnen, das so lange von so vielen wiederholt wurde, bis die Möglichkeit, daß wir fahren würden, allmählich zur Tatsache wurde. Jetzt mußte sich nur noch der Rat im Gerichtsgebäude versammeln, um die Reise formell abzusegnen. Dazu brauchte es kaum mehr als einen Stempel, da die Entscheidung schon durch allgemeine Übereinstimmung gefallen war; doch die offizielle Genehmigung durch den Rat schien trotzdem wichtig zu sein. Obwohl nur zwanzig Leute die Fahrt nach Henderson mitmachen wollten, konnten sie nicht einfach die Boote zu Wasser lassen und in See stechen. Der Rat, der aus dem Inselbürgermeister Jay Warren bestand, der Verwaltungsleiterin Olive Christian, dem Regierungsberater Tony, den vier Ratsmitgliedern – Meralda Warren, Kari Young, Carol Warren und Dave Brown – und dem Pastor in beratender Funktion, mußte einem solchen Massenexodus zustimmen. Und da so wenig Leute auf Pitcairn zurückblieben, erläuterte Dennis, würde man viele Arbeiten verschieben und die Schule schließen müssen, und die Insulaner säßen ohne die Boote auf dem Trockenen.

Binnen einer halben Stunde nach dem langen Läuten wich die Schläfrigkeit des pazifischen Nachmittags hektischer Betriebsamkeit, und das Scheppern von Stein auf Metall hallte durch Adamstown. Als das Geräusch verebbte, stellte ich mir vor, daß jetzt alle Männer, genauso wie Ben, für den Fall, daß ein Sturm losbrach, ihre Äxte sorgfältig in alte Pappe einwickelten und verschnürten, ihre Kettensägen ausprobierten und ölten und ebenfalls einpackten.

Während sich die Insulaner mit den praktischen Vorbereitungen beschäftigten, suchte ich in den wenigen Büchern, die ich mitgebracht hatte, nach Hinweisen auf Henderson. Ich erfuhr, daß Henderson ein Korallenriff war, das sich vor über einer Million Jahren durch dieselbe Bewegung der Erdkruste aus dem Meer erhoben hatte, die auch Pitcairn nach oben geschoben hatte. Die Insel war nur viereinhalb Meilen lang und an der höchsten Stelle dreißig Meter hoch. Die Bäume und Pflanzen, die auf der Hochebene wuchsen, schlugen in den Spalten der Korallen Wurzeln, und abgefallene Blätter bildeten die Erde, in der sie gediehen. Trotz intensiver Studien durch die Sir Peter Scott Royal Commemorative Expedition, eine Gruppe von Cambridge-Wissenschaftlern, die in Fünfmonatsperioden die einzigartige Flora und Fauna des uralten Atolls erforscht haben, bleibt es ein Rätsel, wie die ersten Bäume dorthin kamen.

Die Wissenschaftler hatten ein solarbetriebenes Funkgerät dabei, über das sie täglich mit Pitcairn sprachen, gewöhnlich mit Irma. Irma gab die Nachrichten für sie an England weiter, und Ron, Irmas Kontakt, hatte mir als erster von dieser wissenschaftlichen Expedition berichtet.

Die Wissenschaftler hatten, nach Rons Auskünften, einen längeren Kampf um Henderson führen müssen, da sie mit einem texanischen Ölmilliardär namens Smiley Ratliffe in Konkurrenz standen, der die ganze Insel einfach kaufen wollte. Alle paar Wochen schob Irma dem Texaner ein anderes Motiv unter. In der einen Woche sagte sie, daß er Henderson in eine Rinderfarm verwandeln wollte, doch wie sollte sich das Vieh auf einer Insel ohne Erde ernähren oder auf den rasiermesserscharfen Korallen umherstreifen? Dann wurde behauptet, daß er die wirtschaftlichen Möglichkeiten Hendersons erkannt hätte, einen Flugplatz bauen und die Insel in ein exklusives Ferienparadies umwandeln wollte. Als nächstes hatte Irma verlauten lassen, daß Smiley Ratliffe gar kein texanischer Ölmilliardär sei, sondern ein hochdekorierter General der US Army im Ruhestand, der nur eine private Insel für sich allein haben wollte. Woher Irma all diese widersprüchlichen Gerüchte hatte, war unklar, doch sie kamen als reine Wahrheiten bei Ron an, der sie dann jeden Sonntag früh an mich weiterleitete. Henderson, so hatte er mir gesagt, stünde für eine Million Dollar zum Verkauf.

Als die wissenschaftliche Welt von Ratliffes Interesse an dem einzigen intakten, aus dem Meer aufgeworfenen Korallenatoll hörte, begann die Schlacht um die Küsten von Henderson. Die Wissenschaftler reichten Petitionen bei der Regierung Ihrer Majestät ein, die vermutlich nie von Henderson gehört hatte, bevor sie von Smiley Ratliffe daran erinnert wurde, daß es sich um eine ihrer wenigen verbliebenen Kolonien handelte. Die Naturschützer wiesen darauf hin, daß Hendersons Evolution und Isolation ein einzigartiges Ökosystem hervorgebracht und die Insel zur Heimat von wenigen, aber ausgeprägten Arten gemacht hatte. Von besonderer Bedeutung war die Erhaltung des Riesenschwärmers, einer von Hendersons hundertzwanzig Insektenarten, und der Hendersonralle, wie die Pitcairner geringschätzig den Hühnervogel nannten, der schwarz wie ein Moorhuhn und groß wie ein Haushahn war und nicht fliegen konnte.

Der Krieg um Henderson tobte in Regierungsämtern, akademischen Institutionen und den internationalen Hauptquartieren der Umweltschützer, bis sich Ratliffe schließlich 1988 geschlagen geben mußte und Henderson offiziell zum Weltkulturerbe erklärt wurde, neben dem Taj Mahal und der Sixtinischen Kapelle. Im Jahr darauf stellten die Wissenschaftler den Antrag, die Insel erforschen zu dürfen, und nach dreijähriger Planungsphase kamen sie am 28. Juli 1991 am Nordstrand von Henderson an, luden vier Tonnen Lebensmittel und Ausrüstung ab und schlugen ihr Lager auf.

Es erschien mir seltsam, daß die Pitcairner, die dem umstrittenen Land am nächsten waren, es benutzten und zu deren Hoheitsgebiet dieses abgelegene, unbewohnte Eiland offiziell gehörte, dem Kampf um seine Küsten, der zehntausend Meilen entfernt ausgefochten wurde, als bloße Zuschauer beiwohnten. Die meisten von ihnen hätten sich im Entscheidungsfall, hatte Ron gesagt, auf die Seite des amerikanischen Milliardärs gestellt; das Gerücht ging um, daß die wahre Aufgabe der Wissenschaftler darin bestand, das Fällen der indischen Tulpenbäume sorgfältig zu begutachten und dann einer entfernten Behörde zu empfehlen, daß der Holzschlag auf Henderson eingeschränkt werden sollte. Überdies waren die Wissenschaftler für die Pitcairner wirtschaftlich uninteressant, während es allseits bekannt war, daß Smiley Ratliffe sehr, sehr reich sein mußte.

Ich fragte Dennis: «Wie ist es auf Henderson?»

Er schüttelte den Kopf, suchte nach Worten und sagte schließlich: «Groß. Sehr groß.»

Irma kehrte zurück und bereitete Essen vor, als ob wir eine Expedition in die Antarktis planten und keine zweitägige Reise auf eine Nachbarinsel. Sie briet ein paar Dutzend Lammkoteletts mit Kartoffeln, löste das Fleisch von den Knochen, wie Dennis es gern mochte, und packte dazu einen Fünfpfundsack Zucker, vier Päckchen Spaghetti, Dosen mit Kräcker, Beutel mit Pralinen, mehrere Brotlaibe, zehn Schachteln Kekse und mehrere Tüten Kartoffelchips, einen großen Sack Reis, eine Kiste mit zwei Dutzend Sorten Saft, vier Dutzend Dosen Corned beef und zwei Dosen Schlemmerland. Alles wurde gründlich eingewickelt, um Regen und Gischt zu trotzen. Denn manchmal wird das Boot ziemlich naß, sagte Irma. Sie faltete Decken zusammen, die eine Herberge der Heilsarmee versorgt hätten, und füllte zwei dickbauchige Flaschen mit Wasser. Ich wurde mit ein Paar Gummisandalen ausgerüstet, damit ich auf den Korallen gehen konnte.

«Willst du mit zum Laden kommen, Liebes?» fragte Irma. «Wir müssen ein bißchen einkaufen.»

Der Co-op-Laden der Insel hatte montags ab zwei und donnerstags ab sieben Uhr geöffnet, so lang wie Kunden kamen, was gewöhnlich nicht mehr als zehn Minuten hieß. Das Geschäft lief schlecht; ein paar Dosen Schlemmerland waren schon ein guter Einkauf. Doch der Laden an der

Hauptstraße, die sich vom Hill of Difficulties bis zur Schule in Up Pulau erstreckte, hatte nun eigens geöffnet, damit sich die Leute für die Reise nach Henderson eindecken konnten. Als wir ankamen, wimmelte der kleine Raum mit den knarrenden Holzdielen und -regalen, der gewöhnlich leer war, vor Kunden, die sich ein Stück nach dem anderen griffen und auf dem Ladentisch an der Tür auf ihren persönlichen Haufen stapelten. Draußen standen noch mehr Menschen, und auf einer Bank, die die gesamte Ladenfront einnahm, saßen die Leute, die nicht nach Henderson fuhren und zusahen, wie die Kunden ein und aus gingen. Die Töchter von Tom und Betty saßen rittlings auf einem roten Motorrad und flirteten mit Glen, dem Teenager mit dem Ausdruck trauriger Jugend.

«Kommst du mit nach Henderson, Debbie?» fragte der Pastor, der hinter dem Ladentisch aushalf. Ich nickte und folgte Irma wie ein Hund seiner Herrin.

Bald kaufte ich mit Irma um die Wette den restlichen Warenbestand des Ladens auf. Ich wollte unbedingt als guter Gast dastehen, während Irma deutlich machen wollte, daß sie die ideale Gastgeberin war. Wir plünderten die Gläser mit Erdnußbutter und Himbeermarmelade, nahmen das letzte Talkumpuder und einigten uns darauf, die hellrosa, geräumigen Nylonschlüpfer links liegen zu lassen. Irma nahm aus einem Regal zwei Dosen Irish Stew mit Kartoffeln, ich nahm drei davon. Irma legte vier Rollen Toilettenpapier an die Kasse, ich tat noch einmal vier dazu. Irma griff nach Kammuscheln von Schlemmerland, ich bückte mich nach der letzten Dose Lammfleisch. Dann öffnete ich einen riesigen, schwarzen Behälter mit mehlartigem braunen Pulver – Milo, einem auf Pitcairn beliebten Instantgetränk –, hatte aber leider kein Gefäß mit, um das

Zeug hineinzutun. Wir brachen unter Fertiggerichten, süßem Aufstrich und Toilettenwaren fast zusammen, suchten aber vergeblich nach Mehl, Öl, Fett oder Eiern. Das Versorgungsschiff war seit einem Monat überfällig.

Für den Abend sagten die Pitcairner eine glatte See vorher, und wir machten uns auf den Weg. Diejenigen, die nicht mitfuhren, begleiteten uns trotzdem zur Landestelle, setzten sich auf auseinandergefaltete Pappkartons und sahen zu, wie die Parade von wasserfesten Plastikfässern mit Lebensmitteln an ihnen vorüberzog. Die *Tin* und die *Tub* wurden aus dem Schuppen gehievt, und das Schlauchboot wurde am Heck der *Tub* befestigt. Wieder einmal beeindruckte mich, wie geordnet alles vor sich ging; jeder außer mir hatte seinen Platz und eine bestimmte Aufgabe. Ich versuchte mich nützlich zu machen und schickte mich an, beim Schleppen mitzuhelfen, doch die Zweierreihen der Träger waren schon organisiert, und ich stand nur im Weg. Also setzte ich mich zu den Kindern auf die Pappkartons, bis die Schiffe beladen waren und ich zu Dennis an Bord der *Tin* gehen konnte. Vorne im Boot hatte man aus einer Persenning ein Zelt errichtet, in dem wir vor der Gischt geschützt schlafen konnten. Ich breitete eine von den Decken aus, die Irma mir gegeben hatte, legte meinen zusammengerollten Pullover als Rückenstütze an einen Lebensmittelbehälter und fühlte mich wie ein Kind im Zeltlager. Carol, Charles Christian, Tony, der Lehrer und Reynold Warren saßen mit mir unter der Plane. Charles war nachtblind und konnte in der Dunkelheit nicht das Steuer übernehmen. Reynold, in den Sechzigern, übernahm keine Wache mehr. Die Mannschaft bestand aus Jay, dem Kapitän, Dennis, seinem Ersten Offizier, dem melancholischen Glen und Charles, der am Tag Wache hielt.

Der Pastor sprach ein Gebet, die Hunde bellten, die Leinen wurden losgemacht, und die Geräusche an der Mole verklangen allmählich, während wir in See stachen, unsere Habe ordneten und uns auf den Sperrholzbrettern einen Platz zum Schlafen suchten. Dennis hatte mich gewarnt, daß das Boot schlingern würde, wenn wir die windgeschützte Seite der Insel verlassen hätten, und bald darauf schaukelte die *Tin* kräftig hin und her. Es gab nur noch ein Geräusch, nervtötend und grausam: das Wasser, das an unseren Rumpf schwappte und bollerte.

Die Persenning versperrte die Sicht von der Ruderpinne nach vorn, der Steuermann mußte blind fahren und konnte sich nur nach dem Kompaß richten. Da Pitcairn an der Neuseeland-Panama-Route liegt, machte ich mir Sorgen, daß uns ein Schiff bei Nacht ohne Vorwarnung umpflügen könnte. Ich erinnerte mich, daß der Radar auf der *Najran* auf standby umgestellt worden war, als wir Panama verlassen hatten. Nur der Mann im Ausguck hätte uns erspäht, wenn wir Lichter gehabt hätten, was nicht der Fall war.

Ich fragte Jay, was uns davor schützen konnte, von einem achtundzwanzigtausend Tonnen schweren Chemikalientanker überrollt zu werden. «Wir nehmen einen anderen Weg», sagte er.

Dann erklärte er mir, daß die *Tin* und die *Tub* Seite an Seite durch die Nacht fahren und die zwei Männer am Steuer mit Taschenlampen Kontakt halten würden: Ein Lichtblitz alle fünf Minuten signalisierte dem anderen Boot, daß alles in Ordnung sei, zwei Lichtblitze bedeuteten, daß sie ihre tragbaren Funkgeräte einschalten sollten. Denn wenn sie den Funk die ganze Fahrt über anließen, wären die Batterien bald leer.

«Und wir werden nicht mit irgendwem oder irgendwas zusammenstoßen!» Die bloße Idee kam ihm höchst albern vor, und meine Angst sank auf den Meeresgrund hinab.

Ich konnte mir vorstellen, wie wir von oben aussehen würden – zwei Spielzeugboote, die ohne Segel und Beleuchtung auf dem dunklen Meer umhertrieben, mit einer Persenning, die wie ein schlecht verschnürtes, braunes Paket wirken mußte. Doch während der Ozean draußen tobte und schäumte, saßen wir in unserem Zelt warm und trocken und atmeten den Atem der anderen.

Wegen des Lärms war es unmöglich, miteinander zu sprechen, und Carol, Charles und Reynold hatten sich schon unter ihren Decken vergraben. Tony warf sich Pillen ein und versuchte fröhlich auszusehen. Er zog einen kleinen Plastikbeutel aus seinen Sachen und sagte wie zur Teestunde in einem englischen Seebad: «Hätten Sie gern ein Stück Gebäck?», bevor er sich neben mich legte und einschlief. Ich blieb noch eine Weile wach und fragte mich, wieso ich hier gelandet war, in einem offenen Boot auf dem Ozean in düsterer Nacht, umgeben von Leuten, die mir nahezu fremd waren. Ich sah zu Jay hinüber, der am Steuerrad stand, seine Taschenlampe in die Hand nahm, um demjenigen, der die *Tub* steuerte, einen Lichtblitz zuzuwerfen, und dann auf den Kompaß blickte. Er hatte diese Fahrt seit seiner Jugend bestimmt schon hundertmal gemacht und nahm den Wind und die Wellen um ihm herum gar nicht mehr wahr. Wenn er Angst hatte, wenn er dachte, daß es gefährlich war, dann zeigte er es nicht; sein Gesicht blieb ausdruckslos, als ob diese Aufgabe ihm so vertraut wäre, daß er nicht länger darüber nachdenken mußte.

Dennis kontrollierte den Motor. «Alles in Ordnung?» brüllte er mir zu. Weder Dennis noch Jay glich auch nur im entferntesten Männern, denen man sein Leben anvertrauen würde. Sie hatten Gesichter wie aus einem Cartoon, mollige Körper auf Storchenbeinen und ein Lächeln, wie es ein Kind zeichnen würde. Doch der Gedanke, daß sie sich achtern auf dem Boot aufhielten, war tröstlich, und bald legte ich mich in der Geborgenheit unseres Zeltes schlafen.

Bei Morgengrauen erreichten wir die Küste von Henderson, warfen den Anker vor dem Riff aus und trödelten mit dem Frühstück herum. Reynold lag auf dem Rücken und knabberte an Brotfruchtbaumstäbchen, während ich mir von Tony einen weiteren Teekuchen nahm und dazu ein Stück Corned beef aß, das Carol für mich mit dem Finger aus der Büchse gefischt hatte. Jay war mit dem Motor beschäftigt, und Dennis sprach über Funk mit der *Tub*.

Die Insel thronte ein paar hundert Meter weiter wie eine Eistorte auf einem Meer aus Silberfolie. Ich konnte sie in voller Länge sehen, fast dreimal so lang wie Pitcairn. Als wir endlich unser Frühstück verzehrt hatten, waren die Mannschaft und die Passagiere der *Tub* schon an Land gegangen, und Charles war mit ihnen verschwunden. Das Schlauchboot, das uns abholen sollte, kam näher; an der Ruderpinne stand Trent Christian, dessen jungenhafter Körper und kindlicher Gesichtsausdruck mit den großen Augen nicht so recht zu seinem dichten Schnurrbart passen wollten. Trent stand mit seinen ungefähr achtzehn Jahren kurz davor, vom Teenager zum Mann zu werden, und sein Körper konnte sich noch nicht entscheiden, welchem Alter er den Vorzug geben sollte. Seine erste Fahrt mit dem Schlauchboot über das Riff war für ihn sehr aufregend;

doch da er als erwachsen gelten wollte, nahm er einen lässigen Ausdruck an, der so gezwungen wirkte, daß es fast schon komisch war.

Trent nahm sich auf dem Weg zur Männlichkeit anscheinend seinen Vater, den dunkelhäutigen Mann an der Ruderpinne der *Tub*, zum Vorbild, vom dichten Schnurrbart angefangen bis hin zu der Haltung, in der er feierlich am Ruder des Schlauchbootes stand, als ob er ein Segelschiff mit vier Masten steuerte. Steve war schon an Land und watete vom Strand aus ins Wasser, um seinen Sohn mit Handzeichen durch das Riff zu geleiten. Er schien eines seiner Beine wie einen Baumstamm hinter sich herzuziehen.

Das Korallenriff war bei Niedrigwasser unüberwindlich, doch bei Hochwasser konnten die Pitcairner an einer Stelle zum Oststrand gelangen. Wichtig war das richtige Timing. Man mußte außerhalb des Riffs warten, bis eine Sturzwelle kam, den Motor anwerfen und sich auf dem Kamm der Welle tragen lassen. Die Durchfahrt war nur dreißig Zentimeter breiter als das Schlauchboot. Dennis zeigte auf die Reihe der Kokospalmen, die sie hinter dem Strand als Wegmarken gepflanzt hatten.

Carol, Tony, Glen und ich kletterten ins Boot, während Trent am Ruder stand, und das überladene Boot geriet ins Schwanken. Wir hatten uns zu lang mit dem Frühstück aufgehalten, der Wechsel der Gezeiten kündigte sich schon an. Steve fuchtelte außer Hörweite mit den Armen herum, um uns klarzumachen, daß wir nicht durch das Riff fahren sollten. Trent legte den Steuerhebel um, und wir kreuzten vor dem Riff und suchten nach der Einfahrt. Doch das vom Gezeitenwechsel bewegte Meer machte es unmöglich, sich zu orientieren, und Steve fuhrwerkte aus wachsender Entfernung immer noch wild mit den Armen herum, um uns davon abzuhalten, unser Unglück zu versuchen.

Trent kreuzte weiter vor dem Riff und stierte angestrengt ins Wasser, bevor er ankündigte, daß er auf einen großen Brecher warten und das Boot schnurstracks über das Riff bringen wollte. Niemand vor ihm hätte sich, wie er stolz behauptete, jemals an ein solches Manöver gewagt.

Mich beschlich das ungute Gefühl, daß Trent dieses Abenteuer als eine Art Initiationsritus für seine Reise ins Mannesalter betrachtete und daß Carol, Glen, Tony und ich die Rolle der Opferhühner spielten.

Trent brüllte «Feeer-tig!», und wir riefen alle: «NEIN!»

Da ich mir nicht sicher war, ob es sich hier um das übliche Geplänkel vor der Überquerung des Riffs handelte, schaute ich Carol an; wenn Carol die Ruhe bewahrte, mußte alles in Ordnung sein. Carol sah erschrocken aus und klammerte sich an die Taue an der Bootsseite.

Tony sagte mit der Autorität eines Regierungsberaters: «Mach keine Dummheiten, Trent», Trent rief «Feer-tig!», und wir tanzten auf einem Wellenkamm und stürzten mit unglaublicher Geschwindigkeit vorwärts.

Es dauerte nur Sekunden, bis wir ein schreckliches Knirschen hörten. Das Boot lag auf dem Riff wie ein Fakir auf einem Nagelbett.

«RAUS!« brüllte Glen, «SCHWIMMT!», und wir warfen uns allesamt ins Wasser.

Es war ein Gefühl, als ob man auf Glasscherben landete; die Korallen ritzten mir Füße und Schienbein auf. Von hinten rollte die Brandung mit ihren Schaumkronen auf uns zu; doch auf dem Riff stand mir das Wasser nur knapp bis zu den Knien. Es war zu seicht, um zu schwimmen und zu mühsam zum Gehen; also stolperte ich Glen mit wilden Armbewegungen blindlings hinterher und kletterte an den Strand.

Aus den Schnittwunden an meinen Beinen tropfte das Blut auf den weißen Sand.

«Von Korallenschnitten bekommt man Narben», sagte Tony, während Glen mit einer Messerspitze den Stachel einer Seeanemone aus seiner Hand zog.

Ich sah zu, wie meine Beine bluteten und die Flecken bald zu kleinen Bächen wurden, als ob sie zu jemand anders gehörten. Es faszinierte mich, wie das Blut die Haut hinablief und sich seinen Weg zwischen zwei Zehen hindurch bahnte. Während ich der Richtung des Rinnsals folgte, sah ich, daß der jungfräuliche Strand mit Treibgut übersät war – einem Schuh ohne Absatz, zerfransten Taustücken, Kleiderbügeln, einem Teesieb, einem Asthma-Inhalator und vielen kleinen Plastiksoldaten. Die Soldaten lagen auf dem Bauch, und ihre Minigewehre zeigten zu den Palmen hoch, als ob eine Liliputanerarmee an der Ostküste Hendersons vorrückte.

«Das sind Japaner», sagte Charles, der zwischen den Kokospalmen auftauchte und mit seinen schmutzverkrusteten Shorts wie ein schiffbrüchiger Seemann aussah, der keine Kleider zum Wechseln hatte.

«Die Japaner sind ein komisches Volk», meinte er. «Sie werfen Plastiksoldaten ins Wasser, weil ihnen das Glück beim Fischen bringen soll.»

Ich fragte ihn, wer ihm von diesem seltsamen Brauch erzählt habe, und er tippte sich mit dem Zeigefinger an die Schläfe. «Ist alles hier drin.»

Charles Christian war Pitcairns Experte für Außenpolitik, was sich der Tatsache verdankte, daß er in San Francisco geboren war. Seine Mutter war Pitcairnerin gewesen, sein Vater Amerikaner. Der kleine Junge war mit fünf Jahren mit seiner Mutter auf die Insel zurückgekommen.

Obwohl er seinen Geburtsort nie mehr wiedergesehen hatte, pflegte Charles immer noch einen schwachen amerikanischen Akzent – zumindest hatte man diesen Eindruck, was allerdings auch nur an seinem Aussehen und Verhalten liegen konnte, die an einen Baseball-Coach im Ruhestand erinnerten. Vielleicht hörte sich Charles am Telefon völlig pitcairnesisch an.

Tony schlug vor, am Strand entlangzugehen, um Muscheln für den Unterricht der Pitcairn Island School zu sammeln. Wir trotteten langsam dahin, während der Sand die Sonnenstrahlen reflektierte. Alle paar Meter bückte sich Tony, nahm eine zart getüpfelte Muschel auf – einen Kegel aus Rosa, Braun und Grau –, sagte: «Oh, das ist ja nur so eine», und warf sie in den Sand zurück. Tony organisierte gern Projekte, was auf Pitcairn sehr beliebt war. Die Idee für das Muschelprojekt stammte von ihm, ebenso wie die des Inselmuseums.

Das Briefmarkenprojekt in der Inselschule war besonders erfolgreich gewesen. Die Post käme aus aller Welt, sagte er; ich würde staunen, Hunderte von Briefen auf einmal, und Briefmarkensammeln sei für die Kinder so gut wie eine Geographiestunde. Die letzte Post hätte einen Brief aus Burma gebracht und ein Briefmarkenalbum von der Pitcairn-Studiengruppe in England, die von dem Projekt gehört hatte, doch leider hätten die Termiten die Papierstreifen zerfressen, so daß sie zu Staub zerfallen waren.

Tony sammelte jetzt Muscheln auf und warf sie ohne nähere Untersuchung wieder in den Sand; er vermisse Neuseeland, sagte er. Im Süden der Insel hatte er an einer Schule mit zwei Räumen unterrichtet, in der es nicht viel mehr Schüler gab als in der auf Pitcairn. Seine Frau Christine vermißte Neuseeland ebenfalls, doch die Kinder fühlten sich hier wohl und betrachteten das Leben hier als großes Abenteuer.

Es sei ein außergewöhnlicher Ort, räumte Tony ein, und er interessiere sich sehr dafür, wie die Insel verwaltet wird. Wenn er Zeit hätte, würde er ein Buch schreiben mit dem Titel *Politik und Macht auf Pitcairn*. Man sollte nicht glauben, daß die politische Führung wirkliche Macht besäße; Jay Warren mochte der Inselbürgermeister sein und somit auch Vorsitzender des Inselrats, aber er hatte keinerlei juristische Befugnisse. Die wichtigste Person auf der Insel sei der leitende Techniker, weil er Dinge in Ordnung bringen konnte – und das sei Steve Christian. Steve habe drei Söhne im Teenageralter – Trent, Randy und Shaun –, alles tüchtige Arbeiter. Und die Söhne blieben eher auf der Insel als die Töchter. Es ließe sich noch auf die Tage der Meuterei zurückführen, meinte Tony, daß ein Insulaner mit dem Nachnamen Christian höheres Ansehen genieße als ein Warren, Young oder Brown, die man nicht als geborene Führer betrachte.

Doch am deutlichsten zeigten sich diese Rangunterschiede bei den Mannschaften der Boote. Die *Tin* war das ältere, kleinere und schwächere Schiff, und ihre Crew war dem Kapitän der *Tub*, Steve, und seinen Männern untergeordnet. Die *Tub*, das stabilere und aufwendigere Boot, war als Ersatz für das alte Holzboot *Stick* angeschafft worden. In Auckland hatte man die *Tub* offiziell *O'Leary* getauft, zu Ehren des damaligen Gouverneurs Terence Daniel O'Leary, der die Kosten bewilligt hatte. Doch bei ihrer Ankunft auf Pitcairn hatten die Insulaner sie respektlos wieder in *Tub* umbenannt.

«Und ein richtiger Mann», fügte Tony hinzu und machte mich mit den Symbolen männlicher Autorität vertraut, «ist man erst, wenn man ein Messer trägt.» Tony war unbewaffnet.

Tony las weiter Muscheln auf, hielt ihre kleinen, gekrausten Formen wie winzige Kristallkugeln hoch und sprach in sie hinein.

«Wenn man in der großen weiten Welt sagt, ‹Ich möchte mich nicht anpassen›, kann man Leute finden, die ähnlich denken, einem Club beitreten oder als Radikaler gelten. Doch hier wird man schief angesehen, wenn man sich absondert», sagte er zu einer Muschel und warf sie weg. «Diese Insel nährt das Gefühl der Zugehörigkeit, das Gefühl, zu Pitcairn zu gehören.»

Tony hatte so viele Ämter inne wie alle anderen Insulaner. Zusätzlich zu seinen Aufgaben als Bildungsminister, Regierungsberater («der Mann vor Ort», sagte Tony) und Wirtschaftsprüfer war er auch noch Herausgeber des *Pitcairn Miscellany*. Mit der letzten Post hatte er hundertsiebenunddreißig Briefe erhalten, von denen er vierundachtzig beantwortet hatte, die um Informationen über Pitcairn baten, erzählte er voll Stolz auf seine Tüchtigkeit.

«Die Menschen glauben, daß Pitcairn ein romantischer Ort sei, wo immer noch manches an die Zeit der *Bounty* erinnert. Viele Leute erzählen uns, daß sie Pitcairn besuchen wollen; doch es liegt so abgelegen, daß sie es einfach nicht schaffen. Andere Leute nennen ihre Jachten *Pitcairn*. Vielleicht halten sie es für einen Zauber, der sie mit ihrem Schiff hierherbringen könnte», lachte Tony. «Manche Leute schreiben in allen möglichen Sprachen über Pitcairn und die *Bounty* Gedichte. Einer hat uns berichtet, wie aufregend es war, auf dem Weg von Tahiti zur Osterinsel über Pitcairn zu fliegen, obwohl das eigentlich gar nicht möglich ist. Es liegt nicht auf der Route. Viele Menschen, die gern nach Pitcairn möchten, werden nie dorthin kommen.»

Mary aus Kansas City war eine der wenigen, die ihr Ziel erreicht hatte. Sie war Malerin und hatte den Kopf des *Miscellany* neu gestaltet.

«Gut, nicht wahr? Sie war eine große Künstlerin.» Tony sprach von Mary, als ob sie nicht mehr unter den Lebenden weilte.

Während wir so gingen und redeten, begannen die Sägen ihr Werk. Zuerst nur einige, doch dann ließ der Ton zahlreicher Kettensägen die Insel erbeben. Wir marschierten auf das Geräusch zu, das aus einem kleinen Wäldchen direkt hinter dem Sandstreifen drang. Ich suchte nach Dennis und fand ihn im Gehölz im Rausche des Holzfällers. Er stand inmitten von Stämmen, die schwere Amputationen hinter sich hatten, und war von Ästen in jeder Größe umgeben. Ich las einen kleineren auf und schleppte ihn an den Strand. Clarice tauchte aus einem anderen Teil des Waldes auf und balancierte, wie es den Anschein hatte, auf jeder Schulter einen ganzen Baumstamm, den sie neben meinem Ast auf einen Haufen fallen ließ. Sie ließ nur die Spur ihrer Fußabdrücke zurück; hinter mir lag der Beweis meiner Schwäche – die Schleifspur eines leichten Astes im Sand. Und als ich zum zweitenmal aus dem Wäldchen kam, bemerkte ich, daß Clarice ihren Haufen um zwei Stämme vergrößert hatte und zu den Bäumen zurückstampfte.

Als ich aus dem Wald kam und mit einem besonders schweren Stück Holz kämpfte, das ich wohl besser für

Dennis hätte liegen lassen, trat Clarice auf mich zu und bot mir ihre Hilfe an, indem sie wortlos nickend auf den Stamm deutete. Ich nickte zurück, umfaßte das eine Ende und wartete darauf, daß Clarice das andere hochhievte. Sie packte das Holz, warf es sich mit der gleichen Muskelkraft, die mir tags zuvor die Beine auf der Strickleiter gerettet hatte, auf die Schulter und marschierte zum Ufer. Ich sah ihr mit leeren Händen und gedrückter Stimmung zu und wunderte mich, wieso man früher die Frauen von Pitcairn für zu schwach gehalten hatte, die Reise nach Henderson zu machen.

Royal warf neben mir einen Baumstamm in den Sand und ließ eine spöttische Bemerkung über meinen armseligen Haufen fallen. Ich versuchte sie abzulenken.

«Wirst du die Wissenschaftler besuchen?» fragte ich. Sie sah mich wieder spöttisch an und kehrte in den Wald zurück.

Ab und zu erschien einer der Wissenschaftler auf dem Pfad, der zu ihrem Lager führte, sah zu, wie sich jede Familie ihren eigenen Holzhaufen auf dem Strand errichtete, und verschwand dann wieder. Da diese Geschöpfe ganz anders als die Insulaner aussahen, hatte man das Gefühl, von wilden Tieren beobachtet zu werden, die den menschlichen Kontakt scheuten. Alle Wissenschaftler schienen abgemagert zu sein, hatten eine nackte Brust und einen knochigen Körper, den ein Paar kurze Shorts bedeckten. An dem einzigen Körperteil, der bei den Insulanern immer nackt war – den Füßen –, trugen die Wissenschaftler schwere, knöchelhohe Bergstiefel. Einmal kroch eine Wissenschaftlerin aus dem Wald, die nur einen knappen Bikini und diese schweren Stiefel anhatte.

Ich machte Charles, der am Strand saß und nach der *Tin*

Ausschau hielt, den Vorschlag, daß wir uns ihr Lager ansehen sollten.

«Sie sind verrückt», sagte er und schüttelte den Kopf. «Du solltest mal sehn, was sie dahinten alles machen.»

Da ich mir nun endlich eingestanden hatte, daß Dennis genügend willige Helfer hatte, die sein Holz weit besser als ich stapeln konnten, wagte ich mich allein auf den Pfad, der zum Lager führte. Er endete an einer Waldlichtung, auf der mehrere winzige khakifarbene Zelte verstreut waren. In der Mitte der Lichtung stand ein massiver, selbstgebauter Tisch, an dessen einem Bein Blätter wuchsen. Eine große Plane bildete ein primitives Dach. Die Wissenschaftler liefen im Lager herum wie Spielzeugeisenbahnen auf Schienen, die alle in verschiedene Richtungen fuhren. Ich sprach einen von ihnen an, der jünger und größer als die anderen war und einen flammendroten Haarschopf trug. Dr. Alexander Chepstow-Lusty war für die Mikrofauna zuständig. Das bedeutete, daß er winzige Partikel Seetang sammeln, waschen und durchsieben mußte, an denen sich Muschelkrebse und Wurzelfüßer befanden, die zur Analyse an einen Experten in Aberystwyth geschickt wurden. Die anderen Wissenschaftler waren mit ähnlich speziellen Aufgaben betraut. Zwei Millimeter lange Schnecken wurden in Alkohol aufbewahrt, konservierte Ratten wurden nach Wellington geschickt; lebende Zecken mußten für das Institute of Virology in Oxford gesammelt, Taubenkot zur Laboranalyse nach Kanada versandt werden; Sturmvogelfederläuse waren für das Nationalmuseum in Neuseeland bestimmt, und die Hendersongrasmücke wurde auf ihren genetischen Code hin untersucht.

«Einige Arten», erzählte mir Chepstow-Lusty, «sind vermutlich wissenschaftlich noch nicht erforscht.»

Er bot mir an, mich auf einem Pfad, den sich die Wissenschaftler durch die Korallen gehackt hatten, ins Innere zu führen. Als er vor mir herschritt, folgte ich den Abdrücken seiner gewaltigen Stiefel, dem einzig klotzigen Teil an seinem langen und schlaksigen Körper. Die Korallenerde knirschte unter unseren Füßen und schnitt in meine Gummisohlen, als gingen wir über zerbrochene Porzellanteller. Der Doktor riet mir, auf Korallenspalten zu achten; denn wenn man in eine hineinfiel, schlitzte man sich das Bein auf. Ich hatte den starken Eindruck, daß Henderson nicht für Menschen gedacht war, weder zum Landen noch zum Herumlaufen, und daß diese Tatsache ein weiterer Grund war, warum die Wissenschaftler so fremdartig aussahen.

«Haben Sie irgend etwas zu Ihrer Stärkung dabei?» fragte Chepstow-Lusty.

Mir war nicht klar, daß er eine Tagesreise plante, und ich dachte sehnsüchtig an die wasserfesten Behälter mit Lammkoteletts und Kartoffeln zurück.

«Geistige Nahrung, meine ich», fügte er hinzu.

Ich erwähnte, daß ich wie auf jeder Reise *Return to Laughter* eingepackt hätte; denn dieses Buch enthalte tröstliche Gedanken und stelle meine Erfahrungen in ein neues Licht. Im Schein meiner Taschenlampe am Abend nach Charlenes Party war ich auf eine weitere treffende Beschreibung meiner halb bewußten Ängste gestoßen:

> «Es war heiß, als ich erwachte, und hell. Der Hof war erfüllt von schwatzenden und lachenden Frauen ... ich lag auf der Matte und schaute mich um. Etwa ein Dutzend Frauen saßen unter meinem Baum, inmitten von Flaschenkürbissen und Kindern. Ich stellte mich hinter

meine Matte, schweigend, reglos und mit einem Gefühl, das ich in den kommenden Monaten nur allzu gut kennenlernen sollte: *Ich wollte mit den Menschen reden; ich konnte es nicht ertragen, bloß unter ihnen zu sein.*»

Ich faßte diese Stelle für Chepstow-Lusty zusammen. Pitcairn sei ein schrecklicher Ort, meinte er, wenn man nicht dazugehöre, so als würde man uneingeladen zu einem Familienbegräbnis gehen.

«Perry ist nicht sehr beliebt», fügte er hinzu. «Er paßt nicht zu uns.»

Das erstaunte mich. Ich hatte beobachtet, wie Perry Waren von der *Tundra Queen* ablud und ihn von Dennis' Motorrad aus auf einem Dach gesehen, als er für irgend jemand Nägel einschlug. Irma hatte gesagt, daß er fischen ging und für Betty und Tom, bei denen er wohnte, im Garten arbeitete, genauso wie ich für sie arbeiten sollte. Auf der Fahrt nach Henderson hatte Dennis Perry für eine Wache am Ruder der *Tub* ausgewählt. Mir war rätselhaft, was er sonst noch tun konnte.

Die Arbeit dieses Tages näherte sich dem Ende, der Lärm verstummte, und die meisten von uns wurden zu den Booten übergesetzt, wo sie die Nacht verbringen würden. Weil ich keine überflüssige Fahrt durch das Riff machen wollte, entschied ich mich, die Nacht mit drei Pitcairnern an Land zu verbringen – Charles, Nigger und Trent –, dazu noch dem Pastor und Tony. Wir suchten den Schutz des Lagers der Wissenschaftler und breiteten unsere Decken unter der Plane aus. Nigger fragte mich, ob ich trinken würde, was ich mit einem schiefen Blick beantwortete. Ich wußte, daß Nigger als Polizeibeamter verantwortlich dafür war, daß kein Alkohol auf die Insel gebracht wurde.

Er zuckte die Achseln und besuchte Hendersons einsame Wissenschaftlerin.

Ich schlief auf dem Boden zwischen Tony und dem Pastor, während die langnasigen Ratten, die der Konservierung entgangen waren, unsere Fußknöchel zum Hürdenlauf benutzten.

Die See war über Nacht unruhig geworden, doch der Himmel war klar, was einen weiteren Tag Holzschlagen verhieß, und kurz nach Morgengrauen hallte die Insel vom Geräusch der Kettensägen wider. Beim Frühstück fragte mich einer der Wissenschaftler, was ich auf Pitcairn verloren hätte. Ich antwortete, daß ich einen Ort gesucht hätte, wo das Leben weniger stressig als in London war, sanfter und lieblicher, vielleicht ein Stück vom Paradies.

Am Nachmittag war das meiste Holz an den Strand geschleppt. Die Stämme lagen wie Eisenbahnschwellen aufgereiht, und alle mußten miteinander verbunden werden, bis sie einen gewaltigen Schienenstrang bildeten, auf dem sich ein Zug wie die Lemminge ins Meer stürzen könnte. Ich half dabei, sie zusammenzubinden, und bemerkte, daß Clarice jeden meiner Knoten kontrollierte; wenn einer aufging, würde sich das ganze Gewebe auflösen, und das Holz wäre verloren. Die Holz- und Seileisenbahn wurde am hinteren Ende des Schlauchboots befestigt, und die Stämme purzelten nacheinander über den Sand und wurden über das Riff ins Wasser gezogen, wo Steve und seine Helfer sie auf die *Tin* und die *Tub* luden.

«Erstaunlich, nicht wahr?» sagte Tony, als wir der letzten Baumstammleiter hinterhersahen. Es war ein so einfaches, zweckdienliches System, daß ich die Erfindungsgabe der Pitcairner bewunderte.

Das Meer war sichtlich kabbeliger als am Morgen, der

Wind hatte sich gedreht und blies kräftig aus Richtung Pitcairn, was bedeutete, daß wir gegen die Dünung ankämpfen mußten. Die Wissenschaftlerin, deren Bauch so flach war, daß man sie von der Seite aus kaum sehen konnte, ließ mich wissen, daß das Wetter *El Niño* zuzuschreiben war, einer südöstlichen Strömung im Pazifik, die alle paar Jahre so warm wird, daß die Korallen, das Plankton und die Fische starben. Und die Seevögel und die Robben, die sich von ihnen ernährten, verließen ihre Nester und verloren ihre Jungen. Die verwesenden Fische häuften sich am Strand und produzierten Wolken von Schwefelgas. Die klimatischen Veränderungen brachten sintflutartige Regenfälle und Überschwemmungen in gewöhnlich trockene Regionen. Monsterwellen rollten über den Ozean. Unser Kapitän Jay, dem das veränderte Wetter Sorgen machte, schlug vor, daß wir noch eine Nacht warten sollten, um zu sehen, wie es sich entwickelte, doch Steve, der Herr der *Tub*, wollte nach beendeter Arbeit unbedingt in See stechen.

An Bord der *Tin* krochen wir wieder in das Zelt, das eine Zeitlang unser Zuhause gewesen war. Es roch nach unserem Bettzeug und zwei Tage altem Frühstück, was nicht unangenehm war, sondern heimatliche Gefühle hervorrief. Henderson, dessen graue Korallenküste nur von ein paar verkümmerten Bäumen durchbrochen wurde, war im Vergleich zu Pitcairn ein ödes Eiland, wie ein asphaltierter Schulhof im Gegensatz zu einem üppigen Park. Und auf Henderson gab es Fremde, die keine Pitcairner waren, Menschen, die von irgendwoher kamen und mit niemand sonst verwandt waren. Die See mochte stürmischer werden, die Winde widriger, doch ich fühlte mich unter den Pitcairnern geborgen und in guten Händen.

Die Rückfahrt würde nicht so bequem werden wie die Hinfahrt, da im Laderaum der *Tin* das Holz lagerte, wir all unseren Kram an Deck aufbewahren mußten und auch weniger Platz unter der Persenning hatten. Tony machte es sich gemütlich, klaubte die Filmbüchse, in der er seine Tabletten gegen Seekrankheit versteckte, aus den Tiefen seines Bettzeugs und schraubte den Deckel ab. Er riß Mund und Nase auf, kippte die Filmbüchse sehr langsam zur Seite, ließ das Seewasser aufs Deck tröpfeln und starrte auf die kleine pulvrige Pfütze, die sich durch den Wellengang wie ein Miniaturfluß schlängelte und eine weiße Spur hinterließ.

Tony sah zu mir auf. «Wie geht es dir?» fragte er in der Hoffnung, daß ich sein Leid mit ihm teilte.

«Gut», sagte ich munter, kuschelte mich zwischen ihm und Carol unter meine Decke und schlief ein. Ich träumte, daß ich an einer Schlacht um Hendersons Ostküste teilnahm und ein Bataillon Pitcairner befehligte, die mit Kettensägen bewaffnet waren und bedrohlich mit ihnen herumfuchtelten.

RUMS!

Im Moment des Erwachens dachte ich, daß ein Blitz das Boot getroffen hätte. Doch ich war naß, und unter mir, wo ich vorher nur Stämme gesehen hatte, strudelte das Wasser. Eine gewaltige Welle war über den Bug hereingebrochen, hatte das Sperrholz zerschmettert, auf dem das Zelt ruhte, und das überladene Boot überflutet. Der Motor spukte, hustete noch einmal und gab den Geist auf, als er unter einer Welle verschwand. Wir begannen zu sinken.

Ich drehte mich zu Carol um; sie schrie, doch ich hörte keinen Laut, als ob ich taub wäre. Wir sanken, nicht langsam, wie man das im Film sieht, sondern schnell wie ein

Kieselstein nach unten. Das Wasser, das ein paar Meter unter mir gewogt hatte, war so hoch gestiegen, daß ich mit meinem Finger hindurchgleiten konnte. Es hatte Badetemperatur – wirklich nicht kalt, dachte ich und grübelte, wie lang ich darin überleben könnte. Doch es war schwarz wie eine unergründlich tiefe Grube.

Die Brecher tobten um uns herum. Es hatte keinen Sinn, laut zu schreien, weil uns niemand hören konnte. Wir waren ein paar tausend Meilen von jedem Ort, der Rettung verhieß, entfernt, ohne eine Möglichkeit der Kommunikation. Der Ozean war über uns gekommen, der Zauber von der Sicherheit auf der *Tin* gebrochen, und jetzt war unsere Kleinheit, in der ich mich so geborgen gefühlt hatte, erschreckend. Niemand konnte unser winziges, unbeleuchtetes Boot auf diesem unruhigen Meer finden.

Wir suchten das Wasser nach der *Tub* ab, konnten aber keine Spur von ihr entdecken. Die rauhe See mußte uns getrennt haben, und das Funkgerät der *Tub* war sicher ausgeschaltet, um die Batterien zu schonen. Jay stand am Steuer und fuchtelte wild mit seiner Taschenlampe herum.

Nun krochen wir alle auf dem Boden umher und suchten nach unseren Taschenlampen. Wir ließen sie immer wieder aufblitzen, während das Wasser uns umtoste, über das Deck klatschte und unsere Knöchel umspülte. Doch immer noch keine *Tub* in Sicht.

«Noch eine solche Welle, und wir sinken», sagte Jay und schoß eine Leuchtkugel ab. Das rote Licht explodierte am Himmel. Wir blickten nach oben und ließen den Kopf wieder sinken, als es verpuffte und ins Meer fiel.

«Alles in Ordnung?» fragte Tony.

Meine Finger gruben sich in seinen fleischigen Arm. «Ich habe Angst», keuchte ich. Mehr sagte ich nicht.

Es war Dennis, der als erster die Lampe der *Tub* erspähte. »Macht den Funk an. STELLT DEN FUNK AN», brüllte er über den Ozean.

Doch die *Tub* gab uns nur ein Leuchtsignal, als ob sie uns zuwinkte und gar nicht zu ahnen schien, daß ihr Schwesterschiff in Seenot war.

Jay kreischte in das tote Funkgerät. «Wir laufen voll Wasser. Wir sinken. Der Motor ist aus ...»

Die *Tub* schien näher zu kommen und tänzelte über das Meer, als würde sie nur aus Neugier und nicht zu unserer Rettung herbeieilen. Zuerst konnte ich die Gesichter an Bord nicht deutlich wahrnehmen, nur einige Gestalten, aber es war wunderbar zu wissen, daß dort auf dem dunklen Ozean noch jemand war, der uns retten konnte. Dann erkannte ich Royal und Clarice und Terry Young am Steuerruder. Ich flüsterte ihre Namen immer wieder vor mich hin, weil mir die Namen anderer Menschen die Angst nahmen. Steve Christian übernahm das Kommando und band ein Tau an unseren Bug, und die *Tub* schleppte unser besiegtes Schiff nach Henderson zurück, wo wir vor dem Riff den Anker auswarfen und uns ein wenig Schlaf gönnten.

Die Wissenschaftler luden uns zum Frühstück ein. Ihre Segeltuchspeisekammer war gut bestückt, und wir ließen uns die Pastete auf Vollkornknäckebrot schmecken. Charles war bester Laune und unterhielt uns mit morbiden Geschichten. Auf einer Reise nach Henderson hatte man am Eingang einer Höhle an der Nordspitze der Insel menschliche Skelette gefunden. Die Wissenschaftler, die meinten, daß sie von schiffbrüchigen Seeleuten stammten, hatten sie zur Kohlenstoffdatierung an einen Experten in Ohio geschickt. Doch Charles wußte es besser. Vor mehreren hundert Jahren, noch bevor die Meuterer Pitcairn entdeckten, hatten Polynesier die Pitcairn-Gruppe bewohnt und Ausflüge nach Henderson gemacht, um dort ihre Feste zu feiern, so etwas wie große Dinnerparties mit der Besonderheit, daß sie sich gegenseitig aufaßen.

Das Abenteuer auf der *Tin* sollte für Charles von nun an auch zu seinem Repertoire grusliger Geschichten gehören.

«Hätte meutern solln, wenn du mich fragst», sagte er. «Hätte nie bei solchem Gegenwind losfahrn solln. Ich erinnere mich noch, als ...», und er erzählte zum wiederholten Mal eine Geschichte, die den Insel-Bewohnern nur allzu vertraut war, die Geschichte der Reise nach Oeno, einer weiteren unbewohnten Insel der Pitcairn-Gruppe. Vor einiger Zeit hatten sich einmal zwei Boote mit neunundzwanzig Mann auf den Weg nach Oeno gemacht, um Seegurken zu holen. Es war Winter, die See unruhig, doch das Wetter war eine gute Woche lang schön gewesen, und man hatte Windstille vorhergesagt. Sie fuhren am 6. Dezember in Pitcairn los, in der Absicht, ihre Seegurken zu fangen und Weihnachten wieder zu Hause zu sein; eine Woche später beschlossen die Männer und Jungen, die auf Pitcairn geblieben waren, daß auch sie an dem Fang teilhaben wollten, und folgten ihnen in einem dritten Boot. Weihnachten kam und ging, doch von den Männern keine Spur. Der 25. Dezember wurde nur von Frauen und Mädchen gefeiert. Am Neujahrstag waren die Männer immer noch nicht zu Haus, und statt zu feiern, sprach man Gebete.

Fünf Wochen waren seit Antritt der Reise nach Oeno vergangen, als man die Boote vor Pitcairn entdeckte, mit einer völlig erschöpften Mannschaft, die nah am Verhungern und von eitrigen Geschwüren bedeckt war. Fünf Wochen lang hatten sie versucht, Oeno zu verlassen, und waren von den Gegenwinden immer wieder zurückgeworfen worden. Sie hatten Vorräte bis Weihnachten dabeigehabt und danach von zwei Keksen am Tag gelebt. Plötzlich schienen mir Irmas Büchsen und Päckchen mit Lammkoteletts eine sinnvolle Vorsichtsmaßnahme zu sein. Wir hatten nur eine zweitägige Reise geplant, hätten aber ebensogut wochenlang auf Henderson festsitzen können.

Um drei Uhr morgens landeten wir wieder auf Pitcairn, wo uns die Hunde und die Insulaner mit heißen Getränken und warmen Decken begrüßten. Ich konnte es kaum glauben, aber es war erst mein zweiter Tag auf der Insel. Und meine Vorstellungen von einer gemütlichen Zeit im Südpazifik waren bereits ernsthaft ins Wanken geraten. Auf einer der Postkarten, die Irma mir für den Proviantmeister der *Tundra Queen* mitgegeben hatte, schrieb ich meine erste Nachricht nach Hause: «Seit meiner Ankunft mehrmals in Lebensgefahr gewesen.»

Sechstes Kapitel

Sabbat

S*ie haben also eine* Affäre mit meinem Mann!»

Christine knetete Teig und gab mit ihren kräftigen Armen, dem flotten, mit kleinen Blumen übersäten Kleid und den kurzen, hübschen dunklen Haaren das perfekte Bild einer tüchtigen Lehrersfrau ab, die für ihre Familie Brot backt.

Sie puffte mit geballter Faust in den Teig.

«Jemand ist zu mir gekommen und hat mir alles erzählt», sagte sie.

Sie klopfte den Teig zurecht, damit er in eine Brotform paßte, schob die Form ruckartig in den Backofen, sah zu, bis sie sich ausgeklappert hatte, und knallte die Tür zu. Mir war richtig übel.

«Uaach.» Ein seltsamer Laut drang aus meinem Mund, als wäre ich am Ertrinken.

Chris wischte das Mehl mit ausholenden, gekonnten Handbewegungen vom Tisch und brach in Lachen aus. Ihr Busen wogte auf und nieder, während sie tiefe, schallende Gluckser ausstieß – *ha, ha, ha, ha, ha, ha.*

«Du denkst doch nicht etwa, daß ich das *glaube*? Man sollte nie glauben, was die Leute hier so erzählen.»

Eine der älteren Frauen, die nicht mit nach Henderson gefahren war, hatte Chris zwei Tage nach unserer Rückkehr einen Besuch abgestattet. Das Haus des Lehrers, Up Pulau genannt, lag am westlichen Rand von Adamstown, mindestens fünfhundert Meter vom Platz entfernt. An den langen Nachmittagen schauten die Frauen gern dort vorbei, um für ein Weilchen dem Getriebe des Zentrums zu entfliehen, ein Schwätzchen zu halten und ein paar von Chris' ausgezeichneten Backwaren zu probieren. Ihr Schaumgebäck war besonders beliebt; die tüchtige Chris hielt in einem Drahtstall hinter dem Haus Hühner, damit ihre Familie immer ausreichend Eier zur Verfügung hatte. Sie besaß auch einen Dehydrator, der mit dem letzten Versorgungsschiff angekommen war, ein Gerät, das die Insulaner bis dahin nicht gekannt hatten. Der Dehydrator konnte Gemüse und Früchte trocknen, besonders Bananen, in vierzehn Stunden statt der Wochen, die es brauchte, wenn man sie auf einem Tisch ausbreitete und in der Sonne trocknen ließ, sie täglich wendete und befürchten mußte, daß ein plötzlicher Sturzregen sie verdarb.

Die Insulaner beneideten Chris um ihr Gerät, schrieben an Verwandte in Neuseeland und baten sie, ihnen diese Neuheit mit dem nächsten Versorgungsschiff zukommen zu lassen. Doch in der Zwischenzeit blieb Chris auf Pitcairn Island die einzige und stolze Besitzerin eines Dehydrators. Er thronte oben auf einem Schränkchen in der Ecke des Wohnzimmers und machte sich mit seinem Deckel, der bei jedem Luftzug klapperte, bemerkbar wie ein ältlicher Verwandter, der zum Tee gekommen und nie mehr gegangen war und im Hintergrund ab und zu rasselnd atmete.

Als die Frau vor zwei Tagen bei Chris zu Besuch gewesen war, hatte sie ein paar Bananen zum Trocknen mitgebracht, eine kleine, dickliche Sorte, die die Insulaner Chinabananen nannten. In Gegenwart des klappernden Dehydrators hatten sie beieinandergesessen und Körbe geflochten, während die ältere Frau Chris von der leidenschaftlichen Affäre erzählte, die der Lehrer mit diesem neuen Mädchen, Debbie, angefangen hatte.

Die Beweislage war sonnenklar. Tony und ich hatten uns auf der *Tin* aneinandergekuschelt; wir waren lange allein am Oststrand von Henderson spazierengegangen; wir hatten uns nicht einmal gescheut, nachts im Lager der Wissenschaftler in unmittelbarer Nähe des Pastors Seite an Seite zu liegen. Auf der Rückfahrt hatten wir unsere Beziehung offen zur Schau gestellt: Als die *Tin* am Sinken war, saßen wir zusammen, hielten Händchen und flüsterten uns etwas zu. Die Frau fühlte sich verpflichtet, Chris zu informieren, da sie schließlich so gute Freunde waren.

«Aber sie war doch gar nicht *dort*», wandte ich ein. «Woher will sie denn davon wissen?»

«Jemand muß es ihr erzählt haben.»

«Aber warum hat sie es dir weitererzählt? Warum wollte sie dir weh tun?»

«Vielleicht wußte sie, daß ich so etwas von Tony nie glauben würde.»

«Glaubt *sie* es denn?»

«Wer weiß.»

Das Wetter hatte sich nach unserer Rückkehr weiter verschlechtert. Ab und zu verdunkelte sich der Himmel, es regnete heftig, die Sonne brach mit geradezu unnatürlicher Kraft durch, und der Regen setzte wieder ein. Es war, als ob gewaltige Lichtblitze über die Insel fegten und wir alle Tänzer in einer Diskothek wären. In einer Minute verzeichnete das Sturmbarometer bei Taro Ground noch eine frische Brise von zwanzig Knoten, in der nächsten Böen von bis zu fünfzig Knoten. Das peitschende Geräusch der nassen Palmwedel und das Schlagen der Tür des Plumpsklos wechselten sich mit stillen Momenten ab, in denen die Brandung wieder zum Herzschlag Pitcairns wurde.

«Kommst du mit in die Kirche?» fragte Ben beim Frühstück. «Du mußt dir nichts Besonderes anziehen. Bloß was Hübsches und Sauberes.»

Ben hatte seine besten Sabbatkleider an, Trevirahosen, ein kariertes Flanellhemd und eine Strickkrawatte. Die Trevirahosen hatten eine blanke Stelle auf Bens rechtem Oberschenkel, wo seine Bibel hing. Irma trug ein Kleid, das ihr einer ihrer Funkkontakte geschenkt hatte. Die Kontaktperson hatte sich unter Pitcairn offensichtlich eine englische Kleinstadt in der Südsee vorgestellt, da das Kleid ebenfalls aus Trevira, auf Taille gearbeitet und mit kleinen rosa Blümchen gemustert war.

Irma sollte die Orgel spielen, und Ben war an der Reihe, den Bibeltext vorzutragen. Er saß am Tisch und murmelte die Verse vor sich hin. Ben, der jede Aufgabe im Schneckentempo verrichtete, verbrachte außerdem viel Zeit damit, geduldig auf Irma zu warten, die immer noch eine Kühltruhe oder einen Schrank fand, die sie aufräumen mußte, bevor sie das Haus verlassen konnte.

Ich setzte mich neben Ben und erzählte ihm von meinem Gespräch mit Jay auf dem Weg nach Henderson, als ich solche Angst gehabt hatte, daß uns ein Chemikalientanker überrollen könnte. Wie albern von mir! Natürlich wüßte ich jetzt, daß die großen Schiffe auf einer anderen Route als unser kleines Boot fuhren!

«*Tip out one time*», sagte Ben.

«Was meinst du damit?»

«Ein Schiff ist gekommen und hat uns einfach aus dem Boot geworfen.»

«Du meinst, es hat euch gerammt?»

«Jaa. Hat das Boot einfach umgekippt.»

«Wie wurdet ihr gerettet?»

Er kicherte leise vor sich hin, als er daran zurückdachte. «Das andere Boot hat uns rausgefischt.»

«Trink noch eine Tasse Kaffee, Liebes», drängte Irma.

Ich schüttelte den Kopf. «Nein, danke.»

«Doch, Liebes, doch», und sie drückte mir eine leere Tasse in die Hand, wie ein Erwachsener ein Kind mit einer Fünfpfundnote beglücken würde.

«Mach ihn dir bitte selbst», und sie eilte davon, um nach dem süßen Kokosnußreis zu sehen, der im Ofen backte.

Der Sabbat der Siebenten-Tags-Adventisten beginnt am Freitag bei Sonnenuntergang, und niemand darf bis zum Sonnenuntergang am Samstag kochen. Doch da der adventistische Glaube sich an den enormen Appetit der Pitcairner anpassen mußte, war man übereingekommen, daß das Anschalten eines Herdes nicht als Kochen zählte; also durfte man am Sabbat – wie der Samstag hier genannt wurde – kochen, braten und backen, aber nicht schälen, palen oder schneiden. Demzufolge wurden die Freitage damit zugebracht, daß man Paprika hackte, süßen Reis mit den Zutaten vermischte und Teig knetete, den man am Sabbat aufgehen und backen ließ.

Dennis war vor dem Fernseher zusammengesackt und sah ein Video von *National Geographic* über das «Große Barrierriff». Sein ganzer Körper drückte Widerstand aus – seine fest verschränkten Arme, seine Beine, die er übereinandergeschlagen und auf einen Stuhl gelegt hatte, sein

Blick, der unentwegt auf den nur einen Meter entfernten Bildschirm starrte. Sein Vater war Gemeindeältester, seine Mutter eine eifrige Anhängerin der Kirche, und sie wünschten sich sicher nichts so sehr, als daß ihr Sohn in ihre Fußstapfen treten würde. Dennis wollte sie verletzen und gebärdete sich trotz seines Alters von sechsunddreißig Jahren wie ein aufmüpfiger Teenager. Vielleicht wollte er mir aber auch nur beweisen, daß er sein eigener Herr war.

Dennis' Streben nach Unabhängigkeit waren Grenzen gesetzt; obwohl der Videoschrank vollgestopft mit Fernsehserien und Charles-Bronson-Filmen war, durfte am Sabbat nur das gelesen oder gesehen werden, was Gott verherrlichte – die Bibel, *National Geographic* (in Magazin- oder Videoform) und *Reader's Digest*, das Irma als religiöses Werk bezeichnete.

Der urzeitliche Fisch schwamm zu den Klängen der Musik mit anmutigen Bewegungen im opalblauen Meer. Der Kommentator sprach langsam und beruhigend und ließ die Unterwasserwelt auf dem Bildschirm wie ein angenehmes warmes Bad erscheinen. Dennis wackelte mit den Zehen, als ob er ebenfalls schwamm, und beachtete den plötzlichen Windstoß nicht, der über das Haus fegte und an den Bretterwänden und dem Blechdach rüttelte.

Der Wind schien nachzulassen, als Ben uns zurief: «Wir sehn uns in der Kirche! Paßt auf, daß ihr nicht kentert!», bevor er sich mit Irma, die endlich alle Kühltruhen auf- und umgeräumt hatte, aus der Veranda ins Freie wagte. Ich hielt es für eine von Bens übertriebenen Warnungen; seit einer Woche hatte ich mich an Pitcairns steile Pfade gewöhnt, und zur Kirche waren es nur fünf Minuten zu Fuß.

Ich hatte mir Rock und Bluse aus rosa-weiß gestreiftem Leinen angezogen, das passendste Outfit für einen Kirchgang, das ich mitgebracht hatte, und anständige Schuhe. Ich warf mir meinen Regenmantel über, borgte mir Dennis' Bibel aus, damit ich dem Gottesdienst folgen konnte, und ging nach draußen. Mein Regenmantel flatterte wie ein Segel. Ich nahm Schaumkronen auf den Wellen wahr, dann stürzte der Regen wie ein rauchgrauer Schleier herab, klatschte auf meinen Mantel, und der Wind riß mir die Kapuze weg. Binnen Sekunden war ich vollkommen durchnäßt.

Der kürzeste Weg zur Kirche war kurvig und steil und führte bergab bei Mavis vorbei, deren Hunde mich mit ihren nassen Pfoten angesprungen und mein Leinenoutfit beschmutzt hätten. So entschied ich mich für die längere, aber weniger steile Strecke, die am Haus von Carol und Jay vorbeiführte.

Die roten Schlammpfade waren schlüpfrig und klebrig zugleich. Nach wenigen Schritten waren meine Schuhe so oft im Matsch steckengeblieben, daß ich sie unter einem Indigostrauch zurücklassen mußte. Es war, als ob man im Schlick watete, und es kostete mich große Mühe, meine Füße aus der ekligen Erde herauszuziehen. Meine Zehen fingen an zu schmerzen, da sie sich in die Erde krallen mußten wie die Klauen eines Adlers, der sich an einen Felsen klammert. Jetzt wurde mir klar, warum die Pitcairner so gespreizte Zehen hatten: Der Matsch, der sich zwischen sie drückte, zog sie auseinander, so daß ihre Füße vorn viel breiter als hinten waren.

Ich setzte meinen nächsten Fuß behutsamer auf und klammerte mich an einen überhängenden Palmwedel, in der Hoffnung, daß ich nicht einsinken würde, wenn ich leichtfüßig über den Schlamm hüpfte. Statt dessen rutschte ich aus und landete auf dem Hintern, während sich mein Regenmantel bis zur Taille hochschob und zusammenknäulte. Mein Rock bekam rote Schlammflecken. Als ich mich hochstemmte, versanken meine Hände und Manschetten in der Erde. Der Regen ließ nicht nach, obwohl ich eher von den Bächen naß wurde, die auf dem schlüpfrigen Boden entlangliefen, denn das Blätterdach über der Straße war vielerorts so dicht, daß nur ein paar Tropfen hindurchfielen. Da der Regen und die Blätter auch das Licht aussperrten, war es unter der Pflanzendecke dämmrig.

Als ich bei Carol und Jay um die Ecke bog und die letzte Strecke zum Square hinunterging, war ich seit zwanzig Minuten unterwegs und hatte nicht einmal zweihundert Meter zurückgelegt. Der Gottesdienst war schon im Gange, und ich konnte das Singen hören, das über den Platz schallte, und die Orgel, auf die Irma einhämmerte.

> There'll be no dark valley when Jesus comes.
> There'll be no dark valley when Jesus comes,
> There'll be no dark valley when Jesus comes
> To gather His loves ones home.

Es klang wie ein mächtiger Chor, und die Kirche wirkte wie ein sicherer Zufluchtsort vor den widrigen Elementen der Außenwelt.

Vor der Kirchentür zog ich den Mantel aus. Abgesehen vom sauberen Mieder meiner Bluse, waren meine Kleider rot vom Schlamm und so durchnäßt, daß sich alle Körperformen abzeichneten. Ich war nicht nur barfuß und schmutzig, sondern sah auch noch unanständig aus. Als das Singen aufhörte, öffnete ich leise die Tür, um mich unbemerkt hineinzustehlen und auf eine der hinteren Bänke zu setzen.

«WILLKOMMEN, DEBBIE.» Der Pastor, der vorn auf dem Podium stand, begrüßte mich mit donnernder Stimme. «Schön, daß du gekommen bist.»

Wenn er nicht dort gestanden hätte, wo ein Pastor stehen sollte, hätte ich ihn kaum erkannt. Statt des ärmellosen Unterhemds und der knappen, pinkfarbenen Shorts trug er ein weißes Hemd und dunkle Hosen und hatte sich eine dicke, schwarzumrandete Brille aufgesetzt. Zu seiner Linken stand Ben und zu seiner Rechten Tom Christian, ein würdiger Anblick in Hemd und Krawatte. Hinter den Ältesten schmückte ein primitives Gemälde von Pitcairn die Wand, das bis zur Decke ging und eine ungewöhnlich ruhige See zeigte, die um die Felsen plätscherte. Auf dem Bild standen in verzierter Schrift die Worte «Der Herr ist mein Fels und meine Festung.» In einem Glaskasten unter der Bühne war die Bibel von Bord der *Bounty* ausgestellt.

Toms Familie – seine Frau Betty und ihre beiden Töchter im Teenageralter – saß in einer der Holzbänke und hatte sich zur Feier des Tages in spitzenbesetzte Kleider mit Puffärmeln gehüllt, ganz im Stil der Südstaatenbaptisten. Die Frau des Pastors, Jenny, und ihre drei Kinder saßen in der Nähe. Direkt vor mir war Kari mit ihren zwei Kindern. Sie schien in ihre Bibel vertieft zu sein. Mavis und Jacob, der einzige Mann, der nicht vorne stand, saßen auf der anderen Seite des Ganges neben Carol und Charlene, und Royal hatte ein paar Reihen weiter hinten eine Bank für sich ganz allein. Irma hatte erwähnt, daß Royal seit über zehn Jahren nicht mehr mit ihrer Schwester Mavis gesprochen hatte. Auf meine Frage nach dem Grund hatte Irma nur die Achseln gezuckt und das Thema gewechselt.

Die Kirche war gut ausgestattet. Der Pastor sprach in ein Mikrophon, und es gab einen Overheadprojektor, der den Text der Hymnen an die Wand projizierte. Doch auf den Holzbänken, die etwa zweihundert Personen Platz boten, hatten es sich nur etwa fünfzehn gemütlich gemacht.

Die Gemeinde war dem Blick des Pastors gefolgt und drehte sich zu mir um.

«Vielleicht war deine heile Rückkehr von der Schiffsreise ein Zeichen, daß du Gott Dank schuldest», sagte er.

Ich sackte auf meiner Bank zusammen und wäre am liebsten im Erdboden versunken. Dann strahlte mich Ben mit solcher Freude über mein Kommen an, ungeachtet meiner unordentlichen Erscheinung, daß ich im Bewußtsein, richtig gehandelt zu haben, zurückstrahlte.

Der Pastor begann mit seiner Predigt. Das Thema war der Säkularismus.

«Von allen Dingen», er stach mit dem Finger in die Luft, «die unsere Religion in Frage stellen – Atheismus, Evolution, Säkularismus –, ist der Sä-ku-la-rismus am allerschlimmsten.»

Der Säkularismus sei der bösartigste Angriff auf den Glauben, fuhr er fort, und besonders schwer zu erkennen. Säkularismus sei der heimliche Feind, der in unser Leben eindringt, ohne daß wir es merken.

«Wie oft habt ihr im Fernsehen ein religiöses Programm gesehen?» fragte er die Gemeinde. «Vielleicht seht ihr um Mitternacht eine Show oder am Morgen ein kurzes Gebet; doch wie oft habt ihr eine ganze Sendung gesehen, die dem Christentum gewidmet war?»

Er wiederholte die Frage immer wieder und wurde jedes Mal lauter.

«Wie oft? WIE OFT HABT IHR IM FERNSEHEN EINE RELIGIÖSE SENDUNG GESEHEN?»

Ich überlegte, ob diese Frage ernst gemeint sei und ob ich in diesem Fall wie in der Litanei antworten und all die christlichen Kanäle, die von den USA über Satelliten in die Welt gestrahlt wurden, zitieren sollte – «The Old Time Gospel Hour», «The 700 Club», die Shows von Jimmy Baker und Jimmy Swaggart. Aber mir war mehr danach auszurufen: «Wie zum Teufel sollen wir das wissen? WIR HABEN KEIN FERNSEHEN AUF PITCAIRN!»

Doch der Pastor hatte es ohnehin schon schwer genug, da die Gemeinde während seiner Predigt schwatzte, die kleineren Kinder im Gang auf und ab rannten, die älteren in den Bänken Bilderbücher lasen und niemand richtig zuzuhören schien außer Irma und Tom Christians Familie, die mit einem starren Lächeln und den Händen im Schoß dasaß wie eine königliche Familie, die sich malen ließ.

Ich kannte Toms Familie schon in dieser Pose, da sie von allen Pitcairnern am meisten fotografiert worden sind, weil sie am besten aussahen. Vor ein paar Jahren, kurz nach der Hundertjahrfeier anläßlich des Übertritts Pitcairns zum adventistischen Glauben im Jahre 1886, hatte die Kirche sie in die Vereinigten Staaten eingeladen und als Abgesandte einer Südseeinsel gefeiert, die als die vollkommene adventistische Gemeinde galt, frei von irdischer Sünde und der Wiederkunft Christi zugewandt.

Die Bekehrung der Insulaner ist ein weiteres abenteuerliches Kapitel in der Geschichte Pitcairns. Im Jahre 1856 hatte sich die Inselbevölkerung explosionsartig vermehrt, und man befürchtete, daß Pitcairn die 187 Einwohner nicht länger ernähren konnte, vor allem weil die Fische seit dem Erdrutsch, den der große Sturm vor einem Jahrzehnt verursacht hatte, aus den Küstengewässern abgewandert waren. Die gesamte Bevölkerung siedelte also auf die Norfolk-Insel über, eine ehemalige Strafkolonie auf halbem Weg zwischen Neuseeland und Australien. Doch viele der Aussiedler konnten sich in ihrer größeren, komfortableren Heimat nicht einleben und segelten nach Pitcairn zurück.

Als die Rückkehrer in Adamstown ankamen, fanden sie ihre Häuser nicht etwa verfallen und überwuchert vor, sondern stellten fest, daß einige während ihrer Abwesenheit bewohnt und andere Brett für Brett abgerissen worden waren. Auf der Tafel in der Schule fanden sie eine Botschaft vor, die diese seltsamen Umstände erklärte und von Kapitän J. N. Knowles unterzeichnet war.

Kapitän Knowles hatte auf seiner Reise von San Francisco siebzig Meilen südwestlich von Pitcairn Schiffbruch erlitten. Er hatte seine Mannschaft auf einer unbewohnten Insel (vermutlich Henderson) zurückgelassen und war mit sechs Mann in seinem Beiboot auf der Suche nach Hilfe weitergefahren. Doch nach ein paar Tagen auf See zerschellte das Boot an den Felsen der Bounty Bay. Als Kapitän Knowles und seine Männer Adamstown verlassen vorfanden, nahmen sie einige der Häuser auseinander und bauten mit dem Holz ein Boot, das sie im Andenken an die Geschichte der Meuterei auf der Bounty *John Adams* tauften, bevor sie ihre Reise fortsetzten.

Zweiundzwanzig Jahre nach seiner schweren Prüfung kehrte der Kapitän auf die Insel zurück und brachte die Kunde von einer rasch wachsenden religiösen Bewegung in den Vereinigten Staaten mit, der Kirche der Siebenten-

Tags-Adventisten. Im Jahre 1886 kam John Tay, ein Adventist aus Oakland, Kalifornien, als erster Missionar nach Pitcairn und bekehrte binnen fünf Wochen alle Inselbewohner. Es war unvorstellbar, daß irgend jemand nicht zum neuen Glauben übertrat. Tay kehrte mit der guten Nachricht nach Kalifornien zurück, und die Kirche ließ sofort ein Missionsschiff für die Südsee bauen, das sie *Pitcairn* nannte. Das neue Schiff lief Pitcairn Island im Jahre 1890 an. Die Schweine wurden über die Klippen geworfen, damit niemand in Versuchung geriet, ihr Fleisch zu essen, und die gesamte Gemeinde wurde durch Untertauchen mit dem ganzen Körper getauft.

Der Pastor stellte nun weitere Fragen, die den Säkularismus betrafen, der unsere kleine Gemeinde bedrohte; doch niemand war in der Lage, ihm zu antworten.

«Wann, glaubt ihr, ist eine Gesellschaft gut? Woran erkennt ihr, wie eine Gesellschaft ist?» Der Pastor ruckte beim Sprechen mit dem Kopf wie ein Huhn.

Derweil schlugen die Kinder mit ihrem Spielzeug gegen die Holzbänke, der Sohn des Pastors am heftigsten von allen, und die Erwachsenen flüsterten sich den neuesten Klatsch zu.

«Nun sagt schon – ratet», drohte der Pastor. «RATET.»

Keine Antwort.

«An den Gebäuden.» Der Pastor beantwortete seine eigene Frage und seufzte tief. «Die Gebäude sagen sehr viel über eine Gesellschaft aus. Das höchste Bauwerk zeigt, was den Menschen am meisten bedeutet. Seht den Parthenon in Athen, oben auf einem Hügel. Er steht immer noch dort. Denkt an die Kathedralen, die früher die höchsten Gebäude einer Stadt waren. Und heute? UND HEUTE? Heute bestimmen die Paläste des Geldes ihre Silhouette.»

Draußen prasselte der Regen auf den betonierten Platz und prallte von den Blechdächern des einzimmrigen Krankenhauses, der einzimmrigen Bibliothek und des einzimmrigen Postamtes ab. Er trommelte gegen das Holz des Büros des Bürgermeisters und des gegenüberliegenden Gerichts, wo der Rat tagte und vor dem auf einem Sockel der Anker der *Bounty* ausgestellt war.* Die Kirche ist das einzige Gebäude Pitcairns, das teilweise aus Stein gebaut wurde. Auf der Insel gibt es keine zweistöckigen Bauwerke; die öffentlichen Gebäude sind einstöckige Beton- oder Holzschachteln mit Blechdächern, die Privathäuser aus Schalbrettern. Eine Bank sucht man vergebens.

«Die Wirtschaft dominiert unser Leben. Die Hauptsorge der Menschen auf dieser Welt gilt dem Geld.» Und der Pastor las aus Matthäus 6,24 vor: «Niemand kann zwei Herren dienen. Entweder wird er den einen hassen und den anderen lieben, oder er wird dem einen anhangen und den anderen verachten. Ihr könnt nicht Gott dienen und dem Mammon.»

Er zitierte den Text aus der New International Version der New York Bible Society, die wir alle aufgeschlagen hatten. Seine Predigt wäre vielleicht in Manhattan angebracht gewesen, doch während eines Sturms auf Pitcairn klangen seine unheilverkündenden Warnungen hohl.

Wir sangen Nummer 470 aus dem Gesangbuch der Siebenten-Tags-Adventisten – «In meiner Seele ist es heut so hell» –, und Tom setzte seine Brille auf und las auf englisch die neuesten Nachrichten aus Pitcairn vor: Pfadfinderflugzeuge würden wegen des schlechten Wetters nicht fliegen;

* Die *Bounty* hatte vermutlich fünf Anker – zwei Buganker, einen Notanker, einen Stromanker und einen Wurfanker.

Sonnenuntergang war heute um 5.29 Uhr und am nächsten Sabbat zur gleichen Zeit. Am Dienstag abend war Gebetsstunde. Eine Liste, auf der die Familien standen, für die jede Woche gebetet werden mußte, hing am Schwarzen Brett. Jede Familie auf der Insel hatte ihre Gebetswoche, ob sie in die Kirche ging oder nicht. An diesem Dienstag sollten wir in Gedanken bei Nigger Browns Familie sein.

Ben reichte den Klingelbeutel herum. Einige taten Münzen hinein, andere amerikanische oder neuseeländische Dollarnoten. Unser Bibeltextbuch, das an jede adventistische Gemeinde verteilt wurde, nannte die Summe, die man weltweit erzielen wollte, und wofür sie ausgegeben werden sollte. In dieser Woche war die Kollekte für fünfundzwanzig Fahrräder für Pastoren in Burma bestimmt, das Stück zu 175 US-Dollar, was bedeutete, daß wir insgesamt fast fünftausend Dollar brauchten, wie ich rasch überschlug.

Auf einer Staffelei in der Ecke zeigte uns eine Stecknadel auf einer Weltkarte, wohin das Geld von dieser Woche ging – nach Burma –, und eine Tabelle verzeichnete, wieviel Pitcairn in jeder Woche gesammelt hatte. Letzte Woche hatte der Klingelbeutel 47,50 Dollar ergeben. Wenn die adventistischen Gemeinden im südpazifischen Raum, die in die Zehntausende gingen, genausoviel spenden würden, könnte sich Burma vor Fahrrädern kaum noch retten. Und der Überschuß ging in die Millionen.

Als wir die Kirche verließen und der Pastor jedem die Hand reichte, konnte ich das Klingen der Münzen hören, die Royal auf der Bank auszählte.

Das rauhe Wetter hielt auch am Sonntag an, und nur Royal war tapfer genug, uns zu besuchen. Am Montag riß der Wind einen Ast von dem großen Mangobaum an der Rückseite des Hauses ab. Irmas Kornernte wurde vernichtet. *El Niño* richtete verheerende Schäden an und peitschte erbarmungslos auf das kleine Pitcairn ein. Doch die furchterregende Kraft von *El Niño* verband die isolierte Insel wenigstens mit dem Rest der Welt. Mir gefiel die Vorstellung, daß die Böen, die an der Tür unseres Plumpsklos rüttelten, zuvor ein Dach auf Raratonga abgehoben hatten.

Dennis verbrachte den Morgen vor dem Videogerät. Als der Stromgenerator der Insel mitten in einem Film ausfiel, starrte er ungerührt weiter auf den Schirm, der zu einem roten Punkt zusammenschrumpfte, so daß ich schon anfing zu überlegen, ob er die ganze Zeit über geschlafen hatte. Doch ein paar Minuten später hob er ruckartig den Kopf, hörte, daß der Regen verstummt war, und fragte, ob ich gern nach St. Paul's Point gehen würde.* Das lag an der Ostspitze der Insel und verhieß also einen größeren Ausflug, besonders bei diesem Wetter.

Wir fuhren durch eine Szenerie der Verwüstung: Der Wind hatte die Bananenstauden gespalten, als ob es sich um Streichhölzer handelte, und aus den zerteilten Stämmen sickerte der stechend riechende Saft. Der Regen hatte die Straßen ausgewaschen und tiefe Rinnen gebildet, die das Fahren erleichterten. Dennis mußte nur das Vorderrad sei-

* St. Paul's wurde von den Meuterern so genannt, weil es sie an St. Paul's Island erinnerte, an dem die *Bounty* vorbeigefahren war, als sie den südlichen Teil des Indischen Ozeans durchquerte. Vgl. S. 20

nes Bikes in eine Rinne stecken, und wir surrten wie eine Straßenbahn auf Schienen dahin. Wir fuhren an verlassenen Häusern vorbei, wo die Äste die Bretterwände durchbohrt, Fenster zerstört und Wasserrohre abgerissen hatten. Wir fuhren an Bens wilden Bohnen vorbei, die einmal in ordentlichen Reihen gestanden hatten und jetzt platt am Boden lagen, während die Schoten in alle Winde verstreut waren. Hier wurde klar, wie verletzlich die Landschaft Pitcairns war, wie hilflos sie auf die Naturgewalten reagierte. Am Tag nach meiner Ankunft, genau vor einer Woche, war Pitcairn eine schwüle subtropische Insel gewesen, mit gepflegten Gärten und aufrechten, schwer beladenen Bananenpflanzen. Jetzt hatte der Sturm den Boden zerwühlt und die Vegetation zerstört. Die Insel, durch die ich gerade fuhr, glich einer Wüstenei.

Dennis blieb heiter.

«Man weiß nie, was auf Pitcairn als nächstes passiert. Man kann hier nicht für die Zukunft planen.»

Während Dennis sprach, wurde mir bewußt, warum sich das Englisch der Pitcairner manchmal so steif anhörte. Sie benutzten kein Futur.

Wir erreichten den Felsen über St. Paul's Point, einen ungefähr drei Stockwerke hohen megalithischen Dolch, der aus dem Meer herausragte. Doch die Wellen waren noch höher, und wenn sie sich brachen, erscholl ein langsames, tiefes und urzeitliches Brüllen, als ob sich ein Ungeheuer vom Grund des Ozeans erhoben hätte.

Der Felsen liegt am Rand eines Gebirges, das sich fast bis zum Land erstreckte und einen See bildete, der sich zum Meer hin öffnete und den die Inselbewohner Big Pool nennen. Dennis erklärte mir, daß man an einem ruhigen Tag die Klippe hinabklettern, im Teich baden oder Fische fangen konnte, indem man sie einfach in ein offenes Netz hineinjagte. Doch heute brodelte der Big Pool wie ein Hexenkessel.*

Dennis und ich saßen am Rand der Klippe und blickten auf Big Pool und St. Paul's Point hinab und über das weite Meer. In der Ferne – man konnte nicht sagen, wie weit entfernt, da der endlose Ozean keine Orientierungspunkte bot – strahlte die Sonne durch einen Riß in der Wolkendecke auf eine ruhige See hinab. Inmitten der tosenden Wellen um uns herum wirkte dieser Lichtschacht so dramatisch wie ein Blitz, und ich konnte jetzt verstehen, daß Pitcairn einen nicht mehr losließ.

«Wie kommst du mit dem Haus voran?» fragte ich Dennis.

«Gut. Ich baue eine neue Mauer. Muß nur warten, bis ein Schiff mit ein paar Fenstern ankommt.»

«Kannst du von dort aus das Meer sehen?» Ich hatte Dennis' neues Zuhause, das auf der anderen Seite von Adamstown lag, immer noch nicht besichtigt.

* Die Felsen sind beschrieben worden als «turmhoch aufragende Zinnen aus Lava. An einem Ende sind sie mit den Küstenklippen verbunden, dann gehen sie in einen niedrigeren Gebirgszug über, der parallel zu den Klippen verläuft und an einen entfernten Felsen grenzt. Dadurch entsteht eine felsige Lagune, die auch in normalen Zeiten gefährlich ist, weil sich plötzlich hohe Wellen durch eine Spalte zwischen den beiden Hauptgipfeln drängen, über die niedrigen Teile der Felskette und über die ganze Lagune wogen und durch das offene Ende ins Meer abfließen. Wegen der steilen Felswände auf der landeinwärts gelegenen Seite sitzt jeder, den es hierher verschlagen hat, in der Falle. Dennoch ist es ein beliebter Ort zum Fischen, wann immer die Verhältnisse es zulassen.» (A. S. C. Ross und A. W. Moverley, *The Pitcairnese Language*, London, 1964, S. 184)

«Von hinten. Aber ich will dort gar nicht bauen», sagte er. «Ich will oben auf Bills Grund bauen, nah bei Dave und unter Ron und Suzanne.»

«Warum hast du dich dann für The Edge entschieden?»

«Weil sie den Platz oben bei Bill ausgesucht hatte, und ich ertrag' es einfach nicht.»

Dennis erzählte mir von seiner Liebe zu Mary aus Kansas City. Niemand wußte, warum sie nach Pitcairn gekommen war, doch sie blieb, um bei Dennis zu sein. Dennis und Mary wollten heiraten, und Dennis hatte schon das Fundament für ihr Haus in der Nähe seines Freundes Ron Christian gelegt, auf einem Stück Land, das Ben gehörte.

Als Mary zum ersten Mal in die Heimat zurückfuhr, um ihre Eltern zu besuchen, waren ihre Briefe voller Leidenschaft. Sie erinnerte sich an die Nachmittage unter dem Schraubenbaum und an die Sonnenuntergänge an den Felsen von Tedside. Dennis bestellte mit dem nächsten Versorgungsschiff Schalbretter, damit er die Wände ihres neuen Zuhauses hochziehen könnte, und bat Terry – seinen besten Freund, der Elektriker war –, ihm bei den Stromleitungen zu helfen. Doch Mary hatte bald einen Teilzeitjob gefunden und sich ein Auto gekauft, und ihre Briefe wurden kühler. Binnen eines Jahres schrieb sie, daß sie nicht zurückkommen würde. Dennis ging nie mehr zu seinem Bauplatz hoch. Sechs Monate später begann er mit der Arbeit an dem Haus unten am Edge.

Der Lichtstrahl fiel immer noch auf das Meer und schien sich über uns, die wir mitten im Sturm saßen, lustig zu machen. Mein Gefühl, daß *El Niño* die Insel mit der Welt verband, war trügerisch: die stürmische See schnitt uns ab. Wieso sollte jemand da draußen auf die Idee kommen, auf Pitcairn seßhaft zu werden? Wieso sollte irgend jemand auf die Insel kommen und wie die Einheimischen akzeptieren, daß er nie wieder fortgehen konnte, daß dieser isolierte Felsen und alles, was er hervorbrachte, bald die Grenzen seiner Welt darstellen würde. Der Ozean war eine Schranke, und es brauchte mehr als ein mächtiges Schiff und Navigationskünste, um sie zu überwinden.

Dennis würde im Augenblick nur schwer jemand anderes finden. Auf der Insel gab es nur zwei alleinstehende Frauen – Clarice und Meralda. Clarice – Dennis verdrehte die Augen himmelwärts. Clarice, für ihr grantiges Wesen bekannt, war mehr, als ein Mann verkraften konnte. Wie konnte er Traktorfahrer Nummer eins heiraten, wenn er nur Traktorfahrer Nummer zwei war? Meralda war nett, aber er liebte sie nicht, nicht so wie Mary. Es war schwierig, wenn man jemand schon sein ganzes Leben lang kannte.

«Du weißt nicht, was einsam ist», sagte er. «Nicht, wo du herkommst.»

Er kletterte auf seine Maschine und ließ den Motor aufjaulen, obwohl man ihn wegen des entsetzlichen Gebrülls aus der Tiefe kaum hören konnte.

Das Wetter verführte uns, im Haus zu bleiben, und Irma beschäftigte sich mit ihren Vorräten, als müßte sie die Regale eines Supermarkts auffüllen.

Sie unterbrach ihr Pfeifen und fragte: «Du hast wirklich noch nie Brot gebacken, Liebes?»

Irma war verblüfft. Wenn mir so etwas Grundsätzliches fremd war, was konnte sie mir dann für eine Arbeit geben? Ich entschuldigte mich und gestand ihr, daß sie mir außer Tippen buchstäblich alles beibringen müßte.

Irma, Dennis und Ben brauchten für zwei Tage drei Laibe Brot. Irma gab mir das Rezept:

6 Teetassen warmes Wasser
1 Teelöffel Backhilfe
1 Teelöffel Hefe
1 Teelöffel Zucker
1 Teelöffel Öl
2 Teelöffel Salz

Alles durchmischen und sieben Teetassen Mehl hinzufügen. Kneten. Drei Formen ölen, Teig ausrollen, zudecken und gehen lassen. Im Elektroherd bei 200 Grad 50 Minuten backen.

Mein Teig ging in den Formen auf, und binnen Stunden lagen drei Laibe schön gebräuntes Brot auf einem Drahtgestell zum Auskühlen. Ich war außerordentlich stolz auf mich. Zwar hatte ich nicht begriffen, wie man ein Schiff mit einer Strickleiter besteigt und war beim Holzsammeln auf Henderson wenig hilfreich gewesen, aber ich konnte ein anständiges Brot backen. Ich hatte endlich bewiesen, daß ich auf Pitcairn zu etwas nütze war.

Am nächsten Morgen buk ich Kekse und Pfannkuchen und kochte das Abendessen. Am Tag darauf erwartete man von mir, alle Mahlzeiten zu planen und zuzubereiten. Charles und Charlotte, seine drahtige, nervöse Frau, kamen am späten Nachmittag zu Besuch, und ich bot ihnen selbstgebackene Kekse aus der Büchse und heiße Getränke aus Milo oder Melasse an, als würde ich in meinem eigenen Haus Gäste empfangen.

Der Wind wütete immer noch, doch ich hatte mich an

das Geräusch der klappernden Wände so gewöhnt, daß ich es nicht mehr wahrnahm. Dann, eines Nachmittags bei Anbruch der Dunkelheit, verstummte es plötzlich. Die Bambusrohre richteten sich knarrend wieder auf, die Dächer klapperten nicht mehr, und die riesigen Einsiedlerkrebse krochen wieder hervor, flitzten hinten ums Haus und klopften an die Wand des Plumpsklos.

Jetzt konnte Dennis die Antenne für sein Funkgerät aufbauen, die mit mir zusammen auf der *Najran* angekommen war. Einer von Irmas Funkkontakten in Houston hatte gehört, daß ein Schiff Pitcairn passieren würde, und das Päckchen als kleines Zeichen dafür, daß ihm die Insel und die Familie der Christians viel bedeute, an Bord geschafft. Die Pitcairner waren Geschenke dieser Größenordnung gewohnt; Irmas elektrische Geräte stammten meist von solchen Gönnern.

Dennis nagelte in einer Ecke der Küche oben ein Regal an die Wand und stellte das Funkgerät drauf. Es wurde auf den Notrufkanal sechzehn eingestellt, so daß man alle Schiffe empfangen konnte. Aber es war auch noch zu etwas anderem zu gebrauchen, wie Dennis mir demonstrierte: Er konnte damit mit den anderen Inselbewohnern, die ein Hochfrequenzgerät in ihrer Küche hatten, sprechen. Er nahm das Mikrophon in die Hand und drückte auf den Knopf.

«Dave. Bist du's?» Dave wohnte auf der gegenüberliegenden Seite von Dennis' erstem Bauplatz, etwa dreihundert Meter den Hügel hinter unserem Haus hinauf.

«Dennis! Geh auf zwölf!»

Dennis wechselte den Kanal und plauderte mit Dave über sein neues Gerät, das ihn mit Pitcairn und der Welt verbinden würde.

«Over und Ende.»

Dennis drehte sich zu mir um und strahlte. «Es geht!» Dann schaltete er wieder auf Kanal sechzehn und setzte sich an den Tisch.

Nach zwei Stunden, in denen man nur Knistern aus dem Funkgerät gehört hatte, stand er auf und machte sich auf den Weg, um an seinem Haus zu werkeln.

Dennis und Ben gingen um zehn Uhr zu Bett, wenn der Strom abgestellt wurde. Irma blieb immer länger auf, bediente entweder ihr Funkgerät im Schuppen, das mit einer alten Autobatterie lief, oder saß beim Schein einer Taschenlampe herum. Irmas Nachtwachen wirkten irgendwie fehl am Platze auf Pitcairn, wo sonst alles in Gruppen stattzufinden schien. Wenn Irma in der Dunkelheit so dasaß, war sie ungewöhnlich still und hielt ihre Hände ruhig. Ich setzte mich gern zu ihr, weil ich Irma dann so erlebte, wie sie vielleicht geworden wäre, wenn sie nicht in einer winzigen, eng verflochtenen Gemeinde geboren wäre – ruhig, nachdenklich, die Einsamkeit liebend. Vielleicht war ich eine der wenigen, die sie jemals so sah.

Wir unterhielten uns nicht, da ich selten etwas sagte; doch Irma machte mich ganz zwanglos mit den Sitten und Gebräuchen auf Pitcairn vertraut. Diese Lektionen waren, anders als ihre täglichen Kommentare zu Dingen des praktischen Lebens, eher philosophischer Natur.

«Fremde glauben, daß Pitcairn ...», begann ihre Unterrichtsstunde an diesem Abend. «Daß die Einwohner Pitcairns faul sind. Sie denken, daß das Leben hier leicht sei, daß wir alles haben, was wir uns wünschen. Doch du weißt, daß das nicht wahr ist.»

Irma tat aus reiner Freundlichkeit so, als würde sie mir

ein wenig mehr Weisheit zutrauen als dem Durchschnittsfremden.

«Der Sturm vernichtet unseren Garten. Die Bananen werden alle umgeweht. Wir können nicht fischen gehen. Das Leben auf der Insel ist hart. Das Paradies findest du hier nicht.»

Die See rauschte, die Palmwedel zitterten, doch sonst war alles still.

«Ich spreche gern mit dir, Liebes», sagte sie und schaltete ihre Lampe aus.

Siebtes Kapitel

Taro Ground

Mach dir doch eine Tasse von deinem Kaffee, Liebes.» Irma verbreitete Hektik.

«Nein, danke.»

Irma zog den Stecker aus der Friteuse, damit sie den *billy* anschließen konnte.* Ich las in dem Kochbuch der Siebenten-Tags-Adventisten und suchte nach Rezepten ohne Eier. Wir hatten nur noch wenige Eier.

Irma stellte einen Becher vor mich hin und nickte lächelnd zur großen Kaffeedose hinüber.

«Bitte, meine Liebe.»

Um Irma einen Gefallen zu tun, stand ich auf und machte mir eine Tasse Kaffee. Sie schien zufrieden und sah nach, ob der süße Reis nicht anbrannte. Ben raspelte eine Kokosnuß auf seinem *una.*** *Schrapp, schrapp, schrapp.*

Ich mußte wirklich zugeben, daß die Pitcairner – und vor allem Irmas Familie – sehr freundlich zu mir waren. Seit Mavis' umwerfender Begrüßung an der Anlegestelle

* Ein *billy* ist ein Kessel, auch wenn er in diesem Fall aus Plastik ist.

** Ein *una* ist ein Holzschemel mit einer Art Metallsäge an einem Ende. Man setzt sich rittlings auf den Stuhl und raspelt an dem gezackten Messer die Kokosnußstücke ab.

hatten mich alle mit offenen Armen empfangen, und jetzt saß ich in Irmas Küche, las ein Kochbuch und schlürfte so behaglich eine Tasse Kaffee, als wäre ich bei mir zu Haus oder irgendwo sonst auf der Welt. Warum nur waren dann die wenigen Fremden, die es nach Pitcairn verschlagen hatte, in Ungnade gefallen? Marys Name durfte nur geflüstert werden; ich erwähnte sie in Irmas Haus nie. Über Perry machte man vage, unerklärliche Bemerkungen, er würde «nicht hierher passen», obwohl er so ein idealer Fremder zu sein schien und so eifrig am Leben der Insulaner teilnahm. Und dann hatte ich gestern abend festgestellt, daß da noch jemand war, der Aden hieß und die Insel vor dem geplanten Zeitpunkt verlassen hatte.

Irma hatte eine Funkverbindung mit Norfolk Island eingerichtet, damit die zwei Norfolk-Insulaner, die auf Pitcairn lebten – Glen und Alison – mit ihren Familien sprechen konnten. Glen und Alison waren im Zuge des Temporary Return Scheme nach Pitcairn gekommen, eines Plans, den sich die Administration in Neuseeland ausgedacht hatte, um die Wiederbesiedlung Pitcairns zu fördern. Das Programm half jungen Leuten pitcairnesischer Abstammung, deren Familien jetzt auf Norfolk lebten, für mindestens zwei Jahre in die Heimat ihrer Vorfahren zurückzukehren. Man garantierte ihnen freie Überfahrt und einen Job auf der Insel, und die Regierung bezahlte ihnen einen Platz bei einer Familie. Am Ende der zwei Jahre erhielt der Rückkehrer auf Zeit, wenn er sich entschloß, auf Pitcairn zu bleiben, ein Stück Land, auf dem er ein Haus bauen konnte. Drei junge Leute waren bisher für das Programm ausgewählt worden – Glen, Alison und Aden.

«Und wo ist Aden?» fragte ich Dennis.

«Wieder zu Haus.»

«War es ihm hier nicht ‹pitcairnesisch› genug?»

«Weiß nich'», sagte Dennis.

Die Einwohner von Norfolk Island waren bekannt dafür, pitcairnesischer als die Pitcairner zu sein. Sie stammten von den Familien ab, die nach der Evakuierung von Pitcairn im Jahre 1856 dafür gestimmt hatten, auf Norfolk zu bleiben.

Sie sprachen immer noch Pitcairnesisch und grüßten einander auf den gepflasterten Straßen mit «*Wut a way you?* – Wie geht es dir?» Sie trugen die vier Familiennamen der Meuterer – Adams, Christian, McKoy, Quintal –, die zum Teil auf Pitcairn schon vor langer Zeit ausgestorben waren.

Im Gegensatz zu jenen, die nach Pitcairn zurückgekehrt waren, erlebten die Bewohner Norfolks einen wirtschaftlichen Aufschwung, und ihre Zahl war inzwischen auf nahezu zweitausend angewachsen, die sich immer noch die wenigen Nachnamen teilten. Um Verwechslungen vorzubeugen, führte das Telefonbuch von Norfolk Island Spitznamen auf – wie Diddles, Blimp, Hunky und Puss. Hunky und Puss konnten von ihren Apparaten direkt mit Tokyo oder Turnham Green sprechen. Jede Woche legte ein Versorgungsschiff an, und täglich starteten auf dem Flugplatz die Maschinen nach Auckland und Sydney. In jedem Jahr kamen fünfzehntausend Touristen nach Norfolk, um authentische pitcairnesische Lebensweise kennenzulernen.

Alison, die mit Nachnamen Christian hieß, sprach Pitcairnesisch, hatte aber rote Haare und dichte Sommersprossen wie ein schottisches Mädel und rauchte wie ein Schlot. Sie war mit einer Zigarette in der Hand und ihrem Freund Trent im Schlepptau auf die Veranda gekommen.

«Ich rauche draußen», sagte sie im Bewußtsein, daß Irmas Glaube Tabak ablehne.

«Nein, nein, nein», beharrte Irma und suchte nach einer Untertasse, die Alison als Aschenbecher benutzen konnte. «Bitte, bitte», und sie bot ihr einen Stuhl an. «Mir macht das nichts.»

Alison widmete sich ihrer Zigarette, während Irma in ihrem Schuppen verschwand. Jeden Mittwochabend kamen Glen und Alison vorbei, um mit Norfolk zu sprechen. Vor sechs Wochen hatte Irma zum letztenmal Kontakt bekommen.

Alison wohnte in Big Fence, Glen bei Carol und Jay. Er arbeitete als Hilfstraktorfahrer unter Clarice.

«Er fährt den Traktor, während Dennis den Mist einsammelt», sagte Alison mit gepflegter Langeweile. Der Traktor war eine Weile ausgefallen, weil er vom Anleger gestürzt war, als man ihn dazu benutzt hatte, Waren von einem Schiff abzuladen.

«Was ist mit Aden?» fragte ich.

«Er ist weg. Für immer weg.» Und Alison drückte die Zigarette in der Untertasse aus.

Ich liebte es, Irma zuzuhören, wenn sie einen Kontakt herzustellen versuchte, weil sie dann nicht mehr Irma war – die Frau von Ben Christian, Nachfahr von Fletcher Christian in fünfter Generation, Stützpfeiler der Adventisten und Pitcairn-Insulaner –, sondern VR6ID, munter und kokett. VR6ID flirtete sogar. Durch das Knistern konnte man lockeres Geplauder hören.

«Heut abend sind deine Sprüche wirklich gut, Gary. Echt gut.»

«Weil ich mir gerade einen genehmigt hab'.»

«Einen kleinen könnte ich auch vertragen, Gary.»

«Wie wär's denn mit einem Charley Whisky?»

Dann wurde Irma wieder zu Irma. «Meralda. Biste da?»

«Meralda wird an ihrem Funk mithören», seufzte Alison. «Ich könnte ja irgendwas Interessantes mit meiner Mutter besprechen.»

Weniger als hundert Meter bergab stand auf Mavis' Grund und Boden Meraldas Funkerhütte, in der sie den Kontakt mit Hawaii pflegte. Doch ihr Amateurfunkgerät konnte sich auch bei jedem anderen Amateurfunker auf der Insel einschalten, und wenn Irma am Mittwochabend den Kontakt mit Norfolk suchte, begab sich Meralda in ihren Schuppen, damit sie keine wichtige Nachricht verpaßte.

Irmas Schuppen war wie der Rest des Hauses mit elektrischen Geräten vollgestopft, die sie größenteils nicht benutzte. Inmitten aufgetürmter Metallkästen mit Skalenscheiben und flackernden Nadeln sah Irma noch zarter und zerbrechlicher aus als gewöhnlich. Die Wände waren auf den ersten Blick mit Postkarten bepflastert, die sich allerdings bei näherem Hinsehen als Visitenkarten entpuppten, auf denen die Kontaktpersonen, mit denen Irma gesprochen hatte, Datum, Zeit, Frequenz, Dauer, das benutzte Gerät und die Wetterverhältnisse beim Funken notiert hatten – in der Hoffnung, daß Irma sie mit ihrer Visitenkarte belohnen würde. Der kostbarste Wandschmuck für Amateurfunker auf der ganzen Welt ist eine Visitenkarte aus Pitcairn.

Irma winkte Alison in ihren Schuppen. Alison wollte ihre Zigarette ausdrücken, doch Irma schüttelte den Kopf und bedeutete ihr mit einer Handbewegung, die Zigarette samt Aschenbecher mitzubringen. Bald war die winzige Hütte vom Rauch geschwängert, durch den Irma wie ein lächelnder Dschinn hinausschwebte, damit Alison ungestört mit ihrer Mutter sprechen konnte.

Es war Dienstag, der Tag, an dem Dennis das Postamt aufschließen würde, weil es ja sein konnte, daß irgend jemand ein paar Briefmarken kaufen wollte. Das war allerdings unwahrscheinlich, weil niemand wußte, wann das nächste Schiff vorbeifahren und die Post mitnehmen würde. Wenn die Nachricht von der bevorstehenden Ankunft eines Schiffs über Funk kam, machte das Postamt auch um drei Uhr morgens oder am Mittag auf, damit die Leute ihre Briefe abstempeln lassen konnten. Doch die regulären Öffnungszeiten waren Sonntag abends um sieben Uhr und Dienstag morgens um sieben Uhr dreißig. Und obwohl nie ein Kunde kam, hielt Dennis als pflichtbewußter Postmeister zu diesen Zeiten das Büro geöffnet und erledigte im Beisein eines Hilfspostmeisters die Buchhaltung.

Das Postamt auf Pitcairn Island war ein kleiner Raum mit einem langen Schalter in der Mitte. An einer Wand hing ein Foto von der Königin und Prinz Philip, und hinter einer Glasscheibe waren einige verblichene Ersttagsbriefe von der Stelle verrutscht, wo man sie festgeklebt hatte. Die gegenüberliegende Wand, rechts vom Schalter, war mit Holzfächern bestückt, von denen jedes eine Nummer hatte, um die Pitcairner zu ermuntern, eine Postfachadresse zu benutzen. Da es nur vier Familiennamen auf Pitcairn gab, konnte die Briefzustellung an Mr. Brown und Miss Warren leicht zu Verwechslungen führen. Dazu kam noch, daß einige Pitcairner einen dieser vier Nachnamen als Vornamen trugen, so hieß Betty Christians Vater Warren Christian. Warren Christian wurde oft mit Christy Warren verwechselt, bis letztere vor ein paar Jahren gestorben war.

Vor einiger Zeit hatten die Leute damit angefangen, ihren Söhnen den eigenen Namen zu geben; zum Beispiel hieß Dave Browns Sohn Dave Brown.

Viele Briefe nach Pitcairn waren nicht persönlich adressiert. Eine Karte von einem Telefonkartensammler aus Bari, der eine Telefonkarte von Pitcairn haben wollte, trug die Anschrift «Mr. Postamt und Telekommunikation». Eine andere ging an den «Besitzer des Ladens, der pitcairnesisches Kunsthandwerk verkauft». Ein Brief an das «Hauptreisebüro, Pitcairn, Stiller Ozean» war an Irma ausgeliefert worden. Irma war neben ihrer Tätigkeit als Schreibkraft und Hilfsfunkerin Nummer zwei auch noch für die Öffentlichkeitsarbeit zuständig. Andere schrieben einfach hilflos an «Irgend jemand, Adamstown, Pitcairn Island» oder «An einen neuen Freund, Pitcairn, Südsee». Der letzte Absender hatte als zusätzliche Bitte auf den Umschlag gekritzelt, bevor er den Brief in Dänemark einwarf: «Erbitte dringend Antwort auf meinen Brief!»

Dennis zeigte mir einen Stapel Post, die nicht ausgeliefert werden konnte. Da gab es einen braunen Umschlag für «Monsieur John William Gainsborough», der jemandem in Frankreich seine Adresse als «20 Bounty Street, Adamstown, République des Iles Pitcairn, Colonie Britannique» angegeben hatte, vielleicht weil er sich auf Pitcairn niederlassen wollte und sich vorstellte, daß es dort Straßen und Hausnummern gab. Vielleicht wünschte er sich auch nur, in einem Haus in der Bounty Street auf Pitcairn zu wohnen, und dachte, daß er es schon halb geschafft hätte, wenn er es als seine künftige Adresse angab. Ich suchte in dem Stapel vergebens nach irgendwelchen Briefen, die vielleicht für Tim angekommen waren, nachdem er mit der *Macalau* fortgesegelt war.

Nur in einem Fach, an dem «postlagernd» stand, befand sich Post, ein Brief an Mr. E. E. Bennett von seiner Mutter Mrs. Bennett, Longmeadow Road, Dartford, Kent, und eine Karte an Stephen von seinem Freund in Japan, der sich entschuldigte, daß sie sich nicht wie geplant in Pitcairn treffen konnten. Mr. Bennett und Stephen waren auf der Insel nicht bekannt und würden es wahrscheinlich nie sein. Viele junge Leute, die sich zu Hause eine Reiseroute um die Welt ausmalten, stellten sich vor, daß sie nach Paris, Amsterdam, London, Bangkok, Hongkong und Pitcairn Island kommen würden. Wenn sie also ihren Freunden und Verwandten eine Liste mit Adressen gaben, an die sie postlagernd schreiben konnten, stand darauf auch die winzige pazifische Insel mit dem ungefähren Datum der Ankunft. Keiner dieser Rucksacktouristen kam jemals in Adamstown an. Doch Dennis bewahrte ihre Post ein Jahr lang in dem entsprechenden Fach auf und warf sie danach weg.

Auf dem Schalter befanden sich eine altmodische Waage mit großen metallischen Gegengewichten, ein Stempelkissen und der Stempel, den Dennis auf jedes Poststück drückte, das die Insel mit einer Pitcairn-Briefmarke verließ, der gefragtesten Briefmarke auf der ganzen Welt.

In einer Ecke hinter dem Schalter stand ein grüner Safe mit einem großen Rad an der Tür, die Art von Safe, wie man sie in alten Western sieht. Es war nur schwer vorstellbar, daß jemand das Postamt auf Pitcairn Island überfallen würde, um Briefmarken zu stehlen. Möglicherweise bewahrte man die Marken in dem Safe auf, weil sie Pitcairns einzige Quelle des Reichtums verkörperten und von den Inselbewohnern so sehr geschätzt wurden. Die erste Briefmarkenserie von Pitcairn Island, auf der Fletcher Christian und Kapitän Bligh abgebildet waren, wurde am 15. Oktober 1940 ausgegeben. Acht Jahre später baute man mit dem Gewinn die Schule mit dem Blechdach, vermutlich die einzige Schule der Welt, die mit dem Erlös aus dem Verkauf von Briefmarken errichtet wurde.

Dennis stand hinter dem Schalter und fuhr mit dem Finger die Zahlenreihen hinab, die mit Bleistift in ein abgegriffenes Hauptbuch geschrieben waren. Hilfspostmeisterin Nummer eins, Mavis, saß an seiner Seite und zählte Briefmarkenbögen aus. Im Bewußtsein, daß ich eine offizielle Abgesandte der Royal Mail in England war, setzten sie beide gewichtige Mienen auf, als ob der Direktor der Royal Mail höchstpersönlich gekommen sei, um die Bücher des Postamtes auf Pitcairn Island zu prüfen.

Dennis zeigte mir die Liste der Postgebühren innerhalb Pitcairns, die hinter dem Schalter hing; Briefe kosteten zwei Cents, Postkarten einen Cent. Dann vertraute mir Dennis feierlich an, daß auf Pitcairn noch nie ein Brief mit der internen Post verschickt worden sei; wenn man jemand etwas mitteilen wollte, konnte man hingehen und es ihm persönlich sagen oder den Hörer abnehmen und telefonieren.

Bücher für Blinde wurden kostenlos verschickt, aber nur bis zu sieben Kilogramm. Ich stellte mir einen kleineren Angestellten im Foreign and Commonwealth Office in Whitehall vor, der diese Verfügung erließ, weil er entweder nicht wußte, wo und was Pitcairn war, oder sich einen Scherz erlauben wollte.

«Was ist mit der Einschreibepost?» fragte Mavis, die immer noch Briefmarken zählte. «*Em mail gwen missing* – Die Post, die verlorenging.»

Die meisten Inselbewohner verschickten ihre Andenken und ihr Kunsthandwerk mit dem nächsten Schiff, das die

Post mitnahm. Da Raub und Diebstahl außerhalb der Küstengewässer Pitcairns nichts Ungewöhnliches waren, fürchteten die Pitcairner um ihre Waren und nahmen Zuflucht zur eingeschriebenen Post. Die eingeschriebene Post wurde von Dennis in einem versiegelten Sack separat aufgegeben. Bei den letzten Malen waren diese Säcke an Bord eines Schiffes vor der Bounty Bay gebracht worden und irgendwo zwischen Verladen und Zielort verlorengegangen. Dennis hatte den Wert der vermißten Güter auf 3686 neuseeländische Dollar geschätzt. Er erhielt als Postmeister ein Jahresgehalt von 2347 Dollar. Man hatte die Verwaltung in Auckland informiert, die jedoch von einer Entschädigung nichts wissen wollte. Da ich von der Post kam, war es meine Aufgabe, die Sache in Ordnung zu bringen.

Ich notierte die Einzelheiten, als ob es sich um eine offizielle Untersuchung handelte, und versprach, daß ich auf meiner Rückreise in Auckland bei der neuseeländischen Post vorbeischauen und sie bitten würde, Nachforschungen anzustellen. Doch zum zweiten Mal fühlte ich den skeptischen Blick von Mavis auf mir ruhen.

Als ich auf dem Heimweg mit Dennis den Hügel hochstieg, mußte ich Mavis' Hunden ausweichen. Der Boden, mit einer dicken Schicht schirmförmiger Mangoblätter bedeckt, die der Sturm herabgeworfen hatte, war so schlüpfrig wie eine Eisdecke. Dennis krallte sich mit seinen nackten Zehen in die rote Erde.

Dennis' Füße erinnerten mich an die Hände einer begeisterten Bergsteigerin, der ich einmal begegnet war. Sie war noch jung – vielleicht in den späten Zwanzigern –, doch ihre Hände waren schon vom Fels gezeichnet, dessen Spuren sich niemals wieder herauswaschen ließen, als ob man sie in die gleiche schwärzliche Substanz getaucht hätte, die

Polizisten für Fingerabdrücke verwenden. Doch was mich am meisten beeindruckte, war, daß ihre Hände nicht mehr denen eines Menschen glichen, sondern den Klauen eines Adlers, dessen Leben davon abhing, daß er sich mit ihnen an einem Felsen festkrallte. In ähnlicher Weise schienen Dennis' Füße nicht zum Gehen oder zum Laufen gemacht, sondern dazu, sich in den schlüpfrigen Pfaden Pitcairns einzukrallen.

Ich war erleichtert, als wir zu Hause waren, da meine Beine vom Aufrechtgehen schmerzten.

«Strom ist an», sagte Ben.

Ich belohnte mich mit einer Tasse Kaffee dafür, daß ich nicht umgekippt war, während Dennis eine Bohnensuppe aß und das Brot, das ich tags zuvor gebacken hatte. Ich saß am Tisch, ließ meinen Kaffee kalt werden und konnte mich zu nichts mehr aufraffen. Der Sturm hatte sich gelegt, die See war ruhig, eine Reise stand nicht bevor, und ein Schiff wurde nicht erwartet. Doch jeden Augenblick konnte ein langes Läuten ein vorbeifahrendes Schiff ankündigen oder die Glocke am Platz dreimal schellen, um die Männer zu einer Gemeinschaftsarbeit zusammenzurufen. Das Wetter konnte umschlagen, und der Weg zu Mavis würde sich wieder mit Blättern bedecken.

Irma war der Meinung, ich sollte mich im Kunsthandwerk der Insel versuchen. Die Frauen, die nur selten Schnitzarbeiten anfertigten, halfen manchmal dabei, die Haie oder die Segel der Modelle der *Bounty* mit Glas und Sandpapier zu bearbeiten, nachdem die Männer ihnen eine rohe Form gegeben hatten. Royal war die einzige Schnitzerin, doch sie galt als seltsam und schwierig. Die Frauen bemalten Hattieblätter und flochten Körbe aus Schraubenbaumblättern oder den Plastikbändern, mit denen man die Fracht auf den Schiffen sicherte. Die Frau des Pastors, Jenny, sei besonders gut im Flechten von Plastikkörben, sagte Irma, und hätte mehr Zeit als die Pitcairner, um mich zu unterweisen, da sie weniger zu tun hatte.

Am späten Morgen, nachdem Jenny vom Hospital zurück war, wo sie als Krankenschwester und Royal als Hilfsschwester arbeiteten, ging ich zum Missionshaus hinunter. Das Krankenhaus, zwischen Kirche und Bibliothek, hatte jeden Morgen ab acht Uhr zwanzig Minuten lang geöffnet, außer am Sabbat. Die einzige andere medizinische Hilfe auf der Insel war Steve, der in Neuseeland einen dreimonatigen Kurs für Zahnheilkunde besucht hatte. Er konnte Zähne ziehen; kein erwachsener Inselbewohner besaß auch nur noch einen eigenen Zahn. Steves andere medizinische Aufgabe war es, Katzen und Hunde zu kastrieren.

Bei meiner Ankunft war Jennys ältester Sohn in der Schule, und ihre zwei kleineren Kinder spielten im Garten und klaubten Maden aus einer toten Ratte. Ihr Haus war ungewöhnlich. Da die Veranda erhöht lag, mußte man mehrere Stufen zur Haustür hochgehen, vor der ein Moskitonetz hing. Jenny erschien heiter lächelnd in einem schlichten Kleid mit langem Rock auf der Türschwelle. Sie erinnerte mich an die Frauen der Kolonialbeamten in den Tropen, die inmitten der üppig wuchernden Natur, die ihre sorgfältig beschnittenen Gärten bedrängte, in ihren kühlen Häusern lebten und wirkten.

Sie hatte ihre Holzgestelle und einige Rollen Plastikband hervorgeholt, die so groß waren wie die Reifen der dreirädrigen Motorbikes. Ich suchte mir einen langen, rechteckigen Rahmen aus – den Jenny als sehr beliebte Korbform bezeichnete, weil man damit die Souvenirs gut auf die Schiffe bringen konnte – und blaues und rosafarbenes Band.

Während Jenny mir zeigte, wie man den ersten Strang an dem Gestell festmachte und dann ein blaurosa Muster darum flocht, sprachen wir nur wenig. Sie fragte, wo ich herkäme, und ich sagte: aus einem englischen Seebad. Jenny war Australierin, hatte aber im Gegensatz zu ihrem Mann unnatürlich weiße Haut, eine Haarfarbe wie Strumpfhosen aus den fünfziger Jahren und schieferfarbene Augen. Es ergäbe wenig Sinn, von Jenny ein Farbfoto zu machen.

Es war üblich, daß die Frau des Missionars als Krankenschwester tätig war, und ich fragte Jenny, ob sie auch gearbeitet hatte, bevor sie nach Pitcairn gekommen war.

«Im Theater», sagte sie, und ich schluckte. Abgesehen davon, daß diese freundliche, mütterliche Frau mit der sanften Stimme in meinen Augen das genaue Gegenbild einer Schauspielerin verkörperte, war ich auch entsetzt, daß jemand ein Krankenhaus leitete und Medizin verschrieb, dessen Beruf die Bühne war.

«Wo?» fragte ich.

Sie nannte mir eine australische Stadt, von der ich nie gehört hatte, und den Namen einer großen, modernen Adventisten-Klinik in einem ihrer Vororte.

«Ich hatte in der Chirurgie mit den Instrumenten zu tun.» Sie korrigierte meine Fingerhaltung an dem Band. «Ich bin nie bei einer Geburt dabeigewesen – außer bei der meiner eigenen Kinder.» Sie lächelte; ich blinzelte zurück. «Bevor ich hierherkam.»

Ich hatte gehört, daß Meralda ein Baby gehabt hatte, das bei der Geburt gestorben war, und jetzt erzählte mir

Jenny die ganze Geschichte. Meralda war zur Freude aller schwanger geworden. Seit Jahren hatte es auf Pitcairn keine Geburt mehr gegeben, und Meralda liebte die Insel. Sie bestand darauf, daß ihr Baby hier geboren wurde.

Auf Pitcairn gibt es keine Geburtsvorsorge, keinen Ultraschall, keine Bluttests, doch die Schwangerschaft verlief problemlos. Meralda erwartete ein Jubiläums-Baby – vor zweihundert Jahren hatten die Männer auf der *Bounty* gemeutert –, und es war, als ob dieses Kind nicht nur seinen Erzeugern, sondern ganz Pitcairn gehören sollte. Meralda brachte Leben in die winzige aussterbende Gemeinde. Zum erwarteten Zeitpunkt setzten die Wehen ein, und ein langes Läuten ging durch den Ort. «Seid ihr alle da? Alle da? Meralda bekommt das Baby!» Jenny stand in Bereitschaft.

Bald stellte es sich heraus, daß etwas nicht in Ordnung war. Das Baby wollte nicht kommen, es steckte fest. Meralda hätte einen Kaiserschnitt machen müssen. Doch auf Pitcairn gab es keine Möglichkeit für einen chirurgischen Eingriff.

Betty raste zur Funkstation hinauf und sandte an alle Schiffe, die einen Arzt an Bord hatten, einen Notruf. Erst hörte man nichts, dann ein Knistern, und dann meldete sich eine tiefe osteuropäische Stimme. Ein russisches Schiff befand sich hundert Meilen vor Pitcairn und hatte, wie auf allen russischen Schiffen vorgeschrieben, einen ausgebildeten Arzt an Bord. Der Kapitän war bereit, nach Pitcairn zu fahren, und das Beiboot wurde zu Wasser gelassen, um den Arzt an Land zu bringen.

Dem russischen Arzt gelang es, das Baby herauszuholen und Meraldas Leben zu retten. Dann ging das zweite lange Läuten herum. «Alle da? Alle da?» Meraldas Baby war gestorben. Jayden Jacob Norfolk Warren, sechs Pfund, vierzig Gramm, wurde am nächsten Tag beerdigt.

Jenny erzählte das alles so ruhig und gelassen, ohne einen Hinweis auf den Kummer der Mutter und der anderen Menschen, daß ich sie für kalt und gefühllos hielt, als wäre sie in ihrem Innern so hart wie ihre Holzrahmen. Dann erkannte ich an dem leichten, seligen Lächeln, das über ihr blasses Gesicht flog, daß sie mir eine religiöse Geschichte erzählte, daß es in ihren Augen ein Wunder und keine Leidensgeschichte war, daß Meraldas Leben gerettet werden konnte.

Ich wechselte schnell das Thema und fragte Jenny nach dem allgemeinen Gesundheitszustand der Inselbewohner.

Alle Fremden, die Pitcairn besuchten, haben die Insulaner als kräftige und gesunde Rasse geschildert. In einem medizinischen Bericht des Colonial Office von 1938 hatte Dr. Duncan Cook vermerkt: «Die Leute haben eine prächtige Konstitution.» Befürchtungen, daß die Inzucht zu geistigen und körperlichen Schäden führen könnte, hatten sich als unbegründet erwiesen. Von den Narben und dem Hinken bei den Männern einmal abgesehen, schienen mir die Pitcairner ein ziemlich gesunder Haufen zu sein.

«Das größte Problem ist die Fettleibigkeit», sagte Jenny. «Sie verschlimmert hohen Blutdruck, Herzbeschwerden und Diabetes. Auf der Insel gibt es drei Diabetiker.»

Rick kam vom Fischen zurück. Seine leuchtenden, von der Gischt durchnäßten Minishorts waren völlig durchsichtig. Er ging zum Kühlschrank, nahm acht Würste heraus und tat sie in die Mikrowelle. Dann schnitt er Kohl, Tomaten und Salat klein und häufte sie auf einen großen Teller. Ich dachte, er würde das Mittagessen für seine Familie vorbereiten, doch er schaufelte die acht Würste auf denselben Teller und schickte sich an, sie ganz allein aufzuessen.

«Alles aus unserem eigenen Garten», verkündete er und deutete auf das Gemüse.

Rick tat etwas Fleischbrühe aus einem Glas an den Salat. Dann bespritzte er den zerschnittenen Kohl mit Minzsauce. Rick war stolz darauf, den Salat als erster mit Fleischbrühe angemacht zu haben, und jetzt mochten das alle Inselbewohner.

Die Pitcairner mußten oft mit dem vorliebnehmen, was sie bekommen konnten; ein Schiff war vielleicht knapp an Mehl, hatte aber eine Kiste mit amerikanischer Salatsoße übrig, die sie gegen ihren Fisch eintauschten. Das führte zu einer seltsamen Küche mit eigenartigen Mischungen, in der manchmal grundlegende Zutaten fehlten und ein Überfluß an Luxusartikeln herrschte. Ein Obstfrachter hatte sich vor kurzem bereit gefunden, die defekte Kupplung der *Tub* zur Reparatur nach Neuseeland mitzunehmen, wenn er dafür nicht anhalten mußte. Also hatte man das sperrige Maschinenteil in einen Sack gesteckt – zusammen mit ein paar frischen Früchten als Zeichen des Dankes – und es mit einem Seil vom Boot auf das Deck des laufenden Frachters gehievt. Dafür ließ der Kapitän einen Sack voller Flaschen mit Tomatenketchup zu den Pitcairnern hinab. Vermutlich hielt es der Kapitän für einen Akt der Freundlichkeit, einem isolierten Volk solche Köstlichkeiten zu schenken. Doch wir hatten immer noch keine Eier.

«Ich habe Debbie von Meraldas Baby erzählt», sagte Jenny und lächelte immer noch.

«Zumindest haben sie es rausgekriegt», sagte Rick und verdrückte seine nächste Wurst.

«Es wird Zeit für mein Frühstück!» sagte ich aufgekratzt, dankte Jenny für ihre Unterweisung und machte mich auf den Heimweg.

Nigger, der mit seinem Motorrad auf der Hauptstraße entlangfuhr, hielt an, als er mich sah. Er trug ein hautenges T-Shirt, das seine kräftigen Arme betonte.

«*Wut a way you?*» Er sprach schleppend und sehr selbstbewußt.

«*Good 'un.*»

Nigger und ich waren allein auf der Straße. Also stellte ich ihm eine Frage, die mir schon seit einiger Zeit im Kopf herumging.

«Warum nennt man dich Nigger?»

«Weil ich so schwarz wie der Teufel bin», lachte er.

Nigger war wirklich dunkel, wie süßer Zuckersirup. Ich fragte mich, wie er während der Abwesenheit von Frau und Kind seine Abende verbrachte. Ich konnte mir nicht vorstellen, daß er auf der Veranda saß und Holzskulpturen abschmirgelte.

«Trinkst du?» fragte er, wie schon zuvor auf Henderson. Ich spürte, daß er mich auf die Probe stellen wollte und daß es eine Antwort gab, die ich geben sollte, eine Losung gewissermaßen. Doch bevor ich mir etwas überlegen konnte, legte Nigger den Gang ein und brauste davon.

Ich konnte hören, wie Dennis nur ein paar Meter weiter weg an seinem neuen Haus arbeitete, und ging hinüber. Terry half Dennis wie immer und zuckte die Achseln, als er mich sah. Er war rundlich gebaut und bewegte sich schwerfällig und unnatürlich ruhig, als ob sein weiches Fleisch jedes Geräusch erstickte. Er war ganz vernarrt in Dennis (der ihn am liebsten Toj nannte), und folgte ihm überallhin, ob dieser nun an den Booten an der Landestelle arbeitete oder den Müll aufsammelte.* Terry wurde wiederum von seinem Hund Whisky begleitet, den er mit einem Seil an die Lenkstange seines Motorrads band, wenn er die Main Road auf und ab surrte und nach Dennis Ausschau hielt.

«Du sprichst mit Nig?» Dennis sägte an etwas, das ein Türpfosten sein konnte.

«Woher willst du das wissen?» fragte ich. Man konnte die Hauptstraße von Dennis' Haus nicht sehen.

«Hab' das Motorrad gehört», sagte Dennis.

Terry wurde redselig. «Ich kann alle erkennen», sagte er mit einer Stimme, die so undeutlich war wie die Konturen seines Körpers. «Meralda fährt immer in einem Gang. Tom hat vier Räder. Und die Mädchen sind leichter, machen andere Geräusche auf der Straße.»

Ich hörte das Brummen eines Motors. Jemand fuhr die Main Road in Richtung der Anlegestelle entlang.

«Das is' Glen», sagte Terry selbstbewußt. «Auf Jays Maschine. Hör' die Bremsen.»

Dennis zeigte mir sein neues Haus und betonte die Größe und die günstige Lage, so nah am Ortskern. Das Haus

* Alle Pitcairner haben mehrere Spitznamen: Terry war Tel, Toj und Dicke Lippe. Der Ursprung einiger Spitznamen ist bekannt (z. B. Kummer-Tom, Meralda-Tocher), der anderer ist in Vergessenheit geraten. Einige sagen, daß Toj von *toad* kommt, dem englischen Wort für Kröte. Die Vielzahl der Namen in Gesprächen läßt auf eine weit größere Bevölkerungszahl als achtunddreißig schließen, und zuerst dachte ich auch, daß Grumps, Expensive und Iglamus andere Mitglieder der Pitcairn-Gemeinde waren, und kam nicht auf die Idee, daß man damit Clarice, Tom und Darrylene meinte. Natürlich hatten auch einige der Meuterer ihre Spitznamen.

war immer noch ein Skelett, mit großen Holzgerüsten anstelle der Wände. Nur die Türen, die mit einer früheren Schiffsladung angekommen waren, hatte man schon gerahmt und in alle unsichtbaren Wände hineingestellt. Um von einem Zimmer ins nächste zu gehen, trat Dennis nicht einfach über das Gerüstbrett, das am Boden lag, sondern hielt die freistehende Tür auf und bat mich einzutreten.

In Buxley Green hatte mich Ron vor den dreirädrigen Geländemotorrollern gewarnt. Sie waren in jedem Land außer Japan verboten. Aber sie waren gut geeignet, um durch unwegsames Gelände zu fahren, was dasselbe war, als würde man auf Pitcairn die Wege benutzen.

Ich fragte Dennis, ob er mir beibringen könnte, eine solche Maschine zu fahren. Die Fahrzeuge mit ihren mächtigen Traktorrädern sahen ziemlich stabil aus, und Irma und Dennis hatten keine Probleme, damit über die zerfurchten Pfade zu brettern. Aber Dennis schlug vor, daß ich zur Eingewöhnung meine erste Stunde auf ebenem Boden nehmen sollte. Da weniger als zehn Prozent von Pitcairns anderthalb Quadratmeilen aus Flachland bestand, hatten wir wenig Auswahl für unsere Übungsfahrt.

«Wir gehn zum Taro Ground hoch», sagte Dennis und sprang hinten auf den breiten Sattel seines Motorrads.

Taro Ground lag in der Mitte der Insel, auf der flachen Kuppe eines Bergs, den man von Adamstown aus über Jim's Ground erreichte. Von dort oben konnte man nicht nur Schiffe sichten, sondern auch mit ihnen sprechen, und die Aufgabe des diensthabenden Funkers in der Funkstation, die im Zentrum von Taro Ground lag, bestand darin, einen Kapitän zu überreden, vor der Küste zu driften, damit die Inselbewohner zum Handeln hinausfahren können. Und bei entsprechenden Wetterbedingungen war es auch möglich, mit einem Funker in Wellington, Neuseeland, zu sprechen und über ihn ein Telefongespräch an jeden Ort auf der ganzen Welt anzumelden. Dieses Verfahren dauerte mehrere Tage und war selten von Erfolg gekrönt. Hatte man endlich eine freie Leitung nach Sydney erwischt, war es in Australien vielleicht fünf Uhr morgens, und das Gespräch mußte abgesagt werden.

Von Jim's Ground konnte man nicht direkt nach Taro Ground hochfahren, weil die Straße in weitem Bogen um den Berg herumführte. Das trockene Wetter, das auf den Regen gefolgt war, hatte die Insel wieder einmal verändert, und jetzt fuhren wir über rissige rote Erde, die so hart geworden war, als hätte man sie in einem Brennofen gebacken. Wenn man umkippte, war es, als stürzte man auf Beton.

Dennis konnte sich nicht erinnern, nach welchem Jim Jim's Ground benannt war, obwohl er wußte, daß Brown's Water nach William Brown hieß, dem Gärtner auf der *Bounty*, der für das Eintopfen der Brotfruchtpflanzen verantwortlich gewesen war.

Die Menschen von Pitcairn waren die Stanleys und die Livingstones ihres Landes. Sie waren vor zweihundert Jahren auf einer unbewohnten Insel gelandet und hatten allmählich alles mit ihren eigenen Namen geschmückt. Die Landkarte von Pitcairn war mit Vornamen übersät: Nancy Stone, Big George Coconuts, Matts Rocks, Freddie Fall, Minnie Off, Little George Road, Tedside.

Auf so einer kleinen Insel hatte jede Straßenkurve, jeder Bergsee, jeder Baum eine individuelle Identität.

«Kennst du den Regierungs-Orangenbaum?» sagte Dennis, als ich ihn gefragt hatte, wie man nach Brown's Water kommt. «Weißt du: dort, wo die Straße nach dem Mangobaum abbiegt ...»

Nur einen Steinwurf voneinander entfernt lagen Ed's Fence, Sour Orange und Skinner's Pen. Jedes andere Volk hätte sein Land für gut kartographiert gehalten, doch die Pitcairner fügten immer noch neue Namen hinzu. Sollte ich stürzen, würde wahrscheinlich «Debbies Unfall» in die Karte eingetragen werden.

Während wir über Jim's Ground knatterten, wurde deutlich, warum Pitcairn so genau aufgegliedert war. Dichtes Unterholz aus Riesenfarnen und Eisenkrautgestrüpp ging nach wenigen Metern in ein liebliches, flaches Stück Land über, das fast einem englischen Schrebergarten glich, bevor der Boden dramatisch in eine tiefe vulkanische Bergspalte abfiel. Gerade als ich mich daran gewöhnt hatte, mein Gewicht auf dem Motorrad nach vorn zu verlagern, damit wir keinen Purzelbaum rückwärts machten, während wir einen steilen Pfad hinaufholperten, mußte ich mich auf dem Sitz zurückwerfen, als wir in ein kleines Tal hinabstürzten, damit wir nicht kopfüber nach vorn flogen.

Jim's Ground wurde bald zum Big Ground, der zum McCoy's Valley führte, das in den Taro Ground überging, in den wir über einen Hügel, nicht mehr als zweieinhalb Meter hoch, hineinhüpften. Taro Ground glich einem Fußballfeld, leuchtend grün und erstaunlich eben. An seinem Rand fiel das Land so steil ab, daß man es nicht sehen konnte und Taro Ground über Pitcairn in der Luft zu schweben schien.

Was man sehen konnte, war der Ozean. Er wickelte sich um Taro Ground wie ein Strickschal, eine Reihe glatt, eine Reihe Perlmuster. Er war überall, wo man auch hinschaute, und hüllte die Insel in seine blaue Umarmung ein.

Inmitten des Feldes stand eine Holzhütte, aus der Antennen wuchsen. Das mußte die Funkstation sein.

Dennis sprang von der Maschine und schärfte mir ein, langsam zu fahren.

«Nimm den Fußhebel, um den Gang zu wechseln. Da ist die Bremse. Du beschleunigst mit dem Griff», und er jagte den Motor hoch, um es mir zu demonstrieren. «Los jetzt!»

Die Maschine ruckte nach vorn, als ich die Bremse löste, den Gang einlegte und Gas gab. Das Rad röhrte davon, und ich war in Sekundenschnelle auf der anderen Seite vom Taro Ground, dessen weite Fläche mir so riesig erschienen war. Ich bremste, um nicht in den Abgrund zu stürzen. Das Vorderrad bohrte sich in den Boden, und ich wurde fast vom Sitz geschleudert.

Dennis hatte es noch mehr durchgerüttelt als mich, und er fuhr kichernd zurück. Das Motorrad hatte auf mich wie ein einfaches, stabiles Fahrzeug gewirkt, wenn ich hinter Irma oder Dennis saß; doch mit mir auf dem Sattel bockte es, warf die Räder in die Luft und blieb in seiner Spur stehen wie ein Zirkuspferd, das nicht über das Hindernis springen will.

Den Pitcairnern schien alles leichtzufallen, ob sie nun eine Schiffsleiter hochkletterten, schwere Stämme wuchteten oder ein dreirädriges, geländegängiges Motorrad fuhren. Doch wenn ich es versuchte, scheiterte ich jedesmal kläglich. Es war wichtig, daß ich eine solche Maschine fahren konnte. Auf Pitcairn fuhren nur Kinder und sehr alte Leute auf dem Rücksitz der Motorräder von jemand anderem.

Ich übergab die Zügel des Raubtiers Dennis, der die Achseln zuckte.

«Versuch es bald wieder», sagte er hoffnungsvoll.

Dennis wollte schnell nach Hause, um den Funk abzuhören. Wir rasten durch McCoy's Valley, über Jim's Ground und drückten die Bananengirlande beiseite. Ben saß hinten in der Küche, raspelte auf seinem *una* mit einem sanften, schrapenden Geräusch Kokosnüsse, als ob er ein mechanisches Spielzeug wäre, das man früh am Morgen aufgezogen hatte und das immer noch vor sich hin surrte. Bens sanftes Schrapen verlief in einem stetigen Rhythmus, gegen den Irma anschwatzte und anpfiff. Das Funkgerät war still.

«*Any one e?* – Hat sich jemand gemeldet?» fragte Dennis.

«*Nitho.*» Ben war nicht an diesen neumodischen Geräten interessiert.

Dennis sackte auf einem Stuhl zusammen und starrte auf das Funkgerät. Ich saß neben ihm und beobachtete es ebenfalls. Ich wartete darauf, daß etwas geschah – vielleicht hatte Dennis eine Vorahnung, daß sich ein Schiff oder sonst jemand melden würde. Fünfzehn Minuten später saßen Dennis und ich immer noch auf unseren Stühlen und blickten unentwegt auf das Funkgerät, das direkt vor unseren Augen stand.

Während ich auf *etwas* wartete, wartete Dennis einfach nur so. Wenn ich ihn gefragt hätte, worauf er wartete, hätte er gewiß mit den Schultern gezuckt. Er wartete nur einfach, das war alles. Warten war auf Pitcairn so etwas wie Lesen an anderen Orten. Es war ein Zeitvertreib, den Dennis außergewöhnlich gut beherrschte.

«Möchtest du vielleicht etwas Milo?» fragte ich schließlich, um das Schweigen zu durchbrechen. «Soll ich den *billy* anstellen?»

«Nein«, sagte Dennis, ohne sich zu rühren.

Ich machte mir einen Kaffee, setzte mich wieder neben

Dennis und dachte wie schon am Morgen über Rezepte ohne Eier nach. Irma hatte mich gebeten, die Eier im Kühlschrank liegen zu lassen. Es waren nur noch drei Dutzend übrig, und sie war besorgt, daß sie ihr ausgehen könnten, bevor das nächste Versorgungsschiff vorbeikam. Ich betrachtete es als geistige Herausforderung, mir Backwaren ohne Eier auszudenken, während ich vorgab, das Funkgerät zu beobachten. Das hier sind die Rezepte, die mir einfielen:

Pfannkuchen	*Marmeladentörtchen*
Hafer	Marmelade
Butter	Mehl
Zucker	Butter

Dennis stand auf und ging mit einer halbfertigen Walfigur zur Veranda. Er schlug eine zerfledderte Broschüre von Marine World in Florida auf und sah sich das Bild eines Wales an, auf das rote Tulpenbaumspäne fielen. Bald stellte Ben den *una* beiseite, holte seine Vase aus einem Sack und leistete seinem Sohn Gesellschaft. Als ich das nächstemal aufsah, war auch Terry dabei. Als die Sonne unterging und Ben, Dennis und Terry ihre Schnitzwerke mit einer kleinen, scharfen Glasscherbe glätteten, krächzte eine Stimme aus dem Funkgerät. Dennis sprang auf.

«ZBP Zulu Bravo Papa. Pitcairn Inselfunk. Hier ist der Inselfunk von Pitcairn. Irgendwelche Schiffe in der Nähe? Haben Sie irgendwas für uns? Hier ist Zulu Bravo Papa Pitcairn Inselfunk. Ende.»

Das war Tom Christian, der Funker, der für diesen Tag seine Arbeit in der Funkstation beendete. Dennis sackte wieder zusammen. Vielleicht hatte er gehofft, daß das Funkgerät Stimmen aus der Außenwelt heraufbeschwören würde, die Stimmen von Fremden.

An diesem Abend ging Dennis zu Steve und Olive Christian hinunter, nach Big Fence. Niemand wußte, warum es so hieß.

«Vielleicht war da mal ein großer Zaun», schloß Dennis scharfsinnig und fügte hinzu: «Trinkst du?»

Ich versuchte mir vorzustellen, was die richtige Losung sein könnte. «Ja», sagte ich, und Dennis lächelte.

«Kommst du mit nach Big Fence?» fragte er.

In Big Fence hatte sich eine größere Gruppe versammelt, die aber leicht unterzubringen war, weil es dort viel Platz gab. Jedes Haus, das ich besuchte, schien größer als das letzte zu sein, und das von Steve und Olive war gigantisch und hatte den typischen Grundriß, mit einem riesigen Raum mit Stühlen, die gegen die Wand gerückt waren, einem großen Tisch und einer kleinen Küche in der Ecke. Es war auch noch in anderer Hinsicht ein gutes Beispiel für den lokalen Hausstil: Es sah aus, als ob es immer noch im Bau wäre. Man hatte aus der Not eine Tugend gemacht: Schalbretter kamen einfach nicht an, wenn sie bestellt waren, oder das Schiff, das sie transportierte, fuhr einfach weiter, so daß die Wände halbfertig blieben und die Fenster ohne Scheiben. Doch Big Fence hatte etwas Einzigartiges und Erstaunliches zu bieten – ein schönes, leuchtendes Wandgemälde mit Delphinen in mehr Blautönen, als ich mir je hatte vorstellen können. Die einzigen Bilder, die ich in anderen Häusern auf Pitcairn als Wandschmuck gesehen hatte, waren alte Kalenderblätter.

Steve, Olive, Alison und Nigger saßen am Tisch und

spielten Canasta, was schockierend war, da die Kirche der Siebenten-Tags-Adventisten Kartenspiel untersagte. Doch noch schockierender als der Kartenfächer war das, was Steve in seiner anderen Hand hielt: eine Büchse Carlsberg-Bier.

Nigger sah meinen erstaunten Blick. «Wir sind im zwanzigsten Jahrhundert», sagte er und konzentrierte sich wieder auf seine Karten.

«Möchtest du eins?» fragte Steve.

Ich nickte, und Steve nickte Olive zu, die zum Kühlschrank ging und mir ein kaltes Bier holte. Sie war für eine Pitcairnerin erstaunlich schlank, aber nicht so spillerig wie Irma. Sie wiegte sich beim Gehen und wußte um ihre Attraktivität.

Drei junge Mädchen saßen im Schneidersitz auf dem Boden, spielten Rommé und tranken Limonensaft. Trent und seine zwei Teenagerbrüder lümmelten sich, in Decken gehüllt, in den Sesseln in der Ecke herum und sahen sich ein *Baywatch*-Video an, während die Erwachsenen tranken und Karten spielten. Sie waren ein ansehnliches Quartett: der dunkelhäutige Steve, Olive mit ihrer hübschen Figur, die rothaarige Alison und Nigger, dunkel und kräftig gebaut.

«Kommt doch zu uns», schlug Steve vor und deutete auf einen freien Stuhl. Doch Dennis saß schon, in eine Decke gewickelt, neben Trent und hatte nur noch Augen für *Baywatch*, und ich konnte kein Canasta spielen.

«Tut mir leid, ich kann das nicht.»

Steve zuckte die Achseln und wandte sich wieder dem Tisch zu.

Ich stand herum und überlegte, ob ich mich auch vor dem Fernseher niederlassen sollte. Doch ich entschied mich lieber für ein Kartenspiel mit den Mädchen. Rommé war zumindest ein Spiel, das ich kannte. Ich setzte mich mit gekreuzten Beinen neben sie und war alsbald in das Spiel vertieft. Nur einmal blickte ich zu den Erwachsenen auf, die um den Tisch saßen, ihre Köpfe zurückwarfen, während sie ein Bier kippten, und die Karten auf den Tisch knallten.

«Was hast du denn zu essen bekommen, Liebes?» Irma tat so, als ob sie eine beiläufige Frage stellte. Sie ordnete die Tomaten an, die Charlotte an diesem Abend als Dank für Irmas Bohnen vorbeigebracht hatte. Es waren wenigstens zwei Dutzend, und Irma drehte jede einzelne immer wieder um, bevor sie sie vorsichtig auf den Haufen legte. Es schien ihr zu gefallen, Lebensmittel anzufassen, ohne sie zu essen.

«*Nitho*», sagte ich.

Irma wartete ein Weilchen, bevor sie fragte: «Und zu trinken?»

Ich dachte an die Mädchen, mit denen ich gespielt hatte. «Limonensaft», sagte ich. «Ich hab'» – dann fiel mir ihre Haltung zu Kartenspielen ein – «ich hab' mit den Kindern gespielt.»

Ich wußte nicht, ob mich diese Lüge froh oder traurig machte. Es hatte mich gefreut, daß man mich in den Kreis der Auserwählten eingeführt hatte. Doch es widerstrebte mir, Irma zu täuschen.

Sie öffnete die Kühlschranktür und knallte sie, ohne einen Blick auf den Inhalt zu werfen, so heftig wieder zu, daß sie zitterte.

Am nächsten Tag wollte ich mich offiziell als Fremde auf Pitcairn anmelden. Das bedeutete, daß ich meinen Namen in ein Buch schreiben mußte, das bei Jay auslag. Als Inselbürgermeister war es Jays Pflicht, meine Aufenthaltserlaubnis zu überprüfen, doch er machte sich nicht einmal die Mühe. Er war dabeigewesen, als mein Antrag im Rat diskutiert wurde, und wußte also, daß meine Papiere in Ordnung waren.

Ich blätterte das Buch durch und las die früheren Einträge. Es waren wenige, die zeitlich weit auseinander lagen. Ich sah Rons Namen und suchte nach dem von Tim. Er hatte mir nicht das genaue Datum seines Aufenthalts auf Pitcairn genannt, aber es mußte ein paar Jahre zurückliegen. Ich ging mehrere Jahre zurück und suchte nach Tim und seiner Jacht *Macalau*. Dann überprüfte ich die Einträge noch einmal sorgfältiger für den Fall, daß ich seinen übersehen hatte.

«Trägt sich jeder in dieses Buch ein?» sagte ich zu Jay. Da es sich nur um einen Fehler handeln konnte, fragte ich Jay, ob er sich an den Mann mit dem Fluggerät erinnerte.

«Was?»

«Ein winziges Flugzeug», sagte ich. «Ich kenne den Mann, der damit über Pitcairn geflogen ist. Er heißt Tim. Erinnerst du dich?»

Charlene stellte ihre Pfanne ab.

«Flugzeug?» sagte sie. «Hab' nie eins gesehn.»

«Nicht auf Pitcairn», sagte Jay.

Wenn Tim über die Insel geflogen war, würden sich einige Leute sicher daran erinnern, da es schließlich das erste Flugzeug gewesen wäre, das sie in ihrem Leben erblickt hätten, das erste Mal, daß sie einen Mann mit Flügeln, einen Mann, der fliegen konnte, gesehen hätten.

«Er kam mit einer Jacht an», fuhr ich fort.

«Das tun viele», sagte Jay.

«Dann flog er wahrscheinlich über Taro Ground.»

Jay war amüsiert. «Auf Taro Ground war nie ein Flugzeug.»

«Nun, zumindest gibt es jetzt den Beweis, daß *ich* hier war», scherzte ich und unterschrieb.

Da es noch ein paar Stunden lang Strom geben würde, legte Dennis eine Videokassette ein, *Roses Are For The Rich* – eine amerikanische Seifenoper –, die Irma von einem ihrer Funkkontakte erhalten hatte. Was sollte Dennis auf Pitcairn, wo man noch nie ein Flugzeug gesehen hatte und Kartenspiel verboten war, bloß mit den herrschaftlichen Südstaatenhäusern anfangen, den goldenen, bodenlangen Vorhängen, dem Klirren der geschliffenen Gläser oder den verlockenden, parfümierten Frauenkörpern?

«Danke für das Geschenk. Hoffe, wir können uns wiedersehn. Siebzig drei. Siebzig drei.» VR6ID war wieder in ihrer Funkerhütte.

Ich kuschelte mich in meinen Sessel, bis der Strom in dem Moment ausfiel, wo die Heldin mit perlendem Lächeln ihre erste Vorstandssitzung leitete, nachdem sie den Vorsitz eines millionenschweren Unternehmens ergattert hatte. Dennis und ich starrten weiter ungerührt den Punkt auf dem Bildschirm an.

Achtes Kapitel

Down Isaac's

I*rma und Nola* saßen auf der Veranda und flochten Körbe, während Royal einen Walfisch polierte. Reynold, Nolas Mann, arbeitete an der Flosse seines rohen Fischmodells. Ben glättete den entenförmigen Kopf eines Spazierstocks, den er aus Kokospalmen- und Orangenholz geschnitzt hatte.

Royal schaute an den Abenden oft vorbei, statt allein in ihrem Haus oben am Hügel zu sitzen, wo sie mit niemandem reden konnte. Ungefähr einmal in der Woche kamen Nola und Reynold nach dem Abendessen zu Besuch und brachten immer etwas zum Arbeiten mit. Nola hockte sich mit gekreuzten Beinen auf die Bank und klemmte sich den halbfertigen Korb zwischen die Knie. Niemand saß mit leeren Händen da. Während sie sich unterhielten, flochten, schmirgelten oder polierten sie an einem Andenken aus Pitcairn herum.

Ich konzentrierte mich auf meinen Korb und fand es schwierig, gleichzeitig zu plaudern.

«Weißt du, wie es geht?» fragte Ben, als ich mit den Plastikbändern herumfummelte. Ich mußte erst lernen, diese Körbe zu flechten, bevor ich mich an die komplizierteren aus Schraubenbaumblättern wagen konnte.

Ein Plastikkorb eignete sich gut, um Andenken auf die

Schiffe zu bringen, Bananen zu tragen und zum Einkaufen zu gehen. Aber ein Korb aus Schraubenbaumblättern war Handwerkskunst aus dem Südpazifik und konnte auch an Bord verkauft werden.

Irma und Nola machten Körbe aus Schraubenbaum- oder Paiooriblättern, die sie Stroh nannten. Die Paiooribüsche haben keine Stacheln und wachsen dicht am Boden. Sie sind auch in Privatbesitz – Nola hat einen großen nah am Haus stehen –, wohingegen die Schraubenbäume der Allgemeinheit gehören und von jedem benutzt werden können. Beide haben dicke Blätter, die in der Sonne getrocknet und zu Bündeln gepreßt werden müssen, bevor man sie verwenden kann. Um Fäden zum Flechten zu gewinnen, ritzen die Frauen die harten Blätter mit einer Nadel ein, bis sie in dünne Streifen zerbrechen, nur wenig dicker als Haare.

Sie hatten ihre halbfertigen Körbe an diesem Abend mitgebracht, sagte Nola (die als eine der besten Flechterinnen auf der Insel galt), weil der Wind aus Südosten blies. Das hielt das Stroh feucht. Wenn der Wind aus einer anderen Richtung wehte, trocknete das Stroh aus und wurde zum Flechten zu brüchig.

Der Wind war an diesem Abend sehr flau, die Geckos und die Moskitos übertönten ihn. Unter der schwachen Birne, die auf der Veranda hing, wirkte die Welt draußen weit und dunkel. Auf der Veranda war nur sanftes Rascheln und lebhaftes Geplauder zu hören.

Ich unterbrach meine Flechtarbeit.

«Jenella ist sehr hübsch.» Jenella war eines der Mädchen, mit denen ich in Big Fence Rommé gespielt hatte.

«Ja», sagte Nola brummig. «Aber nicht mehr lang. Bald wird sie dick werden. Wie Thelma.» Thelma war Jenellas Großmutter.

Nola, die eine rauhe Stimme und eine Vorliebe für flotte Basthüte hatte, war auch keine Nymphe. Sie war dick, weich und fest zugleich, wie es auf Pitcairn üblich zu sein schien. Ihr Fleisch, über das sie reichlich verfügte, schwabbelte beim Gehen nicht. Sie war wie eine aufblasbare Frau, so fest, als ob man sie voller Luft gepumpt hätte.

«Grumps auch», sagte Irma. «Es fängt schon an bei ihr.»

Ich wandte mich wieder meiner Arbeit zu.

Die Männer sprachen selten laut, sondern nickten nur, wenn die Frauen etwas sagten, oder lachten über einen Scherz, den sie leise unter sich austauschten. Reynold sah polynesischer aus als viele der anderen Inselbewohner und hatte, selbst wenn er englisch sprach, einen starken pitcairnesischen Akzent. Er war so still wie Ben und galt als altmodisch. Wenn Reynold doch einmal sprach, dann immer etwas zögernd, als wolle er zu Nolas selbstsicherem Geschwätz ein Gegengewicht bilden.

«Wie alt bist du, Reynold?» fragte ich.

«So um sechzig, nehm' ich an.»

Er war der einzige Mann, der auf der Insel keine elektrischen Werkzeuge für seine Schnitzereien benutzte, die daher auch gröber waren und nicht soviel Geld auf den Schiffen einbrachten.

«Das ist für Tom und Betty», sagte Irma, als das Telefon *kurz-lang-kurz-kurz* klingelte. «Muß Glen sein. Er ruft Sherilene an. Will, daß sie kommt. Es ist zu spät», prustete sie. Daß Glen Toms und Bettys Tochter umwarb, war kein Geheimnis.

Auf meinem Rahmen konnte man endlich so etwas wie eine korbähnliche Form erkennen, und ich hielt sie voller Stolz auf diesen kleinen Fortschritt hoch.

«Was haltet ihr von meinem Korb?»

«In Ordnung.» Royal schaffte es, daß eine ganz normale Antwort wie eine Beleidigung klang. Das hatte damit zu tun, daß sie ihren Mund beim Sprechen zusammenkniff, als kaute sie in einem Mundwinkel an einem Stift herum.

Ich wandte mich an Nola. «Was hältst du von meinem Korb?»

«In Ordnung.»

Ich klopfte ein paar neue Stränge für eine zweite Reihe fest.

«Diese Wissenschaftler», sagte Nola, die sprach, als hätte man ein Radio auf volle Lautstärke gedreht, so daß jeder zusammenzuckte. «Sollen sich bloß nach England verziehn!»

Von allen in der Runde ertönte zustimmendes Gemurmel, als ob die Veranda selbst ihr Einverständnis erklären würde.

Irma erzählte die Geschichte, wie die Ausrüstung und die Vorräte der Wissenschaftler auf dem Versorgungsschiff zuviel Platz gebraucht hatten; Nola malte mit ihrer ohrenbetäubenden Stimme Einzelheiten aus, und Royal lächelte mit schiefem Mund. Alison hatte Irma, Royal und Nola die drei Hexen genannt, und just als ich daran dachte, fing Irma an.

«Alison raucht wie ein Schlot», und ihre Hände arbeiteten noch schneller als zuvor an den Fäden ihres Korbes. «Sie stinkt. Sie rauchte, als sie mit Norfolk sprach.» Irma nickte mit dem Kopf zu ihrer Funkerhütte in der Ecke hinüber. «Ich geh' und hol' ihr n' Aschenbecher.» Irma war in vollem Gange. «Sie sollte lernen, daß wir auf Pitcairn nicht rauchen.»

Die Veranda erbebte vor Zustimmung. Mit meiner Arbeit ging es nicht so gut voran. Ich war ans Ende einer Reihe gekommen und hatte wohl in der Mitte nicht aufgepaßt, weil das Muster nicht zu dem Band darüber passen wollte. Ich mußte ein ganzes Stück aufmachen und noch einmal anfangen.

Ich konnte mich noch erinnern, wie Irma darauf bestanden hatte, daß Alison rauchte; Alisons Angebot, nach draußen zu gehen, hartnäckig abgewehrt und ihr den Untertassenaschenbecher geradezu aufgedrängt hatte.

«Jemand sollte ihr das beibringen», meinte Irma.

Ich versuchte mir die Szene deutlicher vor Augen zu führen. Hatte Alison darauf bestanden zu rauchen? Oder hatte Irma darauf bestanden, daß Alison raucht? Doch ich mußte mich auf meine Flechtarbeit konzentrieren – schließlich wollte ich nicht noch einmal eine Reihe aufmachen – und konnte nicht gleichzeitig flechten und meine Gedanken ordnen. Und das Licht und die Stimmen auf der Veranda schlossen mich völlig in den gegenwärtigen Augenblick ein. Ich wußte nur, daß irgend etwas nicht in Ordnung war.

Da das Wetter sich gebessert hatte, jäteten die Menschen die Gärten, hängten Wäsche zum Trocknen auf und planten, zum Fischen hinauszufahren.

«Willst du mit nach Down Isaac's?» fragte Dennis. «*Fer fish?*»

Down Isaac's ist ein kleiner Felsvorsprung unterhalb des Missionshauses, warnte mich Dennis, als er den Felsen hinabkletterte, der wegen der kürzlichen Regenfälle ein bißchen schlüpfrig sein könnte. An ebendiesem Ort war das jüngste Kind des Pastors, Ashlee, abgestürzt und hatte sich so schwer den Kopf verletzt, daß man dachte, es müßte sterben. Tagelang hatte das Mädchen im Koma gelegen, während die Inselbewohner Gebete zum Himmel schickten. Als es durchkam und sich an nichts mehr erinnerte, erklärte der Pastor die Heilung seiner Tochter zu einem Wunder.

Jenny war bei dem Versuch, ihre Tochter zu retten, selbst vom Felsen gestürzt und hatte sich ihre Kniescheibe verletzt. Und obwohl sie mit dem nächsten Schiff nach Neuseeland gebracht und operiert worden war, hatte sich ihr Bein nie mehr vollständig erholt, sie hinkte und hatte dauernd Schmerzen. Doch Dennis war sich sicher, daß mir nichts passieren würde.

Dennis nahm einige fleischige Langusten aus einer von Irmas Kühltruhen, die Art von Meerestieren, für die ein französischer Chefkoch alles gegeben hätte. Sie sollten als Fischköder dienen. Der Glaube der Adventisten verbietet es, Meerestiere ohne Schuppen zu essen, was bedeutet, daß die Krustentiere, die es in den Gewässern um Pitcairn im Überfluß gibt – die reichhaltigste Proteinquelle der Insel –, kleingehackt dazu verwendet werden, gewöhnliche Fische anzulocken, besonders den *Nanwe*, den beliebtesten Fisch auf der Insel.

Auf Charlenes großer Party hatte es eine riesige Platte mit ganzen Nanwefischen aus der Tiefkühltruhe gegeben. Ein langweiliger aussehender und geschmackloserer Fisch war mir bisher nicht untergekommen, mit grauer Haut und hellem, trockenem Fleisch, das man von splittrigen Gräten abziehen mußte. Daß Langusten und Hummer für diesen Fang ihr Leben opfern mußten, war zutiefst bedauerlich. Vielleicht könnte ich mich einfach irgendwo hinsetzen und einen Beutel Fischköder aufessen.

Der Weg nach Down Isaac's hinunter war so schlüpfrig, wie Dennis vorausgesagt hatte, und ich kam mit einer roten Schmutzkruste an. Jay, Carol, Charlene und Darrylene angelten schon auf einer Seite des Felsvorsprungs, der sich wie ein Finger ins Meer erstreckte, Nola und Reynold auf der anderen. Jeder Angler hielt das Ende einer langen Nylonschnur in seiner Hand und starrte auf den Punkt hinaus, wo sie die Wasseroberfläche durchbohrte.

Royal stand weiter landeinwärts, weil sie näher an der Küste *rock fish* fangen wollte. Die bunten Fische waren leicht auszumachen und noch leichter zu fangen – man mußte die Schnur nur beschweren und an einem Felsen oder sogar in einem Bergsee auswerfen, und schon biß einer an. Die Beute war leicht zu holen, doch das Fleisch wurde höchstens zu Fischfrikadellen verarbeitet oder zum Handeln auf die Schiffe gebracht. Es war der *Nanwe*, den alle wollten – ein ruckender, beißender, zuckender, zappelnder steingrauer Fisch.

Heute waren Down Isaac's und die Klippen dahinter stahlgrau, der Himmel und das Meer tiefblau. An manchen Tagen, an denen ich von The Edge hinuntergeblickt hatte, waren die Felsen rosarot erschienen, der Himmel purpurfarben und das Meer stahlgrau. Zu anderen Zeiten waren Küste, Meer und Himmel zu einem Blaugrau verschwommen, durchbrochen nur von den weißen Schaumkronen der Brandung um die Felsen. Die Bergseen – Bitey-Bitey, Man Pool, Scissors, Hot Water Pool – machten diesen Farbwechsel mit, wurden braun wie eine Regenpfütze oder klar und lebendig wie ein Aquarium. Sie waren eigene kleine Welten innerhalb unserer Miniaturwelt.

Dennis hatte recht, die See war ruhig – so ruhig, wie sie seit mindestens zwei Wochen nicht mehr gewesen war –, aber sie rauschte immer noch laut über die Felsen und umspülte die Füße der Angler mit weißem Schaum. Doch selbst wenn sie bis zu ihren Knien hochschäumte, standen sie fest auf den Felsen und hielten geduldig ihre Angelschnur ins Meer.

An manchen Orten der Welt gehen die Menschen um fünfzehn Grad vornübergebeugt, als ob sie gegen den Wind ankämpfen müßten. An anderen halten sich die Bewohner so aufrecht, daß es den Anschein hat, als ob sie die leichteste Brise umwehen könnte. Doch die Pitcairner bewegten sich auf der Erde, als ob sie mit den Felsen verwachsen oder ein Teil von ihnen wären. Es sah aus, als ob es einen Hurrikan bräuchte, um sie wegzublasen. Diese Menschen wurzelten auf der Insel, während ich über die Oberfläche Pitcairns schlitterte, ausrutschte, fiel, den Halt verlor.

Dennis und ich kletterten Jay hinterher. Dennis gab mir eine Rolle mit Nylonangelschnur und zeigte mir, wie man einen kleinen Metallhaken am Ende befestigt. Dann holte er eine Languste hervor, schnitt mit dem Messer einen saftigen Brocken ab und piekste den Haken hinein. Er warf die Schnur ins Wasser, wo sie gut sechs Meter weiter draußen landete, und drückte mir die Rolle in die Hand.

«Halt sie so», sagte er. «Dann kannst du den Fisch fühlen.»

Ich hielt die Schnur leicht zwischen Daumen und Zeigefinger. Sie schien immerfort zu rucken, von mir wegzustreben, so daß der Nylonfaden mir in die Handflächen schnitt.

«Du merkst es, wenn einer von ihnen anbeißt», versicherte mir Dennis und schickte sich an, seine Schnur auszuwerfen.

Ich konnte meine Augen nicht vom Wasser abwenden und beobachtete, wie eine Welle, die mit Sicherheit höher als die vorangehenden war, auf uns zurollte – sehr langsam, wie es schien. Ich wollte mich schon auf die Klippe retten, doch Jay und Carol, die weiter draußen auf dem Felsvorsprung standen als ich, rührten sich nicht, während das Wasser um ihre Beine strudelte, wieder ins Meer strömte und sie zu meinem Erstaunen immer noch aufrecht stehend auf den Felsen zurückließ.

Ich versuchte, mich wie die Inselbewohner mit gekrümmten Zehen in den harten Felsboden zu krallen und auf meine Angelschnur zu achten, doch das Wasser war so kabbelig, daß ich nicht sagen konnte, ob ein Fisch angebissen hatte oder nicht. Jay hatte seit meiner Ankunft zwei platte, graue Nanwefische an Land gezogen, seinen Daumen hinter ihre Kiemen gesteckt und ihnen das Genick gebrochen.

Jetzt spürte ich, wie etwas anbiß – ich war mir ganz sicher –, und zog an meiner Schnur, nur nicht stark genug. Der Haken hing immer noch an dem Nylonfaden, doch Fisch und Köder waren verschwunden.

«Du mußt sehr schnell sein», sagte Dennis.

Ein Nanwe kam nie allein. Die Fische tauchten immer in großer Zahl auf, so daß Jays Fang verhieß, daß ein Schwarm in der Nähe war. Schon bald fing er einen Fisch nach dem anderen; sobald seine Schnur wieder im Wasser war, zog er den nächsten an Land. Dennis war etwas langsamer und hatte bisher ein halbes Dutzend erwischt. Ich hatte noch ein paar Köder eingebüßt, aber keinen einzigen Fisch gefangen. Und doch war es ein gutes Gefühl, am Rand des Ozeans mit einer primitiven Schnur in der Hand zu stehen und gemeinsam mit den Insulanern zu angeln.

«LAUF!» Jay stürzte an mir vorbei und stieß mich auf die Klippe zu. Carol und die Kinder waren direkt hinter mir, Charlene gab mir einen Schubs.

«LAUF, DU DUMMKOPF!» kreischte sie.

Ich drehte mich um und stolperte ihnen auf dem felsigen Boden hinterher, der manchmal schlüpfrig war und manchmal scharf in meine nackten Füße schnitt.

Wir erreichten den Fuß der Klippe, als die Welle sich genau über der Stelle brach, wo wir gerade noch gestanden hatten. Das Wasser schien verrückt zu spielen, schäumte über die Bergseen und gurgelte die Felsspalten hinunter. Mein Beutel mit den Fischködern wurde ins Meer gesaugt, so schnell, wie eine Ameise in einem Spundloch verschwindet.

Ich hatte an der Welle nichts Ungewöhnliches bemerkt. Doch den Pitcairnern war ihre besondere Form, vielleicht auch die Farbe, die Geschwindigkeit oder sogar das Geräusch aufgefallen, und sie hatten erkannt, daß wir auf dem Felsen nicht mehr sicher waren.

Wir kletterten wieder auf den Felsvorsprung zurück und warfen unsere Schnüre aus, als ob nichts geschehen wäre. Doch ich sah vor meinem geistigen Auge schon die Körper in den tosenden Wellen hüpfen, spürte die Kälte des Ozeans an mir hochkriechen und zitterte, während ich angelte. Dennis schien alles vergessen zu haben; er sorgte sich nur darum, daß ich seine Köder benutzte und noch immer keinen Fisch gefangen hatte. Es mußte doch endlich einer anbeißen, denn sonst würden wir mit weniger Fischen nach Hause ziehn als alle anderen Familien.

Jay beschloß, daß wir nun lang genug geangelt hätten, wickelte seine Schnur auf und legte seinen Fang in einen Korb. Royal, Nola und Reynold packten ebenfalls zusammen; die Gemeinschaft bot Sicherheit. Es wäre sehr, sehr töricht, allein zu fischen.

Am Fuß des Felsens neben dem großen Bergsee, Bitey-

Bitey genannt – «er heißt so, weil er aus deinen Füßen Hackfleisch macht», brüllte Nola –, wurden die Fische auf einen großen Haufen geworfen. Royal steuerte einen Fang in allen Farben des Regenbogens bei – blau, gelb gestreift und orangefarben, so leuchtend wie die Shorts des Pastors, mit phantasievollen Namen wie Hoo-oo-oo, Fafaye und Whistling Daughter –, der zu den für den Handel tauglichen Nanwe geworfen wurde.

Dennis sortierte die Fische nach Größe und Art. Dann zählte Dennis uns ab: Royal als ein Haushalt; Nola und Reynold als ein weiterer; Jay, Carol und ihre Kinder als ein dritter; und schließlich Dennis und ich. Er schichtete vier Haufen auf und vergewisserte sich, daß jeder Haufen die gleiche Anzahl Fische jeglicher Größe und Art enthielt. Als er damit fertig war, sah er auf, und alle wandten sich von den Haufen ab.

«Wem gehört das?» rief Dennis und zeigte auf einen Fischhaufen.

«Nola», sagte Jay mit dem Rücken zu den Fischen, und Nola drehte sich um und legte den Haufen in ihren Plastikkorb.

«Wem gehört das hier?» rief Dennis wieder.

«Royal», sagte Jay, und Royal nahm sich ihren Anteil. Und so wurde jeder Familie ein Haufen zugeteilt und niemand bevorzugt. Jeder erhielt den gleichen Anteil, egal, wie erfolgreich er gewesen war.

Ich wußte, daß ich von so etwas schon einmal gehört hatte, erinnerte mich aber erst Tage später daran, wo – im Logbuch von Kapitän Bligh.

Am Montag, den 25. Mai 1789, waren Kapitän Bligh und seine Getreuen schon fast einen Monat lang in der Barkasse auf See umhergetrieben. Die Rationen waren auf ein zwölftel Pfund durchnäßtes Brot reduziert – die Hälfte zum Frühstück und die Hälfte zum Mittagessen – und wurden mit einer Waage aus Kokosnußschale und einer Musketenkugel als Gewicht ausgewogen. Abendbrot gab es nicht.

An jenem Tag stießen ein paar Tropikvögel auf die Barkasse herab, so nah, daß jemand einen davon mit der Hand fing.* Er hatte, wie Bligh bemerkte, die Größe einer kleinen Taube. Der Kapitän teilte den Vogel einschließlich der Innereien in achtzehn Stücke, und «alles wurde nach der Methode ‹Wem gehört das hier?› mit dem Brot und dem Wasser zum Abendessen gereicht und samt Knochen und Salzwassersoße vertilgt». Das war der einzige Tropikvogel, den sie fingen.

Die Pitcairner verhielten sich so, als ob sie in einem Rettungsboot auf dem Meer trieben und nur begrenzte Vorräte zur Verfügung hätten, die sie aufteilen müßten, um das Überleben aller zu gewährleisten. Wenn sie von einem vorbeifahrenden Schiff drei Blatt Sandpapier bekamen, teilten sie jedes Blatt in achtzehn Stücke – die Zahl der Schnitzer auf der Insel –, auch wenn es bedeutete, daß jeder nur zwei, drei Quadratzentimeter bekam. Wenn ein Kapitän eine Riesenbüchse Vielfruchtmarmelade herausrückte, ging jede Familie mit einer namentlich gekennzeichneten Schüssel nach Big Fence hinunter, wo Meralda und Olive der Reihe nach jeweils einen Löffel in die Schalen taten. Ich schämte mich meiner aufkommenden Zweifel an der edlen Gesinnung der Insulaner.

* Diese Vögel wurden von den Seeleuten *noddys* genannt, «Schlafmützen», weil man sie an den Masten und Rahen der Schiffe einfangen konnte.

«Was ist das?» fragte ich, als ein Krebs über den Küchenfußboden krabbelte.

«Ein Krebs», sagte Dennis.

Ich hatte wissen wollen, was für eine Art von Krebs das war. Doch er konnte sich nicht vorstellen, daß ich überhaupt wußte, was ein Krebs war.

Mir lag noch eine Frage zu dem Ort, an dem wir gefischt hatten, auf der Seele.

«Sind auf Down Isaac's jemals Menschen ertrunken?» fragte ich Dennis.

«Viele», sagte er fröhlich. Sein Gleichmut ärgerte mich.

«Warum geht ihr dann dort angeln?»

Er zuckte die Achseln. «Wo denn sonst?»

«Tedside?»

«Frankie ist von Tedside hinuntergefallen», sagte er.

«St. Paul's?»

«Vor einiger Zeit sind dort zwei Männer ertrunken.»*

«An der Anlegestelle?»

«Man bekommt nur kleine Weißfische oder *buhi* unten am Anleger, wegen dem Öl von den Schiffen.»**

Dennis saß am Tisch, während ich den Ersatz-Teig für eine Hühnchen-Pfeilwurz-Pastete anrührte, die ich zum Abendbrot machen wollte. Ich hatte das Rezept Irmas Bildkochbuch entnommen, einer weiteren nützlichen Publikation der Adventisten, die die Frau eines früheren Pastors Irma geschenkt hatte. Darin stand:

* Im Jahre 1910 sind Harold Burdett Christian im Alter von siebzehn Jahren und Lavis Johnston im Alter von sechsundzwanzig Jahren bei St. Paul's ertrunken.

** Ein *buhi* ist eine Muräne.

Ersatz-Teig

4 Eßlöffel Wasser
1 Eßlöffel Zitronensaft
120 g Buttterersatz
1 Tasse Vollkornmehl

«Strom is' an», sagte Ben wie immer, obwohl der Strom morgens und nachmittags immer zur gleichen Zeit ansprang. Vielleicht machte Ben diese Bemerkung, weil er befürchtete, daß die Elektrizität an einem Ort, wo die Versorgung so unsicher war, eines Tages ganz ausfallen könnte. Sie wäre einfach nicht mehr da – die Tiefkühltruhen würden nicht anfangen zu grummeln, die Pfeilwurzpastete würde nicht gebacken und das Wasser im Kessel nicht mehr sieden. Und daher gab Ben an jedem Morgen mit dem Satz «Strom is' an» seiner Überraschung und Erleichterung Ausdruck.

«Der Strom ist da, Debbie, für deinen Kaffee», sagte Irma mitten in ihrem Monolog über die Härte des Lebens auf Pitcairn, der daher rührte, daß einer der beiden Fernseher im großen Zimmer während einer Seifenoper den Geist aufgegeben hatte.

«Es ist so schwierig auf einer kleinen Insel. Man kann einfach nichts reparieren lassen», sagte sie und echote immer wieder «kleine Insel», «kleine Insel», «kleine Insel», während sie zum Trost aufräumte und saubermachte.

«Steve. Steve. Bist du da?» Glens Stimme im Funkgerät brachte Irma zum Stillstand, als ob sie getanzt und die Musik plötzlich aufgehört hätte.

Steve meldete sich. «Glen. Geh auf zwölf.»

Dennis erreichte das Funkgerät vor Irma und schaltete auf Kanal zwölf. Sie standen beide da und starrten den Apparat an. Steve und Glen sprachen darüber, demnächst zum Fischen zu gehen. Ich vertiefte mich wieder in mein Rezept.

> 1 Tasse weißes Mehl
> 1/2 Teelöffel Salz
>
> Wasser und Zitronensaft erhitzen. Langsam in eine Schüssel über das gehackte Fett gießen. Tüchtig rühren, bis die Mischung leicht und kremig ist. Die übrigen trockenen Zutaten hinzufügen. Mit einer Gabel leicht durchmischen, um einen weichen Teig zu erhalten. Im Ofen bei sehr großer Hitze backen.

In *welchem* Ofen bloß, dachte ich und sah mich in Irmas Elektrogerätehandel um.

Ich hatte jetzt schon ungefähr einen Monat ohne Eier gekocht und gebacken, obwohl es noch drei Dutzend Eier im Kühlschrank gab. Irma hatte sie dann und wann kontrolliert und mich beglückwünscht, daß ich ihren letzten Vorrat nicht angerührt hatte. Doch ich fragte mich langsam, wofür wir die Eier aufsparten, wenn nicht zum Essen. Also beschloß ich, am nächsten Tag, während Irma in der Funkstation war, Biskuitkuchen zu backen, wofür man zwei Eier brauchte.

Ich schlug das erste auf. Das Eidotter hüpfte schwarz in die Schüssel, und der Gestank war unerträglich. Ich zerschlug das zweite, dann das dritte, dann das vierte, und alle waren schlecht und stanken. Ich machte weiter und fand im ersten Dutzend nur drei gute. Ich beschloß, das zweite Dutzend auch aufzuschlagen und die wenigen, die noch in Ordnung waren, zu verwenden. Insgesamt konnte ich sechs Eier retten. Statt Biskuitkuchen zu backen, entschied ich, würde ich ein Omelette zum Abendessen machen.

Als Irma nach Haus kam, hackte ich gerade Paprika. Sie sah die Schüssel mit Eidottern auf dem Tisch.

«Wofür ist das, Liebes?»

«Für ein Omelette!» sagte ich. «Als ich die Eier aufschlug, waren sie fast alle verdorben. Ich habe ein halbes Dutzend retten können und hielt es für das beste, aus ihnen ein Omelette zu machen!»

«Aber jetzt haben wir keine Eier mehr, Liebes!»

«Sie waren schlecht», sagte ich, weil ich annahm, daß sie mich nicht verstanden hatte.

Irma machte die Kühlschranktür auf und starrte hinein, als könnte sie die Eier wieder herbeizaubern, wenn sie es sich nur stark genug wünschte. Doch da war nur ein leeres Fach zu sehen. Mir wurde plötzlich klar, daß ich bei Irma noch nie ein Fach gesehen hatte, das nicht vollgestopft war.

Irma kniff kummervoll den Mund zusammen und schloß die Kühlschranktür ungewöhnlich langsam und leise.

«Wir – haben – keine – Eier», sagte sie.

«Wir hatten ohnehin keine Eier. Wir hatten nur *verdorbene* Eier. Das hier» – und ich hielt die Schale mit den Dottern hoch – «ist alles, was wir noch haben.»

Durch meine Erklärungen wurden die Dinge nicht besser, sondern eher schlimmer. Mangel, Not, Knappheit drohten und versetzten Irma in Panik. Es hatte ihr nichts ausgemacht, daß die Eier schlecht waren, solange sie in dem Kühlschrankfach ruhten. Leere Räume machten ihr angst. Man wußte ja nie, wann man sie wieder füllen konnte.

«Is' schon in Ordnung, Liebes», sagte sie. «Ich habe keinen Hunger», und sie ging zum Plumpsklo hinüber und sah richtig elend aus.

Meine Tage verbrachte ich inzwischen mit Kochen, Jäten, Waschen und gelegentlichen Angelausflügen, und an den Abenden saß ich auf der Veranda, arbeitete an meinem Korb und lauschte den Gesprächen. Eines Morgens wurde meine tägliche Routine durch einen Aufruf zu Gemeinschaftsarbeit unterbrochen. Gemeinschaftsarbeit war ein alternatives Steuersystem. Statt daß man einen Teil des Einkommens an die Verwaltung abführte, der unmöglich einzutreiben gewesen wäre und in den meisten Fällen nur Pfennige betragen hätte, mußten die Männer zwischen sechzehn und sechzig Jahren sich für Gemeinschaftsarbeit zur Verfügung halten – die Boote reparieren, die Wege roden oder die Geräte, mit denen man Zuckersirup und Pfeilwurz machte, instandhalten. In letzter Zeit hatten die Männer aufbegehrt: Heute verdienten die Frauen eigenes Geld *(Sieh dir Olive an! Sie ist seit fünf Jahren Verwaltungsleiterin und streicht über zweitausend Dollar ein!)* und sollten daher auch Gemeinschaftsarbeit leisten.

Wie immer vertrat Irma in dieser strittigen Frage einen klaren Standpunkt.

«Die Befreiung der Frau auf dieser Insel, meine Liebe», erläuterte sie, «ist nicht richtig verlaufen. Heute haben die Frauen die höchstbezahlten Regierungsjobs, müssen sich aber nicht an der Gemeinschaftsarbeit beteiligen. Royal zum Beispiel. Sie verdient 'ne Menge. Sie hat 'ne Witwenpension und ihren Regierungsjob. Und doch muß sie keine Gemeinschaftsarbeit leisten. Sie schnitzt viel. Während die Männer bei der Gemeinschaftsarbeit sind, kann sie Holzfiguren schnitzen und Geld verdienen. Die Frauen können auf den Schiffen Handel treiben, während die Männer die Fracht abladen müssen. Das ist nicht richtig.»

Terry, der an einer Schnitzerei arbeitete, während Irma Wäsche wusch und Teig knetete, schlug vor, daß man alle Regierungsjobs besteuern sollte, nicht aber den Verkauf von Kunsthandwerk und Andenken.

«Die Frauen haben es leicht», sagte Irma. «Während die Männer arbeiten, können sie sich mit irgendwas beschäftigen!» Sie hob die Arme hoch, die vom Auswringen der Kleidungsstücke naß waren, um diese erstaunliche und bestürzende Wahrheit zu unterstreichen.

«In Neuseeland ist es dasselbe», sagte Irma. «Sie haben da diese Unterstützung.»

«Das Arbeitslosengeld», warf ich ein.

«Nun ja», erklärte sie. «Leute, die arbeiten, müssen für die, die nicht arbeiten, Steuern zahlen. Das ist nicht fair. Ich meine, sie sollten das ändern.»

Irma – als Hilfsfunkerin Nummer zwei, Schreibkraft, PR-Frau der Insel – hatte ein zu versteuerndes Einkommen. Aber sie war kurz vorm Ruhestand und zu alt, um Straßen in Ordnung zu bringen. Also bot ich an, mich an ihrer Stelle an den Gemeinschaftsarbeiten zu beteiligen.

Oft schien Irma dankbar zu sein, aber ich wußte nie, ob sie mich in dem Glauben lassen wollte, daß ich ihr einen Gefallen tat, oder ob sie sich wirklich freute. Doch ihre Freude über mein Arbeitsangebot war nicht gespielt. Die Furchen in ihrem Gesicht glätteten sich und zogen sich aufwärts, und zum ersten Mal sah sie außerhalb ihres Schuppens wie VR6ID aus.

«Die Menschen werden dich sehen», sagte sie. «Es gefällt mir, wenn die Leute sehen, daß du arbeitest, meine

Liebe. Es ist gut für sie, wenn sie das sehen. Niemand kann behaupten, daß ich nicht arbeiten will.» Und sie lächelte so ungekünstelt, daß ich ebenfalls lächelte vor Glück, ein würdiges Mitglied der Gemeinde zu sein.

Als die Glocke am Platz eines Morgens dreimal läutete, nahm Ben, der schon siebzig war und nur noch Geld mit dem Verkauf seiner Schnitzereien verdiente, still und leise seine Hacke in die Hand, setzte seine *taumata** auf und wartete auf der Veranda auf Dennis und mich. Er mühte sich auf den Rücksitz von Dennis' Motorrad, und wir fuhren in westlicher Richtung einen Pfad hinauf, den ich noch nie zuvor benutzt hatte. Der Weg wand sich zu Garnet's Ridge hoch, mit nahezu vierhundert Metern die höchste Erhebung der Insel, die im allgemeinen Highest Point genannt wurde.

Wir hielten an einer gewaltigen Straße an, fast drei Meter breit – eine richtige Inselautobahn. Einige Männer stützten sich am Straßenrand auf ihre Holzgeräte und schwatzten mit anderen, die bestenfalls mit der Vegetation zu spielen schienen.

Ben rutschte vom Sattel – er konnte nicht springen – und ging zum Randstreifen, wo er an den Farnen und dem Unkraut herumhackte. Jedesmal wenn er mit seiner Hacke an ein Wandelröschen kam, verströmten die kleinen gelben und dunkelroten Blüten einen starken, süßen Duft. Doch die Spitze seiner Hacke war so klein und die Vegetation so hart und kräftig, daß Ben nicht viel ausrichtete. Aber er

* *taumata* ist das alte tahitianische Wort für einen Hut aus geflochtenen Kokosblättern. Auf Pitcairn wird der Begriff für jede Art von Kopfbedeckung gebraucht, wie zum Beispiel für Bens wollene Troddelmütze.

hackte weiter geduldig auf jeden widerspenstigen Farn ein, bis ein paar Zentimeter an der Seite gerodet waren und es einen freien Abzugsgraben für den Regen am Straßenrand gab.

Einst hatten die Inselbewohner, damals noch dreihundert an der Zahl, die Pflanzenwelt fest im Griff gehabt. Es gab große Gebiete gerodetes Land, abgegrenzte Gärten und Straßen mit sauberen Kanten zwischen der roten Tonerde und der grünen Vegetation. Doch heute, da die Bevölkerungszahl unter fünfzig lag, hatte die wilde Natur die Oberhand gewonnen. Blätter, Ranken, Äste und Zweige überwucherten die Wege und ließen sie fast unkenntlich werden. Hibiskus und Wandelröschen überwucherten die Häuser, wenn man sie nicht regelmäßig zurückschnitt; die unteren Wände des Gerichtsgebäudes waren davon bedeckt. Malabarabäume hatten Brown's Water gestaut. Gärten wurden ständig überwuchert, so daß das Getreide zuwenig Licht bekam und die Bohnen erstickten. Wenn die Natur etwas wollte – die Nahrung eines Inselbewohners oder sein Haus –, dann konnte sie es sich nehmen.

Ben jätete und hackte schweigend und ohne Pause vor sich hin. Aber die jungen Burschen holten mit ihren Werkzeugen kräftiger aus und rissen zotige Witze.

«*It make em stiff* – Es macht sie steif», sagte Trent. «Das ganze Hacken.»

«Ich bin schon die ganze Zeit steif», sagte Nigger und meinte offensichtlich nicht seine Muskeln. Ich bemerkte, daß sich auf seinen Oberarmen leichter Schweiß wie Tau ausgebreitet hatte. Es schien lange her und weit weg, daß ich den feuchten Körper eines andern Menschen berührt hatte.

Der derbe Scherz bot eine Gelegenheit, die Arbeit zu unterbrechen, und alle Männer setzten ihre Werkzeuge ab und sahen Nigger an, der sich für den nächsten Einzeiler rüstete.

«Vielleicht macht Worree deshalb keine Gemeinschaftsarbeit», steuerte Glen bei. «Er ist nie steif!»

Worree war der Spitzname für Tom Christian. Tom, der Insel-Intellektuelle, machte sich nicht gern die Hände schmutzig. Doch Perry arbeitete statt seiner und griff die Pflanzen systematisch und mit voller Kraft an.

Zu meiner Überraschung beteiligte sich der Pastor an den ordinären Reden und brachte sogar einen Namen ins Spiel, der seiner Meinung nach auf die Liste von Männern gehört, die «nie steif» wären. Manchmal holte er seinen Videorekorder aus dem vorderen Korb seines Motorrads und filmte die Arbeitenden; doch meistens stützte er sich auf seine Hacke, lachte über die Geschichte von jemand anderem oder erzählte selbst eine. Die meisten seiner Geschichten hatten mit dem Fischfang zu tun, den er über alles liebte. Oft stand er einen ganzen Tag lang mit Nigger, Len und Glen in Down Rope oder Tedside und hielt die Angelschnur ins Wasser. Er war auch dafür bekannt, daß er mit Begeisterung Nanwefische verzehrte und alle früheren Rekorde auf Pitcairn gebrochen hatte, als er einmal zwölf ganze Fische auf einmal verschlang.

Das Geplauder wandte sich vom Sex ab und den Schiffen zu. Jemand sagte, daß am Sonntag um die Mittagszeit ein schwedisches Schiff vorbeikäme, und wieder wunderte ich mich, wie er darauf kam, Informationen schienen auf Pitcairn aus dem Nichts aufzutauchen, aus Quellen aufzusteigen, die ich noch nicht ergründet hatte.

Terry, der bisher noch nichts gesagt hatte, murmelte: «Das letzte Mal, daß ein schwedisches Schiff kam, war am

3. Juni 1989. Der Kapitän war echt in Ordnung. Er gab mir einen großen Regenmantel. Doch der Filipinosteward war gemein», und keiner hörte ihm mehr zu, weil Terry immer alles über die Schiffe wußte.

Am Straßenrand war eine kleine Strecke gerodet worden, als Steve beschloß, daß wir unsere Arbeit für diesen Tag beenden könnten. Es war gegen Mittag und Zeit zum Frühstücken.

Perry ging voran und holte mit seinen nackten, muskulösen Beinen forsch aus, statt normal zu gehen. Sein Oberkörper war nackt, braungebrannt und glänzte vor Schweiß, wodurch er aussah, als hätte er seine haarlose Brust eingeölt. Seine Haut war so makellos, seine Bräune so ebenmäßig und sein Lächeln so starr, daß er trotz seiner schönen männlichen Gestalt nicht sexy wirkte. Ich hätte seinen vollkommenen Körper ebensowenig berühren wollen wie den einer Schaufensterpuppe.

«Würdest du gern mit mir zurückgehen?» sagte er in perfektem Englisch, das trotz der Einladung kalt und ungerührt klang.

«Sicher.»

Meine Beine waren mit Moskitobissen übersät, einige noch frisch, andere mit leichtem Schorf bedeckt. Meine Hände hatten Blasen vom Hacken, meine Haare waren schmutzig vom Straßenstaub. Mein Schweiß klebte nicht wie ein dünner Ölfilm an mir; er durchweichte meine Kleider und lief mir die Beine hinab. Ich fühlte mich unwohl. Im Gegensatz zu Perry schaffte ich es nicht, den Anschein zu erwecken, mir in einem Südseeparadies eine schöne Zeit zu machen. Ich sah erschöpft und mitgenommen aus. Ich sah so aus, als hätte ich einen ganzen Morgen auf der Straße gearbeitet.

Perry schritt selbstbewußt den Pfad hinunter.

«Gefällt es dir auf Pitcairn?» fragte er.

«Klar doch.»

«Mir gefällt es gut hier. Pitcairn entspricht genau meinen Erwartungen.» Er sagte das so, als wollte er sich selbst gratulieren.

«Natürlich nicht die Videos», meinte er. «So was habe ich nicht erwartet. Aber alles andere. Ja. Ganz gewiß.»

Perry hatte über drei Jahre gebraucht, um nach Pitcairn zu kommen, und hätte zumindest einen Preis für seine Hartnäckigkeit verdient. Sein Antrag auf Aufenthalt war mehrere Male abgelehnt worden. Denn Perry war ein unverhohlener Paradiessucher und hatte das nicht verheimlicht. Er hatte eine ursprüngliche Insel gesucht, wo er und seine Freundin sich ein Stück Land kaufen, ein Haus bauen und sich niederlassen könnten. Perry war fünfundzwanzig, seine Freundin fünfzehn Jahre alt.

Sie war in Deutschland geblieben, während Perry dreitausend Dollar bezahlt hatte, damit ihn eine Jacht von Tahiti nach Pitcairn mitnahm. Er wollte die Grundlage für ihr gemeinsames neues Leben schaffen, dann nach Deutschland zurückkehren und seine Braut nachholen. Dann wäre sie gerade sechzehn geworden und hätte ihn ganz legal heiraten können. Er zeigte mir ein Bild von ihr, das er in seiner Tasche hatte. Sie war wirklich noch ein Schulmädchen, und ein besonders hübsches dazu. Mit langem, blondem Haar und einem koketten Lächeln war sie die ideale Partnerin für den wohlgestalteten Perry im perfekten Paradies.

Als sein Antrag zum dritten Mal vom Rat abgelehnt worden war, der von Paradiessuchern nichts mehr wissen wollte, beschloß Perry, einen offenen Brief an die Pitcairner zu schreiben. Der Brief – in dem er anbot, ganztags für jede Familie zu arbeiten, die ihn auf die Insel einladen würde – wurde vor dem Gerichtsgebäude ausgehängt. Tom Christian nahm das Angebot an.

Jetzt lebte Perry mit Tom und Betty, fischte, jätete, handelte, übernahm Toms Gemeinschaftsarbeit und grub mit ihm ihren neuen Brunnen. Er war ein guter Arbeiter und befreite Tom von den niederen Aufgaben, die ihm wenig behagten, so daß er sich seinem Amateurfunk widmen und sein Tagebuch schreiben konnte. Perry half Betty auch in ihrem Garten. Ich hatte gehört, daß der Brokkoli, den er vor einem Monat angepflanzt hatte, gut gedieh.

«Wie hast du dich hier eingewöhnt?» fragte ich vorsichtig. Vielleicht würde er mir, einer Fremden, eingestehen, daß er sich unbehaglich fühlte, daß es schwer war, an so einem kleinen Ort akzeptiert zu werden. Ungeachtet des äußeren Scheins könnte Perry doch ein Vertrauter werden.

Perry erklärte selbstsicher, daß er überhaupt keine Probleme hätte. Es sei ihm erstaunlich leichtgefallen, in der Gemeinschaft akzeptiert zu werden, und alle hätten ihn mit offenen Armen aufgenommen.

«Ja. Mit offenen Armen», wiederholte ich leise.

Wir gingen Jack's Tatties hinunter, an Royals Haus vorbei. Sie lebte am Ortsrand, und ihr Haus mit dem großen Vorgarten, der zu ihrer Tür hochführte, hatte etwas Vorstädtisches an sich.

Plötzlich erschien Royal in ihrer Auffahrt.

«*Wut away you?*» begrüßte sie mich. Sie sah uns von oben bis unten an und reckte ihren Hals, so daß sie den Weg überblicken konnte.

«*Good 'un*», antworteten wir im Chor.

«Was wollt ihr machen?» Royal hätte eine gute Vernehmungsbeamtin abgegeben. Sie war immer so verstörend direkt, daß ich zuerst erschrak, dann Schuldgefühle bekam, weil ich keine unmittelbare Antwort wußte, danach errötete und vermutlich den Eindruck erweckte, als ob ich ein Verbrechen verbergen müßte, das ich gerade begangen hatte oder zumindest begehen wollte.

«Babys», sagte Perry im Versuch, einen pitcairnesischen Witz zu machen, und wir setzten unseren Weg fort.

«Mein Gott!» sagte ich in der Hoffnung, daß uns Royal nicht hatte hören können.

Perry stieß ein trockenes Lachen hervor.

«Mein Gott!» sagte ich erneut. Ich stellte mir schon vor, wie Royal ihr Motorrad bestieg, zu Irma bretterte, sich durch die Bananen zwängte und allen, die sich auf der Veranda befanden, zurief: «Nola? Charles? Charlotte? Terry? Dennis? Ich habe gerade Debbie und Perry getroffen. Sie gehen vögeln!»

Gerade als Ben ein Dankgebet zum Abendbrot sprach, kam die Nachricht über Funk, daß sich ein Schiff näherte. Wir legten unsere Gabeln nieder und starrten auf das Gerät.

«Pitcairni. Pitcairni. Pitcairni.»

Keine Antwort.

«Pitcairni. Pitcairni. Pitcairni.»

Dann hörten wir Jays Stimme. «Hier Pitcairn Island.»

Es war ein Schiff vom Balkan, ein 36 000 Tonnen schwerer Frachter, der sieben Meilen vor der Küste von Pitcairn entlangfuhr.

«Sind Sie ein Pitcairner oder ein Engländer?» fragte der diensthabende Offizier.

«Ich bin Pitcairner», sagte Jay.

«Dann muß Ihr Name sicher Adams sein!» Der Offizier war entzückt.

«Ich bin Warren», sagte Jay. «Jay Warren. Von einem Walfänger aus dem letzten Jahrhundert.»

Der Offizier ließ sich nicht beirren. «Wie viele seid ihr auf Pitcairn? Habt ihr dort eine Schule? Habt ihr elektrischen Strom?» Er lachte nach jeder Frage, als ob er einen Witz erzählte.

Es war schon dunkel, und der Wind blies mit etwa vierzig Knoten. In vier Tagen war der kürzeste Tag des Jahres. Doch die Inselbewohner ließen sich nicht abhalten, auch bei Dunkelheit und schlechtem Wetter zu den Schiffen hinauszufahren.

Jay erkundigte sich nach dem Namen und dem Zielort des Schiffes. Dann sagte er: «Wollen Sie nicht vor der Insel einen Stop machen?»

Der Gedanke, bei diesem Seegang hinauszufahren, versetzte mich in Panik. Doch die Gelegenheit zum Handel durfte nicht verpaßt werden; Schiffe waren selten in diesen Tagen. Und wenn sie Jays Bitte nachkamen, würde man die Glocke läuten, die Motorräder anwerfen, und ich würde die Andenken einsammeln und mit Dennis zur Landestelle hinunterbrausen.

Dennis und ich starrten das Funkgerät an und warteten auf die Antwort des Offiziers.

«Nein, vielen Dank. Wir müssen Ende des Monats in Auckland sein.» Und das Schiff fuhr weiter.

Die Versammlung, auf der man den Vorschlag für ein Inselmuseum diskutieren wollte, sollte nun endlich stattfinden. Sie war schon mehrmals wegen schlechten Wetters verschoben worden; doch heute war ein schöner Tag, und der Wind konnte sich binnen einer Stunde legen. Obwohl man auf Pitcairn nichts sicher vorhersagen konnte.

Irma hatte mich mit der Thematik vertraut gemacht. Das Hauptproblem des Museums, das lokale Handwerkskunst und Memorabilien von der *Bounty* ausstellen sollte, war, daß niemand sich von seinen Sachen trennen wollte. Die meisten Familien besaßen ein Erinnerungsstück an die Legende; eine Kanone der *Bounty* lagerte in Elwyn Grass vor dem Haus von Len und Thelma; Tom Christians Haus war mit Steinen gebaut, die einmal dem Sohn von Fletcher Christian gehört hatten; jede Familie besaß, in alte Zeitungen gewickelt, ein paar Nägel von der *Bounty*; und über dem Schreibtisch, an dem Olive die Lohnabrechnungen machte, hing an einem Brett unter einem Kalender vom letzten Jahr das Beil der *Bounty*.

Über ein Museum, das diese Artefakte beherbergen und schützen, bewahren und katalogisieren könnte, wo Besucher gegen Bezahlung herumgeführt würden, hatte man schon vor einigen Jahren diskutiert. Tom hatte der Idee neues Leben eingehaucht; das Pitcairn Island Museum war sein Lieblingsprojekt. Und er hatte das zweite größere Hindernis überwunden – wo und auf wessen Land es stehen sollte – und den Kunstraum der Schule, der nicht mehr benutzt wurde, angeboten.

Doch Irma hatte immer noch Bedenken. Warum sollte irgend jemand seine Sachen einem Museum schenken? Woher sollten sie wissen, daß sie dort sicher waren? Und wer würde das Geld von den Besuchern bekommen? Ich hatte gehört, wie Irma und Royal diese Angelegenheit auf der Veranda besprachen. Sie kämpften nicht gegeneinander, sondern gegen eine dritte, namenlose Macht – «sie», «du weißt schon». Ich freute mich schon auf ein turbulentes Treffen im Gerichtsgebäude.

Die ganze Insel machte sich auf den Weg und setzte sich

auf Bänke, die reihum an den Wänden aufgestellt waren; sie sahen aus wie alt gewordene Teenager bei einem Schulball, die darauf warteten, daß man sie zum Tanz aufforderte. Tony saß in der Mitte des Kreises und erläuterte seine Pläne, bevor er das Projekt zur Diskussion stellte. Aber es gab keine Diskussion. Sogar Nola nickte zustimmend, als Tony ausführte, daß es doch viel besser wäre, wenn zum Beispiel alle Nägel von der *Bounty* an einem Ort sicher hinter Schloß und Riegel aufbewahrt würden. Ein Museumsausschuß wurde gewählt, indem einer den andern vorschlug, der sich erst zierte und dann dankend annahm. Es gab keine Einwände und keine umkämpften Posten. Die Versammlung näherte sich dem Ende.

Die Leute schlurften in den milden Abend hinaus und füllten die einzige lange Bank, die eine Seite des Platzes einnahm. Ich setzte mich auf die Stufen vor dem Gerichtsgebäude und beobachtete, wie sich die friedliche, willfährige Gemeinde in eine laute, streitbare, erregte Menge verwandelte. Jetzt nickten sie nachdrücklich mit dem Kopf: natürlich hatte man zu Recht seine Zweifel. Wer hatte denn die Zeit, ein Museum zu leiten? Warum sollten sie ihre Sachen weggeben, damit Besucher sie angafften? Was war der Nutzen für die Pitcairner?

Ihre Zweifel waren berechtigt. Trotz eines Gesetzes, das es verbot, Relikte der *Bounty* von der Insel zu entfernen, hatten Fremde vieles außer Landes geschleppt. Schon 1850 hatte Walter Brodie berichtet: «Wenig ist von der *Bounty* übriggeblieben, da jedermann versucht, ein Stück von ihr zu ergattern. Ich habe ein kleines Stück Holz bekommen, aus dem ich mir eine Kiste gemacht habe, und einen Teil von ihrem Kiel.» Das Ruder, das 1933 aus den Gewässern um Pitcairn herausgefischt wurde, befindet sich in einem Museum in Suva, Fiji. In den fünfziger Jahren schleppte eine National Geographic Expedition, die behauptete, das Wrack zuerst entdeckt zu haben, noch mehr Schiffsteile davon. Der Kupferkessel der *Bounty*, mit dem McKoy Alkohol destillierte, steht heute auf der Insel Norfolk. Andere Artefakte waren von den Inselbewohnern einfach verkauft worden. Zwanzig Dollar konnte man für einen Nagel von dem bewaffneten Handelsschiff Seiner Majestät, der HMAV *Bounty*, bekommen.

Perry saß an einem Ende der Bank. Ich ging auf ihn zu und hielt dann inne. Royal war mit Nola da, und wenn ich mich zu nah zu Perry setzte, wurden sie vielleicht mißtrauisch. Ich hatte mich Tony gegenüber sehr kühl verhalten und ihm nur kurz zugenickt, als ich in die Versammlung ging, um keinen Stoff für die Gerüchteküche zu bieten. Paßte Irma auf, wo ich mich hinsetzte? Natürlich nicht. Ich fing an, herumzuspinnen! Also ging ich nach Haus, machte mir eine Tasse Kaffee und zog mich in mein Zimmer zurück.

Ich lebte jetzt seit acht Wochen auf Pitcairn und dachte mir, ich könnte das vielleicht feiern, indem ich eines der Päckchen aufmachte, die mir meine Freundin vor meiner Abreise mitgegeben hatte. *Das ist so, als würden wir miteinander reden; jedes Geschenk verlangt eine Reaktion von dir. Sonst vergißt du noch, daß hier bei uns, ebenso wie bei dir dort draußen, eine Welt weiterlebt und sich verändert.*

Mein Koffer war noch fast so, wie ich ihn gepackt hatte; die Schreibmaschine, das Papier, die Farbbänder und die Korrekturflüssigkeit schienen mir auf Pitcairn seltsame Dinge zu sein. Ich fand die Päckchen und wickelte eines aus dem Geschenkpapier. Was immer einmal darin gewesen sein mochte, hatte sich aufgelöst. Es wimmelte von Maden.

Ich versuchte, mir vorzustellen, was es gewesen sein konnte. Es mußte Fleisch gewesen sein. Es *war* Fleisch. Nichts anderes konnte Maden so anziehen. Und es war natürlich nicht einfach nur Fleisch. Es war *Schweinefleisch*. Was war es gewesen? Dörrfleisch? Fleischpastete? Meine Freundin hatte gewußt, daß Schweinefleisch auf Pitcairn verboten ist, also hatte sie es mir als Leckerbissen mitgegeben.

Was hatte sie sich bloß bei diesem Geschenk gedacht? Wußte sie nicht, daß Reisen bedeutete, sich dem Glauben der Gastgeber anzupassen? Ich hatte mich bemüht, nichts zu tun, was die religiösen Gefühle der Pitcairner verletzen könnte; ich war besonders vorsichtig gewesen, wenn es um Irmas Empfindlichkeiten ging.

Meine Freundin hatte recht gehabt; selbst in der Ferne bewirkte das Paket, daß wir miteinander redeten. Nur daß wir nicht redeten, sondern stritten. Ich war so wütend, daß ich mich zusammennehmen mußte, um nicht laut loszuschreien.

Neuntes Kapitel

Tedside

D*as schöne Wetter* ermunterte alle, in ihren Gärten zu arbeiten. Perry war an den meisten Nachmittagen zwischen Bettys Wassermelonen anzutreffen, wo er Unkraut jätete und die Pflanzen beschnitt. Betty galt als heiße Favoritin beim diesjährigen Wassermelonenwettbewerb, und man erwartete, daß sie ein Exemplar von über fünfzig Pfund auf die Waage bringen würde. Ben, der nichts weiter trug als Shorts und seine *taumata*, ging zu seinem Garten bei Big Grass hinauf, wobei ihm seine umgedrehte Hacke als Spazierstock diente. Er hatte das Gelände gerodet und pflanzte Maniok an, indem er die Stengel in Stücke brach und sie in die Erde steckte. Wenn es nach Regen aussah, zog Ben seinen Regenmantel über die Shorts, dann waren nur noch seine bloßen Beine und Füße zu sehen, und er hätte unter seinem Mantel auch völlig nackt sein können.

Jeder hatte seinen eigenen Garten; Bens und Irmas Grundstücke lagen getrennt voneinander, das von Irma befand sich direkt oberhalb unseres Hauses. Dennis hatte eine Parzelle weiter unten am Hügel. Laut der letzten Zählung, die vor einigen Jahren stattgefunden hatte, gab es über einhundertfünfzig Gartenparzellen auf Pitcairn. Die größte umfaßte etwa 1300 qm, was der Größe eines anständigen englischen Hausgartens entspricht, obwohl ich selbst nie einen dieser Größe gehabt hatte. Unterhalb von Dennis' Haus am Edge gab es ein Stückchen Land, das mit meterhohem Unkraut und Gras überwuchert war und das ich haben könnte, wie Dennis mir sagte.

Nach seiner Ankunft auf Pitcairn hatte Fletcher Christian begonnen, sein neues Reich europäischem Besitzrecht entsprechend aufzuteilen, indem er auf einer primitiven Karte säuberliche Linien zog. Selbst felsige Gebirgsgegenden wurden verteilt, so daß die Bezeichnung Down Isaac's von seinem Besitzer Isaac Martin, dem Meuterer, herrührt. Christian verteilte das Land mittels Los, da er dies für die gerechteste Methode hielt. Aber bei dieser Lotterie konnten nur neun Namen gezogen werden – die der Meuterer. Diejenigen, die wußten, wie man das Land bestellte – die polynesischen Männer und Frauen –, besaßen kein eigenes Land, das sie bestellen konnten. Nur wenn sie für die Europäer arbeiteten, durften sie den Boden bearbeiten.

Zwei Jahrhunderte lang waren diese Grundstücke immer wieder geteilt worden, wenn sie von den Eltern auf die Kinder übergingen. Selbst wenn das Land unbebaut blieb, verfiel das Besitzrecht nicht, sondern konnte über Generationen weitervererbt werden. So war es möglich, daß jemand, der fünfzig Jahre zuvor die Insel verlassen hatte, sein Land seinen Kindern vermachte, die die briefmarkengroßen Parzellen unter sich aufteilten, bevor sie die immer winziger werdenden Grundstücke wiederum an ihre Kinder vererbten, von denen keines je auf Pitcairn gewesen war.

Jedes Stück Land auf der Insel, ob bebaut oder unbebaut, gehörte jemandem – eine amtliche Vermessungskarte der Insel wäre mit dichten Linien überzogen –, und jeder wußte, wem welches Grundstück gehörte. Aber nicht nur die einzelnen Grundstücke hatten einen bestimmten Eigentümer. Jeder Obstbaum – jeder Jackfrucht-, Orangen-, Mango- oder *fei'i*-Baum* gehörte jemandem, selbst wenn er wild zu wachsen schien, und jeder Inselbewohner wußte, welchen Baum er absägen durfte und welchen nicht. Das fand ich heraus, als ich eines Tages eine Orange heimbrachte, die ich unter einem Baum am Weg gefunden hatte. Bis ich bei Irmas Haus angekommen war, hatte ich die Hälfte des süßen Fruchtfleischs gegessen.

«Eine köstliche Orange», sagte ich zu Irma. «Möchtest du auch was abhaben?»

«Wo hast du die her, meine Liebe?»

Ich machte vage Angaben über irgendeinen Weg in der Nähe der ersten Baustelle von Dennis' Haus. Es war mir nicht möglich, die Lage von Bäumen mit derselben Genauigkeit anzugeben, wie die Einwohner Pitcairns das konnten.

«War es in der Nähe von fünf Reihen wilder Bohnen?»

Ich konnte mich nicht erinnern, in der Nähe wilde Bohnen gesehen zu haben. Aber langsam begannen Irmas Fragen mich zu ärgern. Immer wollte sie in allen Einzelheiten wissen, was ich getan, gesehen oder wen ich getroffen hatte. Erst letzten Abend hatte sie mich gefragt, ob Alison in Big Fence gewesen sei. *Natürlich* war sie in Big Fence gewesen, dort wohnte sie schließlich.

«Meine Liebe, es geht nur darum, daß du die Orangen von jemand anderem nicht essen darfst.»

«Aber es war ein Baum mitten in der Wildnis. Weit und breit war kein Haus zu sehen.»

«Jeder Baum gehört jemandem», sagte Irma. «Der Baum

* *fei'i* bedeutet Paradiesfeige, von polynesisch *fayee*

mit den sauren Orangen in Up Pulau gehört Bernice.» Das verwirrte mich, da Bernice am anderen Ende der Stadt wohnte, und der Orangenbaum direkt vor dem Schulhaus stand, und von Rechts wegen vom Lehrer hätte abgeerntet werden sollen.

«Die Paradiesfeigen hinter Brown's Water, auf dem Weg nach Tedside, gehör'n Bla Bla. Daneben steht der Orangenbaum, der der Regierung gehört.» Die Regierung besitze Bäume auf der ganzen Insel, erklärte Irma. Der Lehrer, als der Stellvertreter der Regierung, sei der einzige, der ihre Früchte ernten dürfe.

«Nur Bananen», sagte Irma, «gehör'n allen.» Sie wanderte durch die Küche und vergegenwärtigte sich die Topographie von Pitcairn.

«Sie lag auf dem Boden», sagte ich. «Ich habe sie nicht gepflückt.»

«Kann sein», sagte Irma und dachte über den Einwand nach. «Wenn sie am Boden liegt, kann sie vielleicht jeder nehmen. Aber wer weiß, wo du sie gefunden hast. Es ist besser, sie liegen zu lassen.»

Meinen Garten anzulegen war ein schwieriges Unternehmen: Zuerst mußte das Grundstück gerodet werden. Dennis fand einen Spaten und einen Rechen für mich, und ich begann zu arbeiten. Irma wies mich darauf hin, daß die Erde gut umgegraben werden müsse, damit die Samen Wurzeln schlagen könnten. Anschließend müßten Furchen gezogen werden, so daß, wie nach dem Pflügen, kleine Hügel und Mulden entstünden und der Mais, die Bohnen, der Kohl und was immer ich pflanzen wollte klar voneinander getrennt wären. Rick kam eines Tages vom Missionshaus herüber und sagte, er habe zu viele Kopfsalatsetzlinge. Sobald ich mit dem Umgraben fertig sei, würde er mir welche überlassen. Es sei ein Wunder, sagte er, wie gut auf Pitcairn alles wachse.

Manchmal gönnte ich mir eine Pause bei meiner Gartenarbeit, um Dennis zur Hand zu gehen. Er besaß genügend Bretter, um die Wände eines Zimmers zu verschalen, also entschied er sich fürs Schlafzimmer, und ich strich es leuchtendblau an, da es die einzige Farbe war, die er hatte. Nachdem ein Zimmer fertig war, erinnerte Dennis' Heim noch mehr an ein überdimensionales Puppenhaus und Dennis und ich an Puppen, mit denen ein Riese hätte spielen können.

Auf diese Weise veränderte sich mein Tagesablauf; am Morgen kochte und putzte ich, und am Nachmittag grub und hackte ich zu dem Lärm, den Dennis beim Bau seines Hauses machte – *bumm, bumm, bumm.* Terry arbeitete an seiner Seite, allerdings geräuschlos, da er die Leitungen verlegte. Am frühen Abend saß ich entweder auf der Veranda und arbeitete weiter an meinem Korb, der inzwischen allerdings fast fertig war, oder ich ging nach Big Fence oder Tamanu hinunter, wo Nigger Brown wohnte.

Tamanu war ein beliebter Treffpunkt für das halbe Dutzend junger Leute von Pitcairn, die dort hinkamen, um Karten zu spielen, Musik zu hören, und, falls der Pastor, ein enger Freund von Nigger, nicht anwesend war, Bier zu trinken. Alison brachte mir eines Abends bei Nigger Canasta bei und fragte mich, ob ich am nächsten Abend, wenn Nigger beim Fischen sein würde, vorbeikommen und lernen wolle, wie man Hattieblätter bemalt.

Niggers Haus war ganz anders als die anderen Häuser. Es gab wenig Elektrogeräte, keine Trennwände und war mit geschmackvollen einfachen Möbeln im skandinavischen Stil eingerichtet. Niggers Heim hätte überall sein können, bloß nicht auf Pitcairn. Sicherlich war es auf der ganzen Insel der unpassendste Ort, um Eingeborenenhandwerk zu erlernen. Alison hatte die Hattieblätter über eine Woche in einem Kübel eingeweicht – *«til em smell like shit»* –, sie anschließend geschält und in der Sonne getrocknet. Diejenigen, die sie mir zeigte, hatten die Größe von Untertassen und die Form einer Lunge, das feine Gewebe war von weißen Adern durchzogen.

Alison nahm ihre Farben und Pinsel heraus. Man müsse die Blätter Schicht um Schicht bemalen, belehrte sie mich, und mit jeweils nur einer Farbe. Wenn man versuche, das ganze Bild auf einmal zu malen, flössen die Farben ineinander. Sie schlug vor, wir sollten Blumen malen, die seien am einfachsten, ließen sich allerdings nicht so gut verkaufen wie Bilder von der *Bounty*. Bei den Gemeinschaftsarbeiten hatte Alison die Aufgabe, das Grab John Adams' zu betreuen, und war damit verantwortlich für die Pflege der Ruhestätte eines der Meuterer der *Bounty*. Es mußte aufregend sein, auf diese Weise die Geschichte zu bewahren, dachte ich.

«Interessant?» fragte ich.

Alison schnaubte. «Langweilig», sagte sie. «Verdammt langweilig. Ganz beschissen langweilig für zwanzig Dollar im Monat.»

Ich fragte Alison, wie alt sie sei, und sie sagte neunzehn, was mich überraschte; ich hatte sie viel älter geschätzt. Nicht wegen ihres Aussehens, das schwer einzuschätzen war, sondern weil sie ihre Unschuld verloren zu haben schien. Nicht die sexuelle Unschuld, sondern vielmehr eine unverstellte Art, auf die Umwelt zu reagieren. Sie ließ sich nicht so leicht einschüchtern oder aus der Fassung bringen. Sie wußte, wie schlecht die Welt sein konnte.

Sie war besonders kritisch, was Pitcairn anbelangte.

«Es ist einzigartig», sagte sie. «Es gibt keinen anderen Ort wie diesen. Und allein deswegen bin ich sehr glücklich, hier zu sein. Glücklicher, als ich anderswo sein könnte. Aber gleichzeitig deprimiert es mich auch schrecklich.»

Ich zeichnete mit einem Bleistift die Umrisse einer Blume auf das hauchdünne Blatt. Es sollte eine Hibiskusblüte sein – eine weitgeöffnete Blume mit großen flachen Blütenblättern, die sich überlappten, und einem langen schwarzen Stiel. Ich mischte ein bißchen rosa Farbe, malte mit breiten Strichen einige der Blütenblätter aus und sparte einige Stellen aus, die mit dunkleren Rosatönen ausgefüllt werden konnten. Dann wartete ich, bis die Farbe getrocknet war.

Ich glaubte zu wissen, was Alison meinte. Manchmal stimmte mich die bloße Tatsache, hier auf Pitcairn, am ungewöhnlichsten aller Orte zu sein, froh. Ich wußte, daß alles, was ich tat und sah, nur auf Pitcairn so gesehen und getan werden konnte. Pitcairn gehörte zu einer bestimmten Art von Orten. Es war nicht irgendeine amerikanische Stadt im Mittleren Westen, nicht irgendein Badeort im Süden Spaniens, nicht einmal irgendeine andere Insel im Südpazifik. Es war mit keinem anderen Ort zu vergleichen; es war Pitcairn.

Aber manchmal war dieser Gedanke bedrückend, denn die Einzigartigkeit verdankte sich seiner Isolation. Man konnte nicht in die nächste Stadt weiterziehen oder einen anderen Ort an der Küstenstraße besuchen. Alles, was man sah und tat, war alles, was man sehen und tun konnte, bis man die Insel wieder verließ, vermutlich für immer.

Alison hatte ein Dutzend oder mehr Blätter vor sich ausgebreitet und war eifrig bei der Arbeit. Sie war bekannt für ihren geschickten Umgang mit Hattieblättern, wohingegen Nola, die eine ausgezeichnete Weberin war, bekanntermaßen kein Talent fürs Malen hatte. Eines ihrer Blätter einem vorbeikommenden Seemann anzudrehen, wurde als guter Witz angesehen.

Während sie wartete, bis ihre Blüten trockneten, legte Alison bei einigen Blättern letzte Hand an, die bereits mit großen, rosafarbenen Blumen bemalt waren. Sie tauchte einen sehr feinen Pinsel in schwarze Farbe und schrieb: «Pitcairn Insel der Meuterer der H. M. S. Bounty, gelandet am 23. Januar 1790.»

Ich ging gern als letzte schlafen und genoß die Dunkelheit. Aber oft, wenn ich von Big Fence oder Tamanu zurückkehrte und der Strom schon abgeschaltet war, machte mir Irma die nächtliche Einsamkeit streitig. Sie saß in ihrer Funkerhütte, kreuzte durch den Äther und belauschte die Gespräche anderer Leute – Heidi auf Hawaii, die Rick in Romney Marsh kontaktierte, Bob in Boston, der German George einen Charly Whisky gab. Ich ging dann in mein Zimmer und las oder schrieb beim Licht meiner Taschenlampe. Alle Geräusche, die man hörte, waren gedämpft – das Knistern von Irmas Radio, das Quietschen meines Betts –, aber wir konnten einander hören und wußten, wir befanden uns an einem Ort auf Pitcairn, der nur in diesem Augenblick existierte. Wenn die atmosphärischen Bedingungen schlecht waren und sie an ihrem Funkgerät keinem zuhören konnte, erteilte mir Irma eine weitere ihrer Lektionen.

Einmal, als ich eines Abends von Tamanu zurückkam, wartete Irma in der dunklen Küche auf mich. Sie sprang nicht auf, als ich eintrat, sie stellte mir keine Fragen, und ihre Hände waren vollkommen ruhig, wie immer bei diesen besonderen Gelegenheiten. Aus Angst, sie würde den Bierdunst in meinem Atem bemerken, setzte ich mich auf einen Stuhl am anderen Ende des Raums und wartete auf ihre Belehrung.

«Diese Insel», begann sie, «geht direkt dorthin zurück, wo sie begonnen hat.»

Es war am besten zu warten, bis Irma die Sache erklärte.

«Am Anfang war es der Al-ko-hol» – sie hatte Schwierigkeiten, das Wort laut auszusprechen –, «der Al-ko-hol brachte die Probleme.»

In vielen Berichten über die frühen Tage der Meuterer auf der Insel wird Alkohol als Grund für Selbstmord und Mord genannt. Angeblich soll William McKoy mit dem Fermentieren der *tee-root* (Cordyline fruticosa) experimentiert haben, um Schnaps zu produzieren. Matthew Quintal, der vom Erfolg seines Nachbarn beeindruckt war, verwandelte seinen Teekessel in einen Destillierkolben. Von diesem Moment an befanden sich die beiden Männer im Zustand beständiger Berauschtheit.

Eines Tages stürzte sich McKoy im Delirium von den Klippen. Quintal gilt als verantwortlich für die Fehde, bei der alle noch übrigen Meuterer bis auf einen das Leben verloren.

«Da siehst du, was der Al-ko-hol in den frühen Tagen angerichtet hat. Jetzt ist das nicht anders», sagte Irma.

Ich debattierte nie im Dunkeln mit Irma; es schien mir nicht passend zu sein.

«Al-ko-hol», allein das Wort schmerzte, «zerstört unsere Insel. Er bringt Kinder dazu, sich gegen ihre Eltern zu erheben. Er ist ein großes Übel.»

Schweigen trat ein, und obwohl ich stumm blieb, wartete Irma.

Bei Irma wußte ich nie, woran ich war. Klagte sie mich an, oder zog sie mich ins Vertrauen? Wollte sie Nähe zu mir herstellen – zwei eigensinnige Frauen, die die Dunkelheit genossen? Oder wurde ich wegen schlechten Betragens ausgeschimpft wie ein Kind?

«Ben und mir gefällt es nicht, daß Dennis trinkt.»

Eine Küchenschabe lief über meinen Fuß.

«Bitte sag Dennis nichts davon. Sag nicht, daß wir darüber geredet haben.»

Ich schüttelte den Kopf. Irma konnte mich nicht sehen, aber in der Stille konnte sie die geringste Bewegung hören.

«Gute Nacht, meine Liebe.» Es war mein Stichwort zu gehen. Ich erhob mich vorsichtig von meinem Stuhl und überließ Irma der Nacht.

Es war bereits einige Wochen her, daß mir das Gerücht, ich hätte eine Affäre mit Tony, zu Ohren gekommen war. Aber ich ging weiterhin nur während der Schulstunden nach Up Pulau, wenn Tony sich im Klassenzimmer befand und unterrichtete. Chris servierte mir eine Tasse Tee und selbstgebackenen Kuchen und ließ mich in einem kleinen Arbeitszimmer neben ihrem Wohnzimmer Platz nehmen, wo Tony seine Projekte ausarbeitete und wo sich die einzige vollständige Sammlung des *Pitcairn Miscellany* befand. Tony wollte alle Ausgaben binden lassen, so daß die einzelnen Nummern leichter zu finden wären.

Dieses monatliche Mitteilungsblatt enthielt alles, was man über die Insel wissen wollte: Wetterlage (Niederschlagsmenge, Sonnenstunden, Luftdruck, Regentage), Schiffsnachrichten (welche Schiffe während des vergangenen Monats

Kontakt mit der Insel aufgenommen hatten), eine Kolumne des Pastors, einen Fischereireport und ein paar Artikel, die größtenteils vom Herausgeber stammten, und der war Tony. Wenn ein Inselbewohner einen Beitrag lieferte, dann nur anonym.

Ich sah die gebundenen Exemplare durch, die mit der ersten Ausgabe vom April 1959 begannen, und stellte fest, daß sich beim *Miscellany* zwei Dinge geändert hatten: der Umfang hatte sich von einer auf zwei Seiten vergrößert, und während der letzten Jahre prangte Marys Zeichnung im Titel. Es war ein eindrucksvolles Bild der *Bounty*, die unter wolkenverhangenem Himmel und auf ruhiger See gen Pitcairn segelte.

«Schön, nicht?» sagte Chris. «Sie war eine große Künstlerin. Sie hat das Wandbild mit den Delphinen in Big Fence gemalt. Den Kindern in der Schule hat sie Kunstunterricht gegeben. Ich glaube, daß sie in Amerika Künstlerin ist. Möchtest du noch Gebäck?»

Der *Miscellany* vermittelte eine Vorstellung davon, was auf Pitcairn alles hätte geschehen können. Es gab Vorschläge für eine Souvenir-Agentur, um die Andenken zu vermarkten, für Recycling-Anlagen und Verpackungsmaschinen, um die Orangen der Insel nach Neuseeland zu exportieren; es gab Pläne, den wildwachsenden Kaffee zu ernten, den der Herausgeber röstete und trank; und es gab ein Projekt zur Gewinnung von Solarenergie. Jim Akers, ein Physiklehrer an der High-School von Crescenta Valley in Kalifornien, hatte davon geträumt, einen mit Solarenergie betriebenen Generator für die Insel zu bauen, den er Sunfire One nannte. Die Ersparnis an Kraftstoff wäre enorm gewesen. Die Kühlschränke und Gefriergeräte wurden mit Kerosin betrieben, was nicht nur teuer, sondern extrem unwirtschaftlich war, da man siebzig Fässer Treibstoff brauchte, um ein Faß auf die Insel zu bringen. Der Herausgeber berichtete von der Freude der Inselbewohner angesichts der Möglichkeit, unbegrenzt Licht zu haben. «Alles, was wir hier auf Pitcairn sagen können, ist, ‹Willkommen Projekt Sunfire›.»

Mit Hilfe einiger Freunde machte sich Mr. Akers daran, Sunfire One zu bauen. Doch sie waren keine Experten für Solaranlagen, sondern Enthusiasten, denen Pitcairn als Spielwiese oder Versuchsgelände für ihre amateurhaften Erfindungen diente. Vielleicht bauten sie Sunfire One tatsächlich, fanden aber keine Schiffahrtsgesellschaft, um es zu transportieren, oder das Experiment schlug aus einem anderen Grund fehl, jedenfalls erreichte Sunfire One nie die Küsten von Pitcairn.

Ich wandte mich einem anderen Jahrgang zu; hier stieß ich auf Tonys Museumsprojekt. Es wurde berichtet, daß ein Komitee gebildet worden sei, um auf Pitcairn ein Museum zu errichten. Die alte Bibliothek wurde angestrichen, Vitrinen wurden gebaut und Ausstellungsstücke gesammelt. Das Editorial las sich wie folgt:

«Endlich ist es fast fertiggestellt.»

«Was denn?»

«Weißt du das nicht? Das Museum von Pitcairn natürlich.»

Die Ausgabe stammte von 1967.

Als ich schließlich zu Hause ankam, war es Nacht, und Royal war mit ihrer Schnitzarbeit zu Besuch gekommen.

«Perry hat Betty und Tom verlassen», verkündete sie. «Er is' zu Nigger gegangen.»

Irma regte sich noch immer über den kaputtgegangenen Fernseher auf, den sie nie benutzt hatte. Diese Neuigkeit jedoch ließ sie aufhorchen.

«*Perry se quit Betty* – Perry hat Betty verlassen?»

«*Semiswe* – Scheint so.»

«*Paan* – Ist das zu glauben!»

«Betty sagt, er hat keine Arbeit.»

«Was machte der eigentlich überhaupt hier?» fragte Irma, inzwischen noch erregter.

«Du warst doch gestern bei Nig?» sagte Royal an mich gewandt.

«Ja, er hat ein hübsches Haus.»

«Bist du die ganze Nacht dortgeblieben?» fragte sie, nur mit der einen Hälfte des Mundes lächelnd.

«Nein, ich bin heimgegangen und hab' in meinem eigenen Bett geschlafen.»

Außerhalb des Gerichtsgebäudes gab es ein öffentliches Anschlagbrett, an dem Perrys Bitte um Aufnahme auf Pitcairn ausgehängt worden war. Es gab kaum Anschläge dort, wenn doch, handelte es sich gewöhnlich um die frühzeitige Bekanntmachung der Ankunft eines Kreuzfahrtschiffes.

Der Rückgang der Kreuzschiffahrt hatte Pitcairn hart getroffen, denn praktisch die einzige Möglichkeit, an Bargeld zu kommen, bestand im Verkauf von Andenken an die Passagiere. Royal brüstete sich, daß ihre Schnitzereien von fliegenden Vögeln, die auf einem Frachter etwa zwölf Dollar einbrachten, auf einem Passagierschiff hundert Dollar erzielt hätten. Und ein Hai, dessen regulärer Preis bei zehn Dollar lag, ebenfalls für hundert verkauft worden sei. Es kam vor, daß die Inselbewohner an einem Tag 4000 Dollar aus einem Kreuzfahrtschiff herausschlugen.

Vor vierzig Jahren hatten pro Monat etwa vier Passagierschiffe Pitcairn angelaufen. Die Luxusdampfer *Corintic* und *Athenic* machten regelmäßig Halt in der Bounty Bay; Linienschiffe wie die *Rangitiki* der Neuseeländischen Schiffahrtsgesellschaft beförderten 450 Passagiere; das holländische Linienschiff *Willem Ruys* über tausend. 1963 lief die Neuseeländische Schiffahrtsgesellschaft Pitcairn zum letzten Mal an. Die Schiffe kamen jetzt nicht nur seltener, sie waren auch kleiner. Das letzte Kreuzfahrtschiff, das die Insel angesteuert hatte – vor über 18 Monaten – war die *Society Explorer*, auf der etwa achtzig Passagiere Platz fanden.

Seit meiner Ankunft hatte es am Schwarzen Brett nur einen Aushang gegeben: Im nächsten Jahr würde das Kreuzfahrtschiff *Maxim Gorki* auf dem Weg von den Osterinseln nach Tahiti hier Halt machen. Die Leute spekulierten darüber, wer den Friseursalon an Bord besuchen, im Duty-free-Shop einkaufen oder sich eine Maniküre machen lassen würde. Und obwohl es noch acht Monate dauern würde, bis das Schiff einträfe, wurden für die Passagiere bereits geschnitzte Haie poliert und Körbe geflochten.

Sogar Dennis, der kein begeisterter Schnitzer war, hatte ein Dutzend Haie gefertigt und arbeitete an weiteren. Unser Ausflug nach Henderson hatte dazu gedient, zusätzliches Holz zu sammeln, das wir brauchten, um die Wünsche der Passagiere zu befriedigen.

Die voraussichtliche Ankunftszeit war der 6. Februar um 18 Uhr. Das Schiff würde bis zum folgenden Abend bleiben. Der 6. Februar war ein Freitag, also würde die *Maxim Gorki* den ganzen Sabbat über, vom Morgengrauen bis zum Einbruch der Dunkelheit, vor Pitcairn ankern.

Die Inselbewohner durften am Sabbat nicht kochen, nicht

putzen, keine Gartenarbeit verrichten, nicht fischen und keinen Handel treiben. Aber der Gewinn, der beim Verkauf von Andenken an die Passagiere eines Kreuzfahrtschiffes zu erwarten war, ließ die Versuchung stark anwachsen.

Ich fragte Tom, einen der Kirchenältesten, ob er mit der *Maxim Gorki* Handel treiben würde. Er überlegte eine Weile.

«Ich bete zu Gott, daß sie nicht am Sabbat eintrifft. Aber wenn es doch so sein wird, dann deshalb, weil Gott es so will. Er möchte, daß wir Handel treiben.»

Es war Mittwochabend, der Tag, an dem die Bibliothek von 7 bis 7.30 Uhr geöffnet war, also ging ich hinunter, um zu sehen, ob es etwas Interessantes auszuleihen gab. Ich suchte nach einem verläßlichen Geschichtswerk über Pitcairn.

Die Bibliothek befand sich neben der Post, war aber nur halb so groß. Nola, die Bibliothekarin, saß in der Ecke und webte. Sie war überrascht, mich zu sehen.

«Debbie!» rief sie. «Was willst du?»

«Ein Buch», sagte ich.

Das überraschte sie noch mehr.

«Wo ist die Abteilung für Geschichte?»

Nola brach in schallendes Gelächter aus.

Das Katalogisierungssystem war chaotisch. Haufenweise stapelten sich Bücher auf dem Boden oder in Kartons. Das Buch, das ich Dennis geschickt hatte, lag zuoberst auf einem Stapel. Die Bücher in den Regalen waren offensichtlich schon seit langem nicht mehr angerührt worden, sie waren mit einer dicken Staubschicht bedeckt.

«Liest du gern?» fragte ich Nola, die sich auf ihre Arbeit konzentrierte.

«Nein», sagte sie. «Hab' nie gelesen. In den Büchern steht nur Mist. Die Leute schreiben schlechte Sachen über Pitcairn in den Büchern», und sie machte eine mißbilligende Geste zu einer Ecke hin, als befände sich dort ein besonders beleidigender Band.

«Die Leute, die Bücher über Pitcairn schreiben, soll der Teufel hol'n.» Als Nola «der Teufel hol'n» sagte, geschah dies so nachdrücklich, als würde sie eine Gewehrkugel abfeuern – und es war so erschreckend, als hielte sie einem eine Waffe an den Kopf.

Adamstown wirkte ziemlich dicht besiedelt. Es gab mindestens ein paar Dutzend Blechdächer, die Gebäude um den Platz und die Schule nicht eingeschlossen. Wenn ich vom Hill of Difficulties die Hauptstraße entlangfuhr, kam ich rechts zuerst an Big Fence vorbei, dann bei Vula und einigen weiteren Häusern, bevor ich zum Laden kam. Hinter dem Platz waren die Häuser von der Straße zurückversetzt, bis der Weg schließlich durch die großen Banyanbäume hindurchführte, die selbst an sonnigen Tagen kein Licht durchließen. Hinter Big Tree, wie die Banyanbäume genannt wurden, wohnten Len und Thelma, und dort befand sich auch der Friedhof, dann folgten die Grundstücke von Tom und Betty und verstreute Häuser, die sich bis zur Schule hinaufzogen.

Wenn Dennis und ich gemeinsam unterwegs waren, zeigte er auf diese Häuser und sagte mir, wem sie gehörten.

«Dieses Haus gehört Steve und Olive. Dieses Vula. Dieses Christie. Dieses Haus gehört Bla Bla. Dieses Bernice. Dieses Haus gehört Nigger. Niggers Haus sieht aus wie eure Häuser.»

Ich hatte die Hälfte der Leute, die Dennis erwähnte, noch

nicht kennengelernt, ja noch nicht einmal zu Gesicht bekommen.

«Wo ist Christie?» fragte ich.

«In Neuseeland.»

«Wann kommt er zurück?»

«Nie. Er ist seit dreißig Jahren fort.»

«Wo ist Bla Bla?»

«*He se dead as a hatchet* – Der taugt überhaupt nichts»,* sagte Dennis. Aber sein Haus stand an der Hauptstraße, auf dem Blechdach stand Wasser und die Vorhänge waren zugezogen.

Eines schönen Tages zogen Dennis und ich los, um die Umgebung zu erforschen. Ich würde nicht sagen, daß wir uns wirklich nahestanden, aber wir waren Kumpel geworden. Er sagte, ich solle ihn mit seinem Spitznamen Sambo ansprechen, den alle seine Freunde benutzten. Wir verbrachten viel Zeit miteinander, und ich fand seine Gesellschaft angenehm, obwohl Terry ständig an unseren Fersen hing.

Direkt am Platz gab es ein Haus, das Dennis' Aussage nach Elwyn gehörte. Es war vor über zwanzig Jahren aufgegeben worden, da Elwyn gestorben und seine Frau nach Neuseeland gezogen war.

Das Haus war aus Holz und stand auf Felsblöcken, so daß Stufen zur Veranda hinaufführten. Die Stufen waren mit Unkraut überwachsen, und wir mußten vorsichtig sein beim Hinaufsteigen, da das Holz an einigen Stellen durchgefault war. Mir fiel auf, daß es hier viele der Baumaterialien gab, die Dennis aus Neuseeland bestellt hatte.

* *dead as a hatchet* ist ein beliebter pitcairnesischer Ausdruck, um zu sagen, daß jemand unnütz oder ein Taugenichts ist.

«Warum nimmst du nicht diese Fenster?» fragte ich ihn. «Die sehen doch noch ganz gut aus.»

Dennis war schockiert. «Die gehör'n doch Elwyn.»

Vielleicht war das Verwechseln der grammatischen Zeitform kein sprachliches Problem; vielleicht gab es keine Vergangenheit für die Einwohner Pitcairns. Alles schien sich mehr oder weniger in der Gegenwart abzuspielen, und alle verstorbenen Inselbewohner lebten noch immer mitten unter uns. Und Dennis konnte die Fenster nicht nehmen, weil sie Elwyn gehörten, der vor einem Vierteljahrhundert gestorben war und in dessen vermodertem Wohnzimmer wir nun standen.

In der Weigerung der Inselbewohner, verlassene Häuser abzureißen, lag ein Anflug von Selbsttäuschung. Solange sie standen, hatte man bei der Fahrt entlang der Hauptstraße den Eindruck, eine bewohnte Straße entlangzufahren.

Elwyns Wohnzimmer sah aus, als wäre es noch bewohnt, es gab eine Menge Möbel und Dekorationsgegenstände. Auf dem Tisch stand eine Butterdose, als käme Elwyn jeden Moment durch die Tür hereinspaziert. An manchen Stellen hatten sich Pflanzen durch die Ritzen gezwängt, ihre Triebe wanden sich um Stuhlbeine, und ihr Blattwerk breitete sich über dem Boden aus. Dies war die einzige Farbe im Raum, da sogar das Holz grau verblichen war.

Überall standen mit Grünspan bezogene Messinglampen, deren Glasschirme vom Staub matt waren. Es gab tatsächlich so viele Messinglampen, daß ich mich zuerst fragte, ob es Elwyns Hobby gewesen sei, sie zu sammeln. Aber dann bemerkte ich, daß es hier ganz genauso aussah wie bei Irma, nur daß anstelle der elektrischen Wasserkessel hier überall Messinglampen standen. Man bräuchte sie nur zu polieren, und Elwyns Zimmer würde im Glanz seiner Gerätschaften erstrahlen. Bei den Lampen handelte es sich sicherlich ebenfalls um Geschenke wohlmeinender Menschen.

Die Inselbewohner waren immer das Ziel wohltätiger Handlungen gewesen, da man sie für notleidend und bedürftig hielt. Als 1825 die HMS *Blossom* unter dem Kommando von Kapitän Beechey vor Pitcairn Halt machte, schenkten die Seeleute den schlechtgekleideten Inselbewohnern ihre Hosen. Kapitän Beechey machte eine Eingabe an die Regierung Ihrer Majestät, die daraufhin «für sechzig Personen die folgenden Artikel» bereitstellte: «blaue Seemannsjacken und -hosen, Flanellwesten, Strümpfe und Schuhe, Frauenkleider, Spaten, Hacken, Schaufeln, Spitzäxte, Kellen und Rechen»; all dies wurde mit der HMS *Seringapatam* herantransportiert. Der Kommandeur des Schiffs, Kapitän Waldegrave, erklärte vor den versammelten Inselbewohnern: «Ich habe euch Kleider und andere Gegenstände gebracht, die euch König George geschickt hat.»

Kapitän Beecheys Mission bildete den Anfang der Versorgungsleistungen für die Bevölkerung von Pitcairn. Als einige Schweden ein Video über Kinder auf Pitcairn sahen, die barfuß liefen, mißdeuteten sie dies als Armut und schickten eine Riesenladung Turnschuhe. Aber das großzügigste Geschenk traf am letzten Tag des Jahres 1959 ein – siebzehn Ballen hochwertiger Altkleider von den Gemeinden der Adventisten in den Vereinigten Staaten. Pitcairn wurde unglaublich verschönt: Von den jüngeren Mädchen erhielt jedes über zwanzig Kleider.

Auf knarzenden Stufen gingen wir wieder hinunter und ließen alles, wie es war.

«Wir dürfen auf keinen Fall etwas anfassen», sagte Dennis. «Es gehört Elwyn.»

Ich badete in ein paar Zentimetern Wasser. Aufgrund des schönen Wetters war nur noch die Hälfte des Tanks gefüllt. Irma hatte mich gewarnt, daß das Wasser knapp würde.

Ich hörte Royal hereinkommen, sie hatte Irma Bohnen aus ihrem Garten gebracht. Irma weichte sie über Nacht ein und machte fritierte Bällchen daraus.

«Sie trinkt Kaffee. Sonst trinkt sie nichts. Darum ist sie so dürr.» Irma hörte sich nicht ärgerlich an. Sie hörte sich so an, als wolle sie mit der Person, über die sie sprach, nichts zu tun haben; als sei sie eine Last und eine Plage. Sie redete über mich.

«Sie taugt nichts», sagte sie, nicht aus Verzweiflung über fehlgeschlagene Versuche, mich zu bessern, sondern aus reinem Abscheu.

«Sie taugt nichts», stimmte Royal zu.

Ich stand in einer lauwarmen Wasserpfütze und schüttelte mich trocken wie ein Hund. Während ich im Bad gesessen hatte, war es dunkel geworden, und das Trappeln der Geckos und das Rauschen der Brandung setzte ein. Ich zog mein Pitcairn-Island-Sweatshirt an, auf dem die *Bounty* zu sehen war, die mit geblähten Segeln über meine Brust hinwegzog.

Als ich vorsichtig die Küche betrat, schenkte mir Irma ein strahlendes Lächeln.

«Alles in Ordnung, meine Liebe?»

«Alles prima. Ich bin nur müde. Ich geh' gleich ins Bett.» Ganz langsam ging ich an Irma und Royal vorbei in mein Zimmer.

Ich hatte mich über Irmas Gastfreundschaft gefreut. Irma,

die immer dafür sorgte, daß ich Kaffee bekam, weil sie wußte, wie gern ich ihn mochte – wie wäre mir in den Sinn gekommen, daß sie nur deswegen so freundlich zu mir war, weil sie die Aufmerksamkeit auf mein Tun lenken wollte.

Ich dachte an all die anderen Dinge, zu denen mich Irma so sanft und freundlich gedrängt hatte. Waren all diese Zeichen stiller Beharrlichkeit in Wirklichkeit nur Vorwürfe? Ich erinnerte mich, mit welchem Nachdruck sie Alison aufgefordert hatte, doch zu rauchen. «Rauch doch, meine Liebe.» Alles, worum ich mich bemüht hatte; alles, was ich glaubte, verstanden zu haben; jedes Lob, für das ich mich angestrengt hatte; alles war plötzlich in Frage gestellt.

Ich sah durch das zerrissene Netz an meinem Fenster in das wogende Grün des Tals hinab. Vielleicht könnte ich hinausspringen und mich nach Big Fence oder zu Nigger hinüberschleichen? Aber das Fenster war zu hoch, und ich hatte zu große Angst – vor dem Sprung und vor Irma.

Eine der winzigen Eidechsen hatte auf mein Bett gemacht und auf dem Laken eine klebrige Spur hinterlassen. Ich nahm es ab, legte mich in der Dunkelheit nieder und fragte mich, wann es hell werden würde.

Eines Nachmittags, nachdem ich mit der Backarbeit fertig war und den Brotteig zum Aufgehen stehenließ, bis es wieder Strom gab, machte ich mich auf den Weg nach Tedside am westlichen Ende der Insel. Ich freute mich auf den Spaziergang; seit ich Motorradfahren gelernt hatte, war die Insel noch kleiner für mich geworden. Nun konnte Taro Ground, das etwa eine Viertelstunde Fußweg entfernt lag, in fünf Minuten erreicht werden, und McCoy's Valley, einst einen Fußmarsch von einer halben Stunde entfernt, war nach einer kurzen, wenn auch holprigen Fahrt erreicht.

Ich wußte, daß man bei Tedside ans Meer gelangen konnte, da Dennis erwähnt hatte, daß es bei schönem Wetter ein besonders beliebter Platz zum Angeln sei. Außerdem war es der beste Platz auf der Insel, um den Sonnenuntergang zu beobachten. Es war der einzige Ort, an dem man den Übergang von Tag und Nacht bemerkte und eine Ahnung von Dämmerung bekam. Überall sonst war es entweder dunkel oder hell. Dennis hatte mir erzählt, daß er am Ende des Tages oft mit Mary hergekommen war.

Ich nahm den westlichen Weg, der bei unserem Haus anfing, aber ich war noch nie in diese Richtung gegangen. An einigen Stellen war der Weg tief in den Lehm gegraben, und auf beiden Seiten erhoben sich steile Böschungen, die von Farnen bewachsen waren. An anderen Stellen führte der Weg steil nach oben, direkt in das milchige Sonnenlicht hinein; ich befand mich auf einer Art Gipfel, und vor mir fiel der Pfad wieder in eine weitere, von Pflanzen überwachsene Schlucht hinab. Im Unterholz raschelte es, als Eidechsen und Bambusratten vorbeihuschten, die ich nicht sehen konnte und mir das Gefühl vermittelten, ich würde beobachtet.

Ich überquerte einen feuchten, flachen Graben, in dem sich vor kurzem noch Wasser befunden hatte, also mußte es sich um Brown's Water handeln, die einzige natürliche Quelle der Insel. Einst hatte sie reichlich gesprudelt und die ersten Generationen von Inselbewohnern mit dem nötigen Trinkwasser versorgt. Aber jetzt war sie nicht mehr als ein Rinnsal und trocknete oft ganz aus, obwohl das Blattwerk entlang ihrer schmalen Ränder noch immer in saftigerem Grün erglänzte als entlang des Pfades. Ein Tal war dicht mit

Bananenpflanzen bewachsen, an denen schwer die Früchte hingen. Ich fragte mich, wem sie wohl gehörten.

Die einzige Bewohnerin der westlichen Insel war eine Schildkröte. Dennis hatte gesagt, ich könne sie nicht verfehlen, wenn sie in der Nähe sei, da sie wie ein Panzer durch den Busch breche. Sie war so groß wie ein Shetland-Pony und vor dreißig Jahren von den Galapagosinseln hergebracht worden; das einzige überlebende Exemplar eines Versuchs, diese Art auf der Insel heimisch zu machen. Jetzt wanderte die Schildkröte allein herum, ohne die Möglichkeit, je einen Partner zu finden. Ich sah eine Spur aus niedergetrampeltem Gras, aber vielleicht hatte das der Wind getan.

Es ging über Berg und Tal, dann stieg der Weg lange Zeit an, bevor er sich zur Küste hinunterschlängelte und steil nach Tedside abfiel. An der Spitze der Klippe befand sich eine Hütte, eine Art Gartenschuppen, der aussah, als sei er aus Holz und Blechstücken gebaut, die unten am Strand zusammengesammelt worden waren. Aber auf Pitcairn gab es wenig Treibgut; es war zu abgelegen und zu weit entfernt, als daß viel angeschwemmt worden wäre. Charles sagte, er habe einmal eine Flaschenpost gefunden, in die aber Seewasser eingedrungen war, und die Worte seien unleserlich gewesen. Aber vielleicht war das nur wieder eine von Charles' Geschichten.

Als ich auf die Hütte zukam, wurde mir klar, warum sie so schäbig wirkte. Sie war schon vor längerer Zeit aufgegeben worden. Im Innern gab es zwei Räume, die beide sehr klein waren. In einem stand ein Tisch auf zwei Beinen, der aussah wie ein Hund, der sich aufgesetzt hatte. Es gab einen Blechbecher, eine leere Dose Lammfleisch, und auf dem Boden lag eine Gabel, als hätte jemand an dem Tisch gegessen, kurz bevor er zusammengestürzt war. Im zweiten Raum lag eine Matratze. Und auf dem Boden lag ein Hemd, ein Männerhemd.

Obwohl die Hütte unbewohnt und verfallen war, vermittelte sie das Gefühl, als sei hier etwas Zügelloses geschehen, und zum ersten Mal auf Pitcairn wurde ich an die Vorstellungen erinnert, die Europäer mit Südseeinseln in Verbindung bringen: an ein primitives, einfaches und leidenschaftliches Leben. In dieser winzigen Hütte fand sich der Stoff für Phantasien – in dem süßsauren Geruch, der in der Luft hing, in der Art, wie das Hemd neben die rohe Matratze geworfen war, die so schamlos den ganzen Boden ausfüllte. Die Hütte schien dazu gemacht, die ursprünglichsten und grundlegendsten Bedürfnisse zu befriedigen.

Die Bambusratten hatten überall ihre Häufchen hinterlassen. Aber dieser Geruch war unverkennbar.

Ich ging rückwärts durch den Eingang hinaus, der meiner Ansicht nach keiner Tür bedurft hätte, und stand auf ein paar Felsen, etwa zehn Meter vom Wasserrand entfernt. Auf den dahinterliegenden Klippen ragten kerzengerade Palmen auf, ihre Wurzeln steckten in rotem Lehm, und sie erinnerten an Gewehre von Zirkusclowns, aus denen Federn herausschießen, wenn sie abgefeuert werden. Unten brandete das Meer gegen die Felsen, und Gischt schäumte über die Küste. Hinter den Felsen stand eine riesige Schraubenpalme, die ihre Blätter abgeworfen hatte, auf denen es sich bequem sitzen ließ.

Ich sah auf meine Beine hinab, sie waren mit scheußlichen Moskitobissen und blauen Flecken übersät. Die Wunden, die ich mir an den Korallen zugezogen hatte, bluteten immer noch; meine Arme waren zerkratzt, weil ich die dornigen Wandelrosen in meinem Garten ausgerissen hatte. Mir fiel wieder ein, mit welchem Erstaunen die Historiker darüber berichteten, daß die Frauen Tahitis die zahnlosen, pockennarbigen, von Kämpfen gezeichneten Meuterer attraktiv gefunden hätten. Kapitän Bligh lieferte eine Beschreibung von Fletcher Christian, um dessen Festnahme zu erleichtern: «Schwärzliche oder sehr dunkle Hautfarbe, dunkelbraunes Haar, kräftig gebaut; auf seine linke Brust und seinen Rücken ist jeweils ein Stern tätowiert; seine Knie stehen ein bißchen nach außen, und man könnte ihn als säbelbeinig bezeichnen. Er leidet an heftigen Schweißausbrüchen, vor allem an den Händen, so daß er alles beschmutzt, was er berührt.»

Die Südsee hatte mich nicht schöner gemacht, aus mir war keine gebräunte, zarte, makellose Nymphe geworden. Pitcairn hatte meinen Körper beschädigt und ihn verändert. Meine nackten Zehen begannen sich bereits zu spreizen.

Die Schraubenpalme über mir war ein seltsam aussehender Baum, an dessen langen, gewundenen Ästen jeweils nur einige große Blätter hingen. Es war eigentlich gar kein Baum, sondern eine Pflanze, die sich als Baum verkleidet hatte. Ihre Festigkeit war trügerisch; suchte man auf einem rutschigen Pfad nach Halt und griff nach einem der Blätter, rissen sie leicht aus und man fiel mitsamt dem Blatt in der Hand hin. Die Rinde sah genauso silbern und hart aus wie die einer Kokospalme, aber sie faßte sich schwammig an und ließ sich mit einem Fingernagel durchbohren. Und wenn man sich auf einen Ast stützte, brach er auseinander wie ein Stück roher Karotte.

Die Sonne ging im Ozean unter wie eine goldene Münze, die in einen Spielautomaten gesteckt wurde, aber es blitzten keine Lichter auf, es war nur Nacht. Ich nahm mein Tagebuch heraus. Es war mir unangenehm, in der Öffentlichkeit, zum Beispiel auf der Veranda, zu schreiben, da Schreiben nicht gern gesehen wurde. Doch es wurde auch mit Argwohn betrachtet, wenn ich mich allein in meinem Zimmer aufhielt. Ich genoß den Gedanken, hier allein zu sein und alles aufzuzeichnen, was ich wollte. Ich schrieb:

> Ich habe jetzt seit drei Tagen keinen Kaffee mehr getrunken.
> Ich dachte, Irma mag mich. Ich dachte, ich würde alles richtig machen. Warum hat sie mir wegen des Kaffees nichts gesagt?
> Was kann ich tun, um mehr zu einer Einheimischen zu werden? Ich glaube, ich sollte lernen, mich genauso zu verhalten wie alle anderen auch. Wie winzig die Unterschiede auch sein mögen, das Kaffeetrinken etwa, hier muß man ein Teil der Gemeinschaft sein und am gleichen Strang ziehen.
> Pitcairn ist eine Büchse der Pandora, die mit lauter unausgesprochenen Emotionen gefüllt ist. Aber was wäre, wenn sie ausgesprochen würden – was dann? Wie kann man sich entspannen, wenn man unter einer Glasglocke zusammenlebt?

Gerade weil die Insel so winzig war, hatte sie mich interessiert. Ich hatte gedacht, es wäre um so leichter, die wenigen Menschen auf dem felsigen Eiland kennen- und verstehen zu lernen und ein Teil von ihnen zu werden; jetzt war ich nicht mehr so sicher.

Ich riß ein Blatt von einem tiefhängenden Ast ab. Es war überraschend scharf und schnitt mir in die Fingerspitze.

Es ist nicht wie in Afrika. Dort könnte ich immer jemanden finden, der so wäre wie ich. Auch wenn ich dafür hundert Meilen fahren müßte. Ich könnte einen Bus besteigen. Hier gibt es das nicht, hier kann man nirgendwohin fahren.

Ich begann zurückzugehen und spürte, wie im Dunkeln die Erde unter meinen Füßen kälter wurde. Ich konnte kaum den Weg erkennen, aber ich hatte den Eindruck, als legten die kleinen Nachttiere, die auf beiden Seiten des Wegs durchs Unterholz rannten, eine Geräuschspur für mich, der ich folgen sollte. Ich genoß den Spaziergang.

Quiiieeetsch. Das grelle Licht eines Scheinwerfers blendete mich.

«Debbie! Geht's dir gut?» Dennis sah völlig verzweifelt aus vor Sorge.

«Mir geht's gut», sagte ich und fühlte mich verloren. «Stimmt irgendwas nicht?»

«Mum hat mich losgeschickt – sie macht sich Sorgen. Wir alle machen uns Sorgen. Wo bist du gewesen?»

«Bei Tedside unten. Ich hab mir den Sonnenuntergang angesehen.»

«Allein?» Dennis war erstaunt.

Quiiieeetsch. Ein weiterer Scheinwerfer blendete mich und wurde dann abgeschaltet. Es war Irma.

«Wo bist du gewesen?» fragte sie außer sich.

«Bei Tedside unten.»

«Mit wem?»

«Mit niemandem.»

Es war klar, daß Irma mir nicht glaubte. Sie redete leise weiter, ohne mich anzusehen und ohne mich wirklich zu beschuldigen. Ich fühlte mich elend.

Ich wurde nach Hause begleitet wie ein Kind, das ausgerissen war und nun heimgebracht wurde.

«Es ist gefährlich», sagte Irma. «Niemand ist je allein nach Tedside gegangen. Es ist gefährlich.»

Vielleicht dachte Irma, ich könnte mich verlaufen, in eine Schlucht stürzen oder von einer Ratte gebissen werden. Aber es war deutlich, daß die Gefahren, von denen Irma sprach, nicht aus dem Dunkel, nicht von dem Weg oder den Tieren herrührten, sondern von anderen Menschen. Und auch nicht in Form von physischer Bedrohung, sondern in Form von Mißbilligung. Es war gefährlich, am Spätnachmittag allein nach Tedside hinunterzuspazieren, weil die Leute das mißbilligen würden. Es könnten Gerüchte aufkommen, man gehe zu einem heimlichen Stelldichein. Aber noch schlimmer war, daß es als eine individuelle, unabhängige Handlung angesehen wurde, als ein Akt der Auflehnung.

Zehntes Kapitel

Up Tibi

Es war mehr als zwei Monate her, daß die *Tundra Queen* angelegt hatte, und seitdem war kein Schiff mehr vorbeigekommen. Pitcairn war auf sich selbst zurückgeworfen. Es gab niemanden, über den man reden konnte, außer uns selbst, und sogar Ben und Irma begannen, sich in die Haare zu kriegen. Wenn ich mit der Haus- und Gartenarbeit fertig war, besuchte ich daher Dennis in seinem neuen Haus und half ihm beim Streichen oder hielt einen Türrahmen, während er die Maße anzeichnete.

Das außergewöhnlich ruhige Wetter, das fürs Anlegen eines Schiffs ideal gewesen wäre, war auch günstig, um in der Bounty Bay zu schwimmen. Das Wasser am Anlegeplatz war vom Öl der Bootsmotoren verschmutzt, aber es war die einzige Stelle auf der ganzen Insel, an der man sicher ins Wasser gehen konnte. Doch wegen der Haie jagte mir der beiläufige Vorschlag «Laß uns schwimmen gehen» noch immer Angst ein. Wann immer ich ganz nebenbei bemerkte, daß ich es eben ein bißchen beunruhigend fände, in haiverseuchtem Wasser zu baden, wurde ich ausgelacht. Haie täten einem nichts, wurde mir versichert, und man erzählte mir die Geschichte von Nigger, der, nur zum Spaß, seine Faust ins Maul eines Hais gesteckt hatte.

Es war Alison, die behauptete, es sei ein guter Tag, um

schwimmen zu gehen. Und die halbe Insel war schon am Anlegeplatz versammelt, als wir hinkamen, obwohl ich nie wußte, auf welche Weise sich auf Pitcairn die Nachrichten verbreiteten und wie die Entscheidung eines einzelnen zur Entscheidung aller wurde. Die Männer trugen nichts als ihre Shorts, die Frauen waren voll bekleidet und hüpften ins Wasser, als handle es sich um eine Taufe, die mit dem Eintauchen des ganzen Körpers vollzogen wurde.

An einer Seite des Stegs gab es eine Leiter, über die man am leichtesten in das ölige Wasser gelangte. Die Strömung war erstaunlich stark und trieb mich aufs offene Meer hinaus. Ich planschte mit den Armen und tat so, als würde es mir Spaß machen, aber ich hatte Angst vor der Gewalt des Meeres. Sobald ich glaubte, zurückschwimmen zu können, ohne daß die anderen meine Angst bemerkten, begann ich, in Richtung der Schlipp zu paddeln. Aber ich kam nicht voran; obwohl ich in Richtung Strand schwamm, trieb ich aufs offene Meer hinaus. Dann brach sich eine Welle hinter mir und warf mich krachend auf die Schlipp. Bevor ich aufstehen konnte, riß es mich wieder um, und ich fiel auf den Rücken und schlug mir den Kopf an. Meine Fersen schabten gegen die rostigen Metallschienen, über die die Boote gezogen wurden, und begannen zu bluten. Niemand schenkte mir auch nur die geringste Beachtung; ich glaube, sie dachten, ich hätte großen Spaß.

Das Meer spielte eine Weile mit mir, es warf mich die Schlipp hinauf und riß mich dann wieder herunter, bis meine Beine an verschiedenen Stellen aufgeschürft waren. Ich fragte mich, ob ich schreien sollte, sah aber statt dessen nur zu Alison und Kari hinauf, deren Beine über den Stegrand baumelten. Ich überließ mich einer Welle; sie ergriff mich, warf mich hoch, wirbelte mich herum und schleuderte mich dann so weit die Schlipp hinauf, daß mich die nächste Welle nicht mehr erreichen konnte. Ich wollte weinen, rief aber zu Alison hinüber.

«Großartig!»

Sie winkte zurück. *«Good 'un!»*

Ich erwiderte ihren Gruß und versuchte, mich so einheimisch wie möglich zu geben.

Als ich zurückkam, lag ein frankierter Umschlag auf dem Tisch. Er war an «Debbie, Postfach 2, Pitcairn, Südpazifischer Ozean» adressiert. Einen Moment lang vergaß ich, daß er nicht von draußen, von einem entfernten Bekannten, meiner Mutter oder meinem Freund stammen konnte. Er mußte aus Pitcairn sein.

«Hast du schon Kaffee getrunken, meine Liebe?» Irma räumte das Gefriergerät neu ein. Sie wirkte besonders hektisch, selbst für ihre Verhältnisse. Sie hatte keine *Irish Tatties* mehr. Die waren auf der ganzen Insel knapp, und die wenigen, die Irma noch übrig gehabt hatte, hatte sie Rick gegeben.

«Nein, ich möchte keinen Kaffee. Mir steht heute irgendwie nicht der Sinn danach.» Ich setzte mich vors Funkgerät und hoffte auf eine Nachricht.

Irish Tatties war die Bezeichnung, die die Inselbewohner der einfachen Kartoffel gegeben hatten, die klein, rund und von einer braunen Schale umgeben ist. Wir hatten selbstgezogene Kumara (Süßkartoffeln), Yamswurzeln und Kürbisse, aber Irma hatte recht, der Sack mit den *Irish Tatties* war leer.

«Wir haben doch Kumara ...», murmelte ich (ich zog das pfirsichfarbene Fleisch der Süßkartoffel vor).

«Was sollen wir *essen?*» bellte sie mich an und schlug das volle Gefriergerät zu.

Ich öffnete meinen Brief. Er war kurz und ganz reizend.

Deine Gesellschaft ist sehr angenehm, und ich möchte dein Freund sein.

Sambo

Die Briefmarke auf dem Umschlag zeigte ein Bild der HMS *Blossom.* Seit der Eröffnung der Poststation vor fünfzig Jahren war ich die erste Person, die auf Pitcairn einen Inlandsbrief erhalten hatte.

Es begann heftig zu regnen, der Regen trommelte aufs Dach und erstickte Irmas Gezeter.

Mein Garten entwickelte sich gut. Ich hatte Mais, Bohnen und Gurken gepflanzt. Die Bohnen und der Mais sprossen schon, und durch die rote Erde schoben sich kleine grüne Fragezeichen nach oben. Den Mais hatte ich an einem Ende der Lichtung sehr dicht gesät, da ich von Irma gelernt hatte, daß ihn der Wind wegbläst, wenn man ihn zu dünn aussät; wenn die Pflanzen jedoch dicht beieinander stehen, schützen sich die Stengel gegenseitig. Bohnen jedoch brauchten viel Platz, deshalb hatte ich sie in langen Reihen dünn ausgesät, damit sie sich nicht ineinander verhakten und sich nicht gegenseitig erstickten.

Von meinem Garten am Edge stieg das Land sanft zur Main Road auf und wurde durch ein Wäldchen mannshoher Kokospalmen abgeschirmt. Ich konnte die Motorräder auf der Straße hören und feststellen, in welche Richtung sie fuhren, und aufgrund des Winselns und Schnaubens von Terrys Maschine wußte ich, daß er vorbeifuhr. Am anderen Ende reichte das Land bis zu der Klippe hinunter, über die Ashley ins Meer gestürzt war. Heute war das Wasser so glatt wie ein Laken auf einem frisch gemachten Bett. Aber von The Edge aus betrachtet, war es oft trügerisch; man konnte zwar erkennen, ob sich die Wellenkämme in weiße Schaumkronen verwandelten, doch von weiter oben war die Stärke der Dünung besser einzuschätzen.

Dennis versicherte mir, daß die See ruhig sei; das war auch der Grund, weshalb wir die Kanus herausholen wollten, die in einem kleinen Schuppen neben den Booten am Anlegeplatz aufbewahrt werden. Sie sahen überhaupt nicht aus wie Kanus, sondern waren schwerfällig und rechteckig, wobei Seiten und Boden einen rechten Winkel bildeten. Sie glichen flachen Schuhschachteln, aber Terry sagte, sie seien Bostoner Walfängern nachgebildet und im Wasser sehr stabil.

Vom Kanu aus konnte man auf zwei Arten fischen: Man zog eine Angelschnur nach, um einen Wahoo zu fangen – einen riesigen Fisch, dessen zähes Fleisch die Inselbewohner zermahlten, um Fischbällchen daraus zu machen –, oder man ließ sich langsam, die Angelschnur über die Bootsseite hängend, dahintreiben, um *red snapper** zu fangen. Er konnte gebraten werden, war aber nicht so beliebt wie Nanwe. Die meisten Fische wurden eingefroren und zu den Schiffen hinausgebracht.

Jede Familie hatte ein Kanu, aber nur jedes zweite Kanu hatte einen Außenbordmotor, also wurde immer nur die Hälfte aller Boote zu Wasser gebracht. In einer Ausgabe des *Miscellany* hatte ich gelesen, daß ein japanisches Fischerei-

* Dies ist nicht eine der Barscharten, die wir kennen, sondern ein Schwarmfisch (epinephelus fasciatus).

konsortium die Motoren als Gegenleistung für die Fischereirechte in den Gewässern um Pitcairn geliefert hatte. Aber selbst in ihren motorisierten Kanus konnten die Inselbewohner von Glück sagen, wenn sie ein halbes Dutzend Fische fingen. Dennis war froh, wenn er bei jeder dritten oder vierten Fahrt einen Wahoo fing. Oft kam er mit leeren Händen nach Hause zurück.

Die Kanus glitten leicht die Schlipp hinunter. Ich sprang vom Steg aus hinein, Dennis zog die Anlasserschnur, und wir fuhren in dieser Schuhschachtel aufs Meer hinaus. Das Boot schwankte, aber nicht unangenehm oder bedrohlich, eher so, als würde man sanft gewiegt.

Vor unserer Abfahrt waren keine bestimmten Abmachungen getroffen worden, aber wir hielten uns immer in Sichtweite eines anderen Kanus, in dem Clarice und Meralda saßen. Es quälte Dennis bis aufs Blut, zwei Frauen beim Fischen zusehen zu müssen, und aus den obszönen Gesten von Clarice und Meralda war ersichtlich, daß sie es amüsant fanden, Dennis und mich in einem Kanu zu sehen.

Weil die Kanus so klein und die Bewohner Pitcairns so groß waren, konnten nie mehr als zwei Personen in einem Boot hinausfahren, ohne das Risiko einzugehen, wegen Überladung zu kentern. Aber es kam selten vor, daß einer allein hinausfuhr. Man brauchte eine Person, die die Angelschnur beobachtete, und eine weitere, die das Wasser im Auge behielt. Ohne einen Partner ging man nicht zum Wahoo-Fischen, da der Fisch so schwer war, daß nur zwei Leute ihn ins Kanu ziehen konnten.

Wir fuhren zur Südspitze der Insel, zu einem Ort, von dem Dennis wußte, daß er ein beliebtes Versteck des red snapper war. Wir stellten den Motor ab, ließen die Angelschnur ins Wasser und warteten. Unsere Schnur mußte mindestens zehn Meter lang gewesen sein, aber dennoch reichte sie nicht bis zum Grund. Das war deswegen verblüffend, weil ich den Grund *sehen* konnte, ich sah die verschieden gefärbten Schatten der Korallen und Felsen, ich erkannte, wo sie aufhörten und wo der Sand begann. Alles war so deutlich wie ein klar gezeichnetes Bild.

Wir warteten etwa zehn Minuten – es war schwer zu sagen, wie lange genau – und schaukelten in unserer Kiste herum, und Meralda und Clarice, die etwa dreißig Meter entfernt waren, taten das gleiche. Dennis winkte zu den beiden hinüber, und wir fuhren um die ganze Insel herum bis nach Ginger Valley, in der Hoffnung, dort mehr Glück zu haben.

Len Brown, sagte Dennis, sei der Beste, was das Fischen anbelange. Er kenne alle guten Fischgründe und habe unheimliches Glück, wenn es gelte, einen Schwarm aufzuspüren. Von den Felsen aus ziehe er Nanwe heraus, als wären sie aus Stahl und er hätte einen Magneten statt eines Angelhakens. Im Kanu müsse er nur den Motor anwerfen, und schon versammle sich ein Schwarm glänzender Fische. Manche Leute hätten den Trick einfach raus, sagte Dennis, andere eben nicht. Dennis war nicht für seine Geschicklichkeit beim Fischen bekannt.

Er reichte mir die Angelschnur. Das Kanu schaukelte, und wir unterhielten uns. Die erste Inlandpostsendung, die Dennis so sorgfältig gestempelt hatte, wurde nicht erwähnt.

«Was ist das für eine Hütte unten bei Tedside?» fragte ich.

«Du meinst das Sommerhaus. Das gehört Nigger.»

«Sommerhaus?» Die Vorstellung erschien mir absurd.

«Für die Ferien. Am Wochenende. Es ist auf der anderen Seite der Insel», sagte Dennis.

Natürlich war es von Adamstown so weit entfernt wie es nur sein konnte, am anderen Ende des Landes.

«Nigger is' in letzter Zeit nicht oft dort.»

«Warum nicht?»

«*Ka fut* – Keine Ahnung», sagte Dennis.

Die Schnur spannte sich – war das ein Brocken! Dennis half mir beim Herausziehen, aber unten in der Tiefe schlug der Fisch um sich. Dennis warf den Motor an, und wir rasten los, während ich die Schnur festhielt.

«Das bringt ihn um», sagte Dennis mit tiefer Befriedigung. Ratternd fuhren wir in unserer Kiste dahin, bis die Schnur schlaff wurde. Ich zog einen hübschen grauen Fisch ins Boot, der etwa zweimal so groß war wie ein Lachs.

*«Kingfish!»** rief Dennis aus.

Als ich ihn hochhielt, berührten die breiten Schwanzflossen den Boden. Es war ein Fang, auf den jeder Fischer stolz gewesen wäre. Als wir einander ansahen, war Dennis fast noch aufgeregter als ich.

Clarice und Meralda hatten nichts gefangen. Sie signalisierten uns, zur Insel zurückzukehren.

Ich war begeistert, mit dem Fang in unserem Besitz in die Bounty Bay einzufahren. Der Fisch wand sich im Korb, als ich mich auf dem Motorrad den Hill of Difficulties hin-

* Unter Wissenschaftlern ist umstritten, um welchen Fisch es sich beim *kingfish* tatsächlich handelt. Sie stimmen weitgehend überein, was Farbe (weißlich, gelb zu den Flossen hin) und Länge (30 cm bis 180 cm) betrifft, aber dabei könnte es sich ebensogut um einen Thunfisch handeln. Die Bewohner Pitcairns sind sich natürlich ganz sicher, um was für einen Fisch es sich handelt: Es ist ein *kingfish*.

aufmühte, während Dennis sich nach vorn lehnte, um das Gewicht auszugleichen, und Befehle brüllte.

«Paß auf den Graben auf! Reiß den Lenker rum!»

Aber ich wußte, er freute sich darüber, daß ich Motorrad fahren konnte und daß er es mir beigebracht hatte.

Wir verbrachten wieder einen Abend bei Nigger. Rick spielte laut auf der Gitarre: *There is joy, joy, joy, joy, in our hearts* ... Perry war auch da, und trotz des zeitweiligen Rückschlags mit Tom und Betty äußerte er sich optimistisch, was seine Aussichten auf Pitcairn anging.

«Ich werde um Erlaubnis bitten, mein eigenes Haus bauen zu dürfen», sagte er. «Das wäre viel leichter, als bei einer Familie zu wohnen. Dann könnten meine Freundin und ich zusammenleben.»

Viele der anderen waren nach dem Tag auf See müde und gingen früh nach Hause. Ich blieb noch, um mein Bier auszutrinken und ein wenig mit Nigger zu plaudern. Uns beiden, vor allem Nigger, war klar, welches Risiko wir damit eingingen. Das allein genügte schon für eine Anklage.

Er sagte mir, er habe erwogen, ein Fischereiunternehmen zu gründen und irgendwie das Geld für ein Boot mit Kühlanlage aufzubringen, um die Gewässer um Pitcairn professionell abzufischen und den Fang zum Verkauf nach Tahiti zu bringen. Die Preise in Tahiti seien hoch.

«Aber ...», sagte er und schwieg dann.

Seit seiner Teenagerzeit hatte er geschnitzt. Er wußte, daß er ein guter Schnitzer war – seine Skulptur eines fliegenden Fisches war die beste der ganzen Insel –, aber in letzter Zeit nahm er seine Werkzeuge immer seltener in die Hand.

«Als ich zwanzig war», sagte er, «war es mir egal, ob ich

mein Leben lang das gleiche machen würde. Jetzt ist das ein schrecklicher Gedanke: daß ich nie etwas anderes tun werde, als das, was ich jetzt tue.»

Durch die Klänge des nächtlichen Orchesters fuhr er mich nach Hause. Die Ratten huschten, der Bambus knackte, die Brandung rauschte.

Ich kam gerade aus meinem Zimmer, als Royal und Irma vom Bohnenpflücken zurückkehrten. Ich fragte Royal, ob Geckos ihre Hinterbeine aneinanderrieben wie Grashüpfer. Mehrere Nächte lang hatte ich ein Quieken gehört, das aus der Ecke drang, in der mein Koffer stand, worin sich immer noch die unberührte Schreibmaschine und die ungeöffnete Flasche mit Tipp-ex befanden, und kurz darauf hatte ich etwas davonhuschen hören. Ich dachte, es seien harmlose Eidechsen.

«Ratten», sagte Royal. «Ratten sind das, die quieken.»

Sie war entzückt, mich in ihr Wissen einzuweihen, und sah mich eindringlich an, während sie das tat.

«Ach, eine Ratte», sagte ich so fröhlich wie möglich. «Das ist bloß eine Bambusratte. Ach, die ist harmlos.»

«War jemand hier?» fragte Irma.

«Nein, ich habe niemanden gehört.»

«Ach, es ist nur, weil jemand hier Andenken geschnitzt hat, meine Liebe.»

Ich bemerkte ein Häufchen Holzspäne neben einem Stuhl auf der Veranda, die so frisch waren, daß sie noch dufteten. Still wie eine Katze mußte Terry hier gesessen und geschnitzt haben, während ich in meinem Zimmer gelesen hatte. Obwohl ich, im Gegensatz zu Irma, zu Hause gewesen war, war es dennoch Irma, die es herausgefunden hatte.

Das Telefon klingelte lange; es war eindeutig ein langes Klingeln, und ich nahm ganz automatisch den Hörer ab.

«Seid ihr da? Hallo? Hallo, ein Schiff kommt. Um 5 Uhr nachmittags. Heute.»

Ganz Adamstown antwortete auf die Nachricht.

«Woher kommt's denn?»

«Philippinen? Mit Filipinos macht man keine guten Geschäfte.»

«Das is' wahr!»

«War schon lang kein Schiff mehr da.»

«Erickson Frost.»

«Vielleicht macht sie gar nicht halt.»

«Das Wasser is' ruhig genug für die Boote.»

«Das is' wahr!»

Ich legte den Hörer auf. Irma und Royal standen dicht neben mir. «Es ist ein Schiff», sagte ich.

«Mein Gott!» sagte Irma und griff nach dem Hörer.

Royal schnaubte.

Irma stimmte in den landesweiten Chor ein und gab ihren Kommentar dazu ab.

«Filipinos sagst du? ... Der Kapitän is' in Ordnung. Er is' ein Riesenkerl.»

Dennis kam herein. Er wollte das Postamt öffnen, falls jemand Briefe hatte, und er hoffte, der Kapitän würde sie mitnehmen und im nächsten Hafen aufgeben. Als Gegenleistung für die Freundlichkeit, die Postsäcke zu transportieren, wollte Dennis dem Kapitän ein paar Bananen schenken.

Die Bananenstauden draußen auf der Veranda waren schon ziemlich abgeerntet, und einige wurden schon schwarz. Unten bei McCoy's Valley hatte Dennis ein paar schöne Stauden gesehen, also schnallten wir zwei Macheten auf den Rücksitz des Motorrads und fuhren los, um sie für den Kapitän zu holen.

Wir fuhren an Fred's Mango vorbei, zu Jim's Ground hinauf und durch Hulianda in ein Tal, dessen Rand dicht von Bananenpflanzen bewachsen war. Einige hatte der Sturm umgerissen, und die gebrochenen Stämme lagen am Boden. Aus der Mitte der Stümpfe sproß ein dicker weißer Stengel hervor, so frisch und glänzend wie eine Frühlingszwiebel. Der neue Stamm war bereits über einen halben Meter hoch, und innerhalb weniger Monate wäre die neue Pflanze ausgewachsen.

Die Früchte hingen zu hoch für uns – vielleicht acht oder zehn Meter hoch –, und ich fragte mich, wie wir an die Bananen herankommen würden und welche Gefahren damit wohl verbunden wären. Aber Dennis schleuderte seine Machete gegen einen der höchsten Stämme, die Klinge bohrte sich in den Stamm und bespritzte ihn mit Saft. Dennis schleuderte sie nochmals, ein lautes Knacken ertönte, und langsam fiel eine mannsgroße Bananenstaude auf den mit weichen Blättern übersäten Boden. Von der Pflanze blieb nur ein Stumpf übrig, der Dennis bis zur Taille reichte.

Ich nahm meine Machete und schlug eine andere Pflanze um. Der Stamm war weich und mürbe, die Klinge grub sich tief hinein, und ich wurde mit einem Schwall süßen, klebrigen Safts überschüttet. Ich zog die Klinge heraus und holte immer wieder aus, bis die ganze Pflanze stöhnend zu Boden sank. Der Stumpf war eine rohe Wunde, aus der Saft blutete, mit einem schneeweißen Kern in der Mitte, der sofort wieder austreiben würde. Es sah aus, als bahnte sich bereits ein neuer Schößling seinen Weg durch das Blätterdach zum Licht.

Auf dem Motorrad konnten nicht mehr als vier Stauden

transportiert werden, also schnallten wir drei an den Rücksitz, wo ich saß, und eine vor Dennis auf den Fahrersitz. Vorsichtig fuhren wir nach Hause; hätten wir im falschen Winkel eine Wegfurche überquert, hätte uns das Gewicht am Rücksitz umstürzen und einen Purzelbaum rückwärts machen lassen.

Es bereitete mir Genugtuung, daß Irma über unsere Ladung so entzückt war und Royal keine Bemerkung dazu einfiel.

«Hast du sie abgeschlagen?» fragte sie schließlich.

«Na sicher.» Ich fühlte mich besser als seit vielen Tagen. Ich ging hinein, um mir Milo zu machen. Ich schaltete den elektrischen Wasserkessel an und stellte fest, daß meine Hände so braun wurden wie die der Einheimischen, aber nur stellenweise, wie bei einem scheckigen Pferd. Auch auf meinem Sweatshirt und meinen Shorts tauchten Flecken auf. Es war, als könnte ich zusehen, wie auf meinem eigenen Körper die Spezialeffekte eines Science-fiction-Films abliefen. Kurz zuvor war ich noch weiß und sauber gewesen, und im nächsten Moment hatte sich eine braune Schicht über meine Haut und Kleider ausgebreitet, und zwar in einer solchen Geschwindigkeit, daß ich nur die Hände auf den Rücken zu legen und wieder hervorzuholen brauchte, und schon konnte ich feststellen, daß wieder einer meiner Finger von dieser geheimnisvollen, schleichenden Krankheit befallen war.

Ich sah mich um, um herauszufinden, ob noch jemand darunter litt, aber die Haut der anderen war dunkel, und ihre Kleider waren ohnehin so dicht mit Flecken übersät, daß ich es nicht sagen konnte.

Ich hielt die Hände hoch und hoffte, wenn ich sie weit genug vom Körper entfernt hielte, würde sich das Übel nicht weiter ausbreiten. Royal, die mein Entsetzen beobachtete, lachte.

«Der Saft», sagte sie, «von den Bananen.»

Der Saft der Bananenpflanze, der beim ersten Kontakt farblos ist, wird langsam braun und verursacht Flecken. Wie mich Royal informierte, würde er sich mehrere Tage lang nicht abwaschen lassen, und sie deutete auf mein Gesicht. Kleine braune Flecken tauchten auf meinen Wangen auf.

«Mach dir nichts draus», sagte Dennis, der vor dem Funkgerät saß. Das Schiff konnte sich jeden Moment melden und seine Position durchgeben.

Es war Zeit, sich fertig zu machen, also zog ich mir ein Paar saubere Shorts und meinen Pitcairn-Island-Sweater an, ich gehörte zum Team.

«Hier kann man keine Zukunftspläne machen», sagte Ben, der an den Fingernägeln seiner handförmigen Vase arbeitete. Wir hatten den ganzen Nachmittag auf der Veranda gesessen, und noch immer gab es keine Nachricht, wann das Schiff eintreffen würde.

«Auf Pitcairn kann man keine Zukunftspläne machen.» Ben sagte oft den gleichen Satz leicht abgewandelt zweimal, als erwarte er, mißverstanden oder ignoriert zu werden.

Terry hörte zu, gab aber kein Anzeichen, etwas verstanden zu haben.

Dann sagte er: «Die *Willem Ruys* sollte am 26. April 1963, einem Freitag, mit tausend Passagieren hier ankommen. Wir haben schwer gearbeitet, viele Andenken gemacht. Am Tag, bevor sie ankommen soll, kommt die Nachricht. Das Wetter ist so schlecht, daß sie bereits große Verspätung hat. Sie wird nicht bei uns haltmachen.»

Schweigend blieben wir noch weitere fünf Minuten sitzen.

«Was hast du jetzt vor, Terry?» fragte ich.

«Einfach warten.»

Ben sah auf. «Bis das Schiff kommt, hängt man immer nur 'rum.»

Am folgenden Nachmittag läutete die Glocke fünfmal. Seit dem vorigen Tag hatten wir auf der Veranda gewartet, während das Motorrad, mit Bananen bepackt, vor dem Haus stand. Aber jetzt war der Startschuß ertönt, und wir machten uns auf. Innerhalb von Minuten waren wir unten am Landeplatz, wir sprangen in die *Tub* und holten die Körbe mit Souvenirs und Dennis' Postsäcke nach, die meine Postkarte nach Hause enthielten.

In meinem Korb, in Zeitungspapier eingewickelt, lag eine von Bens handförmigen Vasen. In den Boden hatte Irma seinen Namen und Dennis drei kleine Haie eingeritzt. Ich wollte herausfinden, ob der Proviantmeister eventuell Knoblauch hatte, den ich gegen Postkarten oder Briefmarken eintauschen konnte.

Die *Erickson Frost* tauchte am Horizont auf und rollte auf uns zu wie eine gewaltige Flutwelle. Doch Steve steuerte mit voller Kraft auf sie zu, als träfen sich hier zwei Ebenbürtige, nicht ein winziges Boot und eine Festung aus Stahl. Als wir schließlich nichts mehr sahen außer dem seitlichen Rumpf des Schiffes, vollführte Steve ein elegantes Manöver, und wir machten an der *Erickson Frost* fest.

Die vielen Gesichter am Ende der Strickleiter waren ein vertrauter Anblick – die Männer der einen Gruppe waren klein, dunkel, mit runden Gesichtern, sie lächelten und waren ständig in Bewegung; die anderen waren groß, silberblond, hatten die Arme verschränkt und weise Mienen aufgesetzt. Die Mannschaft aus Filipinos und skandinavischen Offizieren stand am Ende der Strickleiter.

Die See war so ruhig, daß ich auf eine Sprosse sprang und hinaufkletterte.

«Das ist gefährlich», sagte ein Offizier, der die Arme noch fester verschränkte und sich in seinen riesigen Stiefeln von einem Bein aufs andere wiegte. Wenn er zu sprechen aufhörte, hörte auch das Wiegen auf, und er wurde wieder zur Statue eines edlen Wikingers.

Ich sagte ein wenig verächtlich: «Sie müssen nur auf die Dünung aufpassen. Wohin fahren Sie denn?»

«Neuseeland.» Der Offizier war kein gesprächiger Mann.

«Was haben Sie denn geladen?» Die forsche Unbekümmertheit in meiner Stimme sollte ihn aus seiner Schweigsamkeit reißen.

«Ba-na-nen.» Das Wort gab den Rhythmus für das Wiegen des Offiziers vor.

«Sonst noch was?»

«Nein. Nur Bananen.»

«Würden Sie mir bitte zeigen, wo die Kombüse ist?»

Er deutete mit dem Daumen nach links, dann verschränkte er wieder die Arme.

«Danke.»

Die *Erickson Frost* schien sehr lang zu sein, viel länger als ich die *Tundra Queen* in Erinnerung hatte. Aber vielleicht war mein Blickfeld geschrumpft. Fische und Menschen waren auf Pitcairn übergroß, aber alles andere hatte Kindergröße.

Bis zur Kombüse war es etwa so weit wie bis Tedside und zurück. Und die Schiffsküche selbst war kein einzelner großer Raum, sondern eine Reihe von Wirtschaftsräumen mit Kühlabteilen, durch die ich zum Proviantmeister gelangte.

«Hallo. Guten Tag.» Ich fächerte ein paar Postkarten auf. «Haben Sie vielleicht etwas Knoblauch?»

Er nickte begeistert – «Bitte, bitte» –, er öffnete einen Kühlraum und führte mich hinein. Obwohl nicht geräumiger als ein großer Schrank, folgte er mir hinein und stand zwischen all den Gemüsesäcken – den roten Zwiebeln, den Paprika und Kohlköpfen, deren Blätter sich schon einringelten, und den *Irish Tatties* – dicht neben mir. Es gab ein Netz voller Knoblauchzwiebeln, die zu großen Bündeln zusammengebunden waren; der Proviantmeister griff hinein und nahm ein großes Bündel für mich heraus. Er schwenkte das Bündel vor seinem Gesicht, als führe er mir einen Schrumpfkopf vor, dann schloß er die Tür.

Mein erster Gedanke war: Es ist sehr kalt hier drin. Mein zweiter: Du bist kleiner als ich, als der Proviantmeister nach mir griff. Er zog mich an sich und versuchte, mich zu küssen, indem er meinen Kopf an sich riß. Ich machte mich von ihm los und trat ihm gegen das Schienbein. Er wich einen Moment zurück, und wir standen uns in dem Kühlraum gegenüber wie zwei Boxer kurz bevor der Gong für die nächste Runde ertönt.

Dong! Der Proviantmeister griff nach mir, und diesmal versuchte er, meine Arme nach unten zu drücken und mich gegen die kalte Stahltür zu quetschen.

Ich brüllte: «Was zum Teufel ...», machte einen Arm frei und schlug ihm ins Gesicht. Doch nicht die Gewalt meines Schlags, sondern der Schock ließ ihn zurücktaumeln. Und, ganz so, als wäre er verletzt worden, strich er vorsichtig über seine Wange. Dann lächelte er mich an.

«Bitte», sagte er und grinste breit, als er das Wort gedehnt aussprach. Noch immer hielt er den Knoblauch in der Hand und wedelte damit vor mir herum, als wollte er einen Hund mit einem Leckerbissen locken. Dann zeigte er auf einen Sack Zwiebeln.

«Möchtest du davon?»

«Nein, ich möchte nichts von deinen verdammten Zwiebeln!»

Dong! Er stieß mich gegen die Schulter, und ich fiel um. Er küßte meine Schulter, dann arbeitete er sich küssend bis zu meinem Mund herauf. Es fühlte sich an, als kröche eine Küchenschabe über meinen Hals. Ich wand mich und schlug um mich, was ihn jedoch nicht davon abhielt weiterzumachen. Mir begann zu dämmern, daß er wahrscheinlich Spaß daran hatte. Ich spürte, wie das Knoblauchbüschel, das er in der Hand hielt, gegen mein Bein schlug.

Stück für Stück begann ich mich in Gedanken von meinem Gefängnis zu entfernen: Zuerst gab es den Kühlraum mit dem Sack roter Zwiebeln, den Paprika und den Kartoffeln, die alle um mich aufgestapelt waren, während der Proviantmeister meinen Hals mit seinen Küssen bedeckte. Dahinter war die Kombüse, wo Jay versuchte, einen guten Preis für seinen gefrorenen Fisch auszuhandeln. Dahinter befand sich das Deck, wo Royal, Nola, Kari und Meralda ihre Souvenirs auf einem Tuch ausgebreitet hatten. Und Dennis auf der Brücke bot dem Kapitän unsere Bananenstauden an, während im Frachtraum darunter tonnenweise Bananen lagerten. Glen hielt das Ruder im Boot, das längsseits neben dem Schiff schaukelte. Jenseits davon war das Stück Meer, das bis zur Bounty Bay reichte, dann der unbedeutende Felsbrocken, der Pitcairn genannt wurde, und dahinter der große Ozean. Dreitausend Meilen entfernt lag

Neuseeland, wo die *Erickson Frost* mitsamt ihrem Proviantmeister hinfahren würde.

Mit frischer Kraft stieß ich meinen Peiniger zurück. Wir rauften miteinander, ich zog ihn an den Haaren, trat ihn, und er raubte sich Küsse, sobald er ein Stückchen Haut von mir erhaschte. Ich hatte das Gefühl, daß er alles für ein Spiel hielt und daß trotz meines offensichtlichen Widerstands für ihn eine Abmachung bestand: Als Gegenleistung für ein Büschel Knoblauch würde ich ihm diese Art von rohem Sex gestatten. Ich fragte mich, wie lange das noch so weitergehen würde; würden wir uns so lange gegen die Zwiebelsäcke werfen, bis die roten Schalen abzufallen begännen? Würden wir, vom Kampf erschöpft, keuchend und feucht von der Kälte, aufeinanderstürzen? Würde das Boot ohne mich ablegen, während ich hier im Kühlraum nach Auckland segelte. «ZUM TEUFEL MIT DIIIIR!» Ich holte zum letzten Schlag aus. Er traf den Proviantmeister am Unterarm, und seine Hand fuhr in die Höhe, als hätte er einen elektrischen Schlag erhalten.

«Auu!» Es war eher ein Ausdruck des Erstaunens als des Schmerzes. Er sah mich mit größtem Abscheu an, überschlug, was ihm unsere Begegnung wert war, riß eine Knoblauchzwiebel von dem Bündel und warf sie auf mich. Sie traf mich an der Brust und fiel zu Boden. Ich ging zu den Säkken hinüber, hielt mein Sweatshirt auf wie eine Schürze und füllte es mit Zwiebeln. Mit dem Kopf machte ich ein Zeichen in Richtung Tür, und der Proviantmeister schob sie zurück und ließ mich hinaus.

Es war warm und hell in der Kombüse. Jay tauschte etwas Fisch für einen Kanister Sonnenblumenöl. Er sah meine Zwiebeln und den Proviantmeister dahinter und blinzelte mir zu.

Wir machten uns zur Abfahrt fertig. Die Körbe und der Kanister Sonnenblumenöl wurden an Seilen hinuntergelassen und schlugen gegen die Schiffswand. Steve ließ einen großen Fernseher hinab, den er gegen zwölf Pitcairn-T-Shirts eingetauscht hatte. Große Plastiksäcke, die als «Gefährlicher Abfall» markiert waren, wurden im Boot verstaut.

«Was ist das?» fragte ich Kari, die sich über die Reling beugte.

«Später. Sag' ich dir später», und sie griff nach einem Seil für ihren Korb mit Souvenirs.

Ich kletterte die Leiter hinunter, während das Boot etwas ruhiger lag. Die Geschäfte waren gut gelaufen, also kam der Gesang aus tiefstem Herzen.

> We part, but hope to meet again
> Goodbye, goodbye, goodbye, goodbye.

Ich wandte mich an Randy, Trents jüngeren Bruder, der neben mir saß. «Das Schiff wirkt so riesig», sagte ich. «Auf Pitcairn gibt es nichts, was so groß ist.»

«Die Insel», erwiderte er schlicht.

Obwohl starker Seegang herrschte, war die Stimmung fröhlich an Bord, und nicht einmal Betty wurde seekrank.

«Zwiebeln!» rief Royal, als sie in meinen Sack spähte.

«Verdammte Zwiebeln», sagte ich, und Royal lachte. Es war das erste Mal, daß mir auf Pitcairn ein Scherz gelungen war.

Man hatte mir gesagt, daß Kari ziemlich für sich bleibe. Da ihr Ehemann Brian Young fort war, blieb sie einfach mit den Kindern zu Hause, las Bücher und betrieb ihr Funkgerät. Ihr Haus in Up Tibi lag ohnehin außerhalb der Stadt, etwa hundert Meter den Hügel hinauf und hinter dem Platz, also war es nicht erstaunlich, daß sie selten in die Stadt kam. Nicht einmal ihr Schwager Terry machte sich die Mühe, sie zu besuchen.

Nach Up Tibi ging es einen kurzen, steilen Weg einen Hügel hinauf, und nur wenige Minuten nachdem ich von Irma losgefahren war, standen Dennis und ich an Karis Hintereingang. Sie saß in einem Liegestuhl auf der Veranda, von wo aus sie über die Stadt, über The Edge und auf die stürmische See hinaussehen konnte.

«Auf Pitcairn kann man den Ozean von jedem Ort aus hören», war das erste, was sie sagte. Ihre Worte waren sowohl eine Feststellung wie Ausdruck der Liebe und gleichzeitig eine Warnung. Sie war in diesen einsamen Felsen im Meer verliebt und würde ihn nicht verraten.

Kari war eine sonnengebleichte Blondine in mittleren Jahren, drahtig und attraktiv wie eine Athletin, und sie strahlte gesunde Lebensweise aus. Obwohl sie seit zwanzig Jahren auf der Insel lebte, hatte sie ihre Figur behalten.

Wir gingen nach drinnen, um im Schatten zu sein. Karis Heim entsprach wesentlich mehr dem Geschmack der Inselbewohner als das von Nigger Brown. Es war unordentlich und mit einfachen Tischen und Stühlen möbliert. An der Wand hing eine handgeschriebene Tabelle, die von der Decke bis zum Boden reichte und wichtige historische Daten verzeichnete.

4000 v. Chr. DIE SCHÖPFUNG
2349 v. Chr. ARCHE NOAH
1871 v. Chr. ABRAHAM OPFERT SEINEN SOHN
1491 v. Chr. MOSES AUF DEM BERG ...

Kari griff in den Sack mit dem angeblich gefährlichen Abfall und zog ein Bier heraus. «Vom Schiff», sagte sie. «Gelegentlich muß man sich gehenlassen. Einfach nur die Bibel zu studieren reicht nicht auf dieser Insel.»

Dennis sagte nichts und rührte sich nicht.

«Wie vereinbarst du das denn? Eine Adventistin zu sein und zu trinken?» fragte ich.

Dennis rieb sich mit der flachen Hand die Nase, wodurch sein ganzes Gesicht verdeckt war.

«Wo in der Bibel», fragte sie, «steht denn, daß man nicht trinken darf?»

Ich nickte zustimmend, da ich annahm, daß die Frage rein rhetorischer Art war.

Aber Kari wollte es wissen. «*Wo?*»

Nach so langer Zeit auf Pitcairn hörte sich eine aufrichtige Frage, die die Möglichkeit einer Auseinandersetzung in sich barg, seltsam an. Ich wußte nicht, wo ich anfangen sollte, aber Kari nahm ihre New International Bible heraus, schlug das Register auf und suchte «trinken». Sie wurde auf Sprüche 31,6 verwiesen.

Gebt starkes Getränk denen, die am Umkommen sind,
und den Wein den betrübten Seelen,
Daß sie trinken und ihres Elends vergessen und ihres
Unglücks nicht mehr gedenken.

Kari las es laut vor, immer und immer wieder. Dann sagte sie: «Laßt uns zu Rick runtergehen.»

«Ich denk', ich geh' heim», sagte Dennis. Ich hatte fast vergessen, daß er auch da war.

Kari ließ das nicht zu. «*You comen ahlen* – Du kommst mit uns», sagte sie.

Kari ging sich die Zähne putzen, damit Rick das Bier nicht riechen konnte, nahm ihre Bibel, und wir marschierten ins Missionshaus hinunter. Bei jeder Wegkreuzung fand Dennis einen Grund, warum er gerade jetzt Jay besuchen, nach Terry sehen oder Ben bei der Gartenarbeit helfen müßte, aber Kari zerrte ihn weiter wie ein Kind, das zum Einkaufen mitgenommen wird.

Rick begrüßte uns so begeistert, als wäre er angesichts unseres unerwarteten Besuchs ganz außer sich vor Freude. Kari kam gleich zur Sache. Sie sagte, wir seien gekommen, um zu fragen, an welcher Stelle der Bibel das Trinken verboten werde. Dennis drückte sich draußen herum und suchte nach einer Möglichkeit, sich davonzumachen.

Kari öffnete ihre schwarze Bibel und deutete auf Sprüche 31,6. Laut las sie vor: «... und ihres Unglücks nicht mehr gedenken.»

Rick rutschte auf seinem Stuhl herum und zog am Saum seiner durchsichtigen, fluoreszierenden Shorts, als wäre ihm plötzlich zu Bewußtsein gekommen, wie ungehörig kurz sie waren. Nach einer kleinen Pause, während der er offensichtlich den Anschein erwecken wollte, er bete, sagte er: «Ihr seid so plötzlich damit angekommen, ich brauche etwas Zeit, um darüber nachzudenken, um die Kommentare zu diesem Abschnitt zu lesen. Gebt mir doch bitte eine Woche Zeit.»

«Gebt mir eine Woche Zeit», wiederholte er.

Dann erzählte er uns seine Lebensgeschichte, wobei er mit dem absoluten Anfang begann. Und so lautete sein Zeugnis: Als junger Mann pflegte Rick zu trinken, viel zu trinken. Er vergeudete sein Leben. Obwohl Gott zu ihm sprach, konnte er ihn nicht hören. Dann kam Jesus Christus zu ihm und sagte: «Dein Leib ist der Tempel Gottes.»

Und er hörte auf zu trinken und folgte dem Erlöser der Menschheit.

Es war eine einfache Geschichte, gefühlvoll erzählt, aber das Gefühl wirkte abgenutzt. Ich vermutete, daß Rick diese Geschichte schon oft und vor größerem Publikum als den paar verlorenen Seelen, die jetzt um seinen Küchentisch saßen, erzählt hatte. Beim Sprechen war er aufgestanden, als wende er sich an eine Versammlung.

«Wie steht's mit dem Tanzen?» fragte ich.

Kari fügte hinzu, daß Tanzen die einzig sichere Form der Leibesübung sei, die die Menschen dieser Insel betreiben könnten, und zugleich sei es auch eine sehr gute Möglichkeit, sich körperlich zu entspannen.

Rick sagte nichts. Er starrte auf seine Hände, als stünde darin ein Leitfaden des Allerhöchsten geschrieben. Dann blickte er zu Jenny.

«Es ist Verführung», sagte sie. Sie war sich dessen ganz sicher. Die Tatsache, daß Tanzen eine Verführung beinhalte, bedeute ganz zweifellos, daß es Sünde sei.

Ermutigt von Jennys Worten, fühlte sich Rick auf sicherem Boden, und er rutschte nicht mehr nervös auf seinem Stuhl herum. Jetzt war Dennis an der Reihe, eine unbehagliche Miene aufzusetzen.

«Gut», sagte Kari, offensichtlich sehr erfreut über die Diskussion. «Wir sehen dich dann nächste Woche, Rick», und wir gingen – Kari als erste, ich in der Mitte und Dennis, der vorgab, eigentlich nicht zu uns zu gehören, als letzter.

«Weil der Ort so klein ist», sagte Irma und strich eine Hose mit den Händen glatt, «sieht man die Probleme.» Mehr sagte sie nicht. Sie nahm eine Hacke und ging in ihren Garten.

So prägnant hatte ich die Sache für mich noch nicht auf den Punkt gebracht. An anderen Orten waren die Probleme gesichtslos. Drogenkonsum, Kindsmißbrauch und Gewaltverbrechen waren nur statistische Größen und wurden von Leuten begangen, deren Namen man nicht kannte. Es waren keine Menschen, die einem bekannt waren. Alle Verfehlungen konnten niemand bestimmtem zugeschrieben werden.

Aber auf Pitcairn war nichts anonym. Wenn sich jemand betrank, wußten alle, um wen es sich handelte. «Trunkenheit» war kein abstrakter Begriff, sondern bezog sich immer auf eine Person. Alles war sichtbar. Ein Vorfall konnte die Bedeutung eines sozialen Trends annehmen. Und es waren unsere Nachbarn, unsere Familienmitglieder, die die Verbrecher waren.

«Möchtest du zum Abendessen kommen?» Das hörte sich gar nicht nach Dennis an. Seine Stimme klang verändert, und er sprach langsam und bedächtig, als hätte er den Satz geübt.

«Möchtest du zu einem Essen mit Kerzenlicht in mein Haus kommen?»

«Also ...» Ich wußte nicht, was ich sagen sollte.

«Vielleicht am Mittwoch?»

Es war das erste Mal, daß ich einen Inselbewohner, außer Sabbat, einen Wochentag nennen hörte.

«Nur wir beide.»

Er hörte sich zunehmend wie eine Figur aus einer der amerikanischen Seifenopern an, die wir uns ansahen, bis der Strom wegblieb. Ich antwortete nicht.

«Soll ich das als Ja verstehen?»

Ich versuchte, mir die Sache vorzustellen. Wir beide, ich

in meinem besten Seersucker-Rock mit Oberteil, sitzen im Rohbau seines Hauses ohne Wände, einen Teppich aus roter Erde unter den Füßen und als Decke den Sternenhimmel über uns. Einen öffentlicheren Ort für ein intimes Essen zu zweit konnte ich mir nicht vorstellen.

«Ja? Heißt das ja?»

Vielleicht hatte Dennis die ungezwungene Art, mit der ich mit ihm umging, mißverstanden. Oder vielleicht weigerte ich mich anzuerkennen, daß es mehr war als das; vielleicht lag das Mißverständnis auf meiner Seite, bei meiner Person.

«Nein», sagte ich langsam. «Ich fürchte, ich kann nicht.»

Dennis wurde wieder Dennis, und sein weiches Gesicht verzog sich.

«Ach», sagte er, aber es klang mehr wie ein Autsch. «Vielleicht ein andermal.»

«Vielleicht», sagte ich.

Elftes Kapitel

Tamanu

Charlene, Darrylene, Darlene und Sherilene bildeten den Chor, den Rick dirigierte. Festlich herausgeputzt standen sie vorn in der Kirche, aber sie lächelten und gestikulierten, als träten sie vor einer Versammlung Gehörloser auf.

One, two, three, four, five
Jesus Christ is still alive
Six, seven, eight, nine, ten
He's coming down to earth again

Der Rest von uns klatschte, aber nicht im Takt mit der Musik. Wir versuchten, die Moskitoschwärme zu erschlagen, die um die Bänke schwirrten. Unser Stampfen und Klatschen lief dem Rhythmus des Liedes völlig zuwider, und alles in allem entstand der Eindruck, als seien wir eine hoffnungslos aus dem Takt geratene Big Band.

Der Gottesdienst endete damit, daß Tim die Zeit des Sonnenuntergangs am nächsten Sabbat bekanntgab und die Kinder in Zweierreihen hinauszogen. Ich war schon über eine Stunde in der Kirche gewesen, weil ich, um Irma eine Freude zu machen, die Sabbatschule besucht hatte, die vor dem Morgengottesdienst stattfand, und Irma die heutige

Lesung geleitet hatte. Nur Tom und Betty, Charles und Charlotte, Irma und Ben, Carol und Jay, Kari, Royal und ich hatten teilgenommen. Aber wir hatten uns locker über die Bankreihen verteilt, als würde die Kirche voller erscheinen, wenn wir nicht nebeneinandersaßen.

Rick hatte sich eng an das Programm des Sabbatlehrbuchs für Erwachsene gehalten, wovon wir eine Ausgabe in Händen hielten. Es beinhaltete das Programm für die Lektionen der Monate Juli, August und September – des vergangenen Jahres. Die Broschüren waren zu spät auf Pitcairn eingetroffen, weshalb es uns nicht vergönnt war, mit der weltweiten Gemeinde der Adventisten gemeinsam zu beten, aber nichtsdestotrotz arbeiteten wir uns systematisch durch die Anweisungen hindurch. Wir waren bei Lektion vier angelangt, der Lektion für die Woche vom 21. Juli, wir hatten jedoch bereits August.

Die Lektion hieß «Die Heilige Schrift verstehen». Rick half uns beim Verständnis des Textes.

«Es nützt nichts, eine Pflanze in die Erde zu stecken, die keine Wurzeln hat. Ihr könntet sie genausogut wegwerfen. Bei den Menschen ist es genauso. Sie suchen immer nach ihren Wurzeln, nach ihrer Herkunft. Genauso ist es mit dem Evangelium. Das Evangelium hat Wurzeln – es kommt von Gott.»

Irma erhob sich. Sie hielt die Lehrerausgabe des Sabbatlehrbuchs in Händen und las vor, wofür das Wort Evangelium – *Gospel* – stand.

«G. O. S. P. E. L.» Sie buchstabierte das Buch, als handle es sich um den Namen einer Import-Export-Firma.

«G. O. S. P. E. L. Gospel», sagte sie. «God's Only Son Perished Eternal Life. Dafür steht G. O. S. P. E. L.»

Charles war eingeschlafen. Er trug Jeans und ein kariertes Hemd, und noch nie hatte er so hübsch und so amerikanisch ausgesehen.

Rick erzählte uns weitere erstaunliche Tatsachen. Es gebe 300 000 Märtyrer in der heutigen Welt, sagte er. *Dreihunderttausend.* Das seien über fünftausendmal mehr als die Bevölkerung Pitcairns ausmachte, und sie alle erlitten schauerliche Todesarten um des Herrn willen. Und ob wir wüßten, daß die Kirche der Adventisten die am schnellsten wachsende Kirche der Welt sei? Zweieinhalb Millionen Menschen hätten sich in den letzten fünf Jahren der Kirche der Adventisten angeschlossen. *Zweieinhalb Millionen.* Daran sollten wir uns in unseren Gebeten erinnern.

Ich blätterte unser Lehrbuch durch. Auf der Rückseite befand sich ein Bestellformular – «Sonderangebote zum halben Preis vom Hersteller von ‹Kinder sind auch Christen›». Das Ziel der weltweiten Sammelaktion waren 5000 Dollar, um damit 20 000 Exemplare des «Biblischen Leitfadens zur Streßbewältigung» zu bezahlen, die in den Straßen von New York verkauft werden sollten. Das hieß 25 Cents pro Stück; wenn wir also genausoviel zusammenbrächten wie in den letzten Wochen, wäre schon Pitcairn allein in der Lage, die Gequälten der Wall Street mit fast zweihundert Exemplaren zu versorgen.

Das Lehrbuch stellte uns eine Reihe von Aufgaben. Es gab einen kurzen Bibeltext, den wir auswendig lernen sollten, und eine Liste von Vorschlägen für weiteres Studium und Meditation. Es gab Fragen, die klangen, als wären wir Teilnehmer in einer Fernsehshow: «Nennen Sie mindestens vier der besonderen Reformen, die in den drei Botschaften der Engel in Offenbarung 14 enthalten sind.» Als letztes mußten wir Fragen zu «Praktischen Überlegungen» beantworten.

Bitte wählen Sie die richtige Antwort:
- Die Rolle Christi im Evangelium ist wichtiger als diejenige Gottes? Richtig/Falsch.
- Die Auferstehung ist für den Erlösungsplan genauso wichtig wie die Kreuzigung. Richtig/Falsch.
- Der Heilige Geist steigt auch jetzt in Ihrer Kirche auf. Richtig/Falsch.

Ich beneidete die Pitcairner für ihren bedingungslosen Glauben. Christus würde wiederkommen, darüber bestand kein Zweifel. Es gab Wahrheit und Unwahrheit, und beides ließ sich voneinander unterscheiden, indem man eine Antwort ankreuzte. Und der Tag, an dem wir die Arbeit niederlegten und zur Kirche gingen, war nicht *der* Sabbat, da er keinen bestimmten Artikel brauchte, genausowenig wie Dienstag, Mittwoch oder Donnerstag.

Irma hatte ganz deutlich erklärt, warum der Sabbat auf den Samstag fiel. Sie hatte einen alten Kalender der «NJS Electronic Manufacturers of Industrial and Professional Products» von der Wand genommen und auf die Wocheneinteilung gezeigt, wo der erste Tag der Woche auf den Sonntag fiel. «Manche Leute versuchen, die Kalender zu ändern», sagte sie. «Sie versuchen, den *Montag* zum ersten Wochentag zu machen.»

Ich war verblüfft, aber da schaltete sich Ben ein. «Das sind die Katholiken. Sie wollen, daß alle so sind wie sie.»

«Aber Gott segnete den siebten Tag und heiligte ihn, also muß das der Sabbat sein», sagte Irma. Sie reichte mir den Kalender, während ihre Finger noch immer auf den Kästchen der Wocheneinteilung ruhten.

Der Pastor, dessen Beine von Sabbathosen verhüllt waren, erhob sich wieder. Er kündigte an, daß wir ein Video über die weltweite Mission zu sehen bekämen, und schaltete einen riesigen Fernseher an, den er auf einem Wägelchen in die Mitte des Hauptgangs geschoben hatte.

Der Bildschirm wurde vom Gesicht eines Mannes ausgefüllt, der ganz genauso aussah wie unser Pastor: Er war genauso alt, hatte das gleiche dünne blonde Haar, die gleichen ernsten Augen, die gleiche emphatische Sprechweise. Aber es war nicht unser Pastor, dieser Mann hieß Dwight, und Dwight war ein anderer Pastor in einem anderen kleinen Ort, und er war von Menschen umgeben, die dunkler waren als er und selbst nichts sagten, dafür redete der Pastor über sie. Während wir zusahen, wie diese Menschen ihren täglichen Verrichtungen nachgingen – Essen, Gartenbau, Schulbesuch –, erfuhren wir aus dem Kommentar des Pastors, daß sie zum rechten Glauben übergetreten und gerettet worden seien. Dann weinte Dwight.

Bis zu diesem Augenblick hatte ich nicht begriffen, was es mit Ricks Berufung zum Missionar überhaupt auf sich hatte, und erst jetzt verstand ich, daß die Einwohner von Pitcairn für ihn das gleiche bedeuteten wie jene schweigenden Menschen für seinen Kollegen auf dem Video. Ich erinnerte mich, daß Rick uns im Laden, beim Fischen, beim Beladen des Boots, beim Hinaufklettern der Strickleiter und beim Handel auf den Schiffen gefilmt hatte. Welche entfernte und viel größere Adventistengemeinde würde dies eines Tages zu sehen bekommen?

Rick setzte sich nicht, er sah sich nicht den Videofilm an, sondern uns. Ich fragte mich, wie der chamäleonhafte Pastor, der so unbedingt gefallen und geliebt werden wollte, dazu gekommen war, zum Repräsentanten der einzig sicheren Wahrheit auf Pitcairn zu werden: nämlich der ihres Glaubens.

Da am Sabbat niemand arbeitete, gingen wir oft spazieren. Rick unterstützte dies, und zwar aus dem gleichen Grund, aus dem der *National Geographic* die einzig erlaubte Lektüre am Sabbat war: Ein Spaziergang war Ausdruck der Würdigung von Gottes wundervoller Schöpfung. Am letzten Sabbat hatte ich mit Reynold das entgegengesetzte Ende der Insel erkundet, wo das Land tief zerklüftet war.

Reynold lehnte es ab, Motorrad fahren zu lernen, und durchwanderte die Insel auf seinen breiten, dreckigen Füßen. Wenn ihm ein Pfad zu lang war, schlug er sich mit der Machete einen neuen Pfad. Ich durfte ihn auf seinem persönlichen Straßennetz begleiten, das sich von Long Ridge bis Water Valley erstreckte; letzteres hatte er zugänglich gemacht, um sich den mühsamen Weg über die Felsen zu ersparen, wenn er in West Harbour fischen wollte.

Das Gestrüpp der Wandelrosen hatte zwar einen Teil der Wege wieder zurückerobert, aber dennoch konnte man ihnen noch gut folgen. Über einen Graben hatte Reynold einen Findling gerollt, der als Brücke diente. Wir aßen saftige Orangen, und Reynold zeigte mir, wie man den Zweig eines *burau*-Baums* schälte, den es in Water Valley sehr häufig gab, und ihn auf eine Wunde legte, um die Blutung zu stillen. Er schälte mir eine Guava, die äußerlich sehr we-

* *burau* kann auch *booroa, porou, parau, pulau* geschrieben werden. Diese abweichenden Schreibweisen haben die Wissenschaftler bei dem Versuch verwirrt, einen bestimmten Baum damit in Verbindung zu bringen, da verschiedene Einwohner behaupten, es sei ein *puau*, kein *burau*, was dazu geführt hat, daß Leute von außerhalb meinten, es handle sich um zwei verschiedene Bäume.

nig einladend aussah, aber im Innern rosiges, saftig süßes Fruchtfleisch hatte. Wir suchten nach Kerzennüssen und fanden eine, die die Ratten nicht ausgehöhlt und gefressen hatten. Reynold knackte sie, und im Innern befand sich eine cremefarbene, wachsartige Masse. Er sagte, daß er die ungeöffneten Nüsse unter seinen Kessel* lege, um ihn gut am Brennen zu halten. Bei Irma benutzten wir mit Diesel getränktes Sägemehl. Niemand außer Reynold sammelte noch Kerzennüsse, glaube ich.**

Auf dem Rückweg nach Adamstown, bei der Abzweigung nach Highest Point, trafen wir Charlene, Sherilene und Darlene, die sich, angeführt vom Pastor, auf einem Pfadfinderausflug befanden. Charlene, die ihr T-Shirt mit der Aufschrift «Damen- und Herrenturnier Chub Cay 1983» trug, suchte den Weg nach Spuren ab.

«Das ist Dave. Er muß zurückgegangen sein.» Sie untersuchte den feuchten Schlamm und entdeckte eine weitere interessante Spur. «Und das is' Darrylene. Sie hat meine Schuhe an!» Und die Reifenspuren, die sich kurz danach abzeichneten, stammten eindeutig von Glen, wie sie feststellte. Reynolds Fußabdrücke waren, da er keine Schuhe trug und schnelle Schritte machte, bei weitem am schwierigsten zuzuordnen.

* Früher handelte es sich um einen Kupferkessel, der an einem Haken hing, heute ist es ein Metallgefäß, das in einen Stein eingelassen ist, mit einer Feuerstelle darunter. Irmas Kessel befand sich auf der Rückseite des Hauses.

** Man nimmt allgemein an, daß, außer auf Pitcairn, die Kerzennüsse ausgerottet sind. Obwohl sie nicht mehr so häufig vorkommen wie früher, kann ein Inselbewohner noch immer ohne Mühe welche finden. Bevor es den Stromgenerator gab, dienten sie als Lichter.

Diesen Sabbat, schlug Dennis vor, sollten wir zu Christian's Cave hinaufklettern. Meralda sollte uns begleiten, aber sie fühlte sich nicht wohl.

«*Meralda fever as fer Archies cock* – Meralda hat Grippe und sieht aus wie Archies Hahn», sagte Dennis.* Im Anschluß an den Besuch auf der *Erickson Frost* lagen mehrere Inselbewohner, die für die Krankheiten der Außenwelt besonders anfällig waren, mit Grippe darnieder. Aber Terry wollte uns dennoch begleiten.

Die Höhle war Fletcher Christians Rückzugsort auf Pitcairn gewesen. Wahrscheinlich hatte er gehofft, nie eines solchen Ortes zu bedürfen und immer inmitten seiner aufblühenden Gemeinde leben zu können, in jenem kleinen Paradies, das er geschaffen hatte. Doch es wird berichtet, daß Fletcher von den ersten Tagen auf der Insel an zu dieser Höhle hinaufgeklettert sei, die sich unterhalb jener Stelle befand, die heute Lookout Point heißt. Er legte ein kleines Vorratslager an und baute eine kleine Hütte. Von diesem Unterschlupf aus konnte er auf Adamstown (das damals noch nicht so hieß), auf die Bounty Bay und auf die See hinausblicken und frühzeitig jedes Schiff entdecken,

* Archibald Warren, ein vor langer Zeit verstorbener Einwohner Pitcairns, hatte einen Hahn, der für sein elendes, krankes Aussehen berühmt war. Wenn ein Inselbewohner *da Fever* hat, gleicht er Archies Hahn.

Pitcairnesisch kennt viele Ausdrücke, die sich eines Eigennamens bedienen, und fast jeder Einwohner hat auf diese Weise einen Beitrag zur Sprache geleistet. In jüngster Zeit hatte sich Royals Enkelin Shelley, ein Teenager, bei Tedside versteckt, als das Schiff, das sie nach Neuseeland bringen sollte, in der Bounty Bay eintraf. Wenn jemand verschwindet, sagt man heute daher, er oder sie *do Shelley*.

das sich näherte – um es entweder freudig zu begrüßen oder sich vor ihm zu verstecken, wer weiß?

Die Höhle erreichte man nur über eine steile Felsplatte; man konnte sie gut gegen Eindringlinge verteidigen – auch gegen die eigenen Leute. Denn die polynesischen Männer, die zum Teil aus aristokratischen Familien stammten, waren gereizt und unruhig geworden und sannen auf Rache.* Man hatte ihnen nicht nur keinen Anteil am Land zugestanden, sie waren auch bei der Aufteilung der Frauen benachteiligt worden. Von den zwölf Frauen beanspruchten die Meuterer neun für sich (eine für jeden), und die übrigen drei sollten sich die sechs Polynesier teilen.

Einige Berichte sagen, daß es nur neun Monate dauerte, bis Christian bei einem Streit getötet wurde, bei dem es um die Frage ging, welche von den Frauen wessen Ehefrau sein sollte; andere gestehen ihm drei volle Jahre zu, bis er erschlagen wurde. Ende 1793 gab es nur noch vier Meuterer, die die Massaker überlebt hatten – Quintal, McKoy,

* Über die Polynesier, die sich den Meuterern anschlossen, ist wenig bekannt. Unterschiedliche Schreibweisen ihrer Namen haben ebenfalls zur Verwirrung hinsichtlich ihrer Identität beigetragen, obwohl nur den Frauen auch europäische Namen gegeben worden waren. Niau (manchmal auch Newhow oder Nehou) stammte aus Tahiti und wurde angeblich von Edward Young ermordet, nachdem bis auf zwei Männer alle anderen Europäer brutal getötet worden waren. Oha (manchmal Oher oder Ohoo) stammte aus Tubuai. Tataro kam aus Raiatea und war vielleicht ein Häuptling. Teimua (manchmal Teiruna oder Temuna) und Titahiti (oder Ta'aroamira), der jüngere Bruder des Häuptlings, stammten aus Tahiti. Es wird allgemein behauptet, daß keiner der polynesischen Männer auf Pitcairn Nachkommen hinterlassen habe, doch diese Behauptung kann nicht bewiesen werden.

Young und Adams.* Aus Angst um ihr Leben sollen sich McKoy und Quintal in den Busch zurückgezogen haben. Nicht lange danach entdeckte McKoy, ein früherer Angestellter einer schottischen Brennerei, wie man aus tee root Schnaps brannte, und stürzte im Zustand der Trunkenheit über eine Klippe. Young und Adams zerstückelten Quintal mit einer Axt. Young starb ein Jahr später, entweder an Asthma oder Schwindsucht. Im Jahr 1800, weniger als zehn Jahre nachdem die *Bounty* verbrannt worden war, waren nur noch Adams und die Frauen übrig.

Wir fuhren zur Schule hinauf, ließen die Motorräder stehen, und Dennis, Terry und ich gingen am Schulhaus und an dem sauren Orangenbaum vorbei, dessen Früchte nur für Marmelade taugten, und machten uns auf den Weg zu Christians Höhle. Der flache Weg stieg bald steil an, und die Oberfläche aus grobem Geröll erschwerte das Klettern.

Wenn die Einwohner von Pitcairn in der Stadt herumspazierten – was selten vorkam – oder den Platz überquerten, wirkten sie unbeholfen und groß. Wenn sie jedoch über eine zerklüftete Bergwand kletterten, waren sie so behend wie Bergziegen. Sogar Terry, der selbst nach hiesigen Maßstäben als dick galt und dessen Körper so weich wie ein Daunenbett war, hüpfte über den Schutt und kletterte problemlos über das Geröll. Ich, die ich straff und klein war, machte jetzt eine schlechte Figur; ich griff nach Wan-

* Auch die Namen der Meuterer werden an verschiedenen Stellen auf verschiedene Weise geschrieben, und es gibt keine anerkannte Schreibweise. McKoy ist manchmal McCoy oder Mickoy. Thomas Burkett ist Kurkitt oder Birkett geschrieben worden. Der Seemann Birkett blieb auf Tahiti, wo er gefangengenommen, an Bord der *Pandora* nach England gebracht und dort gehängt wurde.

delrosen, deren dünne Äste in meinen Händen brachen, und rutschte auf dem Hintern über das lose Geröll nach unten. Dennis und Terry zeigten mir, daß man den Hügel bewältigte, wenn man ihn seitlich, quer über das Geröll, hinaufrannte, nicht hinaufkletterte. Auf diese Weise, sagte Terry, rutsche man nicht ab. Ich ergriff Dennis' Hand, und gemeinsam rannten wir im Zickzack den Hügel hinauf, als würden wir Kugeln ausweichen.

Der Hang endete unvermittelt in einem scharfen Felsvorsprung, auf den Terry und Dennis mich hinaufhoben. Dahinter ragte ein mehr als hundert Meter hoher Felsen auf, und in diesem Felsen befand sich eine dreißig Meter hohe Einkerbung, ganz so, als hätte ein riesiger Meißel ein Stück herausgeschlagen. Diese Einkerbung bildete eine Art Sims an der Felswand, der nur ein paar Fuß tief war, und das war Christian's Cave.

Wir saßen in der Höhle und ließen die Beine über den Rand baumeln. Kapitän Beechey hatte geschrieben: «Der Aufstieg zu dieser Höhle war so schwierig, daß selbst dann, wenn Angreifer den Hang erfolgreich überquert hätten, er (Christian) jeder Gewalt hätte Widerstand leisten können, solange seine Munition reichte.» Aber es war ein erbärmliches Versteck, es bot keinen Schutz vor Wind und Regen, nicht einmal Wärme. Bereits am frühen Vormittag befanden wir uns im Schatten, und die Höhle – oder die Einkerbung – war feucht und roch modrig, weil sie kaum Sonne abbekam. Aber es war ein ausgezeichneter Ort gewesen, um alles auszuspionieren. Adamstown lag zu unseren Füßen wie ein ausgebreiteter Stadtplan: Die Main Road bildete einen roten Strich durch das Grün, der Platz war eine grau-weiße Lichtung, und die Blechdächer blinkten durch die Bäume.

Wie seltsam es doch war, hier oben auf dem Felsvorsprung zu sitzen und auf den Wohnort von Männern und Frauen hinabzusehen, die die Nachkommen von britischen Meuterern und tahitischen Frauen waren.

«Als was fühlt ihr euch?» Sobald ich den Mund aufgemacht hatte, wurde mir bewußt, wie lächerlich meine Frage klang. Ich versuchte, mich hinter einer Reihe möglicher Antworten zu verbergen, die dem Quiz im Katechismus der Adventisten glichen.

«Polynesier? Pitcairner? Briten?»

«Wir sind Briten», sagte Dennis.

«Ich weiß, daß ihr Briten seid – formal gesehen –, aber wie *fühlt* ihr euch?» Vielleicht war das eine so dumme Frage, daß es keine Antwort darauf gab.

Dennis schlug mit den Beinen gegen den Fels, und Terry schloß sich ihm an, wie zwei Leute, die nebeneinander die Straße entlanggingen und in die gleiche Gangart verfielen.

«England wird diesen Ort nie aufgeben», sagte Dennis. «Aber mit Frankreich wären wir besser dran.»

Pitcairn befand sich am Rand von Französisch Polynesien. Unter französischer Regierung hätten die Einwohner von Pitcairn die Einrichtungen und Versorgungsschiffe mit Mangareva teilen können. Großbritannien sei sehr weit weg, sagte Dennis.

«Aber wie *fühlt* ihr euch?» Ich wollte diese Frage einfach nicht auf sich beruhen lassen, obwohl sie Dennis ganz offensichtlich irritierte.

Hastig antwortete er: «Wir sind schwarze Inselbewohner. Das sind wir. Schwarze Inselbewohner.» Und damit habe es sich, sagte Dennis, während er mit hochgezogenen Schultern die Füße gegen den Fels schlug.

«Da is' Nig», sagte Terry. «Auf dem Weg zu Len und Thelma.» Ich hörte das Geräusch eines Motors, konnte aber nichts sehen. Abgesehen von der Main Road waren die meisten Wege von Baumkronen überdacht, und obwohl man die Wege aufgrund des Vegetationsmusters erkennen konnte, waren sie selbst und die Menschen darauf versteckt. Aber auch ich hätte sagen können, daß es Nigger war. Manche Motorräder summten wie Wespen, sie hörten sich wie riesige Insekten an, die durch Adamstown schwirrten. Aber Niggers Motorrad dröhnte, und wenn es zuvor nicht geregnet hätte und der Weg hart und trocken gewesen wäre, wäre die Erde davon erbebt.

Seeschwalben flogen vor uns durch die Luft und kreuzten von einer Seite der Höhle zur anderen. Von Adamstown aus hatte ich sie so fliegen sehen, und ihre leuchtendweißen Flügel hatten sich klar gegen die dunkle Höhle im Fels abgezeichnet.

«Wir können einen leichteren Weg hinuntersteigen», sagte Dennis.

Terry übernahm die Führung und sprang von dem Vorsprung in eine andere Richtung hinunter als die, aus der wir gekommen waren. Wir trafen zuerst auf eine rutschige Geröllbank, danach auf rohe Klippen, die etwa zehn Meter nach unten abfielen. Ich wandte mich an Dennis, in der Hoffnung, er würde sagen, der Weg sei unpassierbar, aber er winkte in Richtung Klippenrand, und als ich mich wieder umdrehte, entdeckte ich gerade noch Terrys Kopf, der nach unten verschwand.

«Jetzt du», sagte Dennis. «Das Loch runter.»

Erneut sah ich über den Rand der Klippe hinab. Ich entdeckte eine Rinne im Fels, die nach unten lief und einen Schacht bildete, der etwa die Form und die Größe eines

Speiseaufzugs in einem Restaurant hatte, außer daß dieser hier nur an drei Seiten begrenzt war. Irgendwo weiter unten im Schacht war Terrys Kopf zu sehen, der sich schnell von uns wegbewegte.

«Streck die Arme gerade nach vorn aus, preß deinen Hintern gegen eine Seite und die Füße gegen die andere», sagte Dennis und überredete mich, hinunterzuklettern. Ich glaubte mich erinnern zu können, dergleichen bei einem Filmhelden gesehen zu haben, doch damals war dieses Manöver von Explosionen und einem dreiköpfigen Rieseninsekt begleitet, das über den Rand des Schachts hinunterspähte. Ich ließ mich in das «Loch» hinab, so daß ich mich seitlich zur Klippenwand befand, streckte die Arme aus und preßte mein Gesäß nach hinten, aber meine Fußsohlen fanden keinen richtigen Halt, und ich hing unsicher am oberen Ende eines zehn Meter tiefen Abgrunds.

«Beine hoch! Beine hoch!» rief Dennis, und ich zog die Knie an und streckte die Beine aus, so daß ich im Schacht festgekeilt war. Ich ließ meine bloßen Füße ein paar Zentimeter nach unten gleiten, rutschte mit dem Hintern nach, schob dann langsam die Handflächen nach unten und arbeitete mich so zentimeterweise durch den Schacht nach unten. Füße, Hintern, Hände. Füße, Hintern, Hände. Dennis war nur ein kurzes Stück über mir. Eine falsche Bewegung, und er wäre auf mich gefallen, und wir beide wären das «Loch» hinuntergestürzt. Füße, Hintern, Hände. Füße, Hintern, Hände.

War dies einst Fletcher Christians Fluchtweg? Wenn er jemand entdeckte, der seitwärts über das Geröllfeld heraufrannte, konnte er dann durch den Schacht entkommen? Vor wem wäre er geflohen?

Und während ich das dachte und mich langsam den

Schacht hinunterarbeitete, stellte ich fest, daß ich keine Angst mehr hatte. Meine Gedanken waren nicht mehr allein auf die physische Aufgabe konzentriert, sondern begannen abzuschweifen, nachdem ich mich sicher fühlte. Zum ersten Mal hatte mich Pitcairn nicht eingeschüchtert. Und ich war kein Kind mehr; mir mußte nicht mehr bei allem und jedem geholfen werden, und ich brauchte nicht mehr auf dem Rücksitz eines Motorrads herumchauffiert werden.

Ich kletterte den letzten Teil des Schachts hinab, der Abstand zwischen mir und Dennis vergrößerte sich, und ich ging als erste zur Schule hinunter.

Später am Tag kam ein Fremder auf die Insel: ein schwarzer Albatros. Wie ein Aufseher stolzierte er den Pier entlang, begutachtete die Betonarbeiten der Männer und hackte mit dem Schnabel nach jedem, der ihm auf seinem Weg in die Quere kam. Unablässig ging er auf und ab, gelegentlich begab er sich zum Bootsschuppen hinüber, inspizierte die *Tin* und die *Tub* und nickte mit seinem langen Kopf in Richtung der Schiffskörper, als wollte er sagen: «Gute Arbeit, Jungs. Gute Arbeit.»

Am Anlegeplatz hatten sich viele Leute eingefunden, und eine Schar von Kindern, die sich wie eine an- und abschwellende Woge nach vorn und zurückbewegte bei dem Versuch, dem Vogel möglichst nahe zu kommen, nahm kreischend Reißaus, wenn er mit klapperndem Schnabel nach ihnen ausholte. Charles, der sich mit derlei Dingen auszukennen schien, sagte, er sei von Neuseeland herübergeflogen und befinde sich auf dem Weg zum Südpol.

«Zum Brüten!» warf Charlene zirpend ein, die das sehr komisch fand.

«Langer Weg fürs Vögeln», sagte Dave Brown.

Tagelang paradierte der Albatros auf dem Anlegesteg entlang. Es war unerklärlich, warum er blieb und nicht fortflog, um eine Gefährtin zu finden. Auf Pitcairn gab es nichts für ihn. Dann ertönte eines Tages ein langes Klingeln.

«Hallo, seid ihr da? Hallo. Der Albatros is' fort.»

«Na, hört euch das an!» sagte Irma. Es sollte über einen Monat dauern, bis wieder Fremde nach Pitcairn kamen.

Im Schulhaus arbeitete ich mich allmählich durch die alten Jahrgänge des *Miscellany* hindurch und machte von allem Notizen, das ich für interessant hielt, obwohl ich nicht genau wußte, warum. Ich schrieb alle verblüffenden Statistiken auf, wie etwa die alarmierende Zahl von Todesfällen aufgrund von Unfällen. Zwischen 1834 und 1934 waren Unfälle die häufigste Todesursache und machten über ein Fünftel aller Todesfälle aus. Dann entdeckte ich, daß fast jede Ausgabe des *Miscellany* die Nachricht über einen Todesfall durch Ertrinken oder über ein Unglück enthielt, bei dem jemand beinahe ertrunken wäre. Nur drei Wochen vor meiner Ankunft war eine Jacht von den Osterinseln eingelaufen und hatte in der Bounty Bay geankert. Während der stürmischen Nacht war die Ankerkette gerissen, und die Jacht war an St. Paul's Rock vorbei auf den Felsen bei Old Man zugetrieben. Die Frau an Bord ertrank, ihr Leichnam wurde von Glen geborgen. Sie wurde von den Inselbewohnern auf dem Friedhof neben dem kleinen Jayden Jacob Norfolk Warren begraben. Das Grab war nicht gekennzeichnet, es war ein Hügel aus frischer roter Erde, der noch nicht eingesunken, aber bereits von hellen, malvenfarbigen Blumen überwachsen war.

Auf den Regalen mit den Mitteilungsblättern lag ein ungebundenes Exemplar der *Gesetze von Pitcairn, Henderson, Ducie und Oeno*, und ein Band mit dem Titel *Einheimische Nachrichten*, ein Journal, das offensichtlich von einem früheren Lehrer geführt worden war. Die Einträge waren unregelmäßig. Unter dem 5. Juni 1971 stand folgendes zu lesen:

> Erste Bombe innerhalb der französischen Nukleartests. Film-Doppelprogramm: «Surf Party» und «Laughing 20s»

Pitcairn liegt weniger als sechshundert Meilen südöstlich vom Mururoa-Atoll entfernt, dem atomaren Testgelände der Franzosen. Während der Testphase waren Meßgeräte auf der Insel aufgestellt, um den atomaren Niederschlag und die Stärke der Druckwelle aufzuzeichnen. Fünfundvierzig Minuten nachdem eine Bombe detoniert war, verbreitete sich ein dumpfes Grollen wie eine Welle über Taro Ground, und die Häuser erbebten. Vor der Bounty Bay soll die ganze Nacht ein französisches Schiff geankert haben, um die Bevölkerung im Notfall zu evakuieren. Terry sagte, er habe eine Möwe tot vom Himmel fallen sehen. Viele Inselbewohner behaupten, es gebe Einwohner, die Photographien des Atompilzes besäßen, obwohl ich nie welche zu Gesicht bekommen habe. Das Doppelprogramm wurde zu jener Zeit gezeigt, als es noch keine Videos auf der Insel gab und sich die gesamte Bevölkerung ein- oder zweimal pro Woche im Gerichtsgebäude versammelte, wo ein Film gezeigt wurde. Ein paar Einträge später stand:

8. August 1971. Vierte Bombe innerhalb der französischen Nukleartests. Jungs fuhren im Boot zum Fischen von Barracuda hinaus – fingen 13.

Die zweite und die dritte Bombe waren keinen Eintrag wert – statt dessen wurden ein paar Fischzüge dokumentiert.

Es gab noch eine weitere Überraschung: In ein verlassenes Haus war eingebrochen worden und die medizinischen Artikel, die dort lagerten, wurden vermißt. Im Anschluß an die kurze Nachricht hatte der Lehrer in großer, offensichtlich erregter Schrift geschrieben: «VERDAMMTE DIEBE AUF DER INSEL».

Donnerstag abends, wenn ab sieben Uhr geöffnet war, versuchte ich immer zum Laden hinunterzugehen. Ich ging zwischen den fast leeren Regalen entlang und ließ mir lange Zeit mit der Entscheidung, was ich kaufen wollte. Natürlich waren keine neuen Waren hinzugekommen, seitdem ich das letzte Mal hier gewesen war, nichts war vom Großhandel geliefert worden, und keine Ladung frischer Eier war eingetroffen. Alles, was am letzten Donnerstag hier gewesen war, würde auch diesen Donnerstag hier sein, höchstens weniger davon.

Dennoch wanderten aufrichtig interessierte Kunden im Laden herum, als könnte ihnen doch noch etwas unterkommen, das sie beim letzten Mal übersehen hatten, obwohl das Angebot ohnehin nur aus einem paar Dutzend Artikel bestand.

Irmas Speisekammern waren alle voll, selbst auf dem Boden stapelten sich bereits die Dosen. Aber jede Woche kaufte ich soviel wie möglich im Laden ein. Ich legte die Einkäufe in meinen Korb, befestigte ihn am Rücksitz des

Motorrads und fuhr den Hügel hinauf nach Hause. Ich stellte alle Artikel, einen nach dem anderen, auf den Küchentisch und tat so, als würde ich prüfen, ob ich alles hatte, was ich brauchte.

«Zwei Dosen Lammfleisch, eine Dose Irish Stew, drei Dosen Schlemmerland, eine Dose Pfirsichhälften in Sirup ...»

Ich wollte, daß Irma es sah; ich wollte zeigen, daß ich zu diesem Haushalt meinen Anteil beisteuerte; ich wollte, daß Irma gut über mich dachte.

Wir lagen in Liegestühlen auf Karis Veranda. Kari trug Shorts und ein Bikinioberteil und trank Bier, ganz so, als wäre sie auf Urlaub an der Costa Brava. Ich war auf dem Rückweg von Taro Ground bei ihr vorbeigekommen; Tom hatte angerufen, um zu sagen, daß bei der Funkstation eine Nachricht für mich angekommen sei.

Am 17. Juni 1985 hatte Lady Young, Minister of State For Foreign and Commonwealth Affairs in London, die Funkverbindung zwischen Pitcairn und Neuseeland offiziell für eröffnet erklärt. Bald wurde festgestellt, daß die Verbindung unzuverlässig war und Unterhaltungen, die darüber geführt wurden, unverständlich waren, aber dennoch war die Hoffnung groß. Von der Verbindung zum Wellington Radio ZLW über die Landverbindungen zu Telecom International in Auckland konnten Anrufer – rein theoretisch – an jeden Ort der Welt weiterverbunden werden. Aber als ich, zum zweiten Mal in dieser Woche, in Taro Ground ankam, waren alle Verbindungen zusammengebrochen. Ich hatte keine Ahnung, wer sich solche Mühe machte, mit mir in Kontakt zu treten, oder warum er das tat.

Kari zuckte die Achseln; das passiere ständig.

Ich streckte mich wieder in der Sonne aus. «Ich glaube, Irma bedauert es, daß sie mich eingeladen hat, bei ihr zu wohnen.»

Kari drehte ihr Glas zwischen den Händen und bewegte unruhig die Füße. Nach ein paar Minuten begann sie zu sprechen und tat so, als hätte sie das Thema gewechselt.

«Die meisten Besucher kommen mit einer vorgefaßten Meinung über Pitcairn und seine Bewohner hierher. Sie meinen, das sei eine Gemeinde ohne Kriminalität, ohne Eifersucht und Probleme. Wenn Leute so denken, ist es kein Wunder, daß manche hierherkommen und meinen, wir wären Engel.»

Sie nahm einen weiteren Schluck Bier und sah über die Veranda hinaus. «Ist dieses Land nicht herrlich? Ich habe gehört, du bist am Sabbat zu Christian's Cave raufgegangen?»

Dann nahm sie den Faden wieder auf. «Leute von draußen sind mit Pitcairn scharf ins Gericht gegangen. Sie haben harte Urteile über die Inselbewohner gefällt, voller Zorn, weil ihre Träume sich nicht verwirklicht haben.»

Sie hielt inne. «Manche Besucher sind auch undankbar gewesen. Sie leben bei einer Familie auf der Insel, teilen deren Heim, sie sehen, was die Leute essen, was sie anziehen, sie schauen in ihre Schränke ...»

Durch die Tür zu Karis und Brians Schlafzimmer sah ich ein lebensgroßes Bild von Clark Gable, das über dem ungemachten Bett hing.

«... Dann nehmen sie diese intimen Details und erzählen sie einer Welt, die eigentlich etwas anderes hatte hören wollen. Und die Welt, die enttäuscht ist, daß ihr Traum gar nicht existiert, macht die Pitcairner dafür verantwortlich, ihn zerstört zu haben.»

Sie fügte noch hinzu: «Es ist falsch, herumzuschnüffeln.»

Ich versuchte, das Bild von Clark Gable zu verdrängen, zu vergessen, daß er dort über den aufgewühlten Laken von Karis Bett hing. Aber das lebensgroße Bild ließ mich nicht mehr los.

Es war still in Tamanu. Der Pastor war nicht da, und nur wenige Leute lagen in Niggers Sesseln und lauschten der Musik aus der Stereoanlage. Niggers Haus befand sich nahe am Meer, und die Brandung war laut. Es schien, als nehme der Wind zu, als wäre es mit dem schönen Wetter vorbei.

Nach und nach gingen die Leute, bis nur noch Nigger und ich auf unsere Stühle gelümmelt am Tisch saßen. Nigger schien darauf zu warten, daß ich ging.

Das tat ich nicht. Ich wollte Nigger in ein Gespräch verwickeln, Dinge herausbekommen, nachforschen, lernen und durch besseres Verstehen ein Teil der Gemeinschaft werden. Ich versuchte zu reden und benutzte meine Hände, um einen Satz zu beginnen, aber sie fielen auf den Tisch zurück. Nigger sagte nichts, aber wir sahen einander an. Vielleicht gab es eine andere Möglichkeit, die Kluft zu überbrücken, einen Einheimischen zu erreichen.

Wir saßen uns einfach gegenüber, gelegentlich hoben wir den Blick, sahen uns ins Gesicht und warteten. Keiner von uns hatte den Mut, den ersten Schritt zu tun; keiner von uns wollte verantwortlich sein. Unsere Hände tanzten über die Tischfläche. Ich weiß nicht, wer sich zuerst erhob, Nigger oder ich, jedenfalls ging der andere mit.

Es war eine lange, stille Nacht, die langsam verging. Nur das stetige Rauschen des Windes und die leise Brandung des Meeres waren zu hören. Nigger hatte mir erzählt, daß er als Junge oft von den Felsen aus gefischt habe, die unterhalb seines neuen Hauses lagen und gegen die sich nun die schaumgekrönten Wellen weiß abzeichneten. Irgendwo draußen auf dem Meer waren die Lichter eines Schiffes, jenseits von Henderson, jenseits der unbewohnten Insel Ducie, jenseits von allem, was ich mir im Moment vorstellen konnte.

Nigger atmete im Rhythmus des Wassers. Einmal fuhr er hoch, weil ein scharfer Laut durchs Fenster drang, ganz so, als würde der Zweig einer Schraubenpalme abbrechen.

Ich setzte mich auf die Bettkante. Bald würde die Sonne aufgehen und am Himmel hängen wie eine Glühbirne.

«Ich fahr' dich zurück», sagte er.

Ich dachte an den Lärm von Niggers Motorrad, das kurz vor Sonnenaufgang auf dem Weg zu Irma durch Adamstown dröhnen würde.

«Nein, danke.»

Ich spazierte bei Tom und Betty und am Friedhof vorbei, ich ging unter Big Tree hindurch und passierte den Weg, der zu Royal führte, dann bog ich ab und marschierte den Hügel hinauf nach Hause.

DRITTER TEIL

Zwölftes Kapitel

John Adams's Grave

Irma sah sehr seltsam aus; sie legte sich hin. Nie zuvor hatte ich Irma liegend gesehen, und das war – mehr noch als ihr rasselnder Atem und das feuchte Tuch auf ihrem Gesicht – schockierend.

Irma war schon früher am Tag krank geworden; sie hatte am Abwaschbecken gestanden, die Hand an den Kopf gelegt und gesagt: «*Ha world es illy-illy* – Alles dreht sich um mich»*, und war umgestürzt. Sie sagte, jedesmal wenn sie versucht habe aufzustehen, habe sich wieder alles um sie zu drehen begonnen. Auf der Bank der Veranda wurde ein provisorisches Bett für sie aufgeschlagen. Ihr Körper war so leicht, daß sie eher darüber zu schweben als darin zu liegen schien, ganz so, als wäre sie schon auf dem Weg in den Himmel.

Niemandem kam der Gedanke, daß Irma, die so schwach war, daß sie kein Wasserglas halten konnte, im Bett ihres Schlafzimmers besser aufgehoben wäre. Wie aufgebahrt lag sie auf der Veranda und empfing Gäste, die Essen mitbrachten und Worte des Trostes spendeten. Charles und

* Als *illy-illy* wird normalerweise eine rauhe See bezeichnet, vermutlich vom englischen *hilly* (hügelig). Im Polynesischen wird der Superlativ durch Wiederholung des Worts ausgedrückt.

Charlotte brachten Tomaten, Paprika und Kopfsalat aus ihrem Garten. Rick hielt Irmas Hand und verhalf sich anschließend zu einem Stück Pfeilwurzelkuchen aus dem Kühlschrank. Royal saß neben Irma und platzte fast vor Wichtigkeit angesichts ihrer Doppelrolle als Schwägerin und Hilfsschwester, aber sie redete mit allen anderen mehr als mit der Kranken selbst, auch wenn Irma das Hauptthema ihrer Unterhaltungen war.

«Sie hat zu schwer gearbeitet. Und sie hat nichts gegessen.»

Royal hatte recht, Irma war unfähig, sich Ruhe zu gönnen. Jenny war nach Schließung des Krankenhauses vorbeigekommen und hatte Irmas Krankheit als Zustand der Erschöpfung und Unterernährung diagnostiziert. Irma aß kein Protein – sie mied Fleisch aus Glaubensgründen – und nahm außer ein paar Salatblättern kaum etwas anderes zu sich. Es war erstaunlich, daß sie so lange durchgehalten hatte. Die einzige Heilung, sagte Jenny, bestehe in Ruhe und Essen.

Ich begann wie wild zu kochen. Vielleicht war ich irgendwie verantwortlich für Irmas Zusammenbruch. Aber ich war so leise ins Haus geschlüpft, daß sie keinesfalls mitbekommen haben konnte, was in der Nacht zuvor geschehen war.

Ich buk Pfeilwurzelkuchen und Bananenbrot, und ich machte Pfannkuchen mit Sirup. Nachdem es Irma, deren Gesicht noch immer unter dem feuchten Tuch verborgen war, am Abend nicht besser ging, verdoppelte ich meine Anstrengungen. Ich bereitete den Teig für vier Laib Brot vor. Ich machte einen großen Salat, da ich wußte, daß Irma ihn gern mochte, und ich bereitete für alle Besucher Milo zu.

In dieser Nacht kam ein Gewitter, die Blitze schlugen

auf Pitcairn ein, und der Regen peitschte über Wege und Gärten. Ben machte sich Sorgen um Irmas Tomatenpflanzen, die noch zu jung waren, um starkem Wind und Regen standzuhalten. Mein Gartengrundstück fiel zum Meer hin leicht ab, und ein plötzlicher Regenguß würde den größten Teil der roten Erde fortwaschen. Ben, Dennis und ich saßen auf der Veranda und wachten bei Irma, die in den Sturm hinaussah.

Am nächsten Morgen war die Luft unnatürlich ruhig, und die Sonne schien auf eine so halbherzige Weise, als wäre sie noch nicht richtig aufgewacht, was den feuchten Blättern einen unwirklichen Glanz verlieh. Irma ging es nicht besser; seit dem vergangenen Tag hatte sie nur Wasser zu sich genommen und konnte sich immer noch nicht aufsetzen. Ben hatte im Stuhl neben ihr geschlafen.

Ich stellte einen Teller mit süßem Reis neben ihn und ging in meinen Garten. Der Gewitterregen hatte die Furchen vertieft, und einige meiner Maispflanzen waren unterspült worden. Der Teil meines Gartens, der etwa einen halben Meter über die Klippe von Down Isaac's hinausragte, war verschwunden und ins Meer geschwemmt worden. Sturm und Wind veränderten die Form von Pitcairn beständig; seit ich hier lebte, war ein Teil der Klippe oberhalb vom Hill of Difficulties abgebrochen und auf den Anlegeplatz gestürzt. Bei St. Paul's trat die rote Erde so ungeschützt zutage, daß sie an manchen Stellen wie Sand verweht wurde und kleine Dünen bildete, wo einst bewaldete Täler waren. Als Jacob das Amt des Försters innehatte, hatte er versucht, Tulpenbaumsetzlinge anzupflanzen, um den Boden zu retten, aber sie waren auf den lockeren kahlen Stellen nicht angewachsen. Nach und nach wurde dieses winzige Eiland vom Ozean verschlungen.

Ich ging zum Missionshaus hinüber, um die Salat- und Kohlsetzlinge abzuholen, die Rick mir versprochen hatte, und brachte sie in meinen Garten hinüber. Die feuchte Erde nahm die Wurzeln bereitwillig auf, und die Setzlinge richteten sich auf, als wären sie schon angewachsen. Ich hörte, daß Dennis und Terry beim neuen Haus waren, aber ich blieb bis zum Einbruch der Dunkelheit in meinem Garten und ging dann nach Hause.

Neben dem Abwaschbecken stapelten sich schmutzige Teller und Tassen, und ich begann abzuwaschen. Dennis kam herein, er stellte den Videorecorder an und lümmelte sich vor den Bildschirm. Ben las den Immobilienteil des *Sydney Morning Herald* von vor zwei Jahren. Das Rascheln der Seiten und das leise Rauschen des Videos waren die einzigen Geräusche im Raum; Irma war still.

Dennis nahm seinen halb ausgetrunkenen Becher und knallte ihn aufs Abtropfbrett. Sein Gesicht verzerrte sich zu einer Grimasse, und er zischte: «Du verdammtes ...» Das letzte undeutliche Wort war sicher «Miststück». Und ich entdeckte, daß sich unter Dennis' koboldhafter Miene noch viele andere Gesichter verbargen.

Ich war selbst überrascht, wie laut ich ihn anschrie:

«WAG ES NICHT, SO MIT MIR ZU SPRECHEN!»

«Wie denn?» sagte Dennis leise. «Ich weiß nicht, was du meinst.»

Dann nahm er Trotzhaltung ein, und diese in der nachdrücklichsten Form, die ihm zu Gebote stand – nämlich Faulheit –, was sich an dem schleppenden Schritt zeigte, mit dem er sich entfernte. Unter dem Tuch kam ein Husten hervor, ein leises, scharfes Hüsteln. Ben sah auf und wandte sich dann wieder seiner Zeitung zu. Ich wusch geräuschvoll das Geschirr ab und ließ es zum Trocknen stehen.

«Mist, Mist», stammelte ich flüsternd, aber inzwischen war es mir egal. Ich spürte, wie mein Gesicht sich verzog, und ich versuchte, äußerlich Gleichmut zu bewahren, als mir einfiel, daß das hiesige Wort für zornig «häßlich» war, was mich leise auflachen ließ.

Drei Tage lang lag Irma auf der Veranda. Obwohl viele Besucher kamen, mit denen wir uns unterhielten, sprachen wir – Ben, Dennis und ich – kaum ein Wort miteinander. Doch als ich am Sabbatmorgen aufwachte und mir eine Tasse Milo machte, war Irma in der Küche und wanderte pfeifend darin herum. Ihre Rückkehr war so plötzlich erfolgt, daß es mir weniger wie eine Genesung als vielmehr wie eine Wunderheilung erschien. Das provisorische Bett war verschwunden.

«Kommst du mit in die Kirche, meine Liebe?» fragte sie.

«Ja», antwortete ich und ging in mein Zimmer, um meinen Seersuckerrock mit dem passenden Oberteil anzuziehen.

Nach dem Gottesdienst mußte ich den Sabbatspaziergang, mit dem Gottes wundervolle Schöpfung gepriesen wurde, allein absolvieren. Dennis ignorierte mich und sah sich ein norwegisches Video über Pitcairn an.

Ich machte mich auf den Weg zu John Adams' Grab, das sich unter den Banyanbäumen bei Big Tree und oberhalb eines Pfads von Tom und Betty befand, wo er neben seiner Frau Mary und einer ungenannten Tochter begraben war.* Ich sah einen einfachen Grabstein, der von Kokospalmen

* Mary war Teio, die einzige Frau, die bereits ein Kind hatte, das sie nach Pitcairn mitnahm. Kapitän Beechey hat Adams und Teio bei seinem Besuch im Jahr 1825 offiziell getraut. Sie starb nur neun Tage nach ihrem Ehemann am 14. März 1829.

beschattet wurde. Er machte den Eindruck, als sei er erst vor ein paar Wochen aufgestellt worden. Die Ränder waren sauber mit Beton verputzt, und die Inschrift war nachgemeißelt worden. Offensichtlich war er umgestürzt und in der Mitte zerbrochen gewesen, denn man konnte einen Spalt erkennen, an dem der obere mit dem unteren Teil grob zusammengefügt worden war. Außerdem war der Weg zum Grab gerodet worden, doch das Grab selbst war dicht mit Farn bewachsen. Hinter dem Friedhof erhob sich Lookout Point, und die weißen Seeschwalben segelten vor dem dunklen Einschnitt von Christian's Cave herum.

Ich fuhr die Inschrift auf dem Grabstein mit den Fingern nach.

GEWEIHT
DEM ANDENKEN VON
MR. JOHN ADAMS
GESTORBEN AM 5. MÄRZ 1829
IM ALTER VON 65 JAHREN
IN HOFFNUNG

Auf der Mannschaftsliste der HMAV *Bounty* hatte es keinen John Adams gegeben. Jener John Adams, der der Vater der Gemeinde von Pitcairn wurde, hatte als Alexander Smith, genannt Aleck, angeheuert. Er hatte behauptet, er sei zwanzig Jahre alt und stamme aus London.

John Adams' wirklicher Name ist bis heute unbekannt. Einige Gelehrte behaupten, Alexander sei sein richtiger Vorname gewesen und Adams sein richtiger Nachname, den er in Smith umwandelte, als er auf der *Bounty* anheuerte – vielleicht deswegen, weil er von einem anderen Schiff desertiert war. Auf Pitcairn habe er wieder seinen richtigen Nachnamen Adams angenommen, aber einen anderen Vornamen, nämlich John. Warum und wann er das getan hatte, weiß niemand.

Als Mayhew Folger, Kapitän des Walfängers *Topaz*, zufällig auf Pitcairn stieß, schickte er am Morgen des 6. Februar 1808 zwei Boote aus, um die Ufer nach Seehunden absuchen zu lassen, und war erstaunt, daß Rauch von der Insel aufstieg und ein Boot mit drei Männern auf sie zukam. Ganz unbeabsichtigt hatte der Kapitän aus Nantucket entdeckt, was mit den Meuterern der *Bounty* geschehen war. Zu diesem Zeitpunkt nannte sich der ehemalige Vollmatrose noch Smith.

Aleck stand bei den Besuchern bald in bestem Ansehen. Er versicherte ihnen, er sei nur widerwillig zum Meuterer geworden; er sei bei der Revolte kein Anführer, sondern nur Mitläufer gewesen. Und der amerikanische Kapitän berichtete anerkennend, daß Smith, wann immer er von dem früheren Kapitänsoffizier gesprochen habe, nie vergessen habe, ihn *Mr.* Christian zu nennen.

Kapitän Folger lauschte begierig den Geschichten aus den frühen Tagen der Insel. Smith, der inzwischen um die Vierzig und von Tätowierungen und Pockennarben übersät war, erzählte dem Kapitän, daß Mr. Christian kurz nach der Ankunft auf der Insel sehr depressiv geworden sei und sich von den Felsen ins Meer gestürzt habe. Vier Jahre später hätten die polynesischen Männer revoltiert und alle noch verbliebenen Engländer getötet, mit Ausnahme von ihm selbst und Edward Young (als Ned bekannt), der aber von einer Pistolenkugel eine schwere Wunde am Hals davongetragen habe. Dann hätten sich die Witwen der Getöteten eines Nachts vereint und alle polynesischen

Männer getötet, wonach nur noch Young und Smith mit acht oder neun Frauen und einigen Kindern übriggeblieben seien.

Als Ned, einst Offiziersanwärter auf der *Bounty*, aufgrund einer Lungenerkrankung im Sterben lag, entschloß er sich, dem Analphabeten Adams Lesen beizubringen, wozu er die beiden einzigen Bücher benutzte, die sie besaßen – ein Gebetbuch und eine Bibel, die von der *Bounty* gerettet worden waren. Adams nahm diese Lehren voller Inbrunst und Freude in sich auf. Einige religiöse Kommentatoren behaupten, daß er damals, gleichsam als persönliche Neuerschaffung und in Ablehnung seiner früheren Sünden, den Namen Alexander Smith abgelegt und seinen richtigen Namen, John Adams, wieder angenommen habe.

Als Young am Weihnachtstag 1800 verschied, war er der erste Mann auf Pitcairn, der eines natürlichen Todes gestorben war. Adams, nun der einzige Mann auf der Insel, wurde der unangefochtene Führer und war entschlossen, sein Volk auf den Pfad der Frömmigkeit und Tugend zu führen. Er verschmähte jegliche Form von Alkohol und führte tägliche Morgen- und Abendgottesdienste ein. Seine einzige Grundlage war die Bibel von der *Bounty*. Die hielt er in Händen, wenn er Hochzeiten und Taufen vornahm. Kapitän Folger erklärte ihn zum «Oberbefehlshaber auf der Insel Pitcairn».

Kapitän Folger berichtete der Admiralität in Greenwich von dieser außergewöhnlichen Entdeckung. Aufgrund von Blighs Bericht über die Meuterei hatte die Admiralität keine Kosten gescheut und die *Pandora* ausgesandt, um die Meuterer aufzuspüren, einzufangen und vor ein englisches Gericht zu stellen. Obwohl es gelungen war, jene Meuterer zu erwischen, die auf Tahiti geblieben waren, blieb der Aufenthaltsort der restlichen neun Männer unbekannt. Auf ihrer Rückreise im März 1791 fuhr die *Pandora* nur hundert Meilen nördlich an Pitcairn vorbei.

In einem ausführlichen Brief beschrieb Kapitän Folger die fünfunddreißig Menschen umfassende Einwohnerschaft von Pitcairn als ein sehr «friedliches und gastfreundliches Volk». Aber die Entdeckung des Kapitäns aus Nantucket hatte nicht einmal eine Antwort zur Folge. Folger, besorgt, weil man seine Entdeckung über zwei Jahre ignoriert hatte, schrieb direkt an den Konteradmiral Hotham und legte den Sextanten bei, den Adams ihm auf Pitcairn gegeben hatte. Nicht einmal das rüttelte die Admiräle auf.

Sechs Jahre nach Folgers Besuch stießen die beiden im Konvoi fahrenden Kriegsschiffe *Briton* und *Tagus* am Morgen des 17. September 1814 zufällig auf Pitcairn. Kapitän Philip Pipon fand eine Einwohnerschaft von fünfundvierzig «gutgebauten, athletischen und hübschen» Menschen vor, die Zähne wie Elfenbein hatten und unter der Führung eines «ehrwürdigen alten Mannes namens John Adams» lebten. Die Insel war nach Schätzung von Kapitän Pipon etwa sechs Meilen lang und vier Meilen breit.

Zu den Ereignissen von 1789 wartete Adams nun mit weiteren Details auf: Er erzählte Kapitän Pipon, daß er krank zu Bett gelegen habe, als der Aufstand ausbrach, und daß er gezwungen worden sei, eine Muskete in die Hand zu nehmen. Nach der Meuterei sei Christian «immer übellaunig und mürrisch» gewesen; er habe «so viele Akte willkürlicher Unterdrückung begangen, daß sich bald Haß und Abscheu bei seinen Kumpanen zeigte, die er mit der gleichen Arroganz behandelte, die er einst seinem Kommandanten Bligh vorgeworfen hatte». Da er sich gewaltsam eine Frau genommen habe, sei Christian von einem Polynesier getötet worden. Nachdem Adams seine Geschichte erzählt hatte, legten die *Briton* und die *Tagus* noch in derselben Nacht ab.

Elf Jahre lang hatte es auf der Insel keine Besucher mehr gegeben, als die *Blossom* unter dem Kommando von Kapitän Beechey vor der Bounty Bay Anker warf. Da er die Insel nur auf eine Größe von vier Quadratmeilen schätzte, war Beechey von der aufblühenden Gemeinde sehr beeindruckt. «Die perfekte Harmonie und Zufriedenheit, mit der sie zusammenzuleben scheinen, die Unschuld und Einfachheit ihrer Sitten, die eheliche und elterliche Liebe, das moralische, religiöse und tugendhafte Betragen und die Enthaltsamkeit von jeglichen schweren Lastern, all dies ist auf das vorbildliche Verhalten und die Unterweisung des alten John Adams zurückzuführen.» Adams' Beschreibung über den ersten Führer der Gemeinschaft fiel nun wesentlich günstiger aus; er erzählte Kapitän Beechey, daß Christian immer fröhlich und von Natur aus heiter gewesen sei und das Wohlwollen und den Respekt aller gewonnen habe, die unter ihm dienten.

Als 1817 das vierte Schiff, die *Sultan*, vor Pitcairn eintraf, fühlte sich Adams sicher genug, um für Kapitän Reynolds seine Lebensgeschichte aufzuschreiben. Er machte vier Versuche, die, was Stil und Inhalt anbelangt, völlig verschieden ausfielen. Der erfolgreichste war vielleicht dieser:

> Das Leben von John Adams, geboren am 4. oder 5. November im Jahr Sechsundsechzig in Stanford Hill in der Pfarrei von St. John Hackney. Mein Vater war Diener bei Daniel Bell Cole, Handelsmann. Mein Vater ertrank in der Themse.

Das war alles, woran sich John Adams am Ende seines Lebens erinnern konnte.

Es wurde jedoch auch behauptet, Adams sei gar nicht Alexander Smith gewesen, sondern Fletcher Christian. Vielleicht wurde Adams und nicht Christian erschlagen, und der Anführer der Meuterei nahm den Namen des Seemanns an. Wenn er seine wahre Identität verbarg, konnte er nicht angeklagt werden, die Meuterei angezettelt zu haben. So präsentierte er sich als widerwilliger Mitläufer. Vielleicht weil er glaubte, das würde ihn vor dem Galgen bewahren.

Unter den polynesischen Frauen und Kindern war niemand, der sich während der ersten beiden Jahrzehnte gegen seine Rolle als Patriarch aufgelehnt hätte. Der Mann ohne Namen wurde auch zum Hüter des Geheimnisses. Ich persönlich glaube, daß dieser Mann weder John noch Alexander, weder Adams noch Smith oder Christian war, sondern jemand ganz anderes. Vielleicht war es ein Walfänger namens Larsen, der Schiffbruch erlitten hatte, oder ein Deserteur namens Jones, der in dem überwachsenen Grab bestattet wurde.

Kari saß in ihrem großen Schlafzimmer und las einen Roman. Obwohl es noch früh am Nachmittag war, war es draußen schon kalt. Die Wetterumschwünge brachen so plötzlich herein wie die Nacht, ohne jede Vorwarnung wurde man von ihnen überrascht. Wenn ich aufwachte, wußte ich nie, welche Farbe der Himmel hatte und ob hoher Seegang herrschte oder nicht. Jeden Abend trug ich in mein Tagebuch ein, was für Wetter wir gehabt hatten. Die letzten aufeinanderfolgenden Eintragungen lauteten:

sehr stürmischer Tag
sonnig, aber riesenhohe Wellen
schön
herrlicher Tag
See grau und rauh

Das wechselhafte Wetter brachte den Fluß des Jahres durcheinander. Der Frühling ging nicht einfach in den Sommer über oder der Sommer in den Herbst, sondern das Wetter änderte sich von Tag zu Tag, ganz unabhängig von den Jahreszeiten. Es nützte nichts, an einem ruhigen, warmen Julinachmittag Bohnen zu pflanzen, um damit dem schlimmsten Wetter aus dem Weg zu gehen, weil sie am nächsten Tag von einem Sturm umgeweht oder von einem Wolkenbruch fortgeschwemmt sein konnten. Die einzige Warnung, sagte mir Ben, sei eine einlaufende Jacht: Dies sei ein sicheres Anzeichen für einen Sturm.

Es gab etwas, was ich Kari schon länger fragen wollte, aber als ich zu sprechen anfing, hörte ich wieder dieselbe Befangenheit in meiner Stimme, die mich im Ausland überkam, wenn ich die einzige Person mit englischem Akzent war. Ich mußte wohl vergessen haben, wie ich mich anhörte, da ich seit fast drei Tagen mit niemandem gesprochen hatte. Ich fragte Kari, ob sie als Ratsmitglied ihre eigene Eingabe um eine Aufenthaltserlaubnis unterstützen würde, wenn diese heute dem Rat vorgelegt würde.

Sie lächelte. «Nein. Wir müssen Pitcairn vor solchen Frauen bewahren. Möchtest du ein Bier? Was mich an … unerledigte Dinge erinnert.»

Rick saß gerade beim Mittagessen, als wir im Missionshaus ankamen. Er freute sich, uns zu sehen und erklärte, daß er die Bibelkommentare nachgelesen habe.

«Wein heißt nicht *Wein*», sagte er.

«Was heißt es dann?» Ich war nicht in der Stimmung, Rick alles durchgehen zu lassen.

«Nun, als die Bibel geschrieben wurde, verstand man unter Wein ein Getränk, das nicht alkoholisch war.»

«Aber wie steht's mit Bier?» Kari erinnerte sich an den Vers «Gebt Bier jenen, die …»

Über das Bier hatte Rick nicht nachgedacht. Laut knakkend zog er an jedem einzelnen seiner Finger.

«Dieser Abschnitt bezieht sich auf Leute, die *krank* sind», sagte er. «Man kann Leuten Bier als *Medizin* verabreichen.»

«Bier als Medizin?» Ich versuchte, mir die Art von Krankheit vorzustellen, die mit einer Dose Beck's kuriert werden konnte.

«Hier ist kein *Bier* gemeint, wie wir es kennen», sagte Rick. «Als die Bibel geschrieben wurde, handelte es sich um eine andere Art von Bier.»

Ich sah Kari an und erwartete, daß sie sich gegen diesen offenkundigen Unsinn wehren würde. *Anderer Wein! Anderes Bier!* Kari nickte Rick zu und grübelte über seine Worte nach.

«Hmmm», sagte sie. Ich wandte Rick den Rücken zu, sah Kari an und verdrehte dabei die Augen. Aber sie sah mich nicht an, sondern dachte noch immer darüber nach, was Rick gesagt hatte.

Dann ergriff sie das Wort. «Ja, das ergibt einen Sinn.»

Ich sah Kari erneut an, aber sie war ganz in sich gekehrt und bemühte sich, Rick und den Bibelvers zu verstehen.

«Die Bibel sagt, dein Körper ist der Tempel Gottes», fuhr Rick fort.

«Ja», antwortete sie, «vielen Dank, Rick. Danke», und sie stand auf, um zu gehen.

Auf dem Weg nach Up Tibi war Kari nachdenklich.

«Ich dachte immer, Rick sei ein Schwächling», sagte sie. «Aber jetzt habe ich viel mehr Respekt vor ihm.»

Ich ging neben ihr her, bis wir den Platz überquert hatten und zu der Straße kamen, die zu Irmas Haus abzweigte. Ich erwiderte nichts. Ich musterte Karis Gesicht und suchte etwas darin, aber es war genauso, als betrachtete ich ein Bild in einer Gemäldegalerie; es war interessant, aber vollkommen distanziert.

«Kari?» Wieder erschien mir meine Stimme angestrengt und fremd.

Sie gab keine Antwort.

Dann sagte sie: «Ich bin froh, daß wir das getan haben. Ich fühle mich jetzt viel besser.» Und wir trennten uns.

Als ich über die Veranda ging, rief Dennis mir zu: «Willst du Haie fischen geh'n?» Es war wieder der schelmische Dennis, der Dennis, mit dem ich nach St. Paul's gegangen, im Kanu hinausgefahren und im Zickzack zu Christian's Cave hinaufgelaufen war.

Ich konnte nicht antworten.

«Haie fischen. Gestern hab'n wir die Angeln gelegt. Vielleicht hat einer angebissen.»

Es gab ein Muster auf Pitcairn, das ich nicht erkennen, einen Rhythmus, den ich nicht hören konnte, vergleichbar mit dem Pfiff auf einer Hundepfeife, aber ich war eben kein Hund. Ich verstand den Grund für Dennis' heftigen Stimmungsumschwung nicht. Niemand konnte wissen, daß ich so lange bei Nigger geblieben war, genausowenig, was ich dort getan hatte. Vielleicht war meine Kaffeetrinkerei schuld daran, obwohl ich schon seit einiger Zeit keinen mehr getrunken hatte – oder Irmas Krankheit hatte alle in schlechte Laune versetzt. Ich war froh, daß alles wieder beim alten war.

«Großartig. Ich hab' noch nie einen Hai gefangen.»

Der *Miscellany* vom März 1978 berichtete, daß die Anzahl der Ratten erneut explosionsartig angestiegen sei. Die Menschen begegneten dem Problem, indem sie Fallen aufstellten oder Gift ausstreuten. Doch als Nigger Brown eine Ratte beobachtete, die durch sein Schlafzimmerfenster hineinklettern wollte, schoß er ihr zwischen die Augen. Der Herausgeber fügte ein Postskriptum an: «Jeder, der zu nächtlicher Zeit dem Haus der Browns einen Besuch abstattet, sollte mit lauter und deutlicher Stimme auf sich aufmerksam machen, bevor er eintritt.»

Ich kaute gerade einige von Chris' getrockneten Bananen, als Tony mich unterbrach. Er fragte, ob ich wohl für die nächste Ausgabe des *Miscellany* einen Artikel über die Fahrt nach Henderson schreiben könnte.

Ich nannte den Artikel «Der Preis einer Schnitzarbeit». Ich beschrieb die Bootsfahrt zur Insel, die schwere und anspruchsvolle Arbeit des Tulpenholzschlagens und -einsammelns und erwähnte kurz das Mißgeschick auf dem Heimweg. Der Artikel endete mit einem Appell zum Verständnis.

> «Ich kam wieder nach Pitcairn zurück, und obwohl es erst mein zweiter Tag auf der Insel war, wußte ich bereits, daß das Leben hier alles andere als leicht und daß Pitcairn kein Paradies ist. Die Früchte mögen im Überfluß an den Bäumen hängen, aber wie viele Menschen fahren in offenen Booten aufs Meer hinaus und arbeiten

von Sonnenaufgang bis Sonnenuntergang, um schließlich zehn Dollar für einen geschnitzten Hai zu bekommen?»

«Das ist gut. Das wird ihnen gefallen», sagte Tony.

Ich war entzückt. Ich sah im Geiste, wie Irma Royal den Artikel zeigte, der besonders die Bemerkung über die schwere Arbeit gefiel, und Royal gab ihn mit beipflichtendem Nicken an Charles weiter, der so tat, als könne er lesen. Dennis gefiel der Abschnitt über die standhafte, verläßliche Mannschaft. Rick gratulierte mir, und der Artikel sollte vielleicht eines Nachts in Big Fence oder Tamanu Erwähnung finden.

«Aber ich würde meinen Namen nicht daruntersetzen», sagte Tony.

«Warum nicht?»

«Lieber nicht, bei uns hier», sagte er. «Man kann ja nie wissen. Ich werde ‹Von einem Abonnenten› daruntersetzen.»

«Von einem Abonnenten?»

«Es ist besser, die Leute wissen nicht, daß du schreibst.»

Mit aufgeblähtem Bauch lag der Hai am Anlegeplatz, er hatte dieselbe Farbe wie der nasse Beton. Der lange, unversehrte Körper, der genauso groß war wie ich, blutete aus dem übel zugerichteten Maul. Dennis hatte das Messer aus der rechten Gesäßtasche gezogen und schnitt den Kiefer heraus. Nun versuchten er und Glen, den mächtigen Fisch in die Bucht zurückzurollen. Bliebe er an Land liegen, würde er zu stinken anfangen.

Der Hai war mit Dennis' Angeln gefangen worden, die vor Tatinani ausgelegt worden waren. Er war ertrunken, weil er nicht mehr schwimmen konnte und so keine Luft bekam, und als wir kurz nach Sonnenaufgang hinkamen, war er schon tot gewesen. Dennis und ich hatten ihn ins Kanu gehievt, und Dennis hatte sein Gebiß untersucht. Es bestand aus mindestens hundert winzigen Dreiecken mit nadelspitzen Enden. Dennis würde das verletzte Gebiß waschen, mit Pinzetten die Zähne herausziehen, nachdem das Fleisch weggefault war, und sie für seine Haifischskulpturen verwenden. Der Rest des Kadavers wurde weggeworfen.

Es war immer noch sehr früh, als wir wieder nach Hause kamen, und Dennis hängte das Gebiß auf der Veranda neben den Bananen auf. Unter meiner Tür war ein Brief durchgeschoben worden. Vielleicht hatte ich ihn nicht bemerkt, als ich am Morgen aus dem Bett getaumelt war, oder jemand hatte ihn dort hingelegt, als ich mit dem Kanu unterwegs war. Er lautete wie folgt:

> Liebe Debbie
> Die Dinge sehen jetzt besser aus. Kannst du bitte abends auf einen Plausch und ein Bier ins Haus runterkommen.
> Bitte denk darüber nach.
> Dein Freund, wie ich hoffe
>
> Sambo

Obwohl der Brief in einem Luftpostkuvert steckte, befand sich keine Briefmarke darauf, nur ein aufgemaltes Herz, das von einem roten Pfeil durchbohrt war, und mein Jugendname Debbie.

Nachdem ein paar Tage lang schönes Wetter geherrscht hatte, wurde ein Ausflug nach Down Rope geplant. Nach

Regengüssen bröckelten der Fels und der Lehm zu leicht ab. Bei trockenem Wetter war der Abstieg weniger tükkisch, vorausgesetzt, man kletterte vorsichtig mit dem Gesicht zur Felswand hinab. Wenn man unten angelangt war, befand man sich auf Pitcairns einzigem Strand, einem schmalen, von Schraubenpalmen eingesäumten Streifen Land, hinter dem eine mächtige Klippe aufragte. Auf der Klippenwand waren polynesische Felsenbilder eingezeichnet.

Über fünfhundert Jahre, bevor die Meuterer der *Bounty* in die Bucht gesegelt waren, hatte es Menschen auf Pitcairn gegeben. Sie kamen von benachbarten Inseln, in mächtigen Holzkanus, die mit fremden Pflanzen und den schlauen Bambusratten beladen waren, die sich in den Laderäumen versteckt hatten. Fast vierhundert Jahre später verließen die ersten Pitcairner ihre Heimat, vermutlich überstürzt, da vieles zurückgeblieben ist.

Im Gegensatz zu den späteren Bewohnern hatten die Polynesier ihre Häuser über die ganze Insel verteilt. In Down Rope hat man ihre kleinen, aus Pechstein geschlagenen Steinmesser gefunden, und in Tedside wurden Feuerstellen aus vulkanischem Gestein entdeckt. In Tautama stieß man auf Schalen der Tridacna-Muschel, die zur Holzbearbeitung verwendet wurden. Die früheren Inselbewohner hinterließen Ahlen aus Vogelknochen, Angelhaken aus Perlmutt, Werkzeuge aus Korallen zum Schleifen und Kratzen und einen menschlichen Zahn, der mit einer Einkerbung versehen ist. Aber es hatte mehr gegeben – massive Statuen aus rotem Lavagestein, die steinernen Götter, die ihre Ufer bewachten. Als die neuen Inselbewohner auf der *Bounty* ankamen, erklärten sie die Statuen der früheren Bewohner zu «Götzenbildern» und rollten sie ins Meer. Die polynesischen Grabhügel wurden eingeebnet. Aber die Felsmalereien in Down Rope sind geblieben, obwohl es das Seil (engl. rope), das der Klippe den Namen gab und das den Kletterern einst zur Sicherheit diente, nicht mehr gibt.

Ich näherte mich dem Klippenrand vorsichtig, aber ohne Angst. Ich wußte, wie roter Lehm sich anfaßte; ich wußte, daß er so fest aussah wie rosafarbener Granit, sich aber leicht eindrücken ließ und so bröckelig war wie Kitt. Ich wußte außerdem, daß den gewundenen Ästen der Schraubenpalme nicht zu trauen war, daß man sich nicht an ihnen festhalten durfte, sondern sie abschlagen mußte, wenn sie den Weg versperrten.

Vor der hoch aufragenden Klippe lag ein schmaler Streifen Sand. Der Sand war erstaunlich gelb, eine Farbe, die man sonst nirgendwo auf der Insel antraf. Glatte, schwarze Findlinge lagen im Sand. Auf den ersten Blick sahen sie wie gestrandete Wale aus, aber bei näherem Hinsehen wirkte ihre Form fast menschlich und erinnerte an Götterstatuen. Vielleicht waren sie über den Rand der Klippe gestoßen worden.

Der Strand in Down Rope war der einzige Ort auf Pitcairn, wo die See mit dem Land nicht im Kampf lag. Hier liebkoste sie das Ufer der Insel. Hier gab es keine Gewalttätigkeit. Und an diesem einzigartig ruhigen Ort lockerten sich für eine Weile die Bande, die die Menschen miteinander verknüpften. Am Strand von Down Rope geschah etwas, was ich an keinem anderen Ort der Insel beobachtet hatte: Jeder marschierte in eine andere Richtung davon. Terry saß unter einer Schraubenpalme gegen einen der riesigen Steinbrocken gelehnt, der fast die gleiche Form hatte wie er, und sah aufs Meer hinaus. Dennis schlenderte über den feinen Sand, untersuchte die Becken in den Felsen und wirbelte ganze Wolken winziger Steinchen auf. Dave sammelte Kokosnüsse, die er unter die große Schraubenpalme legte. Ich ging, um mir die Felsenmalereien anzusehen.

Wie weiße Graffiti waren sie in die graue Felswand eingeritzt. Ein Mann von der Größe eines Kindes hielt die Arme hoch, seine Finger waren gespreizt, als würde er sich einem Angreifer ergeben, und auf seinem verhärmten Gesicht lag ein Ausdruck von Entsetzen. Über ihm befand sich ein Stern, und zu seiner Linken eine halb menschliche, halb tierische Figur sowie eine Reihe von Symbolen, die an Hieroglyphen erinnerten und noch nicht entziffert werden konnten. Auf seiner anderen Seite befand sich ein Phallus, so groß wie sein Rumpf. Der Phallus schien zwei Beine zu haben und zu tanzen.

Es war offensichtlich, daß es sich hier nicht um eine Serie zufälliger Kritzeleien, sondern um eine Geschichte handelte. Ich saß auf einem Felsen und betrachtete die kreisrunden, eingeritzten Augen, den langen Strich des Mundes und die Knopfnase. Wovon handelte die Geschichte? Was versuchte uns der Künstler zu sagen?

Allmählich trudelten alle wieder bei der großen Schraubenpalme ein. Dave schnitt die Kokosnüsse auf, und wir tranken den klaren, kühlen Saft.

«Was für ein Mist», sagte Terry. Dennis hatte erklärt, daß die Inselverwaltung von Pitcairn, die ihren Sitz in Neuseeland hat, im nächsten Jahr einen Satz Bligh-Marken herausgeben wollte. Dies sollte zum fünfundsiebzigsten Jahrestag von irgendwas geschehen, aber er war nicht sicher, wovon.

«Bligh geht uns nichts an», sagte Terry. Im März 1972, sagte er, habe ein Nachkomme von Bligh um eine Aufenthaltserlaubnis ersucht. Er habe der Insel einen kurzen Besuch abstatten wollen. Der Rat hatte dies einstimmig abgelehnt.

«Hätte Schwierigkeiten machen können», sagte Terry.

«Schwierigkeiten?» Ich konnte mir nicht vorstellen, was Terry damit meinte.

«Er hätte Dinge aufwühlen können.»

Ein anderer Nachkomme Blighs sei Passagier auf einem Schiff gewesen, das vor der Bounty Bay ankerte, und habe versucht, die Insel zu besuchen, sagte Terry. Ihm war nicht erlaubt worden, an Land zu gehen, und er sei am selben Tag wieder abgefahren.

Der nächste Trick, sagte Terry, habe darin bestanden, Pitcairn die Gebeine Blighs anzubieten. Auch dies sei vom Rat sofort abgelehnt worden. Bligh liege nun irgendwo in England begraben, und angeblich habe es einen Plan gegeben, eine Autobahn zu bauen, die direkt über sein Grab führe.*

Nachdem ich nun Motorrad fahren könne, sagte ich zu Irma, bräuchte ich einen Führerschein, um dies zu legalisieren. Es war die Aufgabe des Polizisten, den Führerschein auszustellen, wofür fünfzig Cents berechnet wurden.

Irma putzte noch hektischer an den Eisenstangen ihrer offenen Feuerstelle herum.

«Du hast keinen, meine Liebe. Ich denke, du hast einen Führerschein?»

* Bligh liegt im Lambeth Churchyard in London begraben. Es gab – und gibt – keinerlei Pläne, diesen Ort durch bauliche oder straßenbauliche Maßnahmen zu zerstören.

«Nein.»

«Oh.» Irma suchte nach einem weiteren Grund, mich vom Gehen abzuhalten, und hob die Eisenstangen hoch, als würde sie darunter noch eine finden.

«Ich geh nach Tamanu runter», sagte ich und machte mich auf den Weg.

Vor Niggers Haus standen keine weiteren Motorräder – was ich ganz unwillkürlich überprüft hatte. Er mußte allein sein.

Die morgendliche Stromversorgung war noch in Betrieb, und die Stereoanlage dröhnte *What's love got to do, got to do with it ...* Im Gegensatz zu anderen Häusern in Adamstown lag Tamanu etwas weiter von der Straße zurück und es gab keine Nachbarn, also war der Lärm von niemandem sonst zu hören. Nigger saß in einem Sessel und rauchte eine Zigarette. Sein Kopf war zurückgeworfen, und seine Augen waren geschlossen. Er trug ein enges T-Shirt.

«Hallo», sagte ich leise, aber die Musik war zu laut. Niggers Augen blieben geschlossen, er gab sich ganz der Musik hin.

Niggers Wohnzimmer war sehr groß, und ich stand genau in der Mitte des Raums. Ich spielte mit den Händen, rieb meine Fingerspitzen aneinander und fühlte mich auf lächerliche Weise nervös.

Ich hatte sein Motorrad gehört und mich mehrmals in seiner Gesellschaft befunden, aber seit jener Nacht waren wir nicht mehr allein gewesen. Auf Pitcairn mit jemand allein zu sein war schwierig; Kari und Christine, beide Außenseiter, waren die einzigen, mit denen ich zuweilen allein sein konnte, abgesehen von den Momenten, wenn Irma mir im Dunkeln eine ihrer Lektionen erteilte. Ich wußte, daß das, was Nigger und ich getan hatten, in dieser kleinen und eng verbundenen Gemeinschaft nicht akzeptiert wurde, aber ich zögerte, mich von jeglicher Gelegenheit weiterer Intimität fernzuhalten.

Ich rief lauter, wobei ich entspannt und fröhlich zu klingen versuchte. «Hallo!» Nigger hob den Kopf, bevor er langsam die Augen öffnete.

«Hallo.»

«Ich bin gekommen», ich versuchte zu lächeln, «ich bin wegen meines Führerscheins gekommen.»

Nigger lächelte nicht.

Aufgrund seines anspruchsvoller eingerichteten Hauses, seiner lockeren Art und vielleicht sogar wegen seines straffen Körpers hatte ich den Unterschied zwischen ihm und den anderen Inselbewohnern überschätzt. Ich dachte, er sei ebensosehr daran interessiert, Pitcairn hinter sich zu lassen, wie ich daran interessiert war, hier einzutauchen, und daß wir uns gerade deswegen verstehen könnten. Ich hatte sein etwas anderes Wesen als Zeichen der Einsamkeit gedeutet, in der sich meine eigene Verlorenheit widerspiegelte.

Aber Nigger war ein Pitcairner, und auf Pitcairn waren solche Verbindungen verboten. Er betrog damit nicht nur seine Familie, sondern sein Volk.

Nigger Brown, Nachkomme des Gärtners und Meuterers William Brown, hatte sich nur in einem Moment der Schwäche hinreißen lassen, ein Teil meiner wüsten, fehlgeleiteten Phantasien zu werden. Jetzt wußte er es besser.

Er erhob sich aus dem Sessel, zog eine Schublade auf und nahm einen Aktenordner heraus. Ich trat langsam auf ihn zu und hob andeutungsweise die Hand.

Niggers Augen blieben auf den Aktenordner fixiert, und er studierte sorgfältig die Dokumente. Der «Führerschein für Pitcairn, Henderson, Ducie und Oeno» (außer auf Pitcairn hatte es auf den anderen Inseln noch nie Fahrzeuge gegeben) war ein Stück blauer Pappkarton, den Nigger in der Mitte faltete. Er berechtigte mich, sowohl Traktoren wie Motorräder auf der Insel zu fahren, ebenso Autos, obwohl es keine gab. Auf der Vorderseite stand: «DIESER FÜHRERSCHEIN MUSS AUF VERLANGEN VORGEZEIGT WERDEN.» Die einzige Person, die ein solches Verlangen aussprechen konnte, war der Polizist Nigger.

«Das macht fünfzig Cents», sagte Nigger.

Ich ging zur Arbeitsplatte in der Küche hinüber und legte fünfzig Cents darauf, dann zog ich mich zurück. Nigger ging hinüber und nahm die Münze. Er legte sie zu dem Aktenordner und stellte eine rosafarbene Quittung aus. Er nahm den Führerschein und die Quittung und legte beides an die Stelle, wo die Münze gelegen hatte. Es war ganz so, als nähmen wir einen Austausch von Gefangenen vor und die Arbeitsplatte wäre unser Niemandsland. Ich wollte den Führerschein nicht nehmen. Dann hätte es nichts mehr auszutauschen gegeben, und ich hätte gehen müssen – allein.

Ich hatte einen Einwohner Pitcairns berühren wollen. Aber jetzt war ich eine Fremde in Tamanu, die eine widerrechtliche Handlung begangen hatte. Nigger hob den Blick, teils verwirrt, teils verängstigt: Ich sollte gehen.

Ich machte noch einen vorsichtigen Versuch zu bleiben, weiterzumachen.

«Ist das das Ende?» fragte ich.

«Das Ende von *was?*» fragte Nigger.

Natürlich. Nigger hatte recht; es war meine Phantasie gewesen, nicht die seine. Ich nahm meinen Führerschein und fuhr nach Hause.

Jenny beschloß, das Problem der Fettleibigkeit direkt anzugehen; sie heftete einen Zettel an das Brett vor dem Gerichtsgebäude.

> Diesen Sonntag 19.30 Uhr
> Jane Sansones
> Walk Aerobic
> Das Training für diejenigen,
> die zu beschäftigt sind,
> um zu trainieren

Das Video war mit dem letzten Versorgungsschiff eingetroffen; sie wollte sich von der Kirche den Videorecorder ausleihen und die Stunde selbst leiten.

Perry kam herauf und sah sich den Anschlag an; der letzte, der hier gehangen hatte, war der seine gewesen.

«Möchtest du zum Abendessen kommen?» Es war eine beiläufige Einladung, die durch Perrys überdeutliche Aussprache formellen Charakter bekam.

«Denn», fügte er hinzu, «ich gehe weg.» Er wollte sobald wie möglich fort, mit dem ersten Schiff, das bereit war, ihn mitzunehmen. Das konnte morgen, nächste Woche, Weihnachten oder nächstes Jahr sein. Es hing alles davon ab, wann ein Schiff einlief.

Sobald der Entschluß gefaßt war, waren die Koffer des Auswanderers immer gepackt. Er mußte bereit sein; vielleicht blieb ihm weniger als eine Stunde Zeit, um sich fertigzumachen, und wenn er das Schiff verpaßte, mußte er vielleicht vier oder fünf Monate warten, bis er wieder eine Gelegenheit bekam. Schon Wochen bevor er tatsächlich abfuhr, war er so gut wie abgereist.

Perry schlug vor, am folgenden Abend gemeinsam zu

Abend zu essen, und er fügte hinzu: «... wenn ich dann noch da bin.»

Als ich nach Hause kam, starrte Dennis auf das Funkgerät, als handle es sich um sein Lieblingsvideo. Niemand sonst war zu Hause.

«Irgendwelche Ausfahrten geplant?» fragte ich. «Die Brandung ist gut.»

Es war ein herrlicher Tag, und ich wußte, daß Dennis nicht mehr viel Köder hatte. Vielleicht wollte er nach Tedside gehen und zwischen den Felsen mit dem Speer kleine Tintenfische fangen. Nachdem ich den Abwasch gemacht hätte, könnte ich ihn begleiten.

«Schöner Tag zum Köderfischen», sagte ich ein bißchen lauter, nur für den Fall, daß er mich nicht gehört hatte. «Möchtest du 'ne Tasse Milo?»

Dennis stand auf, ging hinaus und setzte sich auf die Veranda. Ich folgte ihm und fixierte ihn mit meinem Blick, während er auf seine breiten nackten Füße starrte.

«Was zum ...», aber ich gab es auf und schloß mich in mein Zimmer ein.

Wenn Perry fort sein würde, blieben nur noch siebenunddreißig Bewohner auf der Insel. Vor meiner Ankunft hatte ich gedacht, es lebten vierzig Leute hier. Das war die Zahl, die in der kürzlich veröffentlichten Statistik der Inselverwaltung von Pitcairn gestanden hatte. Doch als ich ankam, gab es nur achtunddreißig Einwohner. Jedesmal wenn eine Einwohnerzahl gemeldet wurde, war sie niedriger als die vorhergehende. Und jedesmal wenn die Zahl zitiert wurde, schwang dabei ein Gefühl von Pessimismus und Panik mit.

Gleichgültig, wie viele Menschen auf Pitcairn lebten, die

Anzahl wurde selten als ausreichend betrachtet. Im März 1960 gab der *Miscellany* die Bevölkerung mit hundertsiebenundvierzig Personen an, die sich auf siebenundfünfzig Häuser verteilten, neunundzwanzig Häuser waren unbewohnt. Zwei Jahre später meldete der *Miscellany*, daß die Bevölkerung auf einhundertfünfzehn Einwohner gesunken sei, von denen die meisten entweder sehr alt oder sehr jung seien. Bei nur zweiundzwanzig männlichen Erwachsenen befinde sich «Pitcairn in einer Zwangslage», schrieb der Herausgeber. «Denn auf dieser kleinen Gruppe von Männern ruht die Erhaltung der Straßen und Wege, der Boote und all der vielen anderen Arbeiten, die getan werden müssen. Es ist kein Wunder, daß langsam, aber sicher ein großer Teil der Insel überwuchert wird.» Zwei Jahre später, 1964, war die Einwohnerzahl noch weiter gesunken: auf vierundneunzig. Die Verwaltung von Norfolk Island sprach eine Einladung aus; falls Pitcairn aufgegeben werden müsse, wären die Bewohner willkommen, zu ihren entfernten Verwandten nach Norfolk zu kommen. Mit britischen Pässen, die keine Aufenthaltsgenehmigung in Großbritannien garantierten, und abgeschnitten von der Welt, am Rand von Französisch-Polynesien, hätten die Einwohner von Pitcairn nirgendwoanders hingehen können.

Zehn Jahre später fand Ian Ball, ein Journalist, fünfundachtzig Einwohner vor, «kaum mehr als die Anzahl der Fahrgäste in einem Bus während der Rush-hour». Wie viele andere zuvor stellte auch er fest, daß die Geburtenrate bei den Inselbewohnern niedrig war: mehr als zwei Kinder waren selten, eine Familie mit einem Kind war der Normalfall.

Ball schätzte, daß mindestens siebenundzwanzig gesunde Männer und Jungen gebraucht wurden, um ein Boot zu

Wasser zu lassen und zu bemannen, und daß diese Zahl bald nicht mehr erreicht werde. «Die winzige Gemeinde von Pitcairn, der lebende Beweis für die Meuterei auf der *Bounty*, die am 27. April 1789 auf dem bewaffneten Frachtschiff Seiner Majestät stattfand, steht kurz vor ihrem unspektakulären Untergang», schrieb er.

Jetzt, über zwanzig Jahre später, gab es zwölf Männer, inklusive Ben, nach Jakob und Warren, Bettys Vater, der drittälteste Mann, sowie Trent und Glen, die noch Teenager waren. Diese Männer zogen das Boot aus dem Schuppen, fuhren zum Handel hinaus, entluden das Versorgungsschiff, hielten mit Hilfe einiger Frauen die Straßen instand und sprengten Felsbrocken und räumten den Schutt weg, wenn es nach einem Unwetter zu einem Erdrutsch kam und der Hill of Difficulties blockiert worden war. Entgegen allen Widrigkeiten und Voraussagen hatten die Einwohner von Pitcairn durchgehalten.

Rick saß auf einer Bank vor der Funkstation in Taro Ground. Ein weiterer erfolgloser Versuch war unternommen worden, mich über Funk zu erreichen.

«Pitcairn wird nicht sterben, weil alle weggehen», sagte Rick. Es wird immer ein paar Leute geben, die hierbleiben. Es wird sterben, weil sie Gott verlassen. Deshalb.»

Wann immer ich mein Zimmer verließ, wußte ich nie, wie man mich begrüßen würde. Seit zwei Tagen hatten weder Dennis noch Irma mit mir gesprochen, und als ich Alison im Laden traf, hatte sie mich ebenfalls ignoriert. Wenn ich einen Witz machte, wußte ich nicht, ob darauf mit Schweigen oder herzlichem Lachen reagiert würde. Wenn ich etwas kochte, wußte ich nicht, ob ich dafür stilles Lob oder schlimmen Tadel ernten würde, wie es mir letzten Abend mit Irma passiert war. «Nicht mal der Salat ist gewaschen. Er starrt ja vor Dreck!»

Hätte man mir den Grund für die Feindseligkeit genannt, hätte ich mich verteidigen können. Falls es mit Nigger in Zusammenhang stand, mußte uns jemand in dieser Nacht durchs Fenster beobachtet haben. Aber im Moment bot ich keinerlei Anlaß für Klatsch oder Beschwerden: Ich ging Nigger bewußt aus dem Weg, schlug sogar einen anderen Weg ein, wenn ich sein Motorrad hörte.

Doch noch schlimmer, als den Grund für ihr Verhalten nicht zu kennen, fand ich die Willkür des Vorgehens. Die kurzen Tagebucheintragungen bezüglich meines sozialen Lebens waren genausowenig vorhersagbar wie das Wetter:

niemand hat mit mir gesprochen
Dennis guten Morgen gewünscht, aber keine Antwort erhalten
herrlicher Tag, ging mit Dennis zum Fischen
langes Gespräch mit Irma im Dunkeln
Irma spricht nicht mit mir. Keine Ahnung, weshalb

Die Ungewißheit, die jede Begegnung begleitete, war unerträglich; würde man mich umarmen oder vertreiben? Am schlimmsten war es, wenn jemand nett zu mir war, vor allem wenn es sich um Dennis oder Irma handelte. Dann redete ich mir ein, daß alles in Ordnung sei, daß es ein Mißverständnis gegeben habe, das sich glücklicherweise endlich aufgeklärt hatte. Aber am nächsten Tag weigerten sie sich, mit mir zu essen, und Dennis trug sein Frühstück auf die Veranda hinaus. Es war unmöglich, diesem Verhalten aus dem Weg zu gehen, da es nur eine Sache gab, die ganz offen und eindeutig mißbilligt wurde – nämlich in meinem Zimmer zu bleiben.

Ich sehnte mich danach, fortzugehen – nicht für immer, nicht die Insel zu verlassen –, aber lange genug fortzugehen, um dieses willkürliche Verhaltensmuster aufzubrechen. Ich sehnte mich danach, eines Morgens mit einer kleinen Tasche über der Schulter aus dem Zimmer zu kommen und zu verkünden: «Ich bin übers Wochenende weg. Bis bald!», die Bananen und das trocknende Haifischgebiß beiseite zu schieben und fortzugehen. Aber es gab keinen Ort, an den man hätte gehen können.

Die Pitcairner hatten Tagesausflüge nach Down Rope und St. Paul's erfunden und sogar Wochenendhäuser in Tedside und Flatland erbaut. Aber es war alles eine Lüge. Wohin man auch gehen mochte, man war auf Pitcairn. Überall herrschte die gleiche drückende Luft, überall wuchsen das gleiche verfilzte Unkraut und die gleichen Bäume, und in jeder Ecke der Insel gab es den gleichen zähen Schlamm. Die einzige Route, die man wählen konnte, war ein Rundweg, der einen im Kreis führte.

Von allen Teilen der Insel galt Flatland als am weitesten von Adamstown entfernt. Nicht, was die tatsächliche Entfernung anbetraf – die Fahrt nach Flatland, die den Hügel hinter Irmas Haus hinaufführte, dauerte nicht mehr als fünf Minuten –, aber hinsichtlich der Atmosphäre. Das kleine, moskitofreie Plateau mit der schönen Aussicht über die Hauptstadt war Pitcairns beliebtestes Feriendomizil. Die Christians aus Big Fence hatten hier ein Ferienhaus, auch Irma hatte früher hier eines gehabt.

«Wo fährst'n hin?» rief Royal, die mich auf ihrem Heimweg nach Jack's Tatties einholte.

«Tedside», log ich.

«Was hast du denn vor?» fragte Charles, der mit Charlotte nach Aute Valley fuhr, um dort nach einem Pinienbaum zu sehen. Charles war der Gehilfe von Reynold, dem Förster.

Ich berührte einen Strauch am Straßenrand, der mit «Hiobstränen» beladen war, den Samen eines hohen, in Büscheln wachsenden Grases, die von Kindern gesammelt und auf Angelschnüre aufgefädelt wurden, um daraus Armbänder und Halsketten zu machen.

«Hiobstränen pflücken», sagte ich.

Aber inzwischen würde jeder wissen, daß ich in Flatland war.

Von Flatland aus blickte man in nordöstliche Richtung, man sah von der Schule in Up Pulau bis zu The Edge hinauf, oberhalb des Hill of Difficulties. Unten auf dem Meer tanzten weiße Schaumkronen.

Ich saß auf den Überresten von Irmas einstigem Ferienhaus – auf dem erhöhten Fußboden. Die Wände waren eingestürzt und vom Gras überwuchert, daher mußte man aufpassen, daß man beim Gehen nicht zwischen den Brettern steckenblieb. Wenn mir das passiert wäre, hätte ich Stunden dort warten müssen, bevor Irma eine Suchmannschaft losgeschickt hätte.

Aber – und der Gedanke überkam mich mit eisiger Klarheit – vielleicht würde sie überhaupt keinen Alarm schlagen. Mochte Irma mich, oder mißtraute sie mir und verachtete mich? Ich wußte es nicht. Oft war sie nett, achtete darauf, daß ich genug zu essen bekam und daß es mich nachts im Bett nicht fror. Bereitwillig lieh sie mir ihr Motorrad, um private Besorgungen zu machen oder sogar für einen Ausflug nach Tedside. Nie bat sie mich um etwas, abgesehen von dem Kochen und Putzen, das ich für sie erledigte. Und manchmal unterhielten wir uns nachts, und dann war ich überzeugt, daß sie mit niemandem lieber redete als mit mir.

Andererseits beklagte sich Irma bei Royal über mich. Und manchmal weigerte sie sich einen oder mehrere Tage lang, mit mir zu sprechen, ohne daß ich die geringste Ahnung hatte, warum.

Genauso war es mit Dennis; er schob zärtliche Briefe, die sogar einen Anflug von Leidenschaft enthielten, unter meiner Tür hindurch, und kurz darauf wies er mich zurück und weigerte sich, gemeinsam mit mir zu essen. Meiner Ansicht nach war eines von beiden verlogen, reine Heuchelei, und zwar die Briefe und die zeitweilige Freundlichkeit. Wenn ich allein in meinem Zimmer war, verfluchte ich Dennis für seine Heuchelei.

Aber ich war mir nicht mehr sicher, ob meine Vorwürfe berechtigt waren; vielleicht war Dennis auf beunruhigende Weise ehrlich, was die Vielschichtigkeit seiner Gefühle anbetraf. Ein Teil von Dennis mochte mich, ein anderer verachtete mich. Ich erinnerte mich, daß er seine zärtlichen Briefe nie mit Dennis, sondern mit Sambo unterschrieben hatte.

Aber falls ich aus dem Kanu stürzte, während ein Hai an Bord gezogen wurde, wer wär bei mir im Kanu, Dennis oder Sambo? Und würde einer der beiden mich wohl überhaupt retten?

Ich sah, wie die Nacht übers Wasser kam und sich ausbreitete wie eine Decke. Sie kam schnell und schien undurchdringlich zu sein, als wollte sie mich von der hölzernen Plattform stoßen. Aber sie schloß mich nur ein.

Der Strom mußte wieder eingeschaltet sein, denn über die riesigen Farne bei Tamanu erhob sich die Melodie von

What's love ..., die Niggers Nachbarn nicht hören konnten. Alles, was ich sehen konnte, waren die schwarzen Bäume unter mir und das Glitzern des Meeres.

Ich bekam Angst. Aber wovor sollte ich mich fürchten? Vor wilden Tieren? Vor Fremden? Vor Geistern? Vor der Nacht als solcher? Ich hatte nicht *vor* etwas Angst, genauso wie ich nicht mehr *auf* etwas wartete. Ich hatte einfach Angst.

Dreizehntes Kapitel

Der allerfernste Ort der Welt

Als erstes landete das Filmteam. Drei aufgeregte, drahtige junge Männer, die rückwärts vor dem glatt rasierten, ganz und gar amerikanischen Dr. Cunningham hergingen und das Mikrophon dicht an sein breites, strahlendes Gesicht hielten. Sobald er den Boden Pitcairns betreten hatte, begann Dr. Cunningham seinen großen Kopf bedächtig von einer Seite zur anderen zu wiegen, um damit anzudeuten, daß dies ein historischer Augenblick sei, und er streckte die Hand aus, um sie sich schütteln zu lassen. Im Gefolge von Dr. Cunningham befanden sich seine Frau und zwei blonde Kinder, die sehr aufrecht im Boot saßen, bis sie vom Kameraassistenten ein Zeichen bekamen und trotz der heftigen Gischt zu strahlen begannen wie zwei Honigkuchenpferde.

Das Schiff der Cunninghams, die *Pacific Ruby*, ankerte zwei Meilen vor Pitcairn und war, trotz seiner geringen Größe – sie war kaum länger als ein Schlepper – von der Bounty Bay aus gut zu sehen. Es war ein Missionsschiff, dessen Besatzung aus Freiwilligen der Aktion Youth With A Mission bestand. Eine Stunde vor seiner Ankunft hatte der zweite Offizier, eine Frau, zur Insel gefunkt, daß sie mehrere Tage hierbleiben würden – also mußte man sich nicht beeilen, um Handelswaren zusammenzutragen – und daß sie ihr eigenes Boot hätten, mit dem Passagiere und Mannschaft an Land gebracht werden könnten. Nach Aussage des Offiziers befanden sich ein Zahnarzt und ein Arzt an Bord. Außerdem hätten wir großes Glück, da der internationale Präsident von YWAM (was der Offizier «Wei-Wam» aussprach), Dr. Loren Cunningham, und seine Familie mit ihnen gekommen seien.

Wei-Wam fiel auf Pitcairn ein und unterwarf die Insel einem strengen Regiment. Der Arzt und der Zahnarzt – zwei kleine, mäuseartige Männer in mittleren Jahren, die kaum voneinander zu unterscheiden waren – brachten ihre Ausrüstung an Land: einen Operationstisch, Koffer mit Instrumenten und einen futuristischen Zahnarztstuhl, der sich wie ein Roboter ganz von selbst in alle Richtungen drehte. Der Stuhl und der Operationstisch wurden im Krankenhaus aufgestellt, und man fertigte eine Liste derjenigen an, bei denen ein Eingriff nötig war. Ben litt an einem Leistenbruch, der operiert werden mußte; Charlotte mußte nach ihrem Bein sehen lassen, und Kari hatte eine seltsame Beule auf der Nase. Die meisten Kinder würden den Zahnarzt aufsuchen, doch kein Erwachsener, da die meisten keine eigenen Zähne mehr hatten, einschließlich Dennis und Nigger. Gebisse wurden aus Neuseeland eingeführt.

Die Mannschaft der *Pacific Ruby* bestand aus fünfzehn Mitgliedern, und obwohl der Name der Organisation von Jugend kündete, handelte es sich zumeist um ältere Bekehrte, die erst spät zum rechten Glauben gefunden hatten. Sie wurden von einer ebensogroßen Anzahl von Missionsarbeitern begleitet. Diese Gruppen wurden zusammen mit der Mannschaft bei Familien auf der Insel einquartiert. Wir bekamen Jessie zugeteilt, den ungewöhnlich großen und dünnen philippinischen Ersten Maat, der ungeheuer dankbar war, in den Schoß der Familie aufgenommen zu werden. Ich hätte es vorgezogen, von Wei-Wams Direktor für den pazifischen Raum unterhalten zu werden, einem riesigen Samoa-Amerikaner, der Terry gegenüber behauptet hatte, er könne drei Betonblöcke mit einem Schlag zerteilen und Telefonbücher zerreißen. Ein Talent, das auf Pitcairn leider vergeudet war, da es hier keine Telefonbücher gab.

Schon bald wurde die Insel von der Energie der Wei-Wam-Mitglieder umgekrempelt, die bei weitem die Anzahl der erwachsenen Inselbewohner übertrafen. Eine große Emsigkeit breitete sich aus; die Leute begannen davon zu sprechen, etwas «bis ein Uhr» erledigen zu wollen, und Dinge zu reparieren, die seit Jahren kaputt waren. Und inmitten all der Geschäftigkeit wanderte, lächelnd und freundlich nickend, Dr. Loren Cunningham herum, stets ein rückwärts gehendes Filmteam vor sich.

Aber die Person, die aus diesem unerwarteten Besuch am meisten Kraft schöpfte, war Rick. Dr. Cunninghams Besuch auf der Insel war für Rick das, was für einen eingefleischten Royalisten der Besuch der Königin ist. Und er würde drei Tage bleiben, über den Sabbat hinweg, und er würde in der Kirche eine persönliche Stellungnahme abgeben. Am Freitagabend, dem Beginn des Sabbat, wollte Rick zu Ehren von Wei-Wam einen weiteren Gottesdienst abhalten.

Irma und Ben zogen sich für den Gottesdienst um. Ich saß auf der Veranda und wartete, um sie anschließend in die Kirche zu begleiten. Ich trank eine Tasse Milo und aß ein Stück Brot mit frischem, klebrigem Sirup darauf, als ich auf der Straße, die nach Tedside führte, ein Motorrad näher kommen hörte. Instinktiv sah ich auf. Nigger kam um die Ecke gefahren, die Augen auf die Veranda gerichtet. Unsere Blicke trafen sich, aber keiner von uns grüßte, und er fuhr donnernd weiter.

Die Kirche war bis zum letzten Platz gefüllt. Man hatte uns versprochen, die gesamte Mannschaft der *Pacific Ruby* würde dort sein, mit Ausnahme des Kapitäns, der aus Sicherheitsgründen über Nacht an Bord bliebe, und des kräftigen Direktors für den pazifischen Raum. Er war zum Fischen gegangen, wobei er nichts als einen um die Hüften geschlungenen Sarong trug.

Ich saß im hinteren Teil der Kirche und lauschte erneut Ricks Geschichte von Ashlees Sturz über die Klippe bei Down Isaac's – das Wunder. Er schien sich Tränen aus dem Gesicht zu wischen. Dann trat Dr. Cunningham in die Mitte der Kirche, wo gewöhnlich der Prediger oder die Videoleinwand standen.

Dr. Cunningham sah weise und ernst aus, und er senkte sein Kinn mit dem Grübchen so, daß es leicht zu Boden zeigte. Dann hob er den Kopf und begann zögernd zu lächeln. Seine Hände hoben sich absolut synchron mit seinen Mundwinkeln, wie ich bemerkte. Dann begann er zu sprechen.

«Ich habe etwas auf dem Herzen, das ich euch mitteilen möchte ...»

«Ich muß näher ran», zischte der Mann vom Filmteam, der neben meiner Bank im Mittelgang stand.

Dr. Cunningham erklärte äußerst emphatisch, daß er als Internationaler Präsident von Wei-Wam und als Präsident der Universität der Nationen, die Wei-Wam gehöre, in jedem Land der Erde gewesen sei. In jedem. Land. Der WELT ... *außer* Pitcairn.

«Und heute liegt es mir besonders am Herzen, euch zu sagen, daß jeder eine Bestimmung hat … schon im Mutterleib. *Ich*», und er betonte das Wort, «ich glaube, daß dies auch für Nationen gilt.»

«Einige mögen glauben, eine Meuterei sei ein unrechtmäßiger Akt zur Gründung einer Nation. Ich jedoch würde sagen, daß Gott für Pitcairn ein besonderes Schicksal ausersehen hat … Er nahm die Meuterei auf der *Bounty*, drehte sie um und verwandelte sie in eine Trompete, um der ganzen Welt Zeugnis zu verkünden. Wenn ich sehe, was Gott für dieses Land getan hat, bin ich so beglückt, genau in diesem Land zu sein … denn Gott hat ein Schicksal für euch ausersehen.»

Ich sah mich unter den wenigen Auserwählten um. Alle waren versammelt und saßen, nach Haushalten geordnet, nebeneinander. Mavis, Jacob und Meralda; Thelma, Len, Clarice und Nigger; Terry und seine Mutter Vula; Carol und Jane mit Charlene und Darrylene; die Gruppe aus Big Fence; Perry, den ich noch nie zuvor in der Kirche gesehen hatte; Tom und Betty und ihre Töchter; Dave mit seiner Frau; die Familie des Lehrers; Kari und ihre beiden Kinder. Sie hatten ihre Blicke auf Dr. Cunningham gerichtet, aber sie sahen ihn nicht wirklich an. Auf ihren Gesichtern lag die gleiche Ausdruckslosigkeit wie bei Schulkindern im Klassenzimmer, die so tun, als würden sie aufpassen, aber kein Wort hören.

«Er hat eine Bestimmung ausersehen für euch, auf die ihr nicht nur stolz sein könnt, sondern deren ungeheure Verantwortung ihr auch verstehen müßt … Als sich die Nachricht verbreitete, daß die Menschen hier auf Pitcairn durch das Lesen der Bibel zu Gott gefunden haben, ließ dies die Menschen in Europa und Nordamerika aufhorchen ... Eure Stimme ist so laut, daß sie auf der ganzen Welt zu hören ist ... Jede Nation hat ihr Schicksal, aber das Schicksal, das Er für Pitcairn ausersehen hat, der Stellenwert, den es in Gottes *Plan* einnimmt, ist unvergleichlich.»

Dr. Cunningham bediente sich einer Rhetorik, die jeweils ein einzelnes Wort – gleichgültig welches – in einem Satz betonte.

«Kein anderes Volk kann *tun*, was ihr tun könnt. Ihr *könnt* nach New York gehen und in einer landesweit ausgestrahlten Sendung auftreten, *einfach* weil ihr aus Pitcairn kommt ... *Warum* ist das so? Und warum *zählt* das nach zweihunderteins Jahren? Wegen der *Zeugenschaft*, die Gott euch übertragen hat. Es ist der *Trompetenschall*, den Gott im ganzen Land erneut hörbar machen will ... es könnte der letzte Ruf sein ... Mission zu treiben und ans Ende der *Erde* zu gehen.

In Jerusalem, als Jesus sagte, geht und predigt den fernsten Teilen der Welt – dies *ist*, rein technisch gesehen, der allerfernste Ort auf Erden.»

Dr. Cunningham entspannte seine eckigen Schultern ein wenig und begann, über sich selbst zu sprechen.

«Dies ist das zweihundertund*neunte* Land, das ich besuche. Zu Beginn dieses Jahres war ich bei den *Pygmäen* in Äquatorial-Guinea. Ich dachte, das sei eine schwierige Reise gewesen! Aber es ist *nichts* verglichen mit der Reise nach Pitcairn.»

Die Schultern spannten sich wieder an.

«Gott hat euch eine Stimme gegeben, die ihr nicht vergeuden dürft. Ihr müßt sie zu seinem Ruhm nutzen. Ihr müßt sie *nutzen*, um ihn zu preisen. Ihr habt eine Bestimmung. *Gott* hat euch eine Bestimmung gegeben.»

Einen Augenblick lang dachte ich, der Doktor spule aus Versehen seinen Vortrag wieder von vorn ab, und wir müßten uns die ganze Rede zweimal anhören. Aber dann kam er auf seinen wichtigsten Punkt zu sprechen.

«Manchmal schickt Gott jemanden von weither, nur um einen zu erinnern.»

Ich war nicht sicher, ob ich applaudieren sollte oder nicht, doch es war nichts zu hören als das Surren der Filmkamera. Rick ging in die Mitte des Hauptgangs zurück, er tauschte bedeutungsvolle Blicke mit Dr. Cunningham, und beide wiegten weise die Häupter.

Wir gingen hinaus, ich setzte mich neben Alison auf die Bank am Platz, und wir beobachteten die Kinder, die gedrängt wurden, den Zahnarzt aufzusuchen. Das Geschrei war entsetzlich.

«Was hast du bis fünf in der Früh bei Nig getan?» Ihr sommersprossiges, mädchenhaftes Gesicht paßte nicht zu ihrer Miene, die sehr erwachsen, fast ältlich wirkte, und ich fühlte mich als die Jüngere von uns beiden. Ich war der Teenager, dessen Fehltritt von einer neugierigen Erwachsenenwelt entdeckt worden war, die um Ecken und durch Fenster spähte. Wer hatte Alison erzählt, daß ich bei Nigger gewesen war? Woher wußte sie den genauen Zeitpunkt, wann ich gegangen war?

«Geredet.»

«Über was geredet?»

«Übers Fischen.»

Alison setzte ein boshaftes Lächeln auf. «Die Leute auf Pitcairn sind bloß an den drei *F* interessiert», und sie zählte sie mit den Fingern auf: «Fischen, Fressen und Ficken.»

Dr. Cunningham, seine Frau und seine beiden Kinder überquerten gerade den Platz, und wieder ging das Filmteam, rückwärts marschierend, vor ihnen her. Auf majestätische Weise winkte er mir und Alison zu. Den schrecklichen Lärm, der aus dem Krankenhaus schallte, schien er nicht wahrzunehmen.

Am anderen Ende der Bank stützte sich Charlotte leicht auf Irma und schluchzte. Sie war noch nie in einer Klinik gewesen, hatte noch nie eine Narkose bekommen und hatte Angst vor ihrer Operation, die zu einem späteren Zeitpunkt des Tages stattfinden sollte. Einen Moment lang richtete das Filmteam die Kamera auf die beiden älteren, verängstigten Frauen, bevor es wieder auf die Cunninghams zurückschwenkte.

«Ich glaube Irma interessiert sich für keines der *F* besonders», sagte ich.

Alison setzte ein höhnisches Grinsen auf. «Nein, aber Nig.»

Der Kapitän der *Pacific Ruby* erklärte sich einverstanden, Perry bis Tahiti mitzunehmen.

Perry war überzeugt, daß er bald wieder nach Pitcairn zurückkehren würde. Es hatte eine zeitweilige Verstimmung gegeben, er habe bei der falschen Familie gewohnt, aber das nächste Mal würde alles klappen. Ich versuchte zu verstehen, was mit Tom und Betty tatsächlich schiefgelaufen war und warum Perry gehen mußte, aber ich fand den Grund nicht heraus. Ich konnte nicht feststellen, was zu der Entzweiung geführt hatte. Vielleicht handelte es sich nicht um einen einzelnen Streitpunkt, der sich benennen ließ, sondern um wenig greifbare Dinge, die man weder bezeichnen noch erklären konnte. Wäre es etwas Bestimmtes gewesen, hätte man es angehen und damit fertigwerden können; Perry hätte sich verteidigen können. Aber etwas

Unbestimmtes ließ sich nicht bekämpfen. Er hatte Tom und Betty verlassen müssen, und jetzt verließ er die Insel. Nur Kari war traurig über sein Fortgehen.

«Man hat sich gut mit ihm unterhalten können», sagte sie.

Ich fragte Kari, was sie zum Bleiben bewogen hatte.

«Mir gefällt die Abgeschiedenheit. Ich mag die wenigen Leute; wo immer man hingeht, trifft man Leute, die man kennt. Hier hab' ich nie Angst. Ich weiß, hier gibt's keine zwielichtigen Elemente. Man fühlt sich sicher. Für mich bedeutet das Sicherheit – und nicht Einschränkung.»

Sie hielt inne.

«Ich hab' immer gewußt, daß das genau der richtige Ort für mich ist.»

Wie sich herausstellte, war Jessie ein äußerst liebenswürdiger Gast; er erbot sich, mir bei jeder erdenklichen Verrichtung zu helfen, und war außerordentlich dankbar für den kleinsten Dienst, den man ihm erwies. Während ich das Abendessen zubereitete, folgte er mir auf Schritt und Tritt durch die Küche und versuchte, mit allerlei Handreichungen behilflich zu sein. Als ich das Geschirr abwusch, stand er hinter mir am Abwaschbecken.

«Gott liebt dich, das weißt du.»

Die rote Katze hüpfte in die Küche und hatte eine Ratte zwischen den Zähnen, deren Kopf und Schwanz zuckten. Ich nahm einen Besen und scheuchte sie hinaus.

«Kurz nachdem ich meine Frau kennengelernt hatte, schrieb ich ihr einen Brief.»

Ich ging zum elektrischen Wasserkessel hinüber, beugte mich darüber und gab vor, damit beschäftigt zu sein, ihn anzustellen.

«Ich schrieb ihr, daß es Gottes Wille sei, daß sie meine Frau und die Mutter meiner Kinder wird.»

Ich ging zum Kühlschrank hinüber, um etwas herauszuholen, irgend etwas.

«Sie schrieb mir eine kurze Nachricht zurück: ‹Ich glaube, Gott hat sich getäuscht.› Aber jetzt sind wir verheiratet und erwarten im Dezember unser erstes Kind!»

Ich drehte mich um und sah in Jessies Gesicht, in dem ein triumphierendes Grinsen stand. Ich ging auf die Veranda hinaus, in der Hoffnung, er würde nicht lange bei mir sitzen bleiben, da sein missionarischer Eifer ihn ständig in Bewegung hielt. Ich war überrascht, daß Terry bereits dort saß; ich hatte ihn nicht kommen hören.

Eine Weile schwiegen wir.

«Was hast du gestern abend gemacht, Terry? Videos angesehen?»

«O ja.»

«Was für welche?»

«MacGiver.»

«Hast du die schon mal gesehen?»

«O ja.»

Wir schwiegen wieder eine Weile, dann nahm Terry ein Stück Holz zur Hand. Selbst wenn er schnitzte, machte er nicht mehr Lärm als ein Gecko.

Ein paar Meter entfernt spielte die Katze mit der verstümmelten Ratte, indem sie zuerst mit der einen Vorderpfote auf sie einschlug, dann mit der anderen, als übe sie ein bestimmtes Manöver beim Football. Dann begann die Ratte, die ich für tot gehalten hatte, fortzuhumpeln, wobei sie nur die Beine auf der rechten Seite bewegte und die auf der linken nachzog. Ich sollte sie töten, mit dem Besen totschlagen, dachte ich. Aber ich konnte es nicht. Die Katze jagte der Ratte spielerisch nach, packte sie wieder mit den Zähnen, ließ sie wieder los, und ich beobachtete, wie sie sich mit blutüberströmtem Fell fortschleppte. Die Katze packte sie erneut und legte sie mir wie ein Geschenk vor die Füße. Und dann, vielleicht weil sie mein Entsetzen bemerkt hatte, trug sie sie fort und fraß sie. Zuerst biß sie den Kopf der Ratte ab, den sie lautstark zermalmte. Ich hörte das Knirschen des Schädels oder vielleicht der Zähne. Sie setzte sich und leckte sich das Maul. Ich lehnte mich in meinem Stuhl zurück, fuhr aber bei einem schrecklichen Würgelaut wieder hoch. Die Katze übergab sich. Sie erbrach die Ratte.

Nicht deswegen hob Terry den Kopf, sondern wegen des Brummens eines Motorrads, das vorbeifuhr.

Jemand mußte in dieser Nacht durch Niggers Schlafzimmerfenster gespäht haben, und zwar jemand, der sich sehr leise bewegen konnte. Wir hatten nichts gehört, außer dem Knacken eines Zweiges.

Als ich aufsah, war Terry fort.

Tom, der gelegentlich Worree genannt wurde, war in heller Aufregung. Jemand hatte seine *alligator** gestohlen.

Er kam in alle Häuser in Adamstown gelaufen und fragte, ob jemand etwas darüber wisse. Als er bei Irma ankam, war er bereits bei Mavis und bei Carol und Dave gewesen. Alle hatten Vermutungen geäußert, wer für die Tat verantwortlich sein könnte, aber niemand konnte Beweise liefern oder hatte den Dieb beobachtet.

Dieses Jahr hatte es nur eine Avocado auf der ganzen Insel gegeben. Keiner der Bäume hatte Früchte getragen, nur

* *alligator* ist das pitcairnesische Wort für Avocado.

Toms, und der hatte nur eine einzige Frucht hervorgebracht. Alle paar Tage inspizierte Tom die einsame Avocado, die weit unten an seinem Baum hing, der an der Straße nach Tedside stand, gleich hinter Brown's Water. Und Tom, der auf sein Produkt so stolz war, als hätte er einen seltenen Rassehund gezüchtet, verbreitete ständig die neuesten Nachrichten über die Wachstumsfortschritte seiner Avocado, die in Wirklichkeit nichts Besonderes war, da es sich um ein ganz durchschnittliches Exemplar handelte.

Es war kaum vorstellbar, daß jemand Toms Avocado gestohlen und heimlich am Strand von Tedside verspeist haben könnte. Ein Pitcairner fände keinen Spaß daran, allein zu essen; es wäre eine armselige Entschädigung für das Verbrechen gewesen. Doch ein paar Abende später, als Royal die Haifischzähne in ihre Schnitzerei einfügte, sagte sie: «Möcht' bloß wissen, was der Dieb mit der Avocado gemacht hat.» Da dämmerte mir, daß sie nicht gestohlen worden war, um gegessen zu werden, sondern um Tom eins auszuwischen. Vielleicht hatte der Dieb die Frucht einfach bei Tedside ins Meer geworfen.

Die Avocado wurde einige Tage nicht mehr erwähnt, bis Royal, die seit Irmas Krankheit noch öfter die Abende bei uns verbrachte, sagte: «Worree is' immer noch stinksauer», und ich hätte schwören können, daß sie mich dabei mit ihrem Blick fixierte.

Unter all dem Geflüster und Getratsche hatte ich bestimmte Dinge herausgehört. Ich glaubte, daß man mich verdächtigte. Wann immer ich hörte, daß sich Irma und Royal auf der Veranda unterhielten, war ich sicher, sie redeten über mich. Einmal schoß ich aus meinem Zimmer – ich hatte vorgegeben, ich hätte mich schlafen gelegt – und schrie: «Das ist nicht wahr!», obwohl ich nicht genau wußte, von welcher meiner angeblichen Untaten gerade die Rede gewesen war. Was war die Wahrheit auf Pitcairn? Wann immer ich Leute fragte, was *tatsächlich* passiert war – mit Aden, mit Dennis und Mary – bekam ich keine eindeutige Antwort. Fakten und Erfindungen, Realität und Gerücht wurden nicht nur vermischt, sondern waren sehr schnell nicht mehr voneinander zu unterscheiden. Wenn man fest genug an etwas glaubte, wurde es zur Wahrheit.

Genauso war es mit ihrer Religiosität; die Worte der Bibel wurden wortwörtlich und als unabänderliche Wahrheit aufgefaßt. Und wenn Irma einen Film ansah – einen Krimi oder einen Liebesfilm –, wunderte sie sich über die gezeigten Vorgänge.

«Aber das stimmt doch alles nicht», sagte ich immer. «Das ist alles nur erfunden!»

Doch für Irma waren Dokumentationen und Spielfilme ein und dasselbe. Als mir das klar wurde, sah ich die Abschätzigkeit, mit der Charles' phantastische Geschichten aufgenommen wurden, in einem anderen Licht. Charles' Verbrechen bestand darin, daß er Geschichten erfand, die so fremdartig waren, daß sie unmöglich wahr sein konnten, wodurch er den Anschein erweckte, als wolle er damit bewußt die Ausschmückung von Alltagsunterhaltungen an den Pranger stellen. Aber inzwischen war meine eigene Fähigkeit, boshafte Verleumdungen und harmlose Gerüchte voneinander zu unterscheiden, getrübt.

Nach seiner Bruchoperation wurde Ben von Steve, Dennis, Terry und Trent auf einer Bahre aus dem Krankenhaus getragen. Für seine Rekonvaleszenz war das provisorische Bett auf der Veranda aufgeschlagen worden, und eine energische Irma hatte seine Pflege übernommen. Es gab einen konstanten Strom von Besuchern, die Essen brachten, das ich in der Küche aufstellte und den Gästen servierte. Dennis schaltete den Videorecorder an; die gesamte Operation an Ben war aufgezeichnet worden. Der Patient war aufgekratzt und bester Dinge.

«Hab' fünfhundert Dollar gespart!» sagte er und schätzte, was die Operation in Neuseeland gekostet hätte, wenn er dort hätte hinfahren können.

Es kam selten vor, daß Ben am Sabbat nicht in die Kirche ging, doch obwohl er im Haus herumhumpeln konnte, war er immer noch schwach, und sowohl die kurze Motorradfahrt wie der Fußweg waren nur für Gesunde. Irma würde erst in letzter Minute nachkommen, also machte ich mich allein auf den Weg zur Kirche.

Es hatte sich bereits eine größere Menge versammelt, da die meisten der Missionsarbeiter von der *Pacific Ruby* immer noch hier waren und mehr Inselbewohner als üblich zum Gottesdienst gekommen waren. Vielleicht deswegen, weil es viel gab, wofür wir Gott – und Wei-Wam – danken konnten. Neun Operationen und einhundertsiebzehn Zahnfüllungen waren in nur zwei Tagen ausgeführt worden! Morgen würde die *Pacific Ruby* nach Tahiti segeln.

Trent spielte an Irmas Stelle die Orgel. Er war von oben bis unten in Schwarz gekleidet, wie der junge Elvis Presley. Während Irma immer sehr stoisch und kerzengerade, wie es sich für eine Organistin in der Kirche gehörte, vor dem Instrument saß, zog Trent die Schultern hoch, haute in die Tasten und warf ab und zu dem Publikum ein Lächeln zu, ganz wie ein Star dies tun würde.

Der Text des Kirchenlieds erschien auf dem Overhead-Projektor.

If you're happy and you know it, clap your hands.
(Klatsch, klatsch.)
If you're happy and you know it, clap your hands.
(Klatsch, klatsch.)

Ich lächelte und sprach den Text mit.

If you're happy and you know it
Then you surely want to show it
If you're happy and you know it
Clap your hands.

Klatsch. Klatsch.

Vierzehntes Kapitel

Das Krankenhaus

Wie alt ist Meralda?» fragte ich Ben, mit dem ich ein bißchen plauderte, während wir an unseren Andenken arbeiteten.

«Sie is' drei Jahre nach Grumps gebor'n.»

«Aber wie alt ist Clarice?»

«Sie is' im gleichen Winter gebor'n wie Terry.»

«Wann war das?»

«Drei Weihnachten vor Dave.»

Das Alter eines Menschen wurde offenbar im Verhältnis zu dem eines anderen bestimmt. Wichtig war nicht, wieviel Jahre man zählte, sondern wieviel älter oder jünger als sein Cousin oder Nachbar man war. Clarice war auch Olives und Niggers Schwester, Thelmas und Lens Tochter, Toms und Bettys Nichte, Trents Tante, Sherilenes und Darlenes Cousine ... Es war absurd, Clarice aus dieser Vernetzung herauslösen zu wollen. Was wirklich zählte, war ihre Verbindung zu allen anderen.

Ob jemand als jung oder alt angesehen wurde – zur «alten» oder zur «jungen Generation» gehörte –, war ebenfalls keine Frage des tatsächlichen Alters. Es besagte auch nichts darüber, wie selbständig jemand war, wie weit er sich von seiner Familie entfernt hatte. Auf Pitcairn lösten sich die Menschen nicht vom Elternhaus, wenn sie erwachsen wurden, und Alter hatte nichts mit Trennung zu tun. Wenn ein Einwohner von Pitcairn jemanden als jung bezeichnete, meinte er dessen Einstellung; insbesondere wurde damit ausgesagt, daß jemand trank und tanzte. Carol, eine Abstinenzlerin, gehörte zur «alten Generation»; wohingegen Kari, die Ende vierzig und einige Jahre älter war als Carol, immer zu den Jungen gezählt hatte.

In Tamanu sollte es eine Party für die Jungen geben; die Wissenschaftler hatten per Funk durchgegeben, daß sie in ein paar Tagen nach Pitcairn segeln würden, um Vorräte zu laden. Auf Henderson wuchsen nur Kokosnüsse, und auf Pitcairn konnten sie Früchte, Gemüse und frisches Wasser bekommen.

Nur die Jungen würden zu der Party gehen; die Älteren wurden nicht eingeladen, um sie nicht der Peinlichkeit auszusetzen, ablehnen zu müssen, was keinem Inselbewohner angenehm wäre. Der Pastor und seine Familie, obwohl viel jünger als die meisten Partybesucher, standen ebenfalls nicht auf der Gästeliste.

«Ich bin froh, daß Jenny und ich nicht eingeladen wurden», sagte Rick. «Ich könnte Gott nicht mitnehmen. Und wo Gott nicht hingehen kann, will auch ich nicht hingehen.»

«Aber die Leute werden Spaß haben.» Das war kein Argument, das Rick überzeugen konnte.

«Jenny und ich, wir würden nicht zusammen tanzen – nicht einmal in unseren eigenen vier Wänden. Bei uns kommt Gott vor allem anderen. Das steht fest. Vor unserer Ehe. Vor allem.»

Als ich in Tamanu ankam, war die Stimmung gedrückt. Ein Countrysong dröhnte aus der Stereoanlage, und die Gäste lehnten an der Küchenanrichte oder saßen auf den

Stuhlkanten, zumeist mit einem Carlsberg in der Hand. Die Musik war zu laut, um sich zu unterhalten, also hingen wir bloß herum, die Wissenschaftler klopften rhythmisch gegen die Bierdosen und wiegten sich leise zur Musik, um den Anschein zu erwecken, absolut gut drauf zu sein. Bei der Hälfte eines Songs sprang einer der Einheimischen auf und bestand darauf, daß etwas Besseres aufgelegt würde, also hörten wir nur die Bruchstücke der qualvollen Geschichte von Betrug und unerfüllter Liebe.

Vorsichtig winkte ich dem Wissenschaftler zu, der mich gefragt hatte, was ich auf Pitcairn zu finden hoffte. Inzwischen war er noch drahtiger geworden und hatte sich einen noch dichteren Bart wachsen lassen als damals, als ich ihn auf Henderson gesehen hatte. Abgesehen von einer hochroten Nase und zwei dunklen Augen war sein Gesicht völlig zugewuchert.

Divo ... Jemand stellte den Kassettenrecorder ab.

Während sich Darrylene und Dave darüber stritten, welche Kassette aufgelegt werden sollte – Johnny Cash oder Tammy Wynette –, kam der behaarte Wissenschaftler zu mir herüber.

«Na, auf welchem Streßlevel sind wir inzwischen angelangt?»

Ich versuchte, meine Antwort wie einen Scherz klingen zu lassen. «In meinem ganzen Leben war ich noch nie so gestreßt.»

... *rce*. Dave hatte gewonnen.

Nigger saß dicht neben der Wissenschaftlerin und versuchte, sich trotz der lauten Musik mit ihr zu unterhalten. Als Tammy Wynette verklang, ging er zu der Anlage hinüber und legte eine neue Kassette ein.

Die Musik schwappte durch den Raum wie ein heftiger

Wellenschlag und riß die Pitcairner von den Stühlen, nur die Wissenschaftler blieben sitzen. Die einheimischen stützten die Hände in die Taille und schwangen die Hüften, zuerst vorsichtig, dann heftiger und heftiger und bildeten dabei eine lockere Reihe. Dann legten sie die Hände auf die Knie, und ihre Rücken hoben und senkten sich zum Takt der Musik.

Ver-ruum, ver-ruum, ver-ruum ...

Sie wirkten wie besessen. Sie waren kühne Polynesier, die stampfend und lockend ihre großen Körper bewegten. Und ich fragte mich, was hier los gewesen war, bevor der Adventismus die Herrschaft übernommen hatte und die Destillierkolben über die Klippen geworfen worden waren. Wie war Pitcairn damals gewesen, in den Jahren zwischen dem frühen Tod der Meuterer und der Ankunft Kapitän Folgers, als der einzige europäische Bewohner ein Mann ohne Namen war?

Einige der Wissenschaftler versuchten, sich dem Tanz anzuschließen, gaben aber bald achselzuckend auf; sie waren zu dünn und zu knochig. Nigger drängte sich an die Wissenschaftlerin, die ein paarmal matt die Hüften schwang und sich dann neben mich setzte. Sie habe einen Freund in Oxford, brüllte sie mir ins Ohr, und sei bekennende Christin. Was sie tun solle? Ich sah zu Nigger hinüber. Olive mußte ihm einen Witz erzählt haben, denn er lachte und warf den Kopf zurück. Er vergnügte sich und plauderte mit seiner Schwester inmitten der Freunde, die ihn sein ganzes Leben lang begleitet hatten. Wenn er in unsere Richtung sah, war es der Blick der Wissenschaftlerin, den er suchte.

«Was soll ich machen?» fragte sie erneut. Ich riet ihr zu Zurückhaltung, und sie nickte beipflichtend.

Die Wissenschaftlerin fuhr fort, mir ins Ohr zu brüllen, aber ich schüttelte den Kopf, zeigte auf die Stereoanlage und bedeutete, daß ich leider kein Wort verstehen könne. Ich wollte nicht tanzen – ich konnte nicht so tanzen –, aber ich wollte mich unbedingt betrinken. Also holte ich mir eine weitere Bierdose.

Steve taumelte zu mir herüber. «Was machst du eigentlich hier?» Es war keine Frage; es war eine Anklage, auf die mir keine schlagfertige Verteidigung einfiel.

Als Steve anbot, mich frühzeitig nach Hause zu fahren, nahm ich an. Erst als wir unter den Banyanbäumen durchgefahren waren, den Friedhof, auf dem Jakob Norfolk Warren begraben liegt, und Lens und Thelmas Garten mit der Kanone der *Bounty* hinter uns gelassen und den Hügel erreicht hatten, sah ich auf, um festzustellen, ob in Irmas Funkkabine noch Licht brannte. Während wir holpernd hinauffuhren, fragte ich mich, wie lange ich die Nächte auf Pitcairn wohl noch erleben würde.

Royal kam am nächsten Tag früher als sonst herüber. Während ich im Bett lag, konnte ich sie mit Irma plaudern hören. Irma hatte Neuigkeiten für ihre Schwägerin: Gerade vor einer halben Stunde habe sie Tojs Motorrad den Hügel hinauffahren sehen. Royal hatte Neuigkeiten für Irma: Sie habe heute morgen Jays Motorrad gehört, der in die gleiche Richtung gefahren sei. Es müsse irgendwas los sein.

Als sei dies eine Folgerung daraus, fügte Royal hinzu: «Ist Debbie letzte Nacht heimgekommen?»

Irma mußte hinter die Küche hinausgegangen sein – vermutlich um nach dem Kessel zu sehen –, da ich ihre Antwort nicht hören konnte, sondern nur Royals Erwiderung.

«Vielleicht is' sie aus'm Fenster gestiegen.»

Mein Schlafzimmerfenster befand sich mindestens drei Meter über dem Boden. Wenn überhaupt, wäre es nicht einfach gewesen, hinunterzuspringen, vor allem bei Nacht nicht. Ich hätte riskiert, mir den Knöchel zu verstauchen oder sogar das Bein zu brechen.

«Ich hab' Mavis' Hund letzte Nacht bellen hören.» Royal hatte sich alles ganz genau ausgemalt. Ich war nur heimgekommen, um Irma zu täuschen, aber kurz darauf durch mein Schlafzimmerfenster wieder entwischt. Es war natürlich auch ganz klar, wohin ich gegangen war. Ich hätte bei Mavis vorbeigehen müssen, um nach Tamanu zu kommen.

Ich sprang aus dem Bett, entschlossen, Royals Phantasien Einhalt zu gebieten, die so detailgenau waren, daß sie Irma auf geradezu zwingende Weise überzeugen mußten. Ich trat aus meinem Zimmer, begrüßte Royal und Irma – «Morgen. Wie geht's?» – und ging durch das offene Tor nach draußen. Wo einst nur eine Spinne gewesen war, gab es jetzt zwei faustgroße Riesenspinnen, die auf der Toilette miteinander kopulierten.

Es gab noch anderen Klatsch, der sich über die Insel verbreitete, und zwar, daß Hollywood plane, einen neuen Film über die Meuterei zu drehen. Und diesmal würden die Dreharbeiten auf Pitcairn stattfinden.

Die Besetzungsliste war bereits fertiggestellt. Alec Guinness würde Kapitän Bligh spielen. Jay, als der Magistrat der Insel, würde ihm Unterkunft gewähren, obwohl es vermutlich notwendig wäre, eine Rampe zum Hügel hinauf zu bauen, da Guinness schon so alt war und vielleicht nicht mehr gehen konnte. Roger Moore würde die Rolle des

Fletcher Christian übernehmen. Dennis fand, daß er bei uns wohnen müsse, da unser Haushalt aus Christians bestehe, aber Tom und Betty, die ebenfalls Nachfahren in sechster Generation waren und nach der Abreise von Perry über genügend Platz verfügten, hatten bereits ein konkurrierendes Angebot eingebracht. Brooke Shields würde die weibliche Hauptrolle spielen, obwohl unklar war, was für eine Rolle das sein könnte. Klar war nur, wo sie schlafen würde.

«Sie wird bei Nigger wohnen», sagte Dennis.

Alle würden als Statisten Verwendung finden, wobei Vula mit ihrem üppigen Körper und dem klassischen polynesischen Aussehen besonders gefragt wäre. Dave behauptete, die Filmleute kämen mit einem eigenen Schiff, und die Schauspieler würden in luxuriösen Kabinen auf See schlafen und nicht in den einfachen Holzhäusern der Inselbewohner, aber dies wurde als lächerlicher Einfall, als bloßes Gerücht abgetan.

Charles kannte sich besonders gut aus, wenn es um die Darstellung Pitcairns im Film ging. Er hatte die meisten Filme auf Video gesehen, und besonders gut hatte ihm der Klassiker von 1935 gefallen, in dem Clark Gable einen umwerfenden Fletcher Christian und Charles Laughton einen sadistischen, schon bejahrten Bligh verkörpert. Dies, sagte Charles, sei bei weitem die genaueste Darstellung der Vorgänge, und alle stimmten zu.

Die Meuterei auf der Bounty, die vor der Küste Kaliforniens und auf Tahiti gedreht worden war, ist ein Hollywood-Ausstattungsfilm mit einfacher Moral und zeigt die Konfrontation zwischen Tyrannei (Bligh) und Gerechtigkeit (Fletscher Christian). Metro-Goldwyn-Meyer hatte an amerikanischen High-Schools Unterrichtsmaterial verteilen lassen, in dem die Kinder ermutigt wurden, die verschiedenen Rollen der Männer bei der Meuterei nachzuspielen und Fragen wie «Wärst du in Blighs Boot gestiegen?» zu diskutieren. Einige Wochen nach der Premiere hatten sechshunderttausend Besucher den Film gesehen, der einer der erfolgreichsten des ganzen Jahrzehnts war.

Aber der nächste Film, der dreißig Jahre später gedreht wurde, sollte den nachhaltigsten Eindruck von der Auseinandersetzung zwischen den beiden Männern vermitteln. Marlon Brando, der die Rolle des Fletcher Christian übernommen hatte, behauptete, eine Million Wörter über die Meuterei gelesen zu haben, um sich in die Rolle einzuarbeiten. Aus New Jersey wurden Tonnen weißen Sandes nach Tahiti geschafft, um die aus schwarzem, vulkanischem Sand bestehenden Strände zu überdecken, denn so sah nach Vorstellung von Produzenten und Kinobesuchern das Paradies aus. Trevor Howard spielte einen verrückten, dämonischen Bligh, aber Brando wirkte ziemlich geckenhaft, und die Einwohner Pitcairns identifizierten sich lieber mit dem verwegenen Heldenmut eines Clark Gable.

«Mir hat die neueste Verfilmung am besten gefallen. Die mit Mel Gibson.» Alle drehten sich um und sahen mich an.

«So ein Scheiß», krähte Nola.

«Echt Kacke», höhnte Royal.

Charles gab nähere Ausführungen. «Da is' alles völlig falsch. Die hab'n aus Bligh einen richtig netten Typen gemacht.»

«Na ja ... nicht ganz.» Anthony Hopkins als Kapitän Bligh war ein gequälter Mensch, keiner, der anderen Qualen zufügte. Sein vordringlicher Kampf fand nicht gegen Fletcher Christian, sondern gegen sich selbst statt. Dieser Bligh war zum ersten Mal ein glaubwürdiger Mann.

«Sollte nicht erlaubt sein, daß solche Filme gemacht werden», sagte Charles. «So ein Scheißdreck.»

Und die Darstellung, die mich veranlaßt hatte, nach Pitcairn zu kommen, wurde in Bausch und Bogen verdammt.

Wir zählten über zweihundert *kingfish*, und es waren noch viel mehr. Trent allein hatte vierundsiebzig gefangen.

Der Tag hatte langsam begonnen. Unser Telefon gab seltsame Geräusche von sich, es klingelte von selbst, was für Irma sehr anstrengend war, die immer prüfen mußte, ob es kein fehlerhaftes langes Klingeln war. Trent kam, um das Problem zu beheben; als angehender Techniker war er für die Reparatur der Telefone zuständig. Trent wurde von seinem Vater Steve beaufsichtigt, der Leitender Techniker war, und Terry, der Elektriker, assistierte ihm.

«Ich hab' gehört, daß das Boot heut' nachmittag zum Fischen rausfährt», sagte Trent. Er sprühte den Hörer mit Öl ein und legte ihn auf die Gabel zurück.

«Woher weißt'n das?» fragte Dennis, der den Männern bei der Reparatur zusah.

«Hab' ich vergessen.»

«Ich hab' nichts gehört», sagte Terry beleidigt. «Wann denn?»

«Ich weiß nicht.»

«Um drei, hab' ich gehört ...» Und auf diese Weise wurde die Entscheidung gefällt, daß wir alle am Nachmittag mit dem Boot zum Fischen hinausfahren würden, ohne daß einer die Verantwortung für den Entschluß übernehmen mußte.

Anfangs hatte ich diese Methode der Entscheidungsfindung fehlgedeutet. «Darüber wird doch schon seit *Ewigkeiten* geredet», pflegte ich zu stöhnen. «Das wird nie geschehen.» Aber darüber zu reden war keine Form des Aufschiebens, wie ich gedacht hatte, sondern das Gegenteil: Es war eine Methode, um sicherzustellen, daß etwas passierte, und zwar eher früher als später. Das Sprechen über die Dinge ließ sie wirklich werden, was auf Pitcairn in vielen Bereichen zutraf. Jedenfalls stiegen wir an diesem Nachmittag in das Boot und fuhren zum Fischen. Einige Kanus schlossen sich an, und die Flotte fuhr an die entgegengesetzte Seite der Insel.

Sobald die Angeln ausgelegt waren, begannen die *kingfish* zu beißen und hörten gar nicht mehr auf damit. Die Böden der Kanus und des Boots waren mit glänzenden Fischleibern bedeckt. Trent schien am meisten Glück zu haben, und Len, der gewöhnlich der geschickteste Fischer war, fing nur fünf Königsdorsche und eine gelbe Flunder, was an einem anderen Tag als schöne Beute gegolten hätte.

Wir jubelten über unseren reichen Fang. Es gab so viele Fische, daß sie am Anlegeplatz gezählt und ausgenommen und die Abfälle ins Wasser geworfen wurden. Ich lieh mir von Dave ein Messer und begann, die weichen Bäuche aufzuschlitzen, immer vom Kopf zum Schwanz, und nahm die warmen gelben und roten Innereien heraus. Es wurde bis dreihundert gezählt, und alle jubelten. Es war nur noch ein kleines Häufchen übrig. Wir alle zählten laut mit – DREIHUNDERTEINUNDZWANZIG, DREIHUNDERTZWEIUNDZWANZIG, DREIHUNDERTDREIUNDZWANZIG. Dreihundertdreiundzwanzig Fische. Kein Mensch konnte sich an einen Tag wie diesen erinnern.

Das Boot war noch immer am Steg vertäut, und ich sprang hinein, um meine wasserdichte Jacke herauszuholen; dabei stieg ich auf eine Planke, die quer auf beiden Schiffsseiten lag. Eine Welle brachte das Boot plötzlich zum Schwanken, ich fiel und schlug beim Fallen mit dem Kopf gegen die Planke.

Einen Augenblick lang lag ich einfach da. Aber dann wurde mir klar, daß ich gefallen war, daß sich oben am Steg Leute befanden, daß immer wieder einer von ihnen lachen, höhnisch heruntergrinsen und über mich hinweg einen Klumpen roter Innereien in die Bucht schleudern würde. Alles sah aus, als wäre ich unter Wasser; ich sah die Umrisse der Leute, erkannte aber nicht, wer sie waren, und wenn sie die Münder öffneten, schienen sie eher Blasen auszustoßen als zu sprechen.

Vielleicht hatte mich niemand dort unten liegen sehen, und ich hätte um Hilfe rufen sollen. Ich gab eine Art Laut von mir, aber von keiner der schemenhaft wirkenden Gestalten kam eine Reaktion; sie bewegten nur ihre undeutlich zu erkennenden, blutbeschmierten Glieder.

«Dennis …» Nur ein leises Zischen kam heraus, aber in meinem Kopf schrie ich «SAMBO. SAMBOOOO.»

Ich lag eine Weile da, ich weiß nicht, wie lange, und konzentrierte mich. Ich mußte aufstehen, ich mußte unbedingt aufstehen. Langsam hob ich die Hand, griff nach der Planke und setzte mich auf. Die Brandung war inzwischen weniger heftig, aber das Boot schaukelte immer noch. Ich mußte mich erbrechen.

Ich stand auf den Beinen und umklammerte den Bootsrand, als sich mir eine Hand, die vor Blut tropfte, vom Steg aus entgegenstreckte.

«Du hast dich schlimm gestoßen», sagte die Stimme, den Kopf nahm ich nur verschwommen wahr. «Die Brandung wird wieder stärker.»

Ich sah mich nach Dennis um; ich wollte heimgehen, mich hinlegen. Während er die Fische ausweidete, redete er mit Dave. Vielleicht hatte er nicht mitbekommen, daß ich gestürzt war. Vielleicht waren meine erstickten Schreie in dem fröhlichen Geplänkel untergegangen.

Taumelnd ging ich zum Bootsschuppen hinüber, sank auf den Betonboden und wartete, daß die blutige Arbeit des Nachmittags zu Ende ging.

Am nächsten Morgen ging ich in das Krankenhaus. Mein Rücken schmerzte, und mein Kopf tat weh. Ich wollte kein Medikament, ich wollte Sicherheit. Ich wollte, daß mir jemand versicherte, daß das Summen in meinem Kopf bis zum Abend weg sein würde und daß ich mir keinen bleibenden Schaden zugezogen hatte.

Jenny saß hinter einem Schreibtisch wie ein Arzt, und Royal stand neben ihr. Royal trug einen grünen Kittel – die Art von schlichten und mit vielen Taschen versehenen Kitteln, die Krankenschwestern tragen – und hatte eine ernste Miene aufgesetzt. Sie hörte Jenny und mir sehr genau zu.

Alle Konsultationen bei der hiesigen Krankenschwester fanden in dieser Form statt – in dem einzigen Raum, der gleichzeitig als Behandlungs- wie Wartezimmer diente, und immer unter Aufsicht von Royal. Was wäre, wenn ein Patient über einen ihm peinlichen Zustand sprechen wollte? Über ein psychisches Problem? Und da wäre Royal, die alles mitanhörte. Doch ich hatte weder gehört, daß sich jemand über diesen Mangel an Vertraulichkeit beklagte, noch daß jemand gezögert hätte, Jenny im Krankenhaus aufzusuchen. Ich jedoch brachte in Gegenwart von Royal kaum den Mund auf. Ich erzählte Jenny, ich hätte Kopfschmerzen, ließ mir ein paar Pillen geben und eilte nach Hause.

Ich saß auf der Veranda und hielt meinen Besuch im

Krankenhaus in meinem Tagebuch fest, als Irma vom Jäten der Wassermelonenpflanzen zurückkam. Sie sah mich an und sagte: «Du bist beim Schreiben, meine Liebe», womit sie aber eigentlich sagen wollte: «Du bist beim Ausspionieren, meine Liebe.»

Ich beendete den Satz und schloß das Buch.

«Es gab mal einen Schreiber», sagte Irma. «Er hat über Pitcairn geschrieben. Er hat geschrieben, daß die Kinder einer Frau keinen Vater hätten.»

Ich kannte den Journalisten, auf den Irma sich bezog. Er hatte darauf geachtet, den Namen der Frau nicht zu erwähnen. Aber für Irma machte es keinen Unterschied, ob die Person genannt wurde oder nicht: Der Name von Pitcairn war in den Schmutz gezogen worden. Es machte nichts aus, wenn Royal zusah, wie deine Brüste untersucht werden, wenn sie zuhörte, wie du über die Schmerzen in deinem Bauch erzählst, und alle auf der Insel konnten über diesen höchst intimen Vorgang unterrichtet werden. Aber ein Außenseiter durfte darüber nicht berichten, selbst dann nicht, wenn er sich bemühte, die Identität des Patienten geheimzuhalten. Denn damit würden sehr persönliche Dinge über einen Bewohner Pitcairns und über Pitcairn selbst veröffentlicht – über die achtunddreißig eng miteinander verbundenen Pitcairner –, die sich beleidigt und gestört fühlen würden.

Ich erinnerte mich, daß Kari mir einst gesagt hatte: «Niemand auf Pitcairn hat ein Privatleben», was ich damals als eine Kritik aufgefaßt hatte. Aber jetzt verstand ich, daß es ein Kommentar über die Lebensform der Einwohner war. An anderen Orten verhielten, kleideten und sprachen die Leute anders, wenn sie die Schwelle ihres Heims übertreten hatten. Auf Pitcairn jedoch war es im Innern des Hauses genauso wie draußen; es gab keine verschiedenen Sphären. Das Haus hatte keine Tür, der Garten kein Tor, das Feld keinen Zaun. Die Schwelle, über die man in den privaten Bereich eindrang, war nicht die Veranda, es war die Küste, es war das Meer.

Dennis verhielt sich, als wären wir die besten Freunde. Den Morgen hatten wir damit verbracht, Bananen zu sammeln, und ich hatte eine Staude an die Rückseite seines Motorrads gebunden und sie zu Chris im Schulhaus hinaufgefahren, damit sie sie im Dehydrator trocknen konnte. Als ich nach Hause kam, saß Dennis beim Frühstück.

Ich fragte ihn, wann der letzte Prozeß im Gerichtsgebäude abgehalten worden sei.

«Wegen mir!» verkündete er fröhlich.

Andrew Young, der vor ein paar Jahren im Alter von neunzig gestorben war, hatte oben bei Ship Landing Point, einem Gipfel nordöstlich der Bounty Bay, einen Tisch aufgestellt, wo er seine Schnitzarbeiten gern verrichtete. Eines Tages hatten Dennis und ein paar andere junge Männer den Tisch von der Bergspitze gestoßen. Andrew Young brachte sie vor Gericht, und Dennis wurde mit einer Verwarnung belegt. Er konnte sich nicht erinnern, daß irgendwann jemand eingesperrt worden wäre. Allein die Vorstellung eines Gefängnisses auf Pitcairn erschien absurd. Die Insel war eine natürliche Festung, in der alle Bewohner gefangengehalten wurden. Wohin sollte ein Gefangener entfliehen? Nach Tedside? Big Pool? Down Isaac's?

Dennoch hatte die in Neuseeland ansässige Inselverwaltung von Pitcairn zur Zweihundertjahrfeier der Meuterei mit einem Plan aufgewartet: Pitcairn, wurde behauptet, brauche ein neues Gefängnis. Die Männer wurden dafür bezahlt, aus Fiberglasplatten und Wellblech ein Gefängnis mit drei Zellen zu errichten. In jeder Zelle gab es ein Feldbett und ein kleines Fenster, gerade groß genug, um sich hindurchzuzwängen, aber kein Schloß. Es gab eine Außentoilette mit zwei Löchern, genauso wie bei Irma. Seit der Erbauung war eine Zelle zur Aufbewahrung von Schiffsausrüstung und Schwimmwesten benutzt worden, die wohl besser im Rumpf von *Tin* und *Tub* untergebracht worden wären. Die beiden anderen Zellen waren nie benutzt worden. Um das Projekt zur Zweihundertjahrfeier im Jahr 1989 zu vervollständigen, war ein Wegweiser aufgestellt worden, auf dem «Zum Gefängnis» stand, obwohl ich es dank Dennis' Beschreibung gefunden hatte. «Fahr einfach beim Malabara-Apfel vorbei in Richtung Bla Bla.»

Dennis und ich waren bester Stimmung. Das Wetter war warm und die See ruhig, und am Nachmittag waren die Jungen mit Kanus hinausgefahren, um zur *Bounty* zu tauchen. Das Wrack lag direkt vor der Bounty Bay, nur etwa zwei Meter unter Wasser. Deutlich konnte man den Schiffsrumpf erkennen, wenn man sich über den Rand des Kanus beugte.

All die teuren Rekonstruktionen für die *Bounty*-Filme waren die eines mächtigen Schiffes; aber die verschwommenen Umrisse des Wracks im Wasser waren nicht viel größer als die eines Langboots. Die *Bounty* war für ihre Zeit sehr klein gewesen, nur dreißig Meter lang und acht Meter breit. Sie hatte keine Aufbauten, und alle Einrichtungen und Unterkünfte befanden sich zusammengedrängt unter Deck. Die Große Kabine, die der Kapitän hätte bewohnen sollen, war für die Aufbewahrung der Brotfruchtpflanzen umgestaltet worden, und Bligh schlief wie ein Wachposten in einer kleinen Seitenkabine. Die Gesamtkosten für den umfangreichen Umbau betrugen viereinhalbtausend Pfund, mehr als zweimal soviel wie der Anschaffungspreis. Da das beste Quartier und die begrenzten Wasserreserven vor allem den Pflanzen zugute kommen sollten, war die *Bounty* zum Wohle der Setzlinge umgebaut worden, auf die Menschen hatte man wenig Rücksicht genommen.

Nach der Ankunft auf Pitcairn war die *Bounty* – der Stolz und die Hoffnung der Admiralität – abgetakelt worden. Die Segel dienten zuerst als Zelte, und dann, nachdem die Hütten aus Holz und Schilf gebaut waren, als Kleider. Kurz nachdem sie vor der Insel geankert hatte, wurde sie angeblich in Brand gesteckt, vielleicht von Christian, um Fluchtversuchen vorzubeugen, oder von Quintal im Zustand der Trunkenheit. Der Tag, an dem die *Bounty* vermutlich verbrannt wurde – der 23. Januar –, ist ein nationaler Feiertag auf Pitcairn, der festlich begangen wird, indem eine *Bounty*-Replik vom Anlegeplatz zu Wasser gelassen und in Brand gesteckt wird.

Es waren etwa ein halbes Dutzend Kanus draußen; Glen und Dennis befanden sich bereits mit Schnorcheln und Flossen im Wasser und wirkten genauso bunt und lebhaft wie tropische Fische. Sie verschwanden einen Moment, tauchten dann plötzlich gestikulierend und rufend wieder auf, obwohl ihre Worte über dem Wasser nicht zu hören waren.

Als ich hineintauchte, berührte ich schon nach wenigen Sekunden eine der Rippen des Schiffsrumpfes. Ich tauchte erneut, berührte den Kiel der *Bounty* und stieg wieder in die warme Luft nach oben. Niggers breite dunkle Schultern tauchten vor mir im Wasser auf. Ich beobachtete, wie er mühsam mit den Fingern sein nasses Haar zurückstrich, und ich sah, wie sich bei dieser Bewegung seine Schulterblätter hoben und senkten. Pitcairn war so winzig, alle waren so sehr miteinander verbunden, daß es mir unmöglich gewesen war, herauszubekommen, wo er war, was er machte, mit wem er zu Abend aß. Eines Morgens hatte Tom über Funk in Tamanu angerufen, und Perry hatte geantwortet und ganz Pitcairn mitgeteilt, daß Nigger noch im Bett sei. Als ich auf dem Küchentisch den Teig knetete, drang über Funk plötzlich seine Stimme in den Raum, die nach Dave oder Steve rief. Ob ich wollte oder nicht, ich mußte sie hören, und viele Tage befand ich mich in seiner unmittelbaren Nähe, aber seitdem er mir den Führerschein ausgestellt hatte, hatten wir uns weder berührt noch miteinander geredet. Manchmal, wenn weder Irma noch Dennis mit mir sprachen, litt ich unter dieser Art der distanzierten Nähe.

Nigger tauchte wieder ab und umarmte den Ozean.

An diesem Nachmittag klingelte das Telefon *lang-kurz-lang-kurz-lang,* und Irma nahm ab.

«Anruf für Debbie in der Funkstation», sagte sie. «Willst du das Motorrad nehmen?»

Ich sprang auf und fuhr nach Taro Ground. In der Funkstation gab Tom gerade ein Telegramm auf, in dem er dringend nach dem Verbleib von Aden Butterfield fragte, dessen Namen ich nicht mehr gehört hatte, seit Dennis ihn in Zusammenhang mit Norfolk Island erwähnt hatte. Tom winkte mich zum Funkgerät heran. Es war ein einfaches System mit einem Fußpedal, das heruntergedrückt werden mußte, wenn man sprechen wollte.

«Hier ist Debbie. Ende.» Ich trat auf das Pedal. Ich konnte keine menschliche Stimme hören, nur Knistern. Es war wieder ein vergeblicher Versuch, wieder war die Leitung tot. Ich versuchte es noch einmal.

«Hier ist Debbie. Ende.»

Er klang viel weiter entfernt, als ich mir vorstellen konnte, aber ich erkannte seine Stimme. Es war mein Freund.

«Kevin. Kevin. Bist du das? Ende.»

Nichts.

«Kevin, bist du das? Du mußt etwas sagen und dann Ende sagen. Ende.»

Ich hörte einen kurzen Satz. Die Worte waren undeutlich, aber der Ton war klar. Er schrie.

«TOT! TOT! TOT!»

«Was ist tot? Die Leitung? Was ist tot? Ende.»

«TOT! TOT!»

«Ich kann dich nicht verstehen. Und sag ‹Ende›, wenn du fertig bist. Ende.»

«Mutter ist tot. Ende.»

«Oh. Oh. Oh, Kevin.» Aber ich hatte vergessen, auf das Pedal zu treten. Er hatte mich nicht gehört.

«Kevin. KEVIN!»

Es hörte sich an, als wäre er fortgesaugt worden, als wäre er ertrunken. Die Verbindung war unterbrochen.

Ich ging an Tom vorbei, der sein Telegramm verlas – seitdem Aden Butterfield die Insel verlassen habe, sagte Tom, fehlten bestimmte elektrische Geräte. Ich ging zum äußersten Rand von Taro Ground. Auf allen Seiten war das Meer zu sehen, wohin man auch blickte. Es hob und senkte sich wie eine Lunge, und selten bildeten sich Schaumkronen auf den Wellenspitzen. Hätten sich welche gebildet, hätten alle gesagt: «Weiße Schaumkronen heute.»

Ich begann unkontrolliert zu weinen, aber nicht um Kevins Mutter. Ich weinte, weil es unmöglich war, sich über die Wassermassen hinweg zu verständigen und zu trösten.

Dann sah ich es: ein langes, langsam fahrendes Frachtschiff, das von Westen nach Osten fuhr. Es war nur ein paar Meilen von der Insel entfernt; Tom wäre in der Lage, es über Funk zu erreichen. Es wäre ein Offizier auf der Brücke, der unseren Ruf beantworten würde.

Ich rannte in die Funkstation zurück; Tom arbeitete noch immer an dem Telegramm, um Antwort auf seine Frage zu bekommen.

«A. D. E. N. Aden.»

«Da ist ein Schiff! Da ist ein Schiff!»

Tom war am Fenster, als es in Sicht kam. Er nahm das Mikrophon.

«ZBP Zulu Bravo Papa. Pitcairn Funkstation. Hier ist Pitcairn Funkstation. Schiff zwei Meilen entfernt. Können Sie mich verstehen? Hier ist Zulu Bravo Papa Pitcairn Funkstation.»

Tom versuchte es erneut. «ZBP Zulu Bravo Papa Pitcairn Funkstation. Schiff zwei Meilen entfernt. Großer Frachter. Können Sie mich verstehen? ZBP. Zulu Bravo Papa. Pitcairn Funkstation.»

«Warum antworten sie nicht?» Ich verstand es nicht. Sie konnten die Insel sehen und mußten uns gehört haben.

Tom zuckte die Achseln. «Manchmal tun sie's einfach nicht. Haben einfach keine Lust zu reden.»

Tom versuchte es noch einmal und sah dann noch eine Weile dem Frachter nach, bis er immer kleiner wurde.

Mein Teig war in der Zwischenzeit wohl aufgegangen, und es war Zeit, ins Haus von Irma zurückzugehen.

Fünfzehntes Kapitel

Pfeilwurzel

U*nser Telefon taugt* überhaupt nichts mehr, seitdem sie's eingesprüht haben», grummelte Irma vor sich hin. Im Moment war es besonders ungünstig, nicht erreichbar zu sein. Möglicherweise begann heute die alljährliche Pfeilwurzelernte, und wir alle warteten auf den Anruf.

Die Pfeilwurzelfelder waren über die ganze Insel verteilt, aber die meisten befanden sich in Richtung St. Paul's, kurz vor Down Rope. Jede Familie hatte ihr eigenes Stück Land, aber jedes Feld wurde von allen gemeinschaftlich abgeerntet, da man sich von Parzelle zu Parzelle voranarbeitete. Dieses Jahr würde die Ernte bei Charles und Charlotte beginnen. Als nach dem Frühstück der Anruf durchkam, machten sich alle zum Osten der Insel auf, und eine Schlange von Motorrädern ratterte über die holprigen roten Wege, die Hunde im Schlepptau.

Es wurden keine Anweisungen gegeben, und niemand schien die Aufsicht zu führen, aber jeder machte sich an die Arbeit.

Die Männer nahmen Spaten und Forken und begannen, die Wurzeln auszugraben. Die Frauen, außer Clarice, die mit den Männern arbeitete, sammelten die Wurzeln ein, klopften die daran klebende Erde ab und warfen sie in die *ni'au*-Körbe.* Es war eine schwere Arbeit, und es wurden verschiedene Versuche unternommen, um schneller voranzukommen und die Plackerei zu verringern. Als wir bei Carols und Jays Feld, einem großen Stück Land, angekommen waren, schlug Jay vor, den Traktor zu holen und die Erde umzupflügen, um so die Wurzeln leichter herausziehen zu können. Aber der Traktor pflügte auch die Wurzeln mit um, die zerschnitten und unter der frisch gepflügten Erde begraben wurden.

Den ganzen Tag bewegten wir uns ohne Unterlaß von Feld zu Feld. Die Pitcairner arbeiteten nicht als eine Gruppe entschlossener Individuen, sondern als Teil eines organischen Ganzen. Genauso war es, wenn sie zu einem Schiff zum Handeln hinausfuhren, Versorgungsgüter am Anlegesteg entluden oder *Tin* und *Tub* in den Bootsschuppen schleppten. Sie bewegten sich wie nach einer Choreographie, nach dem Rhythmus, den die Gruppe selbst vorgab.

Ich hatte angenommen, ich hätte mir die meisten Fähigkeiten angeeignet, die man zum Leben auf Pitcairn brauchte. Ich war eine tüchtige Korbflechterin, ich konnte gutes Brot backen, war geschickt beim Canastaspiel und kletterte sicher die Klippe von Down Rope hinab. Aber die Fähigkeit, die das Wesen der Pitcairner am stärksten ausmachte, ging mir immer noch ab: nämlich Teil eines Ganzen zu sein. Ich war unfähig, meine Individualität abzuschütteln.

* *ni'au* sind die Blätter der Kokospalme, die in rechteckige Arbeitskörbe ohne Deckel geflochten werden. Sie werden zum Einsammeln von Obst und Gemüse benutzt und um diese Waren zu den Schiffen zu transportieren. Da es sich jedoch um Arbeitsgegenstände handelt, werden sie nie als Andenken verkauft.

Ich schlug die Erde von den Wurzeln und beobachtete Reynold und Ben. Es bedurfte keinerlei Anweisungen, um die Erntearbeiten zu organisieren, aber dennoch wurde eine genaue Ordnung befolgt. Doch zum ersten Mal fiel mir auf, daß zwar jeder auf die Bewegung des anderen reagierte, daß aber keiner den anderen berührte. Ich konnte mich nicht erinnern, je gesehen zu haben, daß sich zwei Leute umarmten, nicht einmal eine Mutter ihr Kind. Ich war schockiert, daß ich das erst jetzt bemerkte. Vielleicht lag es daran, daß die unbewußten Bewegungsabläufe so intim wirkten wie tatsächliche Berührungen und mir deshalb der mangelnde Körperkontakt entgangen war.

Am Ende des Tages waren alle Felder umgegraben. Ich nahm Ben von Big Grass auf dem Motorrad mit. Er saß seitwärts auf dem Rücksitz, da er die Beine nicht über den breiten Sattel spreizen konnte.

«Halb daheim und noch am Leben!» jubelte er, als wir um die Ecke zu Jim's Ground bogen. Ich drehte mich um; sein Hemd war aufgegangen, und seine Baseballmütze war auf den Hinterkopf gerutscht. Die Beine hielt er waagrecht zur Seite gestreckt, um sich nicht in den Speichen zu verfangen. «Jetzt is' es nicht mehr weit!» So jubelte er bei jeder schwierigen Kurve. «Fast daheim!» als wir bei Carol und Jay vorbeifuhren, nur einen Katzensprung von seinem Zuhause entfernt.

In derselben Nacht wurde mit dem Schälen begonnen. Die Pfeilwurzel war lang und dünn, wie ein langer weißer Penis, und die dunkle äußere Schale mußte entfernt werden. Es gab so viel zu schälen, daß zwei Tische aufgestellt wurden – einer in Big Fence und der andere bei Lens und Thelmas Haus –, auf die die Wurzeln aus den Säcken geleert wurden.

Das Schälen an den großen Tischen dauerte den ganzen nächsten Tag, und ich schloß mich der Gruppe in Big Fence an. Mehrere zeitsparende Methoden wurden ausprobiert: Steve versuchte das Schälen zu verkürzen, indem er seine Pfeilwurzeln in den Betonmischer steckte. Sie kamen zermatscht heraus. Dennis experimentierte, indem er ein paar Wurzeln in die Waschmaschine gab, die eine rauhe Trommel hatte und sich schnell drehte. Es funktionierte, er zog sie perfekt geschält heraus, aber sie waren sehr naß geworden und hätten über Nacht faulen können.

Die Berge aus Pfeilwurzeln schienen unüberwindlich zu sein; ich konnte mir nicht vorstellen, warum wir so viel davon brauchten. Nola und Reynold hatten zehn Säcke davon gesammelt; obwohl sie für ihren Pfeilwurzelkuchen berühmt war, konnte nicht einmal Nola so viel backen. Irma sagte mir, sie habe immer noch Pfeilwurzelmehl von der Ernte vor zwei Jahren übrig, und das könne sich zwanzig Jahre halten, wenn es richtig gemahlen sei, da es kein Ungeziefer anziehe wie normales Mehl. Royal sagte, sie werfe immer die Hälfte ihres Mehls weg. Aber die Bedürfnisse auf Pitcairn ließen sich nicht bemessen; man konnte nie zuviel von etwas haben. Wenn die Möglichkeit bestand, mehr Schnitzholz zu sammeln, mehr Tiefkühlkost von einem Proviantmeister einzuhandeln, einen weiteren elektrischen Teekessel geschenkt zu bekommen, dann griff man zu, gleichgültig, wieviel man schon davon hatte oder wie umfangreich die Vorräte waren. Olive hatte den Proviantmeister eines vorbeifahrenden Schiffs gefragt, ob er Öl übrig habe.

«Ein wenig», antwortet er. «Wieviel brauchen Sie?»

«Wieviel haben Sie?» erwiderte Olive.

«Sieben Gallonen.»

«Die nehm' ich», antwortete sie. Wenn er zwei oder zwanzig gesagt hätte, wäre Olives Antwort ganz genauso ausgefallen.

Das geschah jedoch nicht aus Gier, sondern aus Angst. Was immer man jetzt besaß, mußte vielleicht für immer reichen. Es gab keine Garantie, daß eine Versorgungsquelle auch weiterbestand; vielleicht würde nie mehr ein Schiff vorbeikommen, und unter Umständen zerstörte das Wetter alles, was man besaß. Die Hamsterei der Inselbewohner war ein wohldurchdachtes und überlegtes Vorgehen in diesem Kampf.

Am dritten Tag wurde die geschälte Pfeilwurzel zu Mehl vermahlen. Auf dem Platz wurde eine große Mühle aufgestellt, die mit dem Traktor betrieben wurde. Die Männer preßten die zerstampfte Pfeilwurzel, die *mama* genannt wurde, durch ein Sieb und gossen ständig Wasser darüber, das in einen großen, rechteckigen Behälter floß, der Wiege genannt wurde. Das Wasser schwappte über und war klebrig, wenn es auf den Kleidern oder der Haut trocknete. Nachdem die Pfeilwurzel zweimal gewässert worden war, wurde das Wasser mit Kübeln in große Blechfässer geschöpft, über die alte Kissenhüllen gelegt waren.

Zuerst war das Wasser in den Fässern trüb, aber nach etwa einer Stunde änderte es die Farbe und wurde gläsern grau. Das bedeutete, erklärte mir Mavis, daß die Pfeilwurzel sich gesetzt hatte. Die Frauen schöpften dann den oberen Teil des Wassers ab, um es erneut durch das Sieb zu gießen. Auf dem Boden des Fasses bildete sich schließlich ein harter weißer Rückstand, den wir mit Holzlöffeln herauskratzten. Das war das Mehl.

Nach drei langen Tagewerken waren wir aber vom Endprodukt noch weit entfernt. Der weiße Rückstand wurde wieder gewässert, bevor er abgekratzt und auf Tische zum Trocknen ausgebreitet wurde, die in allen Häusern aufgestellt waren. Je nach Wetterlage dauerte es etwa drei Tage, bis das Mehl, das jeden Tag gewendet wurde, getrocknet war. In unserem Haus war Ben für diese Arbeit zuständig, und jeden Morgen verbrachte er einen Teil seiner Zeit damit, auf der Veranda sorgfältig das weiße Pulver umzuwenden.

Es war eine gute Woche gewesen, und wir alle hatten hart gearbeitet. Aber ich wußte, daß die Ungezwungenheit, mit der ich am Tisch saß, mein Milo trank und mit Dennis besprach, ob ich süße oder pikante Pfeilwurzelplätzchen backen sollte, nicht lange anhalten würde. Ich wußte, daß es falsch war, auf eine immer weiter zunehmende Anerkennung zu hoffen, die nach dem Muster zuerst Fremde, dann Freundin, dann quasi Familienmitglied verliefe. Je länger ich blieb, um so weniger erwartete ich, ein Teil von Pitcairn zu werden. Anerkennung erwarb man sich nicht auf diese Weise; es war wohl eher ein gewundener, mühsamer Pfad, der manchmal nicht zu dem Ziel führte, das man zu erreichen hoffte.

Ich las wieder in *Return to Laughter*:

> Es ist ein Fehler anzunehmen, wissen bedeute verstehen und verstehen bedeute mögen. Je länger jemand in einer vollkommen fremden Kultur gelebt und sie verstanden hat, um so mehr wird er feststellen, daß er kein Teil von ihr werden kann, ohne seiner persönlichen Integrität Gewalt anzutun. Diese unabdingbare Treue zu seiner eigenen Kultur und seinen eigenen Maßstäben trifft ebenso auf das Gegenüber zu. Genau das bedeutet Toleranz: jedem Menschen seine eigene Integrität zuzugestehen.

Dave kam vorbei, um Dennis seine große geschnitzte Skulptur zu zeigen, einen Hai, der fast so groß war wie er selbst. Er hatte sie angefertigt für den Fall, daß ein französisches Schiff anlegte; «die Frenchies» mochten große Haifische und bezahlten gutes Geld dafür.

Ich ließ die anderen auf der Veranda sitzen und ging hinein, um den Abwasch zu machen. Dave kam herein, stellte sich hinter mich ans Abwaschbecken und griff nach einem Teller. Ich spürte die Spitze seines Messers auf meinem verlängerten Rücken und fühlte, wie es gedreht wurde. Ich wirbelte herum, und Dave lachte und steckte seine Waffe wieder in die Scheide.

Ich versuchte, Kevin einen Brief zu schreiben, der allerdings noch nicht abgeschickt werden konnte. Aber ich könnte ihn am Dienstagmorgen, wenn das Postamt geöffnet war, zu Dennis bringen, und er würde mir die entsprechenden Briefmarken verkaufen und sie stempeln, und ich hätte zumindest das Gefühl, alles getan zu haben, um mit Kevin in Kontakt zu treten. In dem Brief erwähnte ich beiläufig, daß ich eines Tages mit dem Motorrad stürzte, als ich auf der Suche nach Bananen war. Den Inselbewohnern wagte ich nicht mehr, solch kleine Mißgeschicke zu erzählen.

Nun, da die Pfeilwurzeln trocken und zu Mehl verarbeitet waren, sprach Dennis nicht mehr mit mir. Ich hatte versucht, ihn mit süßen Kokosnuß- und Pfeilwurzelplätzchen zu verlocken, aber er blieb stur. Ich beschloß, zum Schulhaus zu gehen und ein paar alte Ausgaben des *Miscellany* zu lesen.

Ich sah ein paar Ausgaben aus den frühen sechziger Jahren durch, als ich auf einen Artikel über William Brown, den Gärtner auf der *Bounty* stieß. Es überraschte mich nicht, zu erfahren, daß man wenig über ihn wußte, abgesehen von Blighs Beschreibung seiner riesigen Narbe, die auf einer Gesichtshälfte vom Augenlid bis zum Hals verlief. Während das Schiff vor Tahiti geankert hatte, hatte Brown Hunderte von Brotfruchtsetzlingen eingetopft. Obwohl er nicht aktiv an der Meuterei teilgenommen hatte, hatte er sich bereitwillig Fletcher Christian angeschlossen und war gemeinsam mit seiner Frau Teatuahitea (Sarah) nach Pitcairn gesegelt. Drei Jahre später war er ermordet worden, er war der letzte weiße Mann, der von Polynesiern getötet wurde, und er hinterließ keine Kinder. Der Ort, an dem er einen Brunnen gefunden hatte, hieß immer noch Brown's Water. Der Artikel fuhr fort:

> Obwohl der Name Brown einer der vier Familiennamen ist, die heute auf der Insel in Gebrauch sind, stammen diese Nachfahren von einem späteren Einwanderer ab und nicht von dem jungen, zum Meuterer gewordenen Gärtner.

Nigger Brown, der Sohn von Len und Thelma Brown, war kein Nachfahre eines Mannschaftsmitglieds der *Bounty*. Ich dachte über diese Neuigkeit nach und war erstaunt und beunruhigt über meine Reaktion: Ich fühlte mich betrogen. Mit aller Brutalität wurde mir klar, warum ich mich auf diese Beziehung eingelassen, sie vielleicht sogar eingefädelt hatte. Ich hatte an dem Mythos der Meuterei teilhaben wollen und in dem Traum leben, den ich mir in London ausgedacht hatte.

Jetzt wußte ich: Ich konnte an diesem organischen Ganzen, ich konnte an Pitcairn nicht teilhaben. Bis zu dem Vorfall mit Nigger war ich eine geduldete, manchmal amüsante Außenseiterin gewesen. Aber mit dem Versuch, Nähe zu schaffen, hatte ich diesen privilegierten Status aufgegeben und war ein Mitglied der Gesellschaft geworden, das einen Fehltritt begangen hatte. Mit dem Versuch, einen Pitcairner zu berühren, hatte ich etwas getan, was ein Inselbewohner nie tun würde.

Im Licht des Vollmonds ging ich von Up Pulau zurück. Früher am Tag war die Brandung unten am Anlegeplatz so stark gewesen, daß sie über den Steg geschwappt war. Es ging kaum Wind, aber die riesigen Bambuspflanzen am Weg nach Tamanu ächzten dennoch, und die leiseren Geräusche des Buschs – das Knistern von Blättern unter winzigen Füßchen – drangen durch die Nacht.

In der Stille der Nacht hörte ich Schritte hinter mir. Vielleicht war es Dennis. Oder Terry. Oder Dave. Irgend etwas huschte hinter den Mangobaum, der für seine leuchtendroten Blätter bekannt war. Ich schlug den Weg zu Jack's Tatties ein, einen Umweg, womit ich aber die Bananenpflanzen mit den seltsamen Stämmen mied, hinter denen sich ein Mensch verstecken konnte. Ich ging an der Abzweigung zu John Adams's Grave vorbei und dachte einen Augenblick, ich könnte ihn auf der Insel herumgeistern sehen, während alle in den Häusern waren und sich vor der Dunkelheit versteckten.

Als hätte es nicht schon genügt, die diesjährige Pfeilwurzelernte zu verarbeiten, wurde auch noch die Glocke am Platz dreimal geläutet, was hieß, daß es bezahlte Arbeit gab. Bezahlte Arbeit war noch nie beliebt gewesen, obwohl man drei Dollar und fünfundzwanzig Cents in der Stunde verdiente. Meistens handelte es sich um Anstreicharbeiten

– am Gerichtsgbäude, der Schule oder dem Krankenhaus. Niemand wurde gezwungen, es zu tun, aber es gab Arbeiten, die gemacht werden mußten, und es wurde erwartet, daß sich jeder daran beteiligte.

Die Blechdächer des Krankenhauses und des Gerichtsgebäudes mußten repariert werden. Eine Damenmannschaft, bestehend aus Carol, Meralda, Royal, Betty und mir, wurde für die Arbeiten an dem Krankenhaus abgeordnet. Die Männer übernahmen das Gerichtsgebäude, das ein höheres und steileres Dach hatte. Sie mußten zu zweit mit einem Seil um die Taille arbeiten, das über den First gelegt wurde, um so gegenseitig das Gewicht auszugleichen. Glen war dafür zuständig, das Schild über der Tür neu zu streichen. «Das Gerichtsgebäude» wurde umbenannt in «Die Gemeindehalle».

Die Frauen mußten auf das Dach des Krankenhauses klettern und aufpassen, nicht abzurutschen; in der einen Hand hatten wir einen Pinsel und in der anderen einen Topf Aluminiumfarbe, und wir arbeiteten uns nach unten voran, bis ein Teil gestrichen war und wir zum nächsten übergehen konnten. Wir mußten darauf achten, nicht auf eine Stelle zu treten, die schon gestrichen war. Doch das war schwierig, da die frische Silberfarbe und der alte Anstrich genau die gleiche Farbe hatten. Außerdem war die frische Farbe sehr glatt, und wenn wir daraufgetreten wären, wären wir fünf Meter nach unten auf den Beton gestürzt. Es war eine unangenehme Arbeit, also wurde das Plaudern eingestellt, bis wir uns zu einer Ruhepause wieder am Boden befanden. Betty und ich saßen auf der Bank, die im Schatten stand.

Von allen Pitcairnern war Betty diejenige, die am ehesten die Hauptstraße eines englischen Vororts hätte entlanggehen können, ohne daß sich jemand nach ihr umgedreht hätte. Mit ihrer kleinen, spitzen Nase, dem gelockten hellbraunen Haar und der hellen Haut, hatte sie kaum etwas von den Zügen ihrer polynesischen Vorfahren. Und wenn sie englisch sprach, war die für die Inselbewohner typische gedehnte Sprechweise nur schwach ausgeprägt, außerdem redete sie so weitschweifig wie niemand sonst auf Pitcairn. Kari und Betty waren enge Freundinnen. Aus diesem Grund und wegen Bettys europäischem Aussehen stellte ich ihr dieselbe Frage, die ich Dennis und Terry in Christian's Cave gestellt hatte.

«Wie fühlst du dich? Bist du Polynesierin?»

«Ich fühle, daß wir von Meuterern abstammen», sagte Betty. «Ich schäme mich nicht dafür, wie das einige Leute tun. Wir wissen nicht, warum die Dinge geschehen sind. Meuterei war nicht das richtige Verhalten, aber Fletcher» – sie benutzte nur seinen Vornamen, als wäre er noch am Leben und ihr nahe – «hatte das Gefühl, das Richtige zu tun mit dem, was er getan hat. Man kommt eben an einen Punkt, wo es unmöglich ist, noch mehr zu ertragen.»

Als Betty und ihre Familie als Botschafter der Siebenten-Tags-Adventisten durch die Vereinigten Staaten tourten, legten sie zwölftausend Meilen zurück und hielten pro Tag zwei Diavorträge über Pitcairn.

«So viele Leute wollten uns berühren. ‹Kann ich dich berühren?› ‹Kann ich dich umarmen?› ‹Kann ich dir die Hand schütteln?› Als wäre man kein normales menschliches Wesen, wenn man von Pitcairn kommt, sondern was Besonderes. Man muß bestimmte Erwartungen erfüllen und etwas sein, was man nicht ist. Daher habe ich oft gesagt: ‹Wir sind ganz normale Leute.›»

Und Betty fuhr fort: «Es gibt keinen perfekten Menschen, keine perfekte Gemeinschaft. Es ist wie im Garten Eden. Selbst dort gab es eine Schlange, die den perfekten Ort zerstört hat.»

Dave baute oben bei Bill's Ground eine neue Einfahrt. Er wollte sein Motorrad lieber hinter dem Haus abstellen statt davor.

Wegen der flickwerkartigen Aufteilung des Landes auf Pitcairn war Daves Besitz von den Grundstücken anderer Leute umgeben. Auf der einen Seite war Bla Bla, auf der anderen Royal, und Irma und Ben auf der gegenüberliegenden Straßenseite – wo sich der erste Bauplatz für Dennis' Haus befunden hatte. Aber sie waren alle miteinander verwandt (Dave war Royals Neffe), und das Land war nicht bebaut. Seitdem er seinen großen Haifisch fertig hatte, hatte er an der neuen Einfahrt gearbeitet und das Unterholz und die Bäume abgesägt.

«Dem china es mine 'un», sagte Royal eines Morgens. Chinas waren die einzigen Bananenpflanzen auf Pitcairn, die sich in Privatbesitz befanden. Royal war gleich vorbeigekommen, nachdem das Krankenhaus geschlossen hatte, was immer ein Zeichen dafür war, daß sie etwas Wichtiges mitzuteilen hatte.

«Dave hat sie abgehackt», stieß Royal mit wutverzerrtem Gesicht hervor.

Irma versuchte, sie zu beruhigen, sie schüttelte den Kopf und sagte: «Also wirklich.» Aber Royals Zorn brodelte weiter, und sie ließ sich nicht beruhigen.

«Die hab'n mir gehört», sagte sie.

Erst am nächsten Tag wurde Royals Rache entdeckt.

«Strom is' an», sagte Ben.

«*Em nails outsi Daves, in ha mud*», sagte Dennis im Plauderton.

«*Wha?*» Irma, die draußen im Kessel Fischbällchen zum Einfrieren fritierte, hatte gehört, daß es Neuigkeiten gab.

«Royal hat Nägel in den Boden vor Daves Haus gesteckt.» Dennis streckte Daumen und Zeigefinger weit auseinander. «So lang. Sie hat sie mit der Spitze nach oben reingesteckt und unter den Blättern versteckt.»

«Aber eines der Kinder hätte reintreten können.» Niemand schenkte meinem Einwurf die geringste Beachtung. Alle laufen barfuß herum, dachte ich. Und wenn es einen Unfall gibt, ist kein Arzt hier.

«Dave hat zwei gefunden. Es könnten aber noch mehr da sein», sagte Dennis.

Irma ging kopfschüttelnd zum Kessel hinaus.

«Was wird jetzt?» fragte ich Dennis.

Er zuckte die Achseln und nahm sich ein Stück Pfeilwurzelkuchen.

«Weiß nicht», antwortete er.

«Aber ...» Doch ich sprach nicht weiter. Es war undenkbar, daß Dave zu seinem Bruder Nigger gehen würde, um ihn zu bitten, seine Tante Royal einzusperren und sie vor Jay, den Bürgermeister der Insel, zu führen. Es gab inzwischen ohnehin kein Gerichtsgebäude mehr.

Ich ging zum Platz hinunter; niemand war dort, und die lange Bank war leer. Ich sah ein paar Motorräder auf der Main Road und erinnerte mich, daß es Donnerstag war und der Laden geöffnet wäre. Rick stand davor und lehnte sich gegen einen der Pfeiler.

«Hast du von den Nägeln gehört?» fragte ich.

Er nickte. Natürlich, jeder hatte von den Nägeln gehört. Dann erzählte mir Rick die Geschichte, wie auf seiner letzten Fahrt nach Oeno ein Mann ein Messer gezogen und eine Frau angegriffen habe. Sie hätte getötet werden können, und der Mann hätte bestraft werden müssen, aber niemand habe es tun wollen, nicht einmal Nigger, der Polizist, dessen Aufgabe es gewesen wäre.

«Sie fürchten sich vor Vergeltung», sagte Rick. «Sie haben Angst, daß es ihnen eines Tages heimgezahlt würde, wenn sie gegen jemand vorgehen. Dein Leben hängt jeden Tag von den anderen ab – im Boot, oder wenn du eine Leiter hinaufkletterst. Man kann hier ja nicht einfach abhauen.»

Ich stellte mir vor, wie auf Pitcairn eine Gerichtsverhandlung ablaufen würde. Was wäre, wenn jemand ermordet würde? Oder niedergestochen? Würde man ihn liegenlassen, wo er gerade lag? Was wäre, wenn mich jemand bei Down Rope über die Klippen stieße? Selbst wenn das Verbrechen unter den Augen einer Menschenmenge geschehen wäre, wer würde gegen einen anderen Inselbewohner aussagen? Wer würde Klage führen? Wer würde die Verteidigung, das Kreuzverhör und das Richteramt übernehmen? Vielleicht würde die Inselverwaltung in Neuseeland jemanden von außerhalb schicken, um eine unparteiische Untersuchung durchzuführen. Aber wer würde der Aussage widersprechen, daß ich ausgerutscht und gefallen sei? Unfälle auf Pitcairn waren an der Tagesordnung.

Über Nacht war der Wind stärker geworden, und alle Fliegen der Insel schienen sich im Licht meiner Taschenlampe in Sicherheit bringen zu wollen. Winzige Fruchtfliegen, so klein, daß sie in meine Augen krochen, die zu brennen begannen; kitzelnde Spinnenfliegen, die wie Miniaturausgaben von Weberknechten aussahen; Fliegen, die summten; Moskitos, die sirrten; stille staubfarbene Motten und Schwärme von Schnaken, die kleine juckende Blasen auf der Haut hinterließen, wenn man sie erschlug, weil man sie irrtümlich für normale Fliegen gehalten hatte.

Ich öffnete meinen Überseekoffer und zog eines der Geschenke heraus, das die Form eines schmalen Buchs hatte. Ich nahm das gemusterte Geschenkpapier ab; im Innern befand sich eine Sternenkarte. Wenn man sie auffaltete, sah man den Sternenhimmel der südlichen Hemisphäre mit Konstellationen, die seltsame Namen trugen – das Chamäleon, die Schlange, der Seemannskompaß. Mein Freund mußte sich große Mühe gegeben haben, diese Karte in England aufzutreiben.

Ich schaltete meine Taschenlampe ab und ging mit der Karte zum Fenster. Der Himmel war klar, aber die Sterne waren nur stecknadelgroß und Lichtjahre entfernt. Ich hatte gehofft, das Geschenk meines Freundes würde mich trösten, würde eine Verbindung zu meinem Zuhause herstellen. Aber beim Blick von der Karte in den schwarzen Himmel sah ich die riesige Distanz zwischen mir und allem anderen.

Sechzehntes Kapitel

Brotfrucht schießen

D*er Lärm von* Gewehrfeuer donnerte durchs Tal. Er stammte von Gewehren Kaliber 22, die vibrierten und nach Rauch rochen, wenn sie abgefeuert wurden. Reynold bewahrte seine Kugeln in einer kleinen Pappschachtel auf, woraus er mir immer drei auf einmal gab – eine für den Lauf, die andern beiden mußte ich in die Tasche stecken. Unser Ziel waren Brotfrüchte; jetzt war die Jahreszeit, sie zu schießen, und beim nächsten großen Fest würde die Brotfrucht einen wichtigen Platz auf der Speisekarte einnehmen.

Das Wunder des Brotfruchtbaums wurde schon früh besungen. In seiner 1688 erschienenen *Reise um die Welt* hob William Dampier ihre großen wirtschaftlichen Vorteile hervor – «so groß wie ein Pfenniglaib, wenn Weizen fünf Schilling der Scheffel kostet» – und wie «weich und zart» die Frucht sei, «mit süßem und angenehmem» Geschmack. Bereits 1776 hat Dr. Daniel Solander, ein schwedischer Botaniker, sie als «eine der nützlichsten Früchte der Welt» gepriesen.

Sobald die Schale mit dem Deckel einer Corned-Beef-Dose abgeschabt ist, kann aus dem zerriebenen Fleisch *pilhi* gemacht werden, das man in ein Bananenblatt wickelt; Brotfruchtchips sind sehr schmackhaft, und geschmorte

Brotfrucht mit Kokosnußmilch ist sehr sättigend. Meralda hatte ein Fest zur Zweihundertjahrfeier veranstaltet, bei dem alle Speisen aus Brotfrucht hergestellt waren, die die Pitcairner *Brot* nennen, ganz so wie die Admiralität es einst von den Indianern erwartet hatte.*

Obwohl die Brotfrucht in ganz Polynesien verbreitet ist, ist Pitcairn der einzige Ort, wo sie durch Schießen geerntet wird. Die Brotfrucht hat die Größe eines menschlichen Kopfes, aber Brotfruchtbäume sind bis zu zwanzig Meter hoch, manchmal sogar höher als alle anderen Bäume auf Pitcairn. Der Trick besteht darin, den Stamm zu treffen, der die Frucht am Ast hält, so daß sie als ganze zu Boden fällt. Bei meinem ersten Schuß brachte ich der Schale eine tiefe Wunde bei. Mit meiner zweiten Kugel traf ich die Frucht in der Mitte, sie zerplatzte, und der Saft tropfte wie ein Regenguß herunter.

«Du mußt das Gewehr hochhalten», sagte Reynold. Er war besorgt wegen der Verschwendung an Munition und des Verlusts an Früchten, aber auch, weil ich jemanden treffen könnte. Obwohl wir uns weit oberhalb des Hauses befanden, hätte eine Kugel bis zum Platz hinunterjagen können. Mehrere Leute waren schon verletzt worden, wenn Brotfrüchte geschossen wurden, und einmal sei sogar eine Frau am Arm getroffen worden, die in ihrem Haus gesessen und an ihren Souvenirs gearbeitet habe.

Dennis, Toj und Dave hatten bereits mehrere Früchte abgeschossen, und Dennis suchte sie im Unterholz.

* *Brot* ist das gebräuchlichste Wort für Brotfruchtbaum, aber *uru*, das polynesische Wort für Brotfrucht, ist ebenfalls gebräuchlich. Dieser Ausdruck setzte sich durch, nachdem der Film *Die Meuterei auf der Bounty* mit Marlon Brando 1980 auf Pitcairn gezeigt wurde und er oft im Drehbuch vorkam.

«Zeig mir noch einmal, wie man richtig schießt», bat ich Reynold und lud das Gewehr. Als erstes suchte ich mir eine niedrig hängende Frucht aus. Dann richtete ich den Lauf so aus, daß er vom Tal nach oben zeigte, und hatte zuerst Dennis und dann Dave im Visier. Ich stellte mir vor, mich selbst zu verteidigen. Ich wußte, wie leicht und wie häufig unerklärliche Unfälle auf Pitcairn passierten. Jetzt hatte ich Angst *vor* etwas, vor etwas Bestimmtem. Ich hatte Angst, erschossen zu werden.

An diesem Abend machte ich Brotfruchtchips. Zuerst kochte ich die Früchte und kratzte die warzige Schale ab. Dann schnitt ich das mehlige Fleisch auf, so daß Stäbchen entstanden, die so lang, aber zweimal so dick wie meine Finger waren. Die steckte ich in die Friteuse. Sie waren köstlich, und sogar Irma aß welche, bevor sie sich in ihre Funkkabine zurückzog.

«Hier ist Irma. India Romeo Mike Alpha. Auf der Insel Pitcairn. Wie ist dein Name? Ende.»

Ben und Dennis sahen sich auf dem Videorecorder ein Fünfziger-Jahre-Musical an, die einzige Art von Filmen, die Ben überhaupt anschaute, aber die meisten Lieder gingen im Lärm von Irmas Funkgesprächen unter.

«Danke. Die Verbindung war sehr gut. Hoffentlich erreichen wir uns in Zukunft wieder. Also, alles Gute und bis dann VR6ID, und danke für das Gespräch. Ende und aus.»

Diese Szene war so vertraut; einige Monate lang war ich ein Teil davon gewesen. Wenn irgend jemand die Bananen beiseitegeschoben hätte und über die Veranda hereingekommen wäre, hätte er Ben, Irma, Dennis und mich sehen können, wie wir uns entweder der Muße hingaben oder alltäglichen Arbeiten nachgingen – wie in einem ganz normalen Heim auf Pitcairn.

Das Telefon klingelte lange, und Irma nahm ab.

«Hallo, jemand da? Hallo.» Irma hörte zu.

Nachdem sie aufgelegt hatte, umringten wir sie, um die Neuigkeit zu erfahren. Ein Schiff hatte mit Tom in Taro Ground Kontakt aufgenommen; es würde Pitcairn passieren und hoffte, für ein paar Stunden vor der Küste zu ankern. Es hieß *Bow Star*. Ich entschied, daß dies das Schiff war, mit dem ich Pitcairn verlassen würde.

Während des nächsten Tages erreichten uns weitere Nachrichten. Die *Bow Star* war ein Chemietanker von der gleichen Gesellschaft, die mich nach Pitcairn gebracht hatte, und der Kapitän hatte sich nach mir erkundigt. Er hatte von seinen Kollegen auf der NCC *Narjan* von einer englischen Frau gehört, die sie vor ein paar Monaten abgesetzt hätten. Terry sagte, er erinnere sich an den Namen des Kapitäns.

Meine Gefühle waren inzwischen so zwiespältig wie die der Inselbewohner. Ich fürchtete mich auf Pitcairn, und zwar so sehr, daß ich nachts auf dem Weg zum Plumpsklo einen Besenstil mitnahm. Doch der Gedanke abzureisen schmerzte mich. Ich hatte Angst, empfand aber zugleich Zuneigung für die Insel, genauso wie vielleicht Dennis mich zugleich fürchtete und begehrte. Ich fragte Tom, ob die *Bow Star* erneut Kontakt mit der Funkstation aufgenommen habe, um zu erfahren, was ihr Zielhafen war und ob ich als Passagier aufgenommen werden könnte.

Als das lange Klingeln ertönte und durchgesagt wurde, daß die *Bow Star* um acht Uhr des folgenden Tages erwartet wurde, schien es zu bald zu sein. Ich ging nach Up Tibi, um Kari zu besuchen.

«Immer wenn ich wieder als Schiffsfunkerin arbeiten mußte, war der Abschied schrecklich. Wenn ich mit einem Schiff Kontakt aufnahm und bat, mich mitzunehmen, hoffte ich, es würde sich verspäten oder einfach vorbeifahren», sagte Kari. «Ich hatte das Gefühl, als wäre es das letzte Mal, daß ich Pitcairn sah und daß das Leben nicht mehr lebenswert wäre.»

Vielleicht würde ich Kari vermissen. Aber am meisten von allem würde ich das Meer vermissen. Ich hörte es jeden Morgen, wenn ich aufwachte; es war das erste Geräusch, das ich vernahm. Das erste, was ich von meinem Fenster aus sah. Es war ein Anblick und ein Geräusch, dem ich nicht entfliehen konnte. Nur wenn ich schlief, war das Meer still. Und dann träumte ich oft davon. Eines Nachts träumte ich, Pitcairn habe seinen Anker verloren, es treibe über den Ozean wie ein Floß, und wir bewegten uns auf Neuseeland zu, von wo aus ich ein Schiff nach Hause nehmen konnte.

In der letzten Nacht hatte ich schlimme Alpträume vom Wetter. In der Nacht des langen Klingelrufs hatte es schwere Böen gegeben, und am Morgen war die See sehr aufgewühlt und von weißem Schaum gekrönt gewesen. Bei solchem Wetter würde die *Bow Star* vielleicht nicht anhalten. Am nächsten Nachmittag war der Wind so heftig, daß die Antenne in Taro Ground umgeweht wurde.

Betty beruhigte mich.

«Wenn Gott will, daß du gehst, schickt er gutes Wetter», sagte sie.

Das Packen dauerte nicht lange; das meiste von dem, was ich mitgebracht hatte – mein Schriftstellerleben –, war in meinem Koffer geblieben. Ich versuchte, mich zu beschäftigen. Ich machte Besen aus Palmwedeln, indem ich das Grün abstreifte und die steifen Rippen mit einem Stück Schraubenpalme zusammenzubinden versuchte. Ich schenkte Mavis und Charlotte einen, sogar Chris bekam einen, obwohl ich sicher war, daß sie ihn nicht benutzen würde. Sie wurden mit einem anerkennenden Nicken entgegengenommen, wenn auch nicht mit ausgesprochener Dankbarkeit. Ich war dabei abzureisen; sie hatten recht gehabt, keine Gefühle in mich zu investieren. Denn wenn ich einmal fort war, würde ich nie mehr wiederkommen, wie alle, die gegangen waren. Wenn jemand mich gemocht oder sogar ins Herz geschlossen gehabt hätte, wie wäre er mit dem Schmerz der Trennung fertiggeworden, die so endgültig war wie der Tod?

Wir warteten einfach. Dennis hatte am Abend zuvor das Postamt geöffnet und einen Korb Bananen bereitgestellt, die er dem Kapitän als Entschädigung für den Posttransport anbieten wollte. Ben arbeitete an einer Handvase, und Irma räumte eine der Gefriertruhen um. Sie mußte Platz schaffen für die Waren aus dem Handel mit der *Bow Star*. Mein Koffer wurde hinten ans Motorrad gebunden. Die Glocke auf dem Platz läutete – *dong, dong, dong, dong, dong* –, und in ganz Adamstown fuhren die Motorräder los. Von irgendwoher konnte ich auch ein bestimmtes Dröhnen hören.

Irma drückte mir eine Nachricht in die Hand, die an Ron in Buxley Green adressiert war. «Würde es dir was ausmachen, das an Ron zu schicken, meine Liebe?»

Es war eine so kleine Bitte. «Natürlich», sagte ich.

Dann kritzelte Irma auf den Umschlag, als könnten wir

nicht mehr direkt miteinander sprechen: «Freundlich übergeben von Debbie.»

Die Motorräder versammelten sich unten am Anlegeplatz, und *Tub* wurde mit den Körben beladen, die die Handelswaren enthielten. Einer nach dem anderen umarmte mich und flüsterte mir dabei etwas ins Ohr. «Es war schön, dich getroffen zu haben», «Ich bin froh, dich kennengelernt zu haben», «Es war lustig», und alles in so korrektem Englisch, daß der Abschied wie eine offizielle Zeremonie erschien, bei der jeder von uns tat, was von ihm erwartet wurde.

Wir kletterten die Leiter hinauf, mein großer Koffer wurde mit einem Seil an Bord gezogen, und die Souvenirs wurden an Bord zum Verkauf ausgelegt. Ich beobachtete die Pitcairner, die ihre Tücher zusammenfalteten, die unverkauften Waren wieder einpackten und die *Bow Star* wieder genauso schnell verließen, wie sie gekommen waren. Tom stimmte das Abschiedslied an: «Now one last song we'll sing ...» Morgen würde jeder, der die Bananen beiseiteschob und über die Veranda ging, ein typisches pitcairnesisches Heim vorfinden – Irma, Dennis und Ben, und man würde ihm ein Stück Pfeilwurzelkuchen anbieten, den Debbie gebacken hatte.

«Sie is' weg», würde Dennis sagen.

«Den Pfeilwurzelkuchen kann sie gut», würde Ben vielleicht sagen.

«Das is' wahr!» würde Irma beipflichten.

Die Brandung wurde stärker. Ich sah dem winzigen Boot nach, das, nach den guten Geschäften leichter geworden, in die Bounty Bay einfuhr. Ich stand an Deck und starrte zu der grünen Insel hinüber, dann ging ich in meine Kabine hinunter. Nach dem Mittagessen war sie noch immer am Horizont erkennbar, jetzt aber grau. Als ich später hinaustrat, war Pitcairn verschwunden. Es gab nichts mehr zu sehen außer dem Meer.

Siebzehntes Kapitel

Die Bounty

Ü*ber meinem* Schreibtisch hängt Kapitän Beecheys Karte von Pitcairn. Da sie nur die Insel ohne das sie umgebende Meer zeigt, verbirgt sie diejenige Eigenschaft der Insel, die sie einzigartig macht – ihre Isolation. Es könnte irgendeine Insel vor irgendeiner Küste sein. Sie könnte im englischen Kanal liegen, nicht weit von meinem Wohnort. Oder vor der Küste Spaniens; sie könnte zu einem skandinavischen Archipel gehören oder sich nahe einer afrikanischen Küste befinden. Aber das trifft nicht zu; sie ist weiter weg, als ich es mir jetzt an meinem Schreibtisch vorstellen kann.

Ich habe wenig aus Pitcairn mitgebracht – ein paar Schnitzarbeiten, ein T-Shirt, meinen Korb, ein Hattieblatt und eine von Bens Vasen. Die meisten Sachen in meinem Überseekoffer liegen noch so darin, wie sie eingepackt wurden – unbenutzt. Irmas Nachricht an Ron habe ich abgeschickt.

Er ruft mich gelegentlich an und übermittelt mir Nachrichten von Pitcairn. Der Sonnenfleck hat sich bewegt, sagt er, und mit Irma habe er guten Kontakt herstellen können. Beim Hinausfahren zur *Maxim Gorki* bei einer Windstärke von vierundsechzig Knoten und äußerst rauher See hatte die Ruderpinne Steves Rippen gebrochen. Das Langboot schaffte es nicht, wieder in die Bounty Bay zurückzufahren, und suchte über Nacht Schutz in der starken Dünung vor Pulawana. Steve mußte an Bord des Kreuzfahrtschiffs nach Tahiti gebracht werden. Es sei alles eine Folge von *El Niño* gewesen, sagte Ron. Einige Zeit später rief er an, um mitzuteilen, daß es bei Down Rope einen schweren Erdrutsch gegeben habe und Pitcairns einziger Strand verschüttet worden sei. Das winzige Land schrumpfe immer weiter. Und ob ich wisse, daß Kari die Insel verlassen habe.

Ich begann über Pitcairn zu schreiben – ich hatte einen Auftrag von einem amerikanischen Magazin –, also zog ich mich in den sicheren Hafen der Geschichte zurück und suchte nach Überbleibseln der Meuterei. John Adams' Pferdeschwanz befindet sich im Besitz des National Maritime Museum in Greenwich, dem Ort, an dem die Admiralität drei Meuterer der *Bounty* zum Tod durch den Strang verurteilt hatte.

> Relikt, menschlich: Pferdeschwanz. Organisch: Haar.
> Länge 190 mm. Breite: 16 mm

Im Katalog steht, daß Reverend W. H. Holman, Pastor auf der Insel Pitcairn, 1853 bei seiner Rückkehr nach England den Pferdeschwanz mitgebracht habe. Er wurde nicht für würdig befunden, in die ständige Ausstellung aufgenommen zu werden, und daher hat man ihn in einem Lagerhaus in einem Vorort von London aufbewahrt, informierte mich der Archivar. Ich könne eine Eingabe machen, um ihn unter Aufsicht besichtigen zu dürfen. Vielleicht würde es mich interessieren, während meines Aufenthalts auch den Grabstein von John Adams zu besichtigen.

Zeremonielles Artefakt: Grabstein. Organisch: Holz. Metall: Blei.

Der Katalogeintrag besagt, daß der Grabstein 1850 nach England gebracht worden ist. Der Grabstein auf Pitcairn ist also gar nicht der von John Adams; es ist ein billiger Betonblock, der irgendwann aufgestellt wurde, obwohl niemand genau weiß, wann. Selbst das einzige Grab eines Meuterers ist ein Schwindel.

Als ich mich erkundigte, wann ich die Relikte sehen könnte, wurde mir mitgeteilt, daß sie sich als zeitweise Leihgaben bei Gieves und Hawkes befänden, einem Herrenschneider in der Savile Row, wo ich sie gerne besichtigen könne.

Gieves und Hawkes war ein äußerst vornehmes Geschäft, wo größter Wert auf gedämpfte Lautstärke gelegt wurde, die entweder auf die weichen Drapierungen und tiefen Teppiche oder auf das Flüstern der Verkäufer zurückzuführen war. Inmitten dieser verordneten Stille, zwischen Reihen von Schuhen und Blazern aus feinstem Wolltuch, stand ein Glaskasten, in dem ein winziger blonder Pferdeschwanz lag. Weiteres Zubehör der *Bounty* war, mit Nummernzetteln versehen, ebenfalls ausgestellt; eine große Privatsammlung von Gegenständen, die sich auf der *Bounty* befunden hatten, sollte versteigert werden, und der Pferdeschwanz war ausgeliehen worden, um die Ausstellung der Verkaufsobjekte zu begleiten. «Los 60» war eine Kollektion von Gegenständen, die aus dem Wrack vor Pitcairn gerettet worden waren, einschließlich einer Glasflasche und einigen Nägeln.

Ein makellos gekleideter Verkäufer fungierte als Führer durch die Ausstellung und deutete auf Porträts von Bligh, die hinter Kleiderständern voller Nadelstreifenanzüge hervorlugten, und auf die goldbeschrifteten Rücken seiner Logbücher, die zwischen Seidenkrawatten standen.

«Seltsamerweise», sagte der Verkäufer, «war Kapitän Bligh einer unserer Kunden. Gieves hat für die Marine, Hawkes für die Armee gearbeitet. Wir haben uns vor zwanzig Jahren zusammengeschlossen.»

Während er sprach, ruhte sein Blick auf Höhe meiner Brust, und ich hatte ihn im Verdacht, daß er mein Revers inspizierte. An meiner Jacke fehlte ein Knopf, und ich bin sicher, daß er das entdeckt hatte. Ich war auch sicher, daß sich Kapitän Bligh nie so schäbig präsentiert hätte.

Ich schickte meinen Artikel über Pitcairns Vergangenheit und Gegenwart an das amerikanische Magazin. Die Redakteurin, die die Fakten überprüfen mußte, rief aus New York an, um ein paar Punkte mit mir durchzugehen. Wie weit genau Pitcairn von Neuseeland entfernt sei? Sie habe auf der Landkarte nachgemessen und sei auf dreitausenddreihundert Meilen gekommen, auf zwanzig Meilen mehr, als ich angegeben hatte. Und wo der nächste Ort im Süden liege, fuhr die Redakteurin fort.

«Die Antarktis», antwortete ich. «Der Südpol.»

«Gibt es da nichts mehr dazwischen?»

«Da gibt's nichts dazwischen», sagte ich. «Nur den Ozean.»

Ich hatte Ben und Dennis zitiert. Die Redakteurin wollte ihre Telefonnummer haben, um sich die Zitate bestätigen zu lassen. Deswegen müsse ich mir keine Sorgen machen, sagte sie, es sei übliche Vorgehensweise, daß das Magazin die Quellen überprüfe.

«Sie haben kein Telefon», sagte ich.

«Wo ist das nächste Telefon?» fragte die Redakteurin. «Wir könnten ihnen ausrichten lassen, daß wir sie dort anrufen.»

«Dreitausenddreihundert Meilen westlich in Neuseeland oder sechstausend Meilen südlich am Südpol.»

Die Redakteurin wurde allmählich unruhig.

«Fax?»

«Nein.»

«Wie lange dauert die Post?»

«Sechs Monate – vielleicht. Es kommt ganz darauf an.»

Das war eine ganz neue Situation für die Redakteurin. Sie mußte mit ihrem Vorgesetzten besprechen, ob die Sache so durchgehe.

Es gab nur wenige Leute, die bestätigen konnten, was ich geschrieben hatte. Ich rief Tim an; er meldete sich. «Hall-o.»

«Hallo. Hier ist Dea. Ich bin zurück!»

«Hallo?»

«Tim – hier ist Dea. Ich bin gerade aus Pitcairn zurückgekommen!»

«Hier ist nicht Tim», sagte Tim.

«Aaach.» Ich dachte, er mache einen Scherz.

«Hier ist Tims Bruder», sagte Tim.

«*Tim*?»

«Er kommt wahrscheinlich Ende des Monats zurück. Er ist mit der *Macalau* unterwegs. Ich sage ihm, daß Sie angerufen haben.» Und er legte auf.

Ich erinnerte mich, daß Tim ein Buch über Pitcairn schrieb. Ich rief den Verleger an, den er mir genannt hatte. Dort hatte man nie von Tim gehört, und es gab auch kein Buch über Pitcairn, das veröffentlicht werden sollte.

Es gab keinen Eintrag von Tims Besuch in Jays Buch; die

Tatsache, daß sich niemand auf Pitcairn erinnern konnte, einen Hubschrauber über Taro Ground habe fliegen sehen, und jetzt Tims Weigerung, mit mir zu sprechen: Es war klar, daß er nie auf Pitcairn gewesen war.

Tim hatte seine Erlebnisse auf Pitcairn so detailliert beschreiben können, weil es keine Möglichkeit gab, sie zu überprüfen. Er konnte von schönen Tälern und Wegen erzählen, von engen Freundschaften, die er geschlossen und von kühnen Taten, die er begangen hatte. Pitcairn war der einzige Ort, der mit solchen Phantasien beladen werden konnte, der einzige Ort der Welt, an dem nichts nachgeprüft werden konnte. Dann kam ich daher und entlarvte ihn als Schwindler. Ich war die Zerstörerin seines Traums.

Wir alle tragen einen Ort in unserem Herzen – einen perfekten Ort –, der die Form einer Insel hat. Er bietet uns Zuflucht und Stärke; an ihn können wir uns immer zurückziehen. Mein Fehler war, dorthin zu gehen. Träume sollten genährt und ausgeschmückt werden; Traumorte sollte man nie aufsuchen. Indem ich nach Pitcairn gefahren bin, habe ich den perfekten Ort meiner Phantasie zerstört.

Eines Sonntagmorgens um acht Uhr, was auf Pitcairn das Ende des Sabbats bedeutete, rief Ron an und sagte, daß Ben gestorben sei. Er habe einen Schlaganfall erlitten und sich davon nicht mehr erholt. Er sei gestern, am Sabbat, begraben worden, weil der Pastor mit seiner Familie am Tag darauf auf der *African Queen* nach Papua Neuguinea fahren wollte, um dort eine Stelle anzutreten. Außerdem sei es in einem subtropischen Klima ohnehin besser, einen Leichnam gleich zu begraben. Und ob ich glaube, daß irgendeine der hiesigen Zeitungen an einem Nachruf interessiert wäre? Schließlich sei Ben immerhin fünfundzwanzig Jahre lang Verwaltungsdirektor der Insel gewesen.

Ich wandte mich an einen Herausgeber, der sich freute, einen Nachruf über einen Nachkommen von Fletcher Christian zu drucken. Ich schrieb über Bens Beitrag, den er für seine kleine Gemeinde geleistet hatte, über seine harte Arbeit, seinen Humor und ging ausführlich auf den britischen Orden ein, den er für Verdienste auf Pitcairn verliehen bekommen hatte und auf den er ungeheuer stolz war. Als der stark veränderte Nachruf im Druck erschien, las er sich wie eine kurze Geschichte der Meuterei auf der *Bounty*, in der mehr Informationen über seinen Ururgroßvater enthalten waren als über Ben selbst. Alle Einzelheiten über sein Amt waren gestrichen worden, und der Orden hatte keine Erwähnung gefunden. Selbst im Tod konnte Ben nicht der Tatsache entfliehen, daß er Teil unserer Phantasie war.

Nachdem mein Artikel in dem amerikanischen Magazin erschienen war, erreichten mich mehrere Briefe pro Tag, die mir von der Redaktion zugeschickt wurden und immer mit «persönlich» gekennzeichnet waren. Eine alleinerziehende Mutter, Grundschullehrerin, wollte, daß ich sie per R-Gespräch in Kalifornien anriefe, um sie wissen zu lassen, ob Dennis und Terry die «einzige Option» wären. Der Urenkel eines Missionars bat um die Adresse von Pitcairn; auf seinem Umschlag stand neben der Anschrift: «Wenn dein Gott tot ist – probier's mit meinem. Er lebt! Ich weiß es, ich habe heute mit ihm gesprochen.» Aus Hollywood kam ein Fax. Johnny V. Baron, Präsident von BIP FAB wollte einen Film über Pitcairn machen. «Ich habe den Eindruck, daß auch Sie ein NACHFAHRE DER BOUNTY

MEUTERER sind», schrieb er. «Manchmal habe ich das Gefühl, ich auch.» Er breitete ermüdende Einzelheiten über Finanzierung und Verleih aus und legte eine Besetzungsliste bei; Brooke Shields war nicht dabei. Er unterschrieb mit: «Mit dem Wunsch, jetzt in diesem Moment auf Pitcairn zu sein, verbleibe ich ... Johny V. Baron.»

Ron rief wieder an. «Ich möchte mit dir reden. Ist Kevin da?»

«Nein.»

«Gut. Es geht um Irmas Brief.»

«Ist schon gut. Es war keine Mühe, ihn weiterzuschikken.»

«Nein, darum geht es nicht. Sie sagt etwas über dich und Nigger in dem Brief.»

Ich erinnerte mich, daß Irma mir den Brief gab, kurz bevor ich mich auf den Rücksitz von Dennis' Motorrad setzte, um das letzte Mal den Hill of Difficulties hinunterzufahren: «Wenn es dir keine Mühe macht, meine Liebe.» Ich hatte gesehen, wie sie die Dankesworte auf den Umschlag schrieb. Ich hatte ihn den ganzen Weg von Pitcairn bei mir gehabt; nie war mir in den Sinn gekommen, einen Blick hineinzuwerfen. Nichtsahnend hatte ich den Beweis für meinen Fehltritt mit nach Hause gebracht und ihn Ron überreicht. Auf die indirekte Art, die auf Pitcairn üblich war, war ich von Irma verdammt worden.

«Es stimmt nicht. Es ist nur ein Gerücht», hörte ich mich zu Ron sagen.

«Nun, Irma ist nicht erfreut. Aber es klingt wirklich *lächerlich*.»

«Du weißt ja, wie es auf Pitcairn ist», sagte ich. «Sie lieben es zu klatschen, aus einer Mücke einen Elefanten zu machen ...»

Ron war erleichtert. «Ich dachte mir schon, daß es Blödsinn ist», sagte er. «Eben Irma.»

Ich ging zur Uferpromenade hinunter zu dem Jahrmarkt mit dem Karussell, das *Die Bounty* heißt. Die Kopie des Schiffs der Meuterer schwankte heftig vor dem Hintergrund einer herrlichen, von Palmen und goldenen Sandstränden gesäumten Insel, auf der sich eine Schar blumenbekränzter polynesischer Mädchen befand. Das bilderbuchgrüne Meer, auf dem *Die Bounty* schaukelte, trug weiße Schaumkronen, und der Himmel war unnatürlich blau. Nur ein paar Meter hinter diesem Bild war unser Meer, der Kanal, der unter einem grauen, bedeckten Himmel lag. *Die Bounty* ist ein beliebtes Karussell.

Der Sommer ging zu Ende, nächste Woche war die Saison vorbei, und das Karussell würde abgebaut werden. Als ich einstieg, saß vor mir ein Vater mit drei Kindern auf der Bank, die von einer Schiffseite zur anderen reichte, und hinter mir ein junges Liebespaar.

Das Schaukeln begann langsam und wurde dann heftiger. Die Kinder begannen zu schreien und klammerten sich an ihren Vater. Ich sah die perfekten Palmen, den goldenen, von Wellen überkräuselten Sand und die schönen Mädchen mit dem reizenden Lächeln an mir vorbeifliegen, als wir in den grauen Himmel hinaufschwangen. Auf dem Weg nach unten fing ich es wieder ein – das flüchtige Bild vom Paradies.

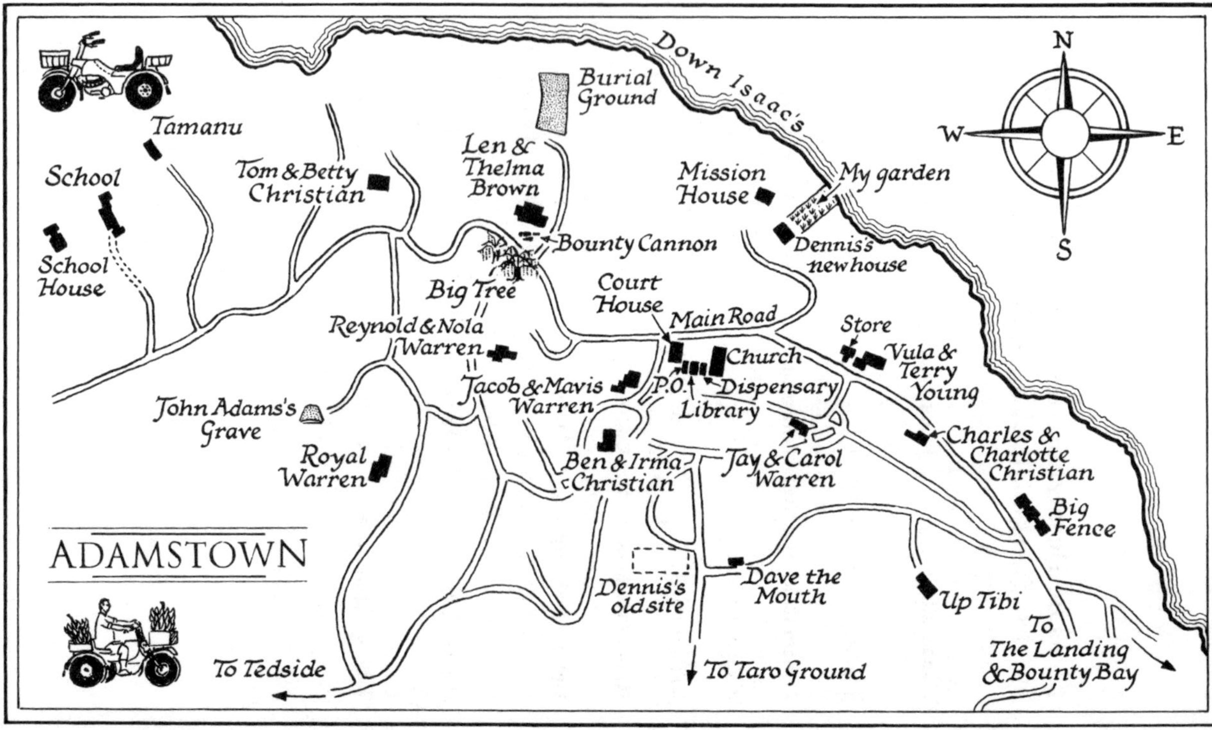
ADAMSTOWN
N
W
E
S
Down Isaac's
Burial Ground
Tamanu
School
School House
Tom & Betty Christian
Len & Thelma Brown
Bounty Cannon
Big Tree
Mission House
My garden
Dennis's new house
Court House
Main Road
Church
P.O.
Dispensary
Library
Store
Vula & Terry Young
Charles & Charlotte Christian
Big Fence
Reynold & Nola Warren
Jacob & Mavis Warren
John Adams's Grave
Royal Warren
Ben & Irma Christian
Jay & Carol Warren
Dennis's old site
Dave the Mouth
Up Tibi
To The Landing & Bounty Bay
To Taro Ground
To Tedside

Die Besatzung des HMAV *Bounty* und ihr Schicksal nach der Meuterei

William Bligh	Kommandant	mit der Barkasse auf dem Meer ausgesetzt; überlebte
John Fryer	Navigations-offizier	mit der Barkasse ausgesetzt; überlebte
William Cole	Bootsmann	mit der Barkasse ausgesetzt; überlebte
William Peckover	erster Geschützoffizier	mit der Barkasse ausgesetzt; überlebte
William Purcell	Schiffszimmermann	mit der Barkasse ausgesetzt; überlebte
Thomas Huggan	Schiffsarzt	starb 1788 auf Tahiti an Trunksucht
Thomas Ledward	Maat des Schiffsarztes	mit der Barkasse ausgesetzt; vermutlich mit der *Welfare* ungefähr 1789 auf See verschollen
Fletcher Christian	Kapitänsoffizier	Anführer der Meuterer; auf Pitcairn ermordet, um 1793
William Elphinstone	Kapitänsoffizier	mit der Barkasse ausgesetzt; starb 1789 in Batavia (Jakarta)
Thomas Hayward	Midshipman	mit der Barkasse ausgesetzt; kehrte auf der *Pandora* als dritter Leutnant nach Tahiti zurück; erlitt Schiffbruch und wurde gerettet

John Hallett	Midshipman	mit der Barkasse ausgesetzt; überlebte
George Stewart	stellvertretender Midshipman	Meuterer; ertrank 1791 beim Schiffbruch der *Pandora*
Peter Heywood	stellvertretender Midshipman	hielt Bligh die Treue, blieb aber auf der *Bounty*; kehrte nach England zurück; wurde vom Kriegsgericht schuldig gesprochen und vom König begnadigt
Edward Young	stellvertretender Midshipman	Meuterer; starb 1800 auf Pitcairn an einer Erkrankung der Atmungsorgane
Peter Linkletter	Quartermeister	mit der Barkasse ausgesetzt; starb 1789 in Batavia
John Norton	Quartermeister	mit der Barkasse ausgesetzt; auf Tofua 1789 ermordet
George Simpson	Quartermeistersmaat	mit der Barkasse ausgesetzt; überlebte
James Morrison	Bootsmannsmaat	hielt zu Bligh, blieb aber auf der *Bounty*; kehrte nach England zurück; wurde vom Kriegsgericht schuldig gesprochen und vom König begnadigt
John Mills	Geschützoffiziersmaat	Meuterer; auf Pitcairn um 1793 ermordet
Charles Norman	Zimmermannsmaat	hielt Bligh die Treue, blieb aber auf der *Bounty*; kehrte nach England zurück; vom Kriegsgericht freigesprochen

Thomas McIntosh	gehörte zur Truppe des Zimmermanns	hielt zu Bligh, blieb aber auf der *Bounty*; kehrte nach England zurück; wurde vom Kriegsgericht freigesprochen
Lawrence Lebogue	Segelmacher	mit der Barkasse ausgesetzt; überlebte
Joseph Coleman	Waffenmeister	hielt Bligh die Treue, blieb aber auf der *Bounty*; kehrte nach England zurück; vom Kriegsgericht freigesprochen
Charles Churchill	Schiffsprofos	Meuterer; von Thompson 1790 auf Tahiti ermordet
John Samuel	Sekretär und Steward	mit der Barkasse ausgesetzt; überlebte
Thomas Burkett	Vollmatrose	Meuterer; kehrte nach England zurück; verurteilt und 1792 gehängt
Michael Byrne	Geiger	hielt Bligh die Treue, blieb aber auf der *Bounty*; kehrte nach England zurück; vom Kriegsgericht freigesprochen
Thomas Ellison	Vollmatrose	Meuterer; kehrte auf der *Pandora* zurück; vom Kriegsgericht schuldig gesprochen und 1792 gehängt
Henry Hillbrant	Vollmatrose (Faßbinder)	Meuterer; ertrank 1791 beim Schiffbruch der *Pandora*
Isaac Martin	Vollmatrose	Meuterer; auf Pitcairn um 1793 ermordet
William McCoy	Vollmatrose	Meuterer; beging auf Pitcairn um 1797 Selbstmord

John Millward	Vollmatrose	Meuterer; kehrte nach England zurück; wurde vom Kriegsgericht schuldig gesprochen und 1792 gehängt
William Muspratt	Vollmatrose	Meuterer; kehrte nach England zurück; wurde vor dem Kriegsgericht schuldig gesprochen und kam durch einen Formfehler frei
Matthew Quintal	Vollmatrose	Meuterer; auf Pitcairn um 1799 ermordet (vermutlich von Adams)
Richard Skinner	Vollmatrose (Friseur)	Meuterer; beim Schiffbruch der *Pandora* 1791 ertrunken
John Adams	Vollmatrose	Meuterer; starb 1829 in hohem Alter auf Pitcairn
John Summer	Vollmatrose	Meuterer; ertrank 1791 beim Schiffbruch der *Pandora*
James Valentine	Vollmatrose	starb 1788 auf See
Matthew Thompson	Vollmatrose	Meuterer; 1790 auf Tahiti ermordet
John Williams	Vollmatrose	Meuterer; um 1793 auf Pitcairn ermordet
Thomas Hall	Vollmatrose) (Koch)	mit der Barkasse ausgesetzt; 1789 in Batavia gestorben
Robert Lamb	Vollmatrose (Schlachter)	mit der Barkasse ausgesetzt; starb auf der Fahrt von Batavia nach Kapstadt, 1789
Robert Tinkler	Vollmatrose	mit der Barkasse ausgegesetzt; überlebte

John Smith	Diener	mit der Barkasse ausgesetzt; überlebte
David Nelson	Botaniker	mit der Barkasse ausgesetzt; starb 1789 auf Timor
William Brown	Assistent des Botanikers	Meuterer; um 1793 auf Pitcairn ermordet

Anmerkung

Da Pitcairnesisch keine Schriftsprache, sondern ein gesprochener Dialekt ist, gibt es keine verbindliche Rechtschreibung. Das gilt sowohl für Ortsnamen als auch für gewöhnliche Verben und Substantive. Ich habe die Schreibweisen gewählt, die von denen, die die Sprache studiert haben, am häufigsten benutzt werden oder die am phonetischsten und daher leicht zu lesen sind. Ein Pitcairner würde eine Schreibweise nicht als «richtig» oder «falsch» erkennen, sondern jede Übereinkunft akzeptieren, der sich ein Autor angeschlossen hat, solange die Worte richtig ausgesprochen würden. Vor kurzem wurde Pitcairnesisch als offizielle Sprache Pitcairns anerkannt (neben Englisch) und zu «Pitkern» umbenannt.

Danksagung

Mein Dank gilt der Royal Mail International, die das Projekt sponserte und mir einen Reisezweck lieferte, der selbst ihnen seltsam erscheinen mußte.

Der Francis Head Bequest, weil sie mir finanziell unter die Arme griff, als ich es brauchte.

Jim Russell, weil er mich an seiner einzigartigen Kenntnis der Insel teilhaben ließ.

Jan Pedersen von Odfjell Tankers, der mir die Passage ermöglichte, und den Kapitänen, die mich nicht nur hin- und zurückfuhren, sondern auch noch besonders gastfreundlich aufnahmen und stets guter Laune waren.

Timothy Waters, Oberboß der Bountyaner, und Greg Dening, Experte auf dem Gebiet der Legenden, die sich um Bligh und die Meuterei ranken.

Anders Källgård, der die pitkernische Sprache gründlich erforscht hat.

Kapitän Graeme Cubbin, der mich wieder einmal auf den richtigen Kurs brachte.

Den Amazonians für Diskussionen, Ideen, Verbindungen.

Georgia Garrett und Liz Knights, die schon an Pitcairn glaubten, als ich es noch nicht tat.

Meinen Freunden und meiner Familie – den Toolises und Birketts –, die immer für mich da waren, selbst in meiner Abwesenheit. Insbesondere Keven Toolis und Storme Toolis, weil sie geduldig mit mir gewaltige Schüsseln mit Pasta verzehrten.

Diese Reise begann, wie so viele andere, mit Büchern. Folgende Titel haben mich inspiriert und mir manch guten Ratschlag gegeben: Ian M. Ball, *Pitcairn. Children of the Bounty* (London, 1973); Jean I. Briggs, *Never in Anger* (Massachusetts, 1970); Greg Dening, *Mr Bligh's Bad Language* (Cambridge, 1992); Anders Källgård, *Fut Yoli Noo Bin Laane Aklen?* (Goteborg, 1991); Sven Wahlroos, *Mutiny and Romance in the South Seas* (New York, 1989)

Weiterhin geht mein Dank an Andre Deutsch Ltd für das Copyright an *The Pitcairnese Language* und an *British Crown Copyright/Ministry of Defence*, the Controller of Her Britannic Majesty's Stationery Office für *South Pacific Pilot* und *Ocean Passages for the World*.

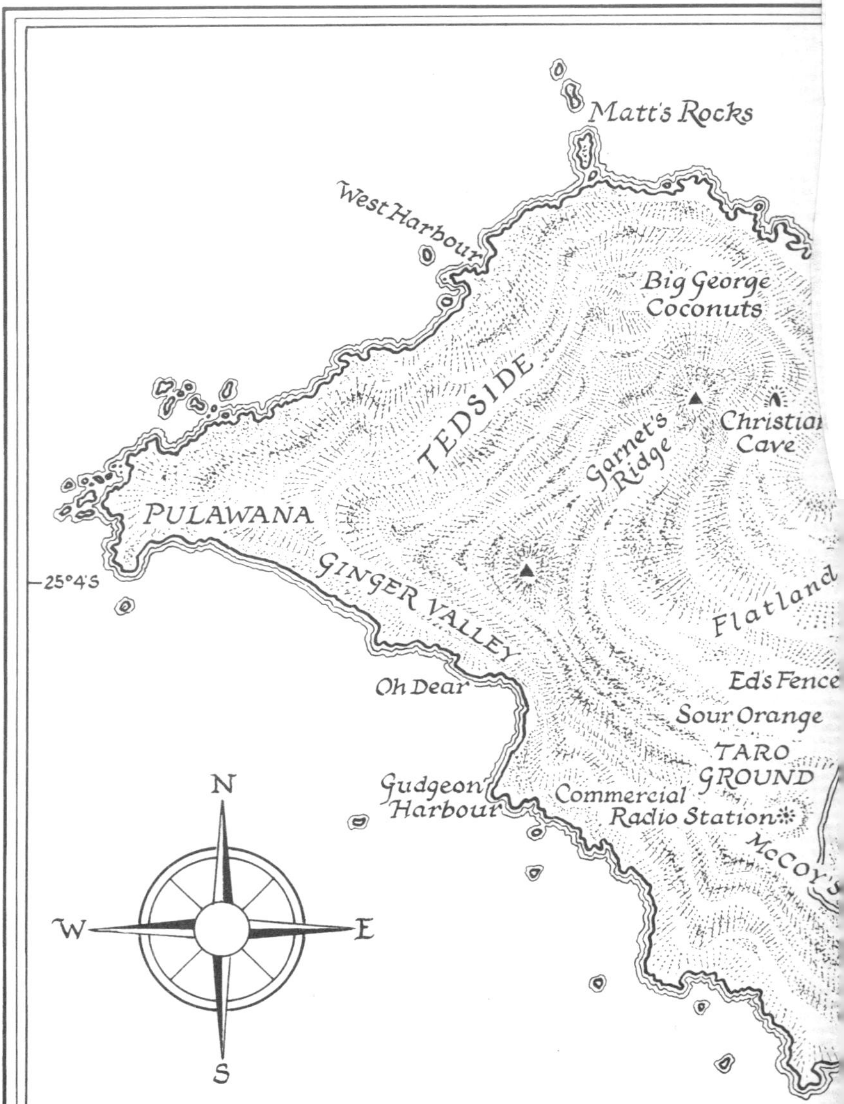

Matt's Rocks
West Harbour
Big George
Coconuts
TEDSIDE
Christian
Cave
Garnet's
Ridge
PULAWANA
25°4'S
GINGER VALLEY
Flatland
Oh Dear
Ed's Fence
Sour Orange
TARO
GROUND
Gudgeon
Harbour
Commercial
Radio Station
McCOY'S
N
W
E
S
0
1 kilometre
0
½
1 mile